26일
동안의

광복

26일 동안의 광복

1945년 8월 15일~9월 9일, 한반도의 오늘을 결정지은 시간들

초판 1쇄 발행 2020년 8월 15일
초판 3쇄 발행 2022년 1월 10일

지은이 길윤형
펴낸이 이영선
책임편집 이민재

편집 이일규 김선정 김문정 김종훈 이민재 김영아 김연수 이현정 차소영
디자인 김회량 이보아
독자본부 김일신 정혜영 김민수 박정래 손미경 김동욱

펴낸곳 서해문집 | 출판등록 1989년 3월 16일(제406-2005-000047호)
주소 경기도 파주시 광인사길 217(파주출판도시)
전화 (031)955-7470 | 팩스 (031)955-7469
홈페이지 www.booksea.co.kr | 이메일 shmj21@hanmail.net

ISBN 979-11-90893-10-7 03910

이 도서의 국립중앙도서관 출판예정도서목록(CIP)은 서지정보유통지원시스템 홈페이지(http://seoji.nl.go.kr)와 국가자료공동목록시스템(http://www.nl.go.kr/kolisnet)에서 이용하실 수 있습니다.(CIP제어번호: CIP2020031477)

다큐멘터리
광복, 그날

26일
동안의

광복

길윤형 지음

한반도의 오늘을

결정지은 시간들

1945.08.15

1945.09.09

서해문집

머리말

1945년 8월 15일, 일본의 항복 소식을 접한 조선인들은 이 땅에 통일된 독립국가를 만들기 위한 건국 프로젝트를 시작했다. 건국준비위원회가 결성되는 해방 당일부터 미군이 경성에 진주하는 9월 9일까지, 우리 민족은 외세의 '직접 개입' 없이 스스로 운명을 결정할 수 있는 귀중한 기회를 얻었다. 이 책은 그 26일간의 이야기와, 그 속에 숨은 한국 현대사의 기원을 더듬어보는 다큐멘터리다.

1막에서는 몽양 여운형의 전화로부터 시작되는 한국 현대사의 첫날, 광복 당일의 숨 가빴던 시간들을 복원한다. 이어지는 2막에서는 광복 이튿날부터 옛 조선총독부 청사에서 일장기가 내려가고 성조기가 올라가기까지 3주간의 역사—구체적으로는 '좌우합작'의 시도와 실패—를 회고하고 재현한다.

75년 전 8월 15일은 우리 역사에서 가장 빛나는 날이면서 가장 어두운 날이었다. 그 까닭은 아이러니하게도 냉전을 눈앞에 둔 미소라는 '외세에 의해 주어진 해방'에 있었다. 이 모순을 딛고 독립국가를 세우려면 전 민족이 하나로 똘똘 뭉치는 수밖에 없었다. 조선 내 모든 정치 세력을 아우르는 '좌우합작'은, 그래서 반드시 성사시켜야 했던 건국 프로젝트의 핵심이었다.

그러나 이 시도는 서로에게 증오만을 남긴 채 파국을 맞았다. 대가는 잔인했다. 3년간의 동족상잔과 75년 넘게 지속되는 분단은 오늘날까지 한반도와 동아시아 질서를 규정하고 있고, 8000만의 마음을 옥죄는 중이다.

비극으로 귀결되고 만 짧은 광복의 나날을 돌아보는 일은 뼈아프다. 하지만 이 시간을 치밀하게 복기해보면, 여섯 차례의 공화국과 열한 명의 대통령을 거치며 이뤄낸 대한민국의 빛나는 성과에도 불구하고, 한반도를 둘로 나눈 분단체제의 본질이 조금도 변하지 않았다는 사실을 깨달을 수 있다.

역사는 반복된다. 미소 냉전이 가져온 분단 모순이 해소되지 않은 한반도에, 이제 미중 대립이 일으킨 '신냉전'의 파고가 몰려오고 있다. 일본 또한 강고한 미일 동맹을 앞세워 한반도에 대한 영향력을 유지하기 위해 기를 쓰고 있다. 우린 어떻게 해야 할까. 한반도의 오늘을 결정지은, 광복이라는 거대한 이름에 가려졌던 26일간의 다사다난을 돌아봄으로써 위기를 돌파할 지혜를 얻을 수 있다고 믿는다.

머리말 • 4

프롤로그 8·15는 시린 상처였다 • 8

1부 24시간의 삼파전

#01 한밤의 전화 **여운형의** 8·15 ———————————— 25

#02 소련군이 내려온다 **총독부의** 8·15 ———————————— 49
틈새읽기 일본의 항복은 10일일까, 15일일까?

#03 경거망동을 삼가라 **송진우의** 8·15 ———————————— 77
틈새읽기 단파방송 사건

#04 항복방송 ———————————————————————— 105

#05 건국준비위원회 —————————————————————— 125

#06 갈등의 시작 ———————————————————————— 143
틈새읽기 카이로 선언

2부 민족의 구심력 vs 좌우의 원심력

#07 8월 16일 ———————————————————— 163
틈새읽기 '소련군 입성' 공작은 누가 했을까?

#08 일본의 반격 ————————————————————— 193

#09 다시 한번, 합작으로 ——————————————————— 219

#10 한반도 분단이 알려지다 —————————————————— 247
틈새읽기 38선의 획정은 어떻게 이뤄졌을까?

#11 좌우합작, 파국에 이르다 —————————————————— 265

#12 통한의 한미연합작전 ——————————————————— 289

#13 일본의 기만 ————————————————————— 315
틈새읽기 여운홍의 마중

#14 인민공화국의 탄생 ——————————————————— 333

#15 성조기가 올라가다 ——————————————————— 351
틈새읽기 일본인들은 어디로?

에필로그   대한민국 갈등의 기원을 생각한다 • 382

감사의 말 • 408

미주 • 410

참고문헌 • 425

8·15는
시린 상처였다

하노이의 비극

냉전 해체 후 지난 30여 년간 이어진 동아시아 현대사에서 가장 비극적인 '단 하루'를 꼽으라면, 하노이의 '노 딜No Deal'이 결정된 2019년 2월 28일을 떠올릴 수밖에 없다.

베트남 하노이에서 개최될 2차 북미 정상회담에 참석하기 위해 도널드 트럼프 대통령은 25일 오후 12시 30분(현지시각) 미국 메릴랜드 주 앤드류스 공군기지에서 대통령 전용기인 에어포스원에 올랐다. 그보다 이틀 앞선 23일 오후 김정은 북한 국무위원장도 평양역에서 베트남 북부 동당역까지 장장 66시간 동안 운행하게 될 전용열차에 몸을 실었다.

이 만남을 바라보는 대한민국 사람들의 기대는 하늘을 찔렀다. 트럼프 대통령과 김정은 위원장이 하노이에서 한반도의 평화와 번영을 가로막는 족쇄인 북핵 문제 해결에 의미 있는 한 발을 내디딘다면, 한반도를 둘러싼 두터운 '냉전의 벽'은 단숨에 허물어지고 마침내 평화의 훈풍이 불어올 터였다.

지금도 그날 일을 생각하면, 날카로운 것이 심장을 꽉 찌르는 듯한 아픔이 전해져 온다. 회담 결과는 충격적인 '노 딜'이었다. 결렬의 이유는 명확했다. 북한은 이미 공개된 핵개발의 상징인 '영변 핵 시설'을 해체하는 대가로 미국이 부과하고 있는 대부분의 경제제재를 해제하려 했다. 하지만 미국이 원한 것은 영변 말고 숨겨진 핵 시설을 더 내놓으라는 영변+α였다. 트럼프 대통령은 회담이 실패한 뒤 숙소인 JW매리엇호텔로 돌아와 "김 위원장은 영변 핵 시설을 해체하겠다고 했다. 영변은 대규모 시설이지만, 1단계 수준의 영변 핵시설 해체에만 만족할 수는 없다. 추가 비핵화를 해야 제재 해제가 가능하다"고 말했다. 그러자 최선희 북한 외무성 부상은 그날 자정을 넘긴 오전 0시 15분께 숙소인 하노이 멜리아호텔로 급하게 기자들을 불러 모아, 이런 "미국 측의 반응을 보면서 우리 국무위원장 동지께서 앞으로의 조미(북미) 거래에 대해서 좀 의욕을 잃지 않으시지 않았는가 하는 느낌을 받았다"고 한탄했다.

충격적인 결과에 모두 할 말을 잊었다. 김의겸 당시 청와대 대변인은 회담 결렬 직후 내놓은 입장문을 통해 "정상 차원에서 서로의 입장을 직접 확인하고 구체 사항을 협의한 만큼 후속 협의에서 좋은 성과를 기대한다"고 긍정적인 해석을 하려 애썼다. 언론들도 '대화의 불씨'는 살아있다며 파국을 피하려는 정부의 노력을 거들었다. 하지만 이후 대화의 불씨는 점점 사그러들었다. 문재인 대통령이 2019년 광복절 경축사를 통해 "평화로 번영을 이루는 평화경제를 구축하고 통일로 광복을 완성하자"고 제안하자, 북한 조국평화통일위원회는 이튿날 대변인 담화에서 "삶은 소대가리도 앙천대소할 노릇"이라고 일축했다. 한겨레 신문사 6층 한 구석에 앉아 문재인 대통령을 겨냥한 북한 특유의 '욕설 담화문'을 읽으며, 2018년 2월 평창겨울올림픽을 계기로 시작된 남북 대화와 북미 핵 협상이 사실상 실패로 끝났음을 직감했다. 한반도가 해방된 지 75년이 지났지만, 미국이라는 외세의 규정력은 여전히 너무나 압도적이었다. 이 땅에 진정한 해방은 여전히 오지 않은 것이다.

항복이라는 결단

하노이 회담 실패는 개인적으로도 적잖은 충격으로 다가왔다. 새벽 2-3시, 땅 속 깊이 침잠해 버릴 듯한 우울한 기분을 억누르기 위해 닥치는 대로 책을 찾아 읽었다. 그러다 우연히 걸려든 책이 일본 작가 한도 가즈도시半藤一利가 1965년에 쓴 《일본의 가장 긴 하루日本のいちばん長い日》라는 역사 다큐멘터리였다. 이 책의 부제는 '운명의 1945년 8월 15일'이지만, 실제 다루는 시간은 14일 정오부터 이튿날인 15일 정오에 이르는 24시간이다.

　그날 일본은 국토 전체가 쑥대밭이 될 절체절명의 위기에 놓여 있었다. 미국의 신병기인 원자폭탄 두발이 8월 6일부터 사흘 간격으로 히로시마와 나가사키에 떨어졌고, 9일 오전부터는 설마설마하던 소련의 만주 침공이 시작됐다. 이런 상황을 알면서도 군국주의적 망상에 사로잡혀 있던 군부는 여전히 '본토결전' '일억옥쇄'를 외치고 있었다. 일본이란 나라가 지도에서 지워질 수도 있는 절체절명의 위기에서 스즈키 간타로鈴木貫太郎(1868-1948) 총리가 이끄는 내각은 군부의 반대를 무릅쓰고 '항복'을 결단하는 데 성공한다.

물론 그 과정은 쉽지 않았다. 일본이 '연합국에 무조건 항복한다'는 국가의사를 확정하기 위해선 만장일치로 각의 결정(한국의 국무회의 의결)을 내려야 했다. 군이 언제 쿠데타를 일으킬지 모르는 상황에서 전체 각료들의 의사를 하나로 모은다는 것은 쉬운 일이 아니었다. 일본은 그 일을 해냈고, 덕분에 최악의 파국을 피할 수 있었다. 그러지 못하고 스즈키 내각이 붕괴했다면 일본의 항복은 한두 달 늦어질 수밖에 없었다. 그랬다면 소련군은 한반도와 사할린을 점령한 여세를 몰아 바다 건너 홋카이도로 밀려들었을 것이다. 한반도는 통일을 유지하는 대신 공산화됐을 것이고, 분단되는 것은 조선이 아닌 일본이었을지 모른다.

같은 시간 한반도의 1945년 8월 15일은 어떤 모습이었을까. 일본의 식민지로 전락해 제 운명을 스스로 결정할 수 없었던 조선인들은 엉겁결에 해방을 맞을 수밖에 없었다. 기록을 살펴봐도 곳곳에서 만세 시위가 산발했을 뿐 이후의 대세에 영향을 줄 만한 사건은 벌어지지 않았다. 일본의 8월 14일이 항복을 향해 결정적인 한 발을 내디뎠던 일본 현대사의 '가장 긴 날'이었다면, 조선의 8월 15일은 그 역사적 중요성에 비해 다소 싱겁게 끝나버린 '가장 짧은 날'이었던 셈이다. 식민지 조선을 대표하던 최고의 언론인이자, 9번에 걸친 옥고를 겪으면서 절개를 꺾지 않았던 비타협적 민족주의자 안재홍(1891-1965)은 그래서 1948년 잡지《신천지》7월호에 기고한〈민정장관을 사임하고〉란 짧은 글에서 "8·15 이래 점점 실망으로부터 실망에 떨어져 들어가고 있는 민중이 기뻤던 것은 8월 16일뿐이었다고 개탄하고 있다"고 적었다. 일본이 천황의 '옥음방송'을 통해 항복을 선언한 15일을 대부분의 조선인들은 얼떨결에 맞이했고, 진실로 해방의 기쁨을 맛볼 수 있었던 것은 해방 다음날인 16일 딱 하루뿐이었다는 얘기다.

안재홍은 왜 그렇게 생각했을까. 국회도서관에 가서 당대인들의 회고록을 찾아 읽기 시작했다. 조선인뿐 아니라 당시 조선에 있었던 일본인들의 기록도 찾아 읽었다. 모리타 요시오森田芳夫의《조선종전의 기록朝鮮終戰の記錄》이란 1038쪽짜리 책을 만나게 된 것은 행운이었다. 책에는 '일본인의 시선'이란 한계에도 불구하고 해방 직후 한반도에서 벌어진 거의 모든 일들이 정리돼 있었다. 저 책을 언제 다 복사하나 망연자실하고 있던 차에 아마존 일본어판 사이트에서 중고책을 판매하고 있다는 사실을 알게 됐다(알고 보니 비슷한 크기의 자료집이 세 권 더 있었다!). 거금을 질러 책을 주문했다. 또 다른 발견이 있었다. 도쿄 가쿠슈인 대학 부설 동양문화연구소는 학술지《동양문화연구東洋文化硏究》에 조선총독부와 유관 행정기관에서 정책 결정이나 집행의 실무 작업을 맡았던 사람들의 방대한 육성녹음을 담은 '우방友邦문고' 자료 중 일부를 풀어 소개하고 있었다. 그 속에 8·15 당시 총독부의 2인자 엔도 류사쿠遠藤柳作(1886-1963) 정무총감과 일본군의 2인자 이하라 준지로井原潤次郎 제17방면군 참모장의 인터뷰가 남아 있었다.

하지만 이것만으로는 부족했다. 해방 직후 언제, 어디서, 무슨 일이 있었는지에 대한 기준이 되는 객관적 정보가 필요했다. 그 역할을 해준 것은 해방 무렵 조선에서 발행되던 유일한 우리말 신문이자 조선총독부의 기관지였던《매일신보》였다. 1945년 8월 15일까지《매일신보》

는 디지털화 되어 누구나 편하게 집에서 원문을 확인할 수 있지만, 해방부터《서울신문》으로 거듭나는 11월말까지 지면에 대해선 무슨 이유인지 이 작업이 이뤄지지 않았다. 어쩔 수 없이 국회도서관에 이틀 정도 틀어박혀 8월 15일부터 이듬해 3월까지 신문을 복사했다. 안타깝게도 인쇄 상태가 불량해 몇몇 날짜의 지면은 해독이 거의 불가능했다. 그밖에 해방 직후 조선건국준비위원회(건준)를 결성해 정국의 주도권을 쥐었던 여운형(1886-1947)의 활동을 기록한 여운홍·이기형·이만규의 기록과 그 반대편에 있던 이인·김준연의 회고록 등이 당시 상황을 이해하는 데 큰 도움을 줬다. 양쪽의 주장을 비교하며 객관적 사실이라 믿을만한 이야기의 줄기를 뽑아낼 수 있었다. 미군정의 동향은 1945년과 1946년의《미국외교기밀문서FRUS》와 국사편찬위원회가 2014년 번역한《주한미군사 1HUSAFIK》를 통해 파악할 수 있었다.

그밖에 여러 탁월한 2차 연구서의 도움을 받았다. 특히 2013-2017년《한겨레》도쿄 특파원 재직 당시 한반도 정세에 대해 깊이 있는 분석을 전해준 오코노기 마사오小此木正夫 게이오대 명예교수의 역작인《한반도 분단의 기원: 독립과 통일의 상극朝鮮分斷の起源:獨立と統一の相克》, 이정식 펜실베이니아대학 명예교수의《여운형-시대와 사상을 초월한 융화주의자》, 히토쓰바시대학에서 오래 재직한 재일 조선인 사학자 강덕상 선생님의 4권에 이르는《여운형 평전》등으로부터 큰 영감을 얻었다. 이런 자료를 찾아 읽다 보니, '해방의 기쁨에 만세 소리 넘쳐났다'는 피상적이고 전형적인 묘사를 넘어 흐릿했던 '그날'의 풍경이 비교적 명료하게 모습을 드러내기 시작했다.

좌우합작과 남북분단

해방된 조선에는 크게 세 부류의 플레이어가 있었다. 첫째는 여운형을 중심으로 한 좌익 인사들이었다. 여운형은 15일 새벽 엔도 정무총감으로부터 일본의 항복 이후 조선 내 치안유지에 협조해 달라는 요청을 받은 것을 계기로 총독부의 치안권과 행정권을 인수해 조선인이 주체가 된 독립정부 수립에 나서려 했다. 이들은 해방 당일부터 발 빠르게 건국준비위원회를 결성해 정국 주도권을 쥐는데 성공했다. 여운형은 머잖아 진주할 소련군이 조선인들의 자유의사를 존중해 건국 작업을 적극 후원하리라 믿었다. 그렇다면 그의 사명은 건국준비위원회를 조선 국내의 모든 정치세력이 녹아든 합친 "혼연일체의 과도정부"로 키우는 것이었다. 이를 위해선 송진우(1887-1945) 등 국내에 남은 우익 인사들을 설득해 건준에 동참하도록 해야 했다. 즉 좌우합작은 해방을 맞은 조선인들이 반드시 달성해야 했던 '시대적 과제'였다.

둘째, 이들과 맞선 우익 민족주의자들이었다. 이들 가운데 상당수는 일제 말기 전향해 낯뜨거운 친일활동을 벌인 부끄러운 과거를 숨기고 있었다. 일본의 패망은 이들에게도 기쁜 일이었지만, 정통성에 큰 흠결이 있었던 탓에 좌익에 비해 수세적인 자세로 해방을 맞을 수밖에 없었다. 이들은 자신들의 약점을 대한민국임시정부, 즉 임정 봉대를 통해 메우려 했다. 이 세력을 대표한 송진우는 합작을 요청하는 여운형에게 "임시정부를 철저히 따라야 한다" "경거망동하지 말라"고 주장하며 끝내 움직이지 않았다.

세 번째는 1905년 러일전쟁 이후 조선의 지배자로 군림했던 조선총독부였다. 일본의 갑작스런 항복이란 대 격변 앞에서 총독부는 70여만 재조在朝 일본인들의 생명과 재산을 보호해야 했다. 총독부는 이미 한반도 북부에 진입한 소련군이 파죽지세로 경성까지 밀고 내려올 것이라 예상했다. 이 같은 상황에서 최악의 참사를 피하려면, 조선 민중의 존경을 받던 좌익 인사인 여운형에게 치안협력을 부탁해 일본인들에게 앙심을 품고 있을 조선 정치범과 사상범(대부분이 공산주의자였다)들의 행동을 통제해야 했다. 그를 위해 총독부는 해방 이튿날인 16일 여운형의 입회 아래 서대문형무소에 갇혀 있던 정치범 등을 일괄 석방하는 선제 조처를 취했다. 하지만 총독부는 얼마 지나지 않아 자신들의 결정이 커다란 오판이었음을 깨닫는다.

이후 한반도의 운명을 결정지은 세력은 첫 1막에는 등장하지 않는 미국과 소련이란 두 강대국이었다. 이 두 나라는 독일·일본·이탈리아 등 추축국을 상대로 한 길고 끔찍했던 전쟁에서 어깨를 겯은 동맹국이었다. 소련은 나치 독일을 상대로 한 서부전선에서 자국민 2000만 명의 목숨을 내던지는 처절한 싸움 끝에 승리했다. 전쟁이 끝난 뒤 이오시프 스탈린의 관심은 독일과 일본이 다시는 소련에 위협이 되지 못하도록 철저히 분쇄하고, 이 두 나라와 소련 사이에 자신의 의사가 관철되는 강력한 완충지대를 만드는 데 있었다. 하지만 스탈린의 시선은 주로 동유럽에 머무르고 있었고, 한반도는 주된 관심사가 아니었다.

미국의 생각은 미묘하게 달랐다. 소련이 유럽전선에서 고군분투했다면 미국은 진주만에서 오키나와로 이어지는 3년 반의 지긋지긋한 태평양전쟁을 홀로 수행했다. 미국의 관심사는 일본을 '단독 점령'해

다시는 미국의 패권에 도전하지 못하게 하는 것이었다. 따라서 미국 역시 전후 동아시아 질서를 결정지을 일본 점령 정책에 몰두했을 뿐 한반도에 별 관심을 두지 않았다. 당연하게도, 1945년 8월 일본이 갑작스레 항복을 선언할 때까지 미소 사이엔 한반도의 처리 방침에 대한 명확한 청사진이 없었다. 그때까지 이뤄진 '느슨한 합의'는 한반도에서 미·소·영·중 등 4대 연합국이 신탁통치를 시행한다는 것뿐이었다.

일본의 항복 의사를 확인한 미국은 일단 소련에게 미소가 북위 38선을 기준으로 한반도를 반씩 나눠 점령하자고 긴급 제안했고, 스탈린은 이를 받아들였다. 이들에게 하루 빨리 독립된 조국을 만들고 싶다는 조선인들의 열망은 부차적 고려대상일 수밖에 없었다. 조선인들은 일본의 패망이 곧 조선의 해방이자 독립이라고 믿어 의심치 않았지만, 미국과 소련은 그렇게 생각하지 않았다. 그 결과 냉전의 소용돌이에 휩쓸리게 된 조선인들은 '동족상잔'과 지금까지 우리 삶을 규정하고 있는 지옥과도 같은 '분단'이라는 비극적 운명을 마주하게 된다.

당대 조선인들이 이 같은 파국을 피할 방법은 전혀 없었을까. 그렇진 않았다. 실낱같은 기회가 남아 있었다. 조선인들이 좌우를 망라한 단일 정치세력을 형성해 연합군을 맞이했다면, 역사는 바뀔 수 있었다. 소련이 점령한 북한 지역의 사정과는 별개로, 적어도 '남한 내 분단'은 막을 수 있었다. 그랬다면 1945년 12월 모스크바 3상회의 결정이 공개됐을 때, 신탁통치안을 둘러싼 극렬한 좌우대립은 없었을지 모른다. 이후 열리는 미소공동위원회 역시 훨씬 우호적인 분위기에서 진행됐을 것이고, 모스크바 3상회의 결정에 따라 한반도에 남북을 포괄하는 임시정부가 수립될 수 있었다. 요컨대 냉전이라는 '구조적 제약' 속에서도 분단을 피할 '아슬아슬한 기회'는 분명히 남아 있었다.

한반도의 오늘을 결정지은
광복 그날+3주간의 역사 다큐멘터리

이 책의 목적은 엔도 정무총감이 여운형을 불러 치안협조를 부탁한 1945년 8월 15일 새벽부터 9월 9일 오후 4시 20분께 총독부 청사 국기게양대에서 일장기가 내려가고 성조기가 오르는 순간까지 26일 간의 역사를 정리하는 것이다. 그 속에서 해방 조선의 시대적 과제였던 좌우합작을 위해 분투했고, 끝내 실패했던 다양한 인간 군상들을 만날 수 있다.

　당대를 살던 평범한 이들에게 해방은 도둑같이 찾아온 것이지만, 차분하게 세계정세를 관찰하던 적잖은 조선인들은 마침내 다가올 그날을 준비하고 있었다. 일본의 패망을 확신하고 1년 전 건국동맹을 결성해 독립에 대비해 왔던 여운형은 건국준비위원회를 통해 좌우를 포괄하는 과도정부를 세우려 했다. 15일 새벽 경성에 소련군이 들어올 것이라는 총독부의 정세 예측을 들은 여운형은 이를 위한 대비를 시작했다. 그는 좌우를 망라한 조선의 모든 정치세력이 혼연일체의 마음으로 하나로 뭉쳐 있어야만 머잖아 한반도에 진주할 연합국을 상대로 강력한 협상력을 가질 수 있다고 봤다. 하지만 조선 내 좌우 인사들을 가르는 상호불신의 골은 생각보다 깊고 넓었다. 송진우는 해방 직전인 14-15일 함께 건국 사업에 나서자는 여운형의 요청을 끝내 거부했다.

이것이 좌우합작의 1차 실패였다.

16일 하루 동안 이어진 해방의 감격이 지난 뒤, 한반도에서 여전히 강력한 세력을 유지하고 있던 일본군은 이튿날인 17일부터 본격적인 반격을 시도했다. 이들은 '내지인(일본인) 보호'라는 명분을 내세워 경성 등 주요 도시 곳곳에 탱크와 병력을 배치했다. 바로 어제까지만 해도 만세 소리로 가득 찼던 해방된 조선의 거리엔 계엄령이 선포된 것 같은 살벌한 분위기가 감돌기 시작했다.

이런 혼란 속에서도 좌우합작 노력은 지속됐다. 우파 민족주의자인 안재홍은 자신이 부위원장으로 몸 담고 있던 건준의 틀을 통한 민공협력(좌우합작)을 추진했다. 해방 직후 '절대 수세'에 몰려 있던 우익들은 안재홍의 시도에 관심을 보였다. 반면 건준 내 기득권을 확보하고 있던 좌익들은 우익의 합류에 크게 반발하며 합작을 방해했다. 그러나 좌우합작을 최종적으로 걷어찬 것은 우익이었다. 이들은 경성에 진주하는 세력이 소련이 아닌 자신들과 사상적으로 가까운 미국임이 확인된 순간 독자 정치세력(한국민주당)을 구축하는 쪽으로 냉정히 돌아섰다. 해방 직후 좌우합작 시도는 이 시점에서 파탄에 이르렀다.

합작이 실패한 공간에서 싹튼 것은 상대를 향한 증오였다. 조선에 진주하는 세력이 애초 예상과 달리 미국임이 확인되자 공산주의자들은 '미군 진주에 대비해야 한다'는 명분을 내세워 건준을 해체하고 조선인민공화국(인공) 건국을 선포했다. 해방된 조선에 새 나라를 만든다(건국)는 막중한 사업에 걸맞은 절차를 전혀 거치지 않은 졸속 결정이었다. 그로부터 이틀 뒤인 8일 미국이 인천을 통해 한반도에 상륙했다. 냉전의 초입에서 소련과 한반도 내 공산주의자들의 동향에 촉각을 곤두세우고 있던 미국은 공산주의자들에 의한 '인공 건국'을 미군정의 정통성에 대한 명백한 도전이라 받아들였다. 좌익 소아주의가 낳은 어처구니없는 참사였다.

우익들은 이 실수를 놓치지 않고 거센 반격에 나섰다. 해방 직후 창당된 한국민주당의 노골적인 목표는 인민공화국 타도였다. 불과 어제까지 귀축영미 타도를 외치던 우익 인사들은 유창한 영어실력을 무기로 여운형과 안재홍을 친일파라 매도하며 공격에 나섰다. 이들의 비난은 파렴치했고, 그랬기에 가공할만한 위력을 발휘할 수 있었다. 9월 9일 경성에 진주한 미군은 조선총독부가 제공한 '오염된 정보'와 한국민주당의 일방적 모함에 경도돼 여운형과 인민공화국을 적대시했다. 전 인민을 포괄하는 통일전선체가 되려 했던 건국준비위원회가 인민공화국이라는 좌익연합으로 오그라든 귀결은 이후 해방정국에서 전개되는 좌우대립의 압축판을 보여주는 불길한 선례가 되고 말았다.' 좌우대립, 분단, 전쟁 그리고 70여 년에 걸친 상호불신과 적대라는 파국으로 치닫게 되는 한반도 내 '비극의 씨앗'은 안타깝게도 이 짧은 3주 안에 뿌려진 것이다.

경성에 진주한 미군은 해방군이 아니었고, 평양에 도착한 소련군도 해방군은 아니었다. 일제 시기 《조선일보》와 《매일신보》에서 근무했고 해방 이후 《서울신문》 부사장을 지낸 언론인 김을한(1905-1992)은 당대인들의 당혹스러움을 "싼 것은 비지떡이고 공것(공짜 - 옮긴이)은 비싸다"는 말로 표현했다. 연합국은 해방을 위해 조선인들이 흘린 피와 땀을 인정하지 않았다. 공짜로 손에 쥔 해방인 만큼 만만찮은 사후정산이 이뤄져야 했다. 문제는 그 대가가 너무도 가혹했다는 데 있다.

이 책은 우리가 75년 동안 치르고 있는 '기나긴 형벌' 같은 사후 정산이 시작되는 첫 3주에 대한 얘기다. 당대를 살았던 이들은 자신의 양심과 손익 계산에 따라 최선의 판단을 내렸지만, 결과는 끔찍한 파국이었다. 그런 의미에서 8·15는 우리에게 벅찬 감동이자 여전히 해결되지 않는 시린 상처로 남아 있다.

24시간의 삼파전

1

08.15

여운형, 계동 자택으로 동생 여운홍을
비롯한 건국동맹원들을 소집. 해방이
임박했음을 알리고 건국준비위원회 수립을
주도

자정

여운형-엔도 류사쿠 회담

08시

11시 송진우, 김준연을 통해 여운형에게
건국준비위원회 불참을 통보

정오 히로히토 천황, 라디오 방송으로
항복 선언('옥음방송')

여운형, 용산 헌병대로 가서
조봉암을 비롯한 독립운동가들을
석방

14시 송진우, 우익 인사들과 독립을 자축.
이 자리에서 일본 정권인수 제안과
여운형·안재홍의 건준 참여 권유를 모두
거절했다고 밝힘

안재홍, 건국동맹원들과
함께 건국준비위원회
수립에 착수

늦은 오후

총독부 청사 앞에서 독립만세 시위 시작

밤 홍증식의 자택에서 재경혁명자대회 개최.
(장안파 공산당 결성)

#01
한밤의 전화
여운형의
8·15

아, ——— 틀림없어!

내일 일본이 항복해.

나가서 결사대를 조직하라 ———

― 여운형

한밤의 전화

"얘, 곧 계동 집으로 오너라. 급히 상의할 일이 생겼다."[1]

여운홍(1891-1973)이 형 몽양 여운형의 전화를 받고 자리에서 일어난 것은 1945년 8월 14일의 늦은 밤이었다. 유난히 더웠던 그날 밤 여운홍은 모기장 안에서 연신 부채질을 해대며 자다 깨다를 반복하고 있었다.

해방이 다가오던 1945년 무렵 여운홍은 오랜 경성 생활을 정리하고 고향인 남한강변의 양평 묘곡에 낙향해 있었다. 지금처럼 동네마다 숙박 시설이 있던 시절이 아니었기 때문에 경성에 올라올 때면 운니동에 사는 지인 송규환의 집에서 신세를 져야 했다. 이 집은 형 여운형이 살고 있던 계동 140번지 8호와 찻길 하나만 건너면 닿는 위치에 있었다.

여운홍은 여운형이 말하는 한밤에 급히 상의할 일이란 "우리가 바라던 소식, 즉 해방의 소식인 것이 확실하다"고 직감했다. 여운홍은 옆에서 잠자던 송규환을 흔들어 깨웠다. 시계를 보니, 시간은 벌써 자정을 넘긴 15일 0시 14분을 가리키고 있었다. 부랴부랴 옷을 주워 입은 둘은 계동으로 직행하려다 안국동 네거리에서 정골의원을 하고 있는 장권의 집에 들렀다. 장권은 여운형을 성심성의껏 따르는 핵심 측근 중 하나로, 이 무렵 기독교청년회YMCA의 체육부 간사로 재직하고 있었다. 만약의 사태가 발생할 경우 즉시 동원할 수 있는 많은 체육인과 학생들이 그의 동지이자 부하였다. 셋은 뛰는 가슴을 애써 진정시키며 계동 여운형의 집으로 걸음을 재촉했다. 시간은 어느새 오전 1시 30분께를 가리키고 있었다.

집에 도착해 보니, 여운형은 당시 옆집에 살던 이웃이자, 1930년대 《조선중앙일보》 사장 시절 영업국장으로 거느리고 있던 홍증식(1895-?)과 밀담을 나누고 있었다. 홍증식은 1920년대 《동아일보》와 《조선일보》라는 두 민족지의 영업국장을 지냈던 신문 경영의 귀재이자, 아는 사람은 누구나 다 아는 유명한 골수 공산주의자였다. 일행의 도착을 확인한 여운형이 상기된 표정으로 입을 뗐다.

> 아까 초저녁[*]에 조선군 참모부에 있는 모씨가 와 내일 정오를 기하여 일본 천황의 특별방송이 있을 터인데 그것은 곧 일본의 무조건 항복을 전할 터이라고 하더니, 조금 전에 엔도가 사람을 보내어 내일 아침 8시에 자기 관저로 와 달라고 한다.[2]

---

[*] 엔도와 이하라는 자신들이 《도메이통신》 경성지국을 통해 내일 정오 일본이 항복한다는 사실을 전달받은 게 14일 밤 10시 무렵이라고 증언했다. 그보다 앞선 '초저녁'에 여운형이 이 사실을 전달받았다는 증언은 다소 미심쩍다. 여운형의 발언을 채록한 여운홍의 기억 착오이거나 '일본의 항복이 임박했다' 정도의 두루뭉술한 정보였을 것이다.

여운형이 언급한 엔도란 조선의 2인자인 엔도 류사쿠 정무총감을 이르는 것이었다. 엔도는 조선의 1-2대 총독으로 가차 없는 무단 정치를 시행하던 데라우치 마사다케寺內正毅와 하세가와 요시미치長谷川好道 총독 시절 총독부 비서관으로 조선에 근무한 적이 있었다. 이후 3·1운동에 대한 책임을 지고 경질된 하세가와 총독과 함께 조선 땅을 떠났다. 그의 두 번째 조선행이 가능했던 것은 마지막 조선총독인 아베 노부유키阿部信行(1875-1953)와의 인연 때문이었다. 엔도는 1939년 하반기 아베가 잠시 일본 총리를 맡았을 무렵 한국 직제로 치면 '청와대 비서실장'에 해당되는 내각서기관장(현 관방장관)으로 그를 보필했었다. 이후 관직에서 은퇴해 《도쿄신문》 사장으로 재직하다 1944년 7월 조선 총독으로 부임하게 된 아베의 부름을 받고 총독부의 '넘버2'인 정무총감으로 두 번째 조선행을 택한 것이었다.[3] 여운형은 세 사람 앞에서 근엄하게 말을 이어갔다.

> 우리가 일생을 두고 원하고 투쟁하던 조국해방은 왔다. 내일 할 일을 의논하자.[4]

36년 동안 한반도를 악랄하게 지배하던 일본이 곧 패망한다. 엔도가 여운형에게 어떤 말을 전할지 분명히 알 순 없었지만, 일본이 항복한 후 발생할 수 있는 치안 문제 등에 대한 협조를 요청하는 내용임을 짐작할 수 있었다.[*] 여운형의 계동 방에 모인 여운형·여운홍·홍증식·장권·송규환 등은 곧 밝아올 아침을 기다리며 "한반도에 지상낙원을 건설하기 위한 여러 계획과 포부를 제각기 토로"하는 데 여념이 없었다.

여운형은 급한 대로 모인 이들에게 지시를 내렸다.

성우(홍증식)** 는 신문에 경험이 많으니《매일신보》를 접수하고 호외를 수백만 장 찍어 서울은 물론 지방 각 도시와 향촌에 이르는 모든 국민에게 해방의 기쁨을 알리도록 하라. 그리고 운홍이는 방송국을 곧 접수하여 우리말은 물론 영어로도 방송하여 전 세계 인민에게 조선의 독립을 알려라.[5]

하지만 '감격의 그날'로부터 16년 뒤에 발간된 회고록《몽양 여운형》(1961)에서 여운홍은 회한으로 가득 찬 다음 한 문장을 덧붙인다.

물론 지금 와서 생각하면 그 모든 것이 일종의 공상에 지나지 않는 것이었지만, 그 당시 우리는 정권이 우리에게 즉 조선 민중에게 온다면 이러한 계획과 포부를 곧 실천에 옮길 수 있으리라고 생각한 것이다.

* 강덕상이 소개하는 이천추의 증언에 따르면, 여운형과 엔도의 면담은 8월 15일 오전 한 차례에 그치지 않았다. 엔도는 일본이 사실상 항복을 결정한 10일께부터 15일까지 권력 내부에서 혼란 방지책을 여러모로 협의한 뒤 이 결과를 가지고 여운형과 지속적으로 상의했다는 것이다. 여운형도 그 내용을 건국동맹 동지들에게 전하고, 곧바로 행동에 옮길 준비를 했다(姜德相,《日帝末期暗黑時代の燈として》, 新幹社, 2019, 288쪽). 이강국도 1946년 8월 16일《자유신문》 기고에서 일본의 항복이 결정적이 된 12일께 총독부로부터 여운형에게 항복 후 치안을 확보하는 데 책임을 져달라는 요청이 있었다고 회고했다.

** 홍증식은 1921년 9월《동아일보》에 입사해 영업국장으로 재직하다가 1924년 5월 조선 최고의 '신문인'이라는 평가를 받던 이상협(1893-1957)과 함께 1925년《조선일보》로 옮겼다. 그는 당대의 유명한 '화요파' 공산주의자로 박헌영·김단야·임원근·이승엽 등 훗날 한국 공산주의사에 굵직한 족적을 남기는 쟁쟁한 인물들을《조선일보》에 입사시키는 수완을 발휘했다.

여운형과 안재홍

여운형은 만감이 교차하는 복잡한 심정으로 "내일 아침 관저로 와 달라"는 엔도의 연락을 받았을 것임에 틀림 없다. 1929년 7월 상하이에서 체포돼 경성으로 압송된 뒤 여운형은 총독부의 철저한 감시와 회유를 감당하며 숨 한번 제대로 편하게 쉴 수 없는 고통의 시간을 감내해야 했다.

본격적인 시련이 시작된 것은 역대 최악의 조선총독이라는 악명을 가진 미나미 지로南次郎(1874-1955) 총독이 등장하면서부터였다. 중일전쟁을 1년 앞둔 1936년 6월, 미나미가 조선총독에 취임하며 내건 목표는 조선 청년들을 전쟁터로 내몰기 위한 징병제 실시였다. 이를 위해 조선 청년들을 '충량한 황국신민'으로 육성하기 위한 철저한 황민화·내선일체 정책이 시행됐다. 그와 함께 조선인 독립운동가들을 철저히 감시(1936년 보호관찰제도 시행)하고, 필요하면 구금(1941년 예방구금령 시행)까지 할 수 있는 체제를 만들어 냈다. 총독부의 엄혹한 감시 아래서 여운형과 같은 '특요갑(특별요시찰인물갑호)'은 말 그대로 몸하나 꼼짝할 수 없는 '독 안에 든 쥐' 같은 신세였다. 1938년 5월《조광》과 인터뷰에서 "요새 나의 생활은 우울 한 자로 끝막을 수 있다. 늘 우울하게 지내니까 신경통까지 난다"고 괴로움을 토로했다.

일본은 1941년 12월 미국의 진주만을 기습하며 전쟁터를 중국 대륙에서 태평양으로 확대했다. 후임인 고이소 구니아키小磯國昭(1880-1950) 총독은 조선인들의 전쟁 협력을 독려하기 위해선 신망 높은 조선인 저명인사를 포섭해 총독부의 시책 홍보에 활용해야 한다고 판단했다.[6] 김을한은 당시 조선 내 상황에 대해 "33인의 한 사람이던 최린은 이미 변절한 지 오래이고 윤치호도 중추원 참의가 되어 민중의 신망을 잃었"으므로 "몸에 오점이 찍히지 않은 사람으로는" 몽양 여운형과 민세 안재홍 둘 밖에 없었다고 적었다. 여기에 한 명을 더 꼽자면 《동아일보》와 경성방직으로 상징되는 조선 내 자본가 세력을 대표하는 고하 송진우 정도가 있었다.[7]

'해방의 그날'을 국내에서 맞이한 지도층 인사 가운데 여운형은 당대 최고 수준의 국제 감각을 지닌 인물이었다. 그의 폭넓은 인맥과 합리적 성품은 조선총독부는 물론 일본 정계에까지 잘 알려져 있었다. 여운형이 역사에 본격적으로 이름을 남기게 된 것은 1918년 11월 상하이에서였다. 우드로 윌슨이 제시한 민족자결주의 원칙을 전해 듣고 파리강화회의에 김규식을 조선 대표로 파견하는 등 이후 3·1운동으로 발전하는 거대한 역사의 수레바퀴를 처음 돌린 것이다. 이를 알아본 일본은 이듬해 가을 서른한 살의 청년 여운형을 도쿄로 초청해 회유 공작에 나섰다. 그러나 결과는 역풍이었다. 여운형은 도쿄 한복판에서 고가 렌조古賀廉造 척식장관 등 일본 주요 인사들의 회유를 정연한 논리로 물리쳤다. 이어 도쿄의 중심부 데이코쿠帝國호텔에선 500여 명의 기자단과 유력인들을 앞에 두고 "일본이 조선의 독립을 확인한다면, 아시아의 평화는 맑은 하늘처럼 실현될 것"이라며 사자후를 토했다.[8]

10여 년에 이르는 중국 망명 생활 동안 중국 정계 인사들과 폭넓은 교유를 맺은 것은 여운형의 또다른 자산이었다. 여운형은 1917년 쑨원(1866-1925)을 알게 된 뒤, 그의 신임을 얻어 중국국민당의 핵심에서 중추적 역할을 담당했다.[9] 이 과정에서 장제스(1887-1975), 왕징웨이(1883-1944), 마오쩌둥(1893-1976) 등 많은 중국 혁명가들과 끈끈한 인맥을 구축했다.

중일전쟁을 수습하는 데 골머리를 앓던 일본 정계는 여운형의 독특한 중국 인맥을 알게 된 뒤, 그를 활용해 대중국 공작을 벌일 수 없을까 진지하게 궁리했다. 이들은 여운형을 도쿄로 여러 차례 불러 들여 중일전쟁 수습을 위한 대중 공작에 협력해 줄 것을 요청했다.[*] 그 과정에서 일본의 제1급 정계인사이지 총리 경험자인 고노에 후미마로近衛文麿(1891-1945), 우가키 가즈시게宇垣一成의 조선인식에 큰 영향을 끼쳤고, '대아시아주의'를 제창하는 극우 사상가인 오카와 슈메이大川周明(1886-1957)와는 서로를 '단금斷金의 친구'라 부를만큼 깊은 우정을 쌓았다. 하지만 여운형은 일본의 거듭된 협력 요청에 "중국에서 철수하고 조선을 독립시켜야" 일본이 원하는 '아시아 평화'가 가능하다고 맞섰다. 아시아의 평화를 위해 대동아전쟁을 수행 중이라고 밝히면서 조선을 식민지배하고 중국과 전쟁을 벌이고 있는 '제국주의 일본'의 모순을 폭로한 것이다.

여운형은 일본이 태평양과 동남아시아에서 파죽지세로 연전연승하

* 일본 정계 인사들이 여운형이란 인물에 주목하게 된 계기는 왕징웨이를 통해서였다. 그가 1939년 6월 14일 고노에 후미마로近衛文麿와 회담하던 중 "조선의 여운형은 무얼하고 있냐"며 안부를 물었기 때문이다. 고개를 갸웃하며 잘 대답하지 못한 고노에에게 왕징웨이는 여운형을 설명하고, 자신은 물론 장제스와도 잘 아는 사이라고 말했다.(강덕상, 〈대중국화평곡작·'아시아연맹'구상과 여운형-오카와, 다나카, 고노에와의 교류를 둘러싸고〉, 《몽양여운형전집》, 한울, 1997, 258-259쪽)

던 1942년에도 "일본은 패망한다"고 확신하고 있었다. 이런 판단을 내린 직접적 계기는 1942년 4월 18일 도쿄 현지에서 직접 목격한 미국의 첫 도쿄 공습인 둘리틀 폭격*이었다. 그는 이후 주변인들에게 "일본은 패망한다. 최후의 승리는 미영에게 있다. 미영이 승리한다면 조선 독립은 확실히 가능하다"고 말했다. 그로 인해 여운형은 1942년 11월 유언비어 유포죄로 체포되어 옥고를 치르게 된다.

총독부 당국은 옥에 갇힌 여운형에게 집요하게 전향을 요구했다. 잠을 못 자게 하는 교묘한 고문으로 여운형은 정신적·육체적으로도 점점 쇠약해졌다. 여운형은 건강 악화를 우려한 조선인 판사 백윤화(1893-1956)**의 권고에 따라 결국 전향문에 서명하고 만다. 이를 통해 여운형은 1년 징역, 3년 집행유예라는 관대한 판결을 받고 1943년 7월 석방될 수 있었다. 강덕상은 여운형의 전향을 일단 행동의 자유를 확보한 뒤 독립에 대비하려는 "면종복배의 차선책"이었다고 해석하고 있다.¹⁰ 어쨌든 일본인과 말이 잘 통하고 조선 청년들의 존경을 받는 '유명 인사' 여운형은 총독부가 탐낼 수밖에 없는 제1의 회유 대상이었다.

경기 평택 출신 안재홍의 명성도 만만치 않았다. 안재홍은 《조선일보》에서 주필·부사장·사장을 거치며 오랫동안 필봉을 휘둘렀던 조선

---

* 이 공습은 미국 육군 중령 제임스 둘리틀James Doolittle(1896-1993)이 B-25 폭격기 16기를 이끌고 감행한 것으로 공격으로 인한 피해 자체는 크지 않았다. 하지만 미국은 진주만 공습으로 큰 피해를 당한 지 넉달 만에 빠르게 전력을 복구해 적의 수도를 타격할 능력을 회복했음을 과시할 수 있었다. 이로 인해 일본 군부는 큰 충격을 받았다.
** 백윤화는 1922년 12월 사이토 마코토斎藤実 총독을 암살할 목적으로 국내에 들어왔다가 자신의 집에 찾아와 독립운동자금을 요구한 윤병구·유석현·김지섭 등 의열단원을 일본 경찰에 밀고하는 등 친일 판사로 악명 높았다.

최고의 칼럼니스트였다. 조선 내 비타협 민족주의자의 대명사로 불린 안재홍은 총 9차례에 걸쳐 7년3개월 동안 옥살이를 하면서도 끝내 자신의 뜻을 꺾지 않는 강직한 성품의 소유자기도 했다. 그가 처음 옥에 갇힌 것은 일본 와세다대를 1914년 졸업하고 3·1운동에 뛰어들었을 때였다. 안재홍은 대한민국청년외교단이란 비밀조직에 참여했다는 이유로 3년형을 선고받았다. 출옥 후인 1924년 9월《조선일보》에 주필로 입사하면서 본격적으로 날카로운 필봉을 휘두르기 시작했다. 1927-1931년엔 좌우를 망라한 민족단일전선 단체인 신간회에 적극 참여했고, 일제 말기인 1942년 12월엔 조선어학회 사건에 연루돼 늦은 나이에 마지막 고초를 치렀다. 안재홍에 대해 선구적인 연보를 남긴 언론인 천관우(1925-1991)는 "1920-30년대 민족주의계 저항운동 가운데 큼직한 사건에는 선생이 관여하였거나 계루되어 있지 않은 것이 드물다"며 "신문을 통해 발휘했던 줄기찬 오피니언 리더로서의 면모, 때로는 민세체라 불러도 좋을만큼 독특했던 웅경 장중한 문장은 당년의 많은 독자들이 아직 기억하고 있다"고 평했다."

건국동맹 결성과
일본의 회유

여운형이 옥문을 나선 직후인 1943년 7월, 지난 30여 년 동안 길고 질긴 인연을 맺어온 안재홍이 찾아왔다. 여운형의 출옥일은 7월 5일이니, 안재홍의 방문은 그 직후에 이뤄졌을 것이다. 안재홍이 계동 집 바깥

문을 두드리며 "몽양" 하고 부르자 여운형의 부인이 밖으로 나와 문을 열었다. 여운형은 그 풍채가 조선팔도에서 제일이란 평가를 받던 호걸이었다. 그러나 고된 옥살이 탓에 "그 좋던 패기와 왕성한 의욕이 바짝 졸아들은 듯 두 눈만 남아 빤작대고 어릿어릿하는 듯이 덜미에서 나오는 음성으로" 간단히 안재홍의 질문에 대답할 뿐이었다. 전향문 서명과 총독부의 철저한 감시로 상당한 심리적·육체적 고통을 받고 있었음을 짐작할 수 있다.

"어찌 이리 되었는가."

"헌병대 놈들이 나를 때리고 매어달지는 못하니 여러 사람이 번갈아 달려들면서 90여 시간을 의자에 걸터앉혀 놓은 채 흔들고 잡아당기면서 눈 한번 못 붙이게 하는 고문을 가했네."[12]

이후 둘은 총독부가 독립운동가들을 감시하며 정부 시책에 활용하기 위해 1940년 12월 만든 야마토주쿠大和塾*의 먹잇감이 됐다. 이들은 전쟁협력을 위한 시국강연에 나서라며 둘을 들볶기 시작했다. 여운형은 "얼음판에 넘어져 갈비뼈가 나갔다", 안재홍은 "와병을 했었다"는 평계를 대며 이런 요구를 일절 거절한다.

* 야마토주쿠는 조선의 독립운동가(사상범)들을 한데 모아 관리하기 위해 1940년 12월 만들어진 조직이었다. 결성 당시 조선에 7개 지부, 80여 분회, 2500여 명의 연맹원을 거느리고 있었다. 야마토주쿠의 활동 목적은 반황도사상 차단, 내선일체 운동의 강화, 국어(일본어)보급 장려, 기관지 발행 등으로 변절한 독립운동가들을 모아 일제의 조선 지배에 활용하려던 단체였다.

1949년 9월 15일 《새한민보》에 실린 민세 안재홍의 글 〈8·15 당시의 우리 정계〉에 따르면, 여운형과 안재홍에 대한 총독부 당국의 본격적인 회유가 시작된 것은 1944년 봄 무렵이었다. 공작의 당사자들은 "총독인 일본 육군대장으로부터 군 사령관과 그 대리, 정무총감, 경무국장과 그 간부, 헌병대 간부, 따로 도쿄에서 내방하는 모 해군장군, 육군 소장, 기타 국회의원 등" 각양각색이었다.

그러던 1944년 초 어느 날이었다. 안재홍의 방문을 받은 여운형은 침상에서 간신히 몸을 일으켜 그를 맞았다. 눈빛은 게슴츠레하게 총기를 잃었고, 얼굴에선 도통 활기를 찾을 수 없었다. "몸이 어디 아프냐"고 묻는 안재홍에게 여운형은 "이것저것 생각이 많아 어제 밤을 꼬박 새웠다"고 대꾸한 뒤 대뜸 제안했다. "자신 있게 비밀을 지킬 200여 명의 동지가 있는데, 지하조직을 하겠나." 안재홍은 "그렇게까지는 생각하지 않으므로 그만 두겠다"고 답했다.

여운형이 안재홍에게 권한 지하조직이란 1년 후인 1944년 8월 결성되는 건국동맹을 지칭하는 것이었다. 여운형의 신념은 '일본은 필패한다. 따라서 조선은 독립을 준비해야 한다'는 것이었다. 출옥 후 잠시 모색의 시간을 거친 여운형이 동지들을 규합해 마침내 올 해방에 대비하기 위한 움직임을 시작한 것이다. 중심이 된 것은 그가 일본 정계인사들의 초청을 받아 여섯 차례나 일본을 오가며 사귄 청년들과 그동안 여러 인연을 쌓아온 독립운동가들이었다.

건국동맹은 자체 역량을 강화하는 한편, 국외 주요 독립운동 세력과 연락망 확보에 부심했다. 1941년 1월 1일 박승환이란 만주국의 항공장교가 여운형을 찾아왔다. 박승환은 여운형의 지시로 두 차례에 걸처 산시성 옌안에 있던 조선독립동맹과 그 산하 무장단체인 조선의용군을 찾아가 건국동맹과 연락선을 확보했다.* 중국공산당과 함께 '대장정'에 참가했던 무정(1905-1951)이 그들의 지원을 받아 만든 조선의용군은 당시 해외 독립운동세력 가운데 가장 많은 병력을 거느린 무장조직이었다.[13] 또, 상하이 시절부터 동지로 만주국 협화회에서 활동한 최근우, 《조선중앙일보》 기자 출신인 이영선, 자신을 따르는 측근으로 일본 내각정보국의 정보국원으로 활동한 이상백 등에게 중국과 만주 등의 사정을 확인해 보고하게 했다. 국내 연락 책임은 오랜 벗인 조동우(1892-1954)와 이임수(1895-?) 등에게 맡겼다.

이런 준비과정을 거쳐 1944년 8월 여운형·조동호·현우현·황운·이석구·김진우 등 좌익계 노장 독립운동가 7-8명이 여주군 와부면 백사장에 모여 건국동맹 결성에 합의했다. 이어 8월 10일 경운동 삼광의원 현우현 집에서 건국동맹을 결성했다. 지금의 천도교 중앙대교당 부근에 이를 기념하는 표석이 서 있다. 위원장에 추대된 여운형은 "우리는 이미 늙은 사람들이니 명예나 지위 같은 것은 생각하지 말고 스스로 거름이 되자"고 말했다.[14]

건국동맹은 친일분자와 민족반역자만 제외하고 민족적 양심이 있는 모든 인사들을 망라하는 연합전선이었다. 일제 말기 삼엄한 감시 속에서 이런 비밀결사를 유지했다는 것 자체로 놀라운 일이긴 하지만, 실제 실력에 대해선 과대평가를 삼가야 한다는 의견도 많다. 일부에선

---

* 여운형은 해방 직후 《매일신보》(1945년 10월 2일자)와의 인터뷰에서 "3년간 연안독립동맹과 연락하고 지하운동을 해왔다"고 밝혔다.

상하이에서 체포된 여운형(1929년).
되풀이되는 투옥과 감시 속에서도 독립은
물론 '해방 이후'를 모색해온 여운형은
광복 직후 '정권 인수자'로 떠오르게 된다.

안재홍(1937년). 3·1운동 이후 아홉 차례에
걸쳐 7년 8개월간 옥고를 치른 안재홍은
민족주의 진영에서 끝까지 변절하지 않고
해방에 대한 낙관을 유지한 몇 안 되는
인물이었다.

건국동맹의 맹원이 수만 명에 이르렀다는 분석을 내놓기도 하지만, 이
정식은 819쪽에 달하는 두꺼운 연구서에서 이 조직을 본격적으로 다
루는 대신 "일제 말기 고등경찰이나 헌병대가 파업을 하고 있었으면
모르되 수만이 아니라 수백명의 맹원을 가진 단체마저도 조직되기 힘
들었을 것"이라는 짧은 평가만 남기고 있다.[15]

유혈방지와
병존호영

지루하게 이어지던 여운형·안재홍에 대한 회유 공작의 분위기가 결정
적으로 변한 것은 1944년 12월께부터였다. 일본은 그해 7월 절대국방
권역의 한 축이었던 마리아나 제도를 미국에게 내준 뒤 10월말 시작된
필리핀 전투에서도 참패했다. 특히 일본 해군은 레이테Leyte 해전에서
궤멸적 타격을 입으며 미국 함대에 함대로 맞설 수 있는 조직적 전투
능력을 상실하고 만다. 이제 다음 타깃은 오키나와였다. 이렇게 전황이
날로 불리해지던 1944년 12월 안재홍은 여운형과 함께 만난 오카 히
사오岡久雄 경기도 경찰부장에게 겁도 없이 '일본은 패배할 것'이라는
전망을 쏟아냈다.

당신들은 필승의 신념을 항상 전제로 하지만은 나는 필승이라고는 안
보고 있다. 꼭 패할 수밖에 없게 되었는데 이긴다고만 하니 말이 더 나
아가지 못하지 않는가. 당신들이 조선에서 퇴각할 날이 있는 것으로

치고, 퇴각하는 때에 한일 양 민족 사이에 큰 마찰을 일으켜 피차간에 대량 유혈이 나지 않도록 미리부터 말단 방면 군민 각계에 철저한 훈련을 시켜두는 것이 절대 필요하다.

(…)

한일 양 민족은 지리상의 관계로 무슨 형식으로든지 영구한 병존호영並存互榮 관계를 깨뜨리지 말아야 한다. 당신들이 퇴각할 즈음 살육을 일으키게 되어서는 한일 양 민족은 새로이 영원한 원수가 되고 말 것이다. 당신들은 무기를 가졌으니 조선인이 더 많이 죽겠지만, 지방에서는 조선인의 떼가 많은 것만큼 일본인의 손해도 상당 많을 것으로 보아야 할 것이고, 이것은 피차가 절대로 방지하지 않으면 안 된다.[16]

안재홍은 이 만남에서 일본이 퇴각할 경우 지켜야 할 3대 원칙으로 민족자주·호양협력·마찰방지를 제시했다. 그러면서 조선인들에게 일정 정도 언론과 행동의 자유를 줄 것을 요구했다.

총독부 치안 당국자 앞에서 '일본의 패배'라는 불경스런 말을 입에 담았으니, 당장 그 자리에서 험한 꼴을 당한다 해도 어쩔 수 없는 상황이었다. 하지만 오카의 반응은 예상과 달랐다. 그는 "얼굴에 홍조를 띠고, 분노가 아닌 침통의 기색"으로 안재홍의 얘기를 들은 뒤, 어느 정도 수긍한 듯 "노력해 보겠다"고 말했다. 총독부 입장에서도 안재홍의 이 발언은 주목할만한 내용이었다. 일제에 의해 무려 9차례나 옥고를 치른 안재홍이라는 비타협적 민족주의자의 입에서 해방이 되면 일본에게 '처절한 복수'를 하겠다는 말 대신 '유혈방지'와 '병존호영(서로 의존하며 함께 잘 살자는 의미)' 같은 얘기들이 쏟아져 나왔기 때문이다.

물론 그렇다고 바로 기가 꺾일 총독부는 아니었다. 총독부는 1945년 1월 이후 가끔 둘을 접촉하면서도 "유혈방지라는 취지는 가하지만, 민족자주를 부르짖다니. 치안유지법을 적용하여 여(여운형)고 안(안재홍)이고 구금할 수 있다"고 불만을 터뜨렸다. 이어, 가지마구미鹿島組라는 일본 노가다패 폭력단이 둘을 암살하기 위해 호시탐탐 기회를 노리고 있다는 소문이 들려오기 시작했다.

1945년 4월 오키나와 전투가 시작된 직후인 5월 하순께였다. 식민지 조선의 치안을 책임지고 있는 니시히로 다다오西廣忠雄 경무국장(한국의 경찰청장)이 여운형과 안재홍을 다시 한번 불러냈다. 그는 둘에게 정중하게 예의를 갖추며 물었다.

"민족주의를 주장하는데 꼭 그렇게 해야겠나."
"지금 조선인 일반은 미영 군대가 하루 바삐 상륙해 오면 우선 일본으로부터 해방될 것으로 고대하고 있다. 민족주의쯤을 내걸지 않고서 우리는 아무런 발언도 할 수 없다."
"딴은 그렇다. 그러면 윗분과 충분히 얘기해 실행되도록 하겠다."

니시히로의 전향적 반응에 난처해진 것은 여운형과 안재홍이었다. 일본이 그들의 요구대로 '민족주의'를 내세우는 것을 허용한다면, 총독부 당국과 아슬아슬한 줄타기를 하며 절개를 지켜 온 두 사람마저 총독부에 협력하는 모양새를 취할 수밖에 없기 때문이다. 이들은 결국 "소수 의사만으로는 결정할 수 없으니 민족대회를 경성에서 소집해 그 결의를 밟지 않고서는 정식으로 공작을 추진할 수 없다"는 새로운 입장을 내세웠다. 총독부의 회유 공작을 역이용해 내선일체를 반대하고 민족자주를 내세우려는 목적이었다.

아무리 전황이 악화되는 중이라 해도 총독부가 민족대회를 열겠다는 두 사람의 요구를 받아들일 순 없었다. 제안은 자연스레 없던 일이 됐다. 그 직후 안재홍은 "두 선배의 깨끗한 절개마저 더러워질까 홀로 걱정"하던 김을한과 만나 총독부와 있었던 교섭 내용을 설명했다. 안재홍은 "시국 강연은 하겠으나 조선 민족을 인정해주면 하겠노라"고 제안했더니, 결국 총독부가 "민족을 인정하지 못해 시국 강연을 하지 않아도 무방하게 됐다"고 말했다.[7] 시국 수습을 위해 여운형과 안재홍을 끌어내리려는 총독부의 계획은 실패했지만, 성과가 있었다. 일본이 항복을 선언한 뒤의 수습 방안에 대해 양자 사이에 '흉금을 터놓는' 사전 의사소통이 이뤄진 것이다. 안재홍이 총독부에 제시한 3대 원칙 가운데 걸림돌은 '민족자주'뿐이었다.

운명의 그날이 다가오다

운명의 그날은 생각보다 일찍 다가왔다. 조선총독부의 기관지 《매일신보》가 전하는 공개정보만 모아 보더라도 신국불패神國不敗를 부르짖는 일본이 사면초가에 빠져 있었음은 명약관화했다. 1945년 8월 9일 치 1면을 보면, 미국이 8월 6일 히로시마에 '신병기'를 투하해 시내를 온통 쑥대밭으로 만들었다는 소식이 나오고, 이튿날인 10일치엔 소련군이 소일중립조약을 일방적으로 파기하고 만주와 조선의 국경을 넘어 물밀 듯 공격을 가해왔다는 사실을 파악할 수 있다. 그와 동시에 일제의 감시망도 거세게 옥죄어 오기 시작한다. 8월 4일 관철동 밀회 장소에서 건국동맹원인 이걸소·황운·이석구·조동우 등이 체포됐다. 묘한 분위기를 감지한 여운형과 주변 인사들은 긴장했다. 막판에 몰린 일본이 조선인 예비검속 대상자들을 상대로 어떤 짓을 벌일지 예측할 수 없었기 때문이다. 몽양의 젊은 측근이었던 이동화(1907-1995)는 당시 상황에 대해 "몽양은 체포를 면했지만, 일경의 엄중한 감시를 피할 길이 없었다"고 적었다.

여운형은 1943년 12월 미·영·중 3개국이 "적당한 시기에 조선을 자유롭게 독립시킨다"고 밝힌 '카이로 선언*'의 내용을 정확히 알고 있었고, 1944년부터는 경기중학 5학년에 재학 중이던 손웅孫雄이라는 청년이 자체 제작한 단파 라디오를 통해 전해오는 정보를 통해 "1945년 5-6월 이후부터 일본이 자기의 선전과 반대로 막대한 타격을 받고 있다"는 사실을 파악하고 있었다. 마침내 8월 11일 새벽, 손웅은 여운형에게 "일본이 (10일 - 인용자) 천황만 그대로 두면 카이로 선언을 받아들이겠다고 미국에 애원했다"는 중대 소식을 전하게 된다.[18]

일본이 연합국에게 항복 의사를 전한 10일부터 14일 한밤중에 엔

---

* 카이로 선언을 그대로 보도한 일본 신문들과 달리, 조선총독부는 조선 민심을 우려해 이를 비밀로 취급했다. 경성 내 신문·방송에서 관련 소식을 발표하지 않을 뿐 아니라 일본에서 오는 신문도 해당 기사가 실린 경우는 모두 압수했다. 그러나 몰래 단파방송을 듣던 일부 지식인들과《매일신보》사원들은 예외였다. 카이로 선언이 국내에 공공연하게 전해진 것은 만주에서 발행된《다롄신문》을 통해서였다. 당시 이 신문은 일주일 치를 묶어 배편으로 전해졌다.《매일신보》에 근무하던 조용만은 "우리 몇몇 사람이 이 신문을 보고 환성을 올렸지만, 신문사 안에는 스파이들이 많아 조심해야 했다"는 회상을 남겼다.

도가 면담 요청을 해오기까지 여운형과 총독부 사이에 어떤 교섭이 이뤄졌는지 명확히 보여주는 증언이나 기록은 없다. 하지만 강덕상은 10일 이후 여운형이 보인 여러 재빠른 행동으로 볼 때 그날을 "전후해 조선총독부로부터 내밀한 타진을 받은 것으로 보인다"고 추정하고 있다.¹⁹

강덕상의 추정대로 여운형은 일본의 패전에 재빠르게 대비하기 시작한다. 소련의 참전이 알려진 9일 자신을 따르는 건국동맹원들인 이상백·양재하·이동화·이정구·김세용 등 젊은 학자들을 송규환의 집에 모이게 해 장차 맞이할 해방을 위해 정치·경제·문화 전반에 대해 연구하도록 지시했다.²⁰ 10일엔 이천추를 혜화동에 있는 남상일의 자택으로 불러 친일행적이 없고 독립운동에 공로가 있어 이후 건국과정에서 요긴하게 쓰일 인사들의 명단을 정리할 것을 명했다.²¹ 남상일의 집은 조동우·이강국(1906-1956)·최용달(1902-?) 등 건국동맹의 공산주의자 거물들이 출입하던 여운형이 신뢰할 수 있는 아지트였다. 한편, 측근 이만규(1882-1978)에게는 독립선언문을 작성하게 하고 처남-매부 사이인 이여성(1901-?)과 김세용에게는 국호 제정의 건을 맡겼다.²² 여운형은 11일 이만규에게 연합국이 들어왔을 때 제안할 4대 조건을 언급하기도 했다. 다음과 같은 내용이었다.

1. 조선의 해방은 연합군의 선전의 결과라고 보아 감사한다. 그런데 조선민족 자체도 합병 전후부터 금일까지 맹렬히 싸워왔다. 조선인 자체의 피 흘린 공이 큰 것을 저들에게 인식시켜 우리 권리를 주장하겠다.

2. 독립정권 수립에 내정간섭을 하지 말라. 엄정중립을 지켜 방관하는

자세를 취해 달라.

3. 국내 각 공장 시설은 일본인의 것이라 해서 적산으로 삼으면 안 된다. 당연히 조선인의 재산이다.

4. 치안은 조선인에게 맡기라고 주장하겠다.

그러던 8월 14일이었다. 여운형의 평생의 후원자였던 이임수*는 이 무렵 경성 헌병대사령부에 수감돼 있었다. 이임수의 아들 이란(1925-2011)**은 이날 아버지의 사식을 넣기 위해 평소 안면이 있던 나가사키 유조長崎祐三 경성사상범보호관찰소장***을 찾아갔다. 나가사키는 경성의 모든 사상분자들을 감시하면서 언제든 구금 명령을 내릴 수 있는 무시무시한 권한을 가진 인물이었다. 그는 이란에게 "아버지 사식 넣을 필요가 없다. 내일 아버지가 나올 것"이라고 말했다. 그러더니 옆에 있는 배급용 세숫비누를 몇 개 주워다 가져다 쓰라고 권했다.

이란은 놀란 마음에 계동 여운형의 집을 찾았다. 그에게 "내일 일본이 망한다는데 무슨 꿍꿍이가 아니냐"고 물었다. 여운형은 며칠 전부

* 이임수는 여운형을 평생 추종하며 후원했던 측근 중의 측근이었다. 그는 경성의전 1회 졸업생으로 춘천에서 병원을 운영하며 《조선중앙일보》 사장이던 여운형과 인연을 맺었다. 여운형과 이임수는 '소울 메이트'라 부를 수 있을 정도로 각별했다. 이란에 따르면 홍천 가리산으로 함께 사냥을 나갔다가 이임수가 미끄러져 다리를 다치자, 여운형이 90kg이 넘는 거구를 들쳐 업고 수십 리 산길을 내려왔다고 한다.

** 이란은 춘천고보 2학년 때 부친이 운영하던 관동의원에서 여운형으로부터 가르침을 받곤 했다. 이와 관련해 동창생 11명과 항일 독서모임인 상록회를 만들어 활동했다는 이유로 3년간 징역을 치른 바 있다.

*** 나가사키는 조선의 독립운동가(사상범)들을 한데 모아 관리하기 위해 1940년 12월 만들어진 야마토주쿠의 경성지부장을 겸임했다.

터 이 날을 손꼽아 기다렸던지 마침 말끔하게 이발을 한 상태였다. 그는 신이 나서 이란에게 말했다.

아, 틀림없어. 내일 일본이 항복해. 나가서 결사대를 조직하라.[23]

#02
소련군이
내려온다

총독부의
8·15

대승이라고 하여 민간에

술·설탕까지 특배했지만,

그것은 전혀 거짓말입니다.

우리 해군이 거꾸로

전멸당했습니다.

─ 이하라 준지로

기묘한 회의

조선총독부가 패전이 임박했다는 사실을 공식적으로 파악한 것은 1945년 벽두였다. 이 무렵 조선총독부 총독관방*에서 가야마 가에 이香山夏永란 창씨명으로 조사과장을 맡고 있던 최하영崔夏永(1908-1978)은 그 '기묘한' 회의가 열린 날을 1945년 1월 14일**이라 기억했다.

회의가 소집된 것은 당일 오전이었다. 예정에 없던 회의가 '별안간' 소집된다는 소식을 전해준 것은 같은 총독관방에 속해 있는 문서과장이었다. 그는 "오늘 회의에는 종이나 연필도 가져오지 말고 회의 내용에 대하여 가진 소신 외에는 일체 잊어버리고 외부에 누설해서는 안된다"고 주의를 줬다.

당시 조선총독부의 국장회의(한국의 장관급회의에 해당)는 매주 화·금

---

* 조직 내 전체 업무를 총괄하는 총무와 비서 기능을 포함한 부서.
** 원문엔 수요일로 표기돼 있지만 1945년 1월 14일은 일요일이었다. 오기로 추정된다.

에 열리고 있었다. 어제 회의를 마쳤는데, 일정에 없던 회의가 하루 만에 다시 잡힌 것이다. 최하영은 의아해 하며 회의실로 들어섰다. 아베 총독, 엔도 정무총감을 위시한 총독부 각 국장과 총독관방에 속하는 문서과장·조사과장·인사과장·정보과장 등이 하나둘씩 들어와 자리에 앉았다.

오전 10시 20분. 아베 총독과 각 국장이 열석한 자리 옆에 군복을 차려 입은 두 남자가 앉아 있었다. 이후 도쿄 재판에서 A급 전범으로 기소돼 교수형에 처해지는 이타가키 세시로板垣征四郎(1885-1948) 조선군사령관*과 그 밑의 '넘버2'인 이하라 준지로 참모장이었다. 엄숙한 표정을 짓고 있던 이타가키 대장은 곧 자리에서 일어나 "오늘 회의를 빌려 금년 대본영 최고작전방침**을 설명 드리겠다"고 말했다.

이어 발언권을 얻은 이하라 참모장은 총독부 핵심 관리들 앞에서 충격적인 사실들을 쏟아내기 시작했다.

사령관의 명에 의해 대본영 최고작전방침을 설명드리겠습니다. 소위 대만해협해전 대승이라고 하여 민간에 술·설탕까지 특배했지만, 그것은 전혀 거짓말입니다. 우리 쪽 해군이 거꾸로 전멸당했습니다. 일본 해군에는 현대 전투함 2척과 항공모함 3척밖에 남지 않았고, 그 중

---

* 조선군은 1945년 2월 직접 전투를 수행하는 야전부대인 제17방면군과 병참업무를 담당하는 조선군관구라는 이원 체제로 전환됐다.
** 대본영은 일본제국 육해군의 최고 통수기관이다. 대본영은 1945년 1월 20일 '본토결전'을 예상하고 제국육해군작전계획대강을 책정했다. 이타가키가 언급한 '최고작전방침' 역시 이를 일컫는 것으로 추정된다.

3척은 도크에서 수선 중에 있고 행동할 수 있는 나머지 군함 2척도 그나마 연료가 없어 세토나이카이해 구석에 숨어 있는 상태입니다. 그러므로 이제는 나가서 하는 전쟁이 아니고 적이 국토에 쳐들어오는 것을 기다리는 것으로 그 양상이 급변했습니다. 일본 본토의 요새포나 야포는 탄환 하나 똑바로 나가는 것이 없습니다. 우수한 무기는 모두 스마트라, 버마, 중국에 나가 있고 이것을 도로 국내에 실어 오려고 해도 수송선이 거의 없습니다. (…) 개전 초 우리는 연 530만 톤의 제철능력이 있었으나 금년은 육해공군 모두 합해서 철의 생산량을 1만 톤으로 작정했습니다. 이제는 비행기나 탱크, 대포도 만들 수 없고 1만 톤의 철로서 죽장에 끼는 촉, 일본도, 소총탄환밖에 만들 수 없게 되었습니다. 그러므로 반도에서는 소위 초토전술을 멀지 않아 개시할 준비를 행정부에서 해주시기 바랍니다. 질문이 있으시면 하기 바랍니다.

이하라 참모장의 충격적인 발언에 총독부 관료들은 할 말을 잃었다. 아베 총독은 아예 창백해진 얼굴을 책상 위로 푹 숙이고 말이 없었다. 회의에 참석한 다른 이들도 "이 엄청난 사실 앞에" 아무 말도 꺼낼 수 없었다. 침통한 정적 속에 2-3분의 시간이 흘러갈 뿐이었다. 침묵을 깬 것은 다시 한번 이하라 참모장이었다.

사태가 너무 이상하므로 질문이 없는 것으로 추측합니다. 그러면 여러분이 가장 묻고 싶은 문제에 대해 내가 자문자답하겠습니다. 여러분이 가장 묻고 싶은 것은 이 전쟁의 귀추일 것입니다. 그러나 나는 전쟁 기술자인 동시에 천황의 말 앞에 생명을 던져야 하는 사람입니다. 그런 입장에서 말씀드리면, 단지 '가미카제神風(기적)'가 있기를 바랄 뿐입니다. 그리고 전쟁의 종말은 언제 날 것이냐? 전쟁 기술자로서 추산한다면, 잘 버티면 내년(1946년) 3월, 빠르면 금년 10월말에 종말이 있을 것으로 생각합니다.'

최하영은 그로부터 23년이 지난 1968년《월간중앙》8월호에 침통한 공기로 가득했던 이날의 충격적인 회의 광경을 생생하게 묘사했다. 그의 말대로 총독부의 핵심 관계자만 참석한 '극비회의'였기 때문에 이 모임의 존재를 증명하는 기록을 발견할 순 없다. 당시 이 자리에 참석한 조선인은 최하영과 엄창섭嚴昌燮(창씨명 다케나가 가즈키武永憲樹) 학무국장 둘뿐이었을 것으로 추정된다. 최하영은 이하라 참모장에게 들은 이 보고가 "한반도에서 최초로 들었던 일본의 패전 예고"였다고 회상했다.

총독부의 고민

시간은 흘러 8월에 접어들었다. 조선총독부 경무국이 '일본이 곧 항복한다'는 충격적 사실을 파악한 것은 일본 정부의 '공식 통보'가 아닌 10일 청취한 단파방송을 통해서였다.² 경무국은 이날 일본 정부가 "천황의 국가통치 대권이 침범되지 않는다"는 조건 아래 일본에게 무조건 항복을 요구한 포츠담 선언을 수락하겠다는 의사를 연합국에 공식 통고했음을 알았다. 일본이 항복한다면, 1943년 12월 미·영·중 3개국이 선포한 '카이로 선언'에 따라 조선은 일본의 통치에서 벗어나 독립될 것이었다. 또 포츠담 선언에 따라 조선 내 일본군은 곧 진주하게 될 연합군에게 무장 해제(9조)되고, 일본 본토가 아닌 조선 내 일본의 주권은 상실(8조)될 것이었다. 하지만 구체적으로 어떤 과정을 통해 이 어마어마한 일들이 시행될지 누구도 명확히 예측할 수 없었다. 확인해야 할 문제가 한두 개가 아니었다.

첫 번째, 그리고 가장 중요한 문제는 미국과 소련 중 누가 조선을 점령할 것인가였다. 미소는 각각 자본주의와 공산주의라는 상이한 체제를 가진 국가였다. 누가 조선을 점령하는가에 따라 총독부와 일본인들의 운명이 크게 달라질 수밖에 없었다.

두 번째는 점령 방식이었다. 머잖아 조선에 입성하는 연합군이 기존 통치기구인 총독부를 즉시 해체하고 조선인에게 행정권과 치안권을 넘길 수도 있지만, 일정 기간 조직을 남겨둔 채 활용할 수도 있었다. 연합군이 총독부를 일정 기간 존치시킨다면, 패전의 혼란 속에서도 일본인의 생명과 재산을 어느 정도 안전하게 지켜낼 수 있을 터였다.

세 번째는 한반도에 30여 년 이상 뿌리 내리고 살아온 70여만 일본 민간인들의 지위 문제였다. 이들 중 상당수는 이미 한반도에 깊게 뿌리를 내린 채 살아와 조선을 태어나고 자란 '고향'이라 생각하고 있었다. 적지 않은 재조在朝 일본인들은 패전 후에도 자신들이 한일병합 이전처럼 '해외 거류민' 자격으로 조선에 거주할 수 있을 것이라 기대했다.

마지막은 가장 중요한 치안 문제였다. 조선인들이 해방의 기쁨에 못 이겨 일본인들을 상대로 대거 보복에 나선다면, 대규모 유혈참사가 발생할 수도 있었다. 이처럼 복잡한 난제가 도사리고 있는데도 패전을 앞둔 극도의 혼란으로 '내 코가 석자'였던 일본 정부는 총독부에게 도움이 될 만한 지침은커녕 일본이 항복을 결심했다는 소식조차 전달하지 못하고 있었다.

최하영은 엔도 정무총감이 자신을 불러낸 날을 일본이 연합국에게 항복 의사를 전한 바로 다음 날인 11일이라고 기억했다. 최하영은 지난 5월 인사에서 조사과장에서 농상과장으로 보직을 옮긴 뒤였다. 경무국이 전날 밤 "일본이 포츠담 선언을 수락한다"는 중대 소식을 확인한 이튿날이었으니 엔도 역시 이 사실을 파악하고 있었을 것이다. 엔도는 최하영에게 다짜고짜 "전쟁의 귀추를 어떻게 생각하느냐"고 물었다. 당황한 최하영은 "필승의 신념만 견지하면 어떻게든 타개될 것"이라는 '모범 답안'을 내놨다. 엔도는 "그런 형식적인 얘길 들으려 자네를 부른 것이 아니다"며 말을 잘랐다. 그 말에 최하영은 숨겨왔던 속내를 털어 놓는다.

> "지난 14일의 회의에서 대본영 방침을 들은 바와 같이 금년이나 내년 봄이면 종전이 되는 것 아닙니까. 제가 맡은 행정을 통해 보아도 전쟁은 오래 지탱될 수 없는 것 같습니다. 총감께서는 여기에 대하여 대처하는 방법을 구상하시는 게 좋겠습니다."
> "근본방침을 어떻게 하는 게 좋을까."
> "카이로 회담의 내용과 같이 전쟁이 종결되면 조선은 해방이 된다고 합니다. 해방이 무슨 뜻인지는 잘 모르지만, 전쟁이 끝나면 일본인과 조선인은 헤어지는 것 아닙니까. 그러면 둘 사이에 불필요한 유혈사태

는 방지해야 합니다. 해방이 되면 일본인은 조선인에게 잘 건국해 나가라고 인사하고, 조선인은 일본인에게 잘 건너가라고 인사하는 장면을 만들어야 되지 않겠습니까. 이를 위해 총독부 방침을 180도 전환해야 합니다. 지금까지 일본인을 위주로 한 조선통치 방침을 내일부터라도 조선인 위주로 바꾸고 일본인은 여기에서 어느 정도 분리를 감수해야 합니다. 이것을 최고 방침으로 한다면 다른 문제는 자연히 풀릴 것이 아닙니까."[3]

둘 사이 대화는 약 한 시간 정도 이어졌다. 얘기를 마치고 나니 오전 11시 반이 되어 있었다. 정무총감 앞에서 '일본의 패전'이란 속내를 드러냈으니 그 자리에서 목이 떨어져도 어쩔 수 없는 상황이었다. 얼마나 긴장했는지 방으로 돌아와 입고 있던 러닝셔츠를 손으로 짜니 땀이 뚝뚝 떨어질 정도였다.

조금 뒤 니시히로 경무국장이 최하영을 불러냈다. 총독부 경무국장은 식민지 조선의 치안을 총책임지는 요직으로 총독부의 사실상 '넘버 3'에 해당하는 자리였다. 그 때문인지 조선총독이 현지로 부임할 땐 2인자인 정무총감과 3인자인 경무국장을 직접 뽑아 데려오는 게 전통처럼 되어 있었다. 니시히로 역시 미야자키현 지사를 지내다 아베 총독의 부임과 함께 1944년 7월 조선에 건너왔다. 니시히로는 경무국 과장 넷과 함께 최하영을 일본 요릿집에 데려갔다. 그는 조선인에게 통치권*을 어느 정도 이양한다면 누구에게 하는 게 좋은지, 직접 교섭의

---

* 최하영은 통치권이란 표현을 사용했지만 실제로는 '치안권'이었을 것이다.

중간역할을 해줄 수 있는지 등을 물었다.

　잠시 당황하던 최하영은 자신의 도쿄제대 선배인 박석윤(1898-1950)을 추천했다. 3·1독립선언문을 작성한 육당 최남선(1890-1957)의 매제였던 박석윤은 도쿄제대 법학부를 졸업한 뒤《매일신보》부사장을 거쳐 만주국 주폴란드 대사를 지낸 경력을 가진 인물이었다. 그는 1932년 말부터 1935년까지 만주의 항일무장 세력에 궤멸적 타격을 입히게 되는 '민생단 사건'의 씨앗이 된 민생단*의 조직자이기도 했다. 여운형이 이끈 건국준비위원회 서기국에서 활동했던 이동화는 박석윤에 대해 "소위 친일파 거두 중의 한 사람이었지만, 일제 말기에는 자기 과거에 대한 일종의 속죄의식을 가지고 조국과 겨레에 도움이 되기 위한 견마지로를 아끼지 않았다"⁴고 회고했다. 박석윤 본인도 해방 무렵 여운형에게 "나는 친일파로서 어떤 처벌을 받는대도 감수할 생각이다. 그러나 나에게도 여기가 내 조국이며, 내 고향"⁵이라는 고백을 남겼다.

　일본 정부는 10일 항복 의사를 밝혔지만, '천황의 지위'를 분명히 보장받아야 한다는 군의 강력한 반발에 밀려 나흘이나 시간을 허비했다. 그러는 사이 소련의 본격적인 조선 상륙이 시작됐다. 소련은 9일 자정을 기해 나진과 웅기 등을 침범한 뒤, 13일 오전 10시 30분께 한반도 북동부 주요 항구인 청진항 앞에 모습을 드러냈다. 이들은 치열한 함포 사격을 가한 뒤 항구 쪽으로 본격적인 상륙 작전을 감행했다. 일본

---

* 민생단은 1932년 2월 간도에서 결성된 친일 조선인 단체로, 한때 일제에 반대했던 일부 민족주의자들까지 참여한 정치조직이었다.

군은 맹렬히 응전했지만, 병력과 장비에서 밀려 상륙을 허용할 수밖에 없었다.[6] 소련군이 일본군의 저항을 물리치고 청진을 점령한 것은 16일, 전투행위가 완전히 끝난 것은 19일 저녁 무렵이었다.

하지만 패전을 앞둔 극도의 혼란 속에서 실제 전투가 벌어지고 있는 현장과 경성 사이의 의사소통은 원활하게 이뤄지지 못하고 있었다. 총독부 수뇌부는 청진에 상륙한 소련군이 기차를 타고 남하한다면 '빠르면 20시간' 안에 경성에 도착할 수 있다고 판단했다. 소련군이 경성에 입성하면 서대문 형무소 등에 수감돼 있던 공산주의자들을 대거 석방해 조선에 공산 정권을 수립할 것이 불 보듯 뻔했다. 이에 부화뇌동한 조선인들이 70여만 일본 민간인들에게 위해를 가하면 어떻게 될 것인가. 엔도와 니시히로는 머잖아 닥쳐 올 최악의 상황을 우려하며 머리를 감쌀 수밖에 없었다.

조선 치안의 총책임자인 니시히로는 서둘러 결단을 내려야 했다. 피해를 조금이라도 줄일 수 있는 길은 적극적인 선제대응뿐이었다. 일본의 패전이 확인되는 대로 형무소에 갇혀 있는 조선인 정치범과 사상범을 석방하고, 신뢰할 수 있는 조선인 유력자에게 치안 협조를 구하기로 마음을 굳혔다. 니시히로가 교섭 대상으로 머리에 떠올린 인물은 여운형·안재홍·송진우 등 3명이었다.[7]

8월 14일 밤, 마침내 일본제국의 운명이 결정됐다. 일본의 국책 통신사였던 《도메이통신同盟通信》 경성지국은 이날 밤 11시께 일본이 포츠담 선언을 최종 수락하며 무조건 항복했다는 사실을 확인했다. 그와 함께 15일 정오 천황이 육성방송을 통해 전 국민에게 낭독할 조서 전문이 전달돼 왔다.[8] 이 중대 소식을 확인한 《도메이통신》 경성지국은

곧바로 총독부의 니시히로 경무국장과 제17방면군의 이하라 참모장*에게 통보했다.[9]

대세가 정해졌으니, 준비했던 대책을 실행해야 했다. 니시히로는 곧바로 엔도가 머물고 있는 정무총감 관저를 찾아가 "사태 수습을 위해 조선 각 형무소에 갇힌 정치범·사상범을 석방하고, 조선인의 손으로 치안유지를 하게 하자"고 건의했다. 엔도는 동의했다. 그에겐 평생 잊을 수 없는 '트라우마'가 있었다. 그는 26년 전 3·1운동의 열기를 현장에서 목격한 인물이었다. 조선 민중들이 분노할 경우 얼마나 무서운 에너지를 발산하는지 잘 알고 있었다. 70여만 일본인의 생명과 재산에 치명적 위협이 될 수 있는 조선인의 유혈 폭동을 무슨 수를 써서라도 막아야 했다.

엔도는 즉시 니시히로 경무국장, 나가사키 경성사상범보호관찰소장, 미즈노 시게카쓰水野重功 경성복심법원 검사장, 다카치 시게루토高地茂都 조선헌병대 사령관 등으로 구성된 치안 관계자 회의를 소집했다. 조선인 정치범을 석방하고, 신뢰할만한 조선인에게 치안 협력을 구하려면 실무 준비 등을 위해 기관 간 조율이 필요했기 때문이다. 이 작

---

* 10일 단파방송을 통해 정세 흐름을 파악하고 있던 니시히로와 달리 본토결전에 대비하고 있던 이하라에게 일본의 항복 소식은 아닌 밤의 홍두깨였다. 이하라는 이때 받은 충격이 상당했는지 1966년 10월 13일 조선문제연구회와 좌담회에서 "내가 이 사실(일본의 패전)을 안 것은 전날 밤 오후 10시였다. 《도메이 통신》으로부터였다. 육군성이나 해군성이 아니라 《도메이통신》의 도쿄지국장이 나에게 전화를 걸어왔다"고 증언했다. 그는 항복 소식을 전해 들은 뒤 고즈키 요시오上月良夫(1886-1971) 사령관에게 찾아가 "이렇게 됐으니 내일 준비를 하자"고 조언할 수밖에 없었다.(井原潤二郎,〈朝鮮軍参謀長時代を語〉,《東洋文化研究》6호, 2004, 363쪽)

조선총독부 청사(1980년대)

업이 마무리된 것이 15일 오전 3시께였다.

그에 앞서 엔도는 나가사키에게 전화를 걸었다. 소련군이 곧 경성에 진입하는 절체절명의 위기 속에서 총독부가 선택한 인물은 여운형이 었다. 그는 나가사키에게 15일 오전 6시 여운형과 함께 총감관저로 오도록 지시했다. 니시히로가 떠올렸던 3명의 인사 가운데 여운형이 최종 낙점된 것이었다.

엔도는 그로부터 12년 뒤인 1957년 8월 일본 언론《국제타임스國際タイムス》와의 인터뷰*에서 여운형을 선택한 이유에 대해 "당시 조선민중 사이에 명망도 높고, 과거 독립운동의 경력으로도, 그리고 나와 깊은 우정의 연도 있고 내가 평소 씨의(그들의 - 인용자) 민족운동에 대한 이해와 존경의 마음을 갖고 있었던 점"을 꼽았다. 엔도가 언급한 '깊은 우정의 연'이란 그가 정무총감으로 부임한 뒤 여운형을 대중평화공작에 활용하기 위해 여러 협의를 거듭했다는 사실을 의미하는 것으로 보인다. 여운형의 측근으로《여운형 평전》을 쓴 이기형에 따르면, 엔도는 1945년 5월 여운형이 머무르고 있던 양주 봉안에 찾아온 적이 있었다.

* 엔도는 당시 상황을 다음과 같이 증언했다. "먼저 내가 생각했던 것은 일본의 항복과 동시에 일시적이라도 조선에 무정부 상태가 이어질 것을 우려해 민중의 안녕·질서를 어떻게 지키는가가 제일의 목적이었다. 나는 대정 8년(1919년) 3월 1일 독립만세운동의 정황과 조선민중의 마음 속에 숨어 있는 독립의 열망을 알고 있었다. 만약 해방된 기쁨에 따른 흥분에 넘쳐 무질서한 폭동이 일어나지 않을까 하는 우려가 상당히 있었기 때문에 날짜는 확실히 기억나지 않지만 13일(14일의 오기로 추정된다 - 인용자) 경무국장을 중심으로 최고재판소 검사장, 헌병대장 등 치안관계자 회의를 소집해 그 대책을 토의했다. 거기서 당시 조선민중 사이에 명망도 높고 과거 독립운동의 경력으로도 그리고 나와 깊은 우정의 연도 있고 내가 평소 씨의 민족운동에 대한 이해와 존경의 념을 갖고 있던 여운형씨에게 치안문제에 대해 책임을 져 달라고 요청했다."

그는 이 자리에서 "여 선생이 중국으로 가서 일중화평의 실현을 위하여 충칭 정부와 교섭을 하되, 만일 그것이 여의치 않을 경우에는 옌안으로 가서 팔로군 당국과 접촉하여 일본과 팔로군 사이 국지적 화평이라도 실현시켜달라"고 요청했다. 여운형은 이를 완곡히 거절했다.[10]

엔도는 7월에도 여운형을 불러 조선의 치안문제와 학생들의 사상격화에 대한 대책을 물으며 협조를 부탁했다. 여운형이 학생들에게 관대한 처분을 조언하자, 엔도는 "이 말이 세간에 나가지 않도록 해 달라. 그대의 말대로 실행해 볼까 하는 생각이 있는데, 그대의 말을 듣고 행하였다 하면 내게나 그대에게나 유익한 바가 없게 될 것"이라고 말했다. 그러자 여운형은 엔도의 요청에 따라 방위·치안·사상·식량에 대한 짧은 논문을 써준 일이 있었다. 이후 여운형의 조언대로 일부 학생들은 석방되고 일부 학생들은 가벼운 처벌을 받았다.[11] 이 같은 사실을 기초로 강덕상은 "대중 평화교섭을 위한 협의를 거듭하며 쌓인 (둘 사이의) 개인적 신뢰관계"[12]가 엔도가 여운형을 선택하게 된 핵심 이유라고 지적했다. 그런데 뒤에서 살펴겠지만 총독부 관리들이 접촉했던 것은 여운형만이 아니었다. 우익 인사들은 총독부 당국이 송진우에게도 치안협력을 구했다는 사실을 공개하면서, '누가 먼저 요청을 받았는가'라는 사실은 해방 직후 좌우익 간 자존심을 건 '대논쟁'으로 비화된다.

여운형-엔도 회담

15일 한반도의 해방을 축하해 주는 "유난히도 붉고 빛나는 아침 해"[13]

가 떴다. 이날 하루 평균 기온은 27.2도였고, 오전 하늘에는 구름이 끼어 있었다. 하지만 일본 천황의 항복방송이 이뤄진 뒤인 오후 3시 무렵엔 구름이 걷히고 쾌청해졌다.[14]

여운형과 엔도의 회담이 이뤄진 정확한 시각은 자료마다 조금씩 다르다. 총독부 관리의 증언이 바탕이 된 모리타 요시오森田芳夫*의 역작 《조선 종전의 기록》을 보면, 여운형이 오전 6시 30분께 나가사키 소장, 백윤화 경성지방법원 판사와 함께 야마토정大和町(현재 충무로)의 총감관저를 방문했다고 기술돼 있다. 나가사키와 백윤화는 여운형이 엔도 등 총독부의 고위 관계자와 만날 때마다 단골로 동석해 온 인물들이다. 나카가시는 요시찰 인물인 여운형의 동태를 파악해야 하는 책임자였고, 백윤화는 일본어에 서툰 여운형을 돕기 위한 통역이었다.

하지만 15일 새벽까지 여운형과 함께 있던 여운홍은 회고록에서 아침 7시 당시 조선의 유일한 자동차 정비공장인 을지로 6가 경성서비스 정형묵이 "이런 날이 올 것을 미리 예상하고 준비해 두었던" 차**가 도착했고, 이 차를 타고 여운형이 오전 7시 50분에 출발했다고 적었다.[15]

---

* 모리타 요시오는 1910년 히로시마에서 태어난 뒤, 약재상을 하던 아버지와 함께 조선으로 이주했다. 군산공립소학교, 경성중학교를 거쳐, 1937년 4월 경성제국대학에 입학해 조선사를 전공했다. 종전 후 외무성에서 근무한 모리타는 퇴임 후 1975년부터 1979년까지 성신여자사범대학(현 성신여자대학교)에서 일본어를 가르쳤다. 그는 자신이 한국어를 열심히 공부한 것에 대해 8월 16일 한국인들이 '만세! 만세'라고 해방을 기뻐하고 자축하는 모습을 보며 깊이 반성했기 때문이라는 증언을 남겼다. 1992년 심부전으로 타계했을 때 성신여대 제자들이 집으로 찾아와 〈스승의 노래〉를 부르며 그를 애도했다.

** 여운형이 숨지는 날까지 애용했던 링컨 자동차였다. 여운형은 1947년 7월 19일 이 차를 타고 미군정의 3인자인 민정관 E.A.J 존슨을 만나러 가다 스무 살 청년 한지근의 총에 맞아 숨졌다. 여운형 암살 사건의 정확한 배후는 아직도 명확히 드러나지 않았다.

회담 현장에 있었던 이는 여운형·엔도·백윤화·나가사키·니시히로 등 5명이다. 일본 측 당사자의 증언을 토대로 모리타가 기록한 둘의 대화는 다음과 같다.

> 엔도: 오늘 12시 포츠담 선언 수락과 관련한 조칙이 나온다. 적어도 17일 오후 2시께까지는 소련군이 경성에 들어올 것이다. 소련군은 먼저 일본군의 무장해제를 한다. 그리고 형무소에 있는 정치범을 석방할 것으로 보인다. 그때 조선 민중이 부화뇌동하여 폭동을 일으키면 양 민족이 충돌할 위험이 있다. 그런 불상사를 막기 위해서 미리 형무소의 사상범과 정치범을 석방하고 싶다. 연합군이 들어올 때까지 치안 유지는 총독부가 하지만, 측면에서 협력해 주기 바란다.
> 여운형: 기대에 따르도록 노력하겠다.

이어 니시히로가 방으로 들어왔다. 니시히로는 여운형에게 사상범·정치범을 석방하기 전에 이들이 망동을 하지 않게 다시 한번 강조해 달라고 부탁했다. 또 민중 가운데 특히 청년·학생이 폭동의 중심으로 변할 가능성이 있으니 냉정함을 유지하도록 설득해줄 것 등을 요청했다. 엔도는 여운형에게 안재홍에게도 "치안유지에 협력해 줄 것"을 전해달라고 부탁했다. 이어 니시히로와 여운형의 대화가 이어졌다.

> 니시히로: 치안유지협력에 필요하다면, 조선인 경찰관을 당신 밑으로 가져가도 좋다.
> 여운형: 식량문제는 어떻게 되는가.

니시히로: 10월까지는 충분하다.

여운형: 치안유지법으로 잡혀 경찰서·헌병대에 유치돼 있는 (미결수들
도) 석방해달라.

니시히로: 그건 물론이다. 형무소에 있는 사람들도 석방하는 판에….

여운형: 집회금지 조처도 풀어주기 바란다.

니시히로: 약속한다.

여운형: 석방되는 이들에게 성실하게 건국을 위해 노력해 달라고 내가
한마디 하겠다.

니시히로: 알겠다.

회합을 마친 뒤 여운형은 수많은 조선인 독립운동가를 탄압했던 경
무국장 니시히로에게 마지막이 될 수도 있는 인사를 건넸다.

"건강을 빈다."[16]

이 무렵 여운홍은 계동에서 형이 돌아오길 눈이 빠지게 기다리고 있
었다. 지난 새벽에 지시한 신문사·방송사 접수 문제와 관련해 "구체적
인 지시가 있기를" 기대해서였다. 여운형이 모습을 드러낸 것은 아침 8
시 50분께였다.

흥미로운 것은 뒤따라 들어온 인물이었다. 산전수전을 겪은 노장 공
산주의자로 꾀가 많아 공산운동계의 조조라 불리던 정백(1899-1950)
이 모습을 드러낸 것이다. 여운형은 1분1초가 아까운 이 시간에 정백
과 20분 넘게 무엇인가를 골똘히 상의했다.

정백은 1922년 《신생활》 잡지를 통해 등장한 뒤 1923년 김사국·이
영 등과 함께 서울청년회 간부로 활동했고, 1924년 11월 서울계 공산

당에 참여해 총 6년 4개월을 복역한 서울파에 속하는 골수 공산주의자였다.《동아일보》1937년 6월 29일 지면에서 그가 조선공산당 재건 활동을 펼친 죄로 전주형무소에서 3년 복역을 마친 뒤 17일 출감해 고향인 강원도 금화로 떠났다는 기록을 확인할 수 있다. 이후 해방 무렵까지 광산업에 종사한 것으로 전해진다.

정백은 이 무렵 같은 계동에 위치한 공산주의자 장일환(1898-?)의 집에 묵고 있었다.[17] 여운형이 엔도를 만난 직후 귀가하며 정백을 데리고 들어와 무언가를 논의했다는 것은 해방 직후 정계를 주도하게 되는 건국준비위원회의 진로를 예상케 하는 의미심장한 움직임이었다.

정백이 남긴 〈8월 15일 조선공산당 조직경과 보고서〉에 당시 상황이 기록돼 있다. 정백은 그해 봄부터 여운형·안재홍 등이 추진했던 민족대회 소집 운동에 참여하고 있었다. 이 운동은 총독부의 거절로 실현되지 못했지만 8월 들어 일본의 패망이 가까워 오자 움직임이 재개된다. 정백에 따르면, "여운형, 안재홍은 8월 12일 석방된 정백과 함께 협의하고, 독립에 대한 구체적 정책수립"[18]을 준비했다. 여기서 정백이 맡은 일은 "동아일보파의 송진우와 협력의 필요를 실현"하는 일이었다. 이 증언은 여운형의 건국준비 작업이 건국동맹 등 측근의 범위를 넘어 비타협 민족주의자(안재홍), 공산주의자(정백), 자본가의 이해를 반영하는 개량적 민족주의자(송진우) 등 좌우를 포괄하며 광범위하게 진행되고 있었음을 방증하는 것이다. 하지만 주도권을 쥐어야 하는 것은 어디까지나 여운형과 그 측근들이 중심인 좌파였다.

여운형과 정백의 대화가 길어지자 성질 급한 여운홍이 방 안으로 비집고 들어가려 했다. 마침 둘은 대화를 끝내고 방을 나왔다. 여운홍이 물었다.

"그래서 어찌됐소. 방송국은 접수할까요?"

"정세가 달라졌다. 엔도 말이 조선이 분단되고 미·소 양군이 나누어 점령[*]하리라고 하며, 한강이 경계로 되어 경성은 소련군의 점령지역으로 될 터이라고 하는데,[**] 그러고 보면 우리의 모든 계획이 거기에 따라 변경되어야 하며 방송도 영어로 할 필요가 없을 터이니 서두르지 말고 사태를 관망하면서 신중히 일을 추진해야 하겠다."

　여운형이 언급한 '정세의 변화'란 경성에 미군이 아닌 소련군이 진주할 것이란 엔도의 예측이었다. 여운형은 조선을 36년 동안 지배해온 총독부 2인자의 예측을 신뢰했다. 실제 소련군이 이미 한반도에 진입했다는 것은《매일신보》도 보도한 공공연한 사실이었다. 당시엔 그 누구도 미소 양국이 한반도에 북위 38도라는 점령 분할선을 그었다는 사실을 상상조차 못하고 있었다. 어떻든 소련이 경성을 점령하리라는 엔도의 합리적이지만 섣부른 예측은 이후 해방 정국에 엄청난 연쇄효

---

[*]　모리타의 기록을 보면 엔도는 현재 청진에 상륙한 소련군의 기세를 볼 때 "적어도 17일 오후 2시께까지 소련군이 경성에 들어올 것"이라고 언급했을 뿐이다. 즉 엔도가 이날 밝힌 것은 미소의 한반도 분할 점령이 아닌 소련의 단독 점령이었다. 여운형의 발언을 전하는 여운홍은 엔도가 분할 점령을 언급했다고 적고 있지만, 이는 기억 착오로 추정된다.

[**]　이 시점에선 북위 38도선을 경계로 미소가 남북을 분할 점령한다는 연합국의 '일반명령 제1호'에 대한 최종 합의가 이뤄지진 않고 있었다. 따라서 엔도가 한강을 경계로 조선이 분할 점령될 것이라고 했다는 여운홍의 기록 또한 착오일 것이다. 어쨌든 중요한 것은 조선총독부가 미국이 아닌 소련이 경성에 진입하리라고 예측했다는 사실이다.

과를 불러오게 된다.

한반도의 정치·경제·사회의 중심은 그때나 지금이나 경성이었다. 소련군이 경성을 접수한다는 것은 사실상 조선 전체를 점령한다는 의미였다. 적극적으로 해석하면, 소련의 지원을 받게 될 공산주의자들이 해방 조선의 건국 사업을 주도하게 됐다는 뜻이기도 했다. 여운홍은 1969년 12월 21일 이정식과 인터뷰에서 당시 상황에 대해 "본디 사회주의적 경향을 가진 양반이 더군다나 소련군이 여기 들어온다니까 정백이를 우선 만나서 그 이야기를 한다고 그런 모양"[19]이라고 추측했다.

여운형이 젊은 시절 모스크바를 방문해 체험한 소련은 피지배민족을 배려하는 따뜻한 인터내셔널리즘의 나라였다. 소련의 지도자였던 블라디미르 레닌(1870-1924)은 3·1운동 이듬해인 1920년 조선 독립운동을 위해 200만 루블을 무상원조하기로 결정하고, 그 1차분인 40만 루블을 9월 대한민국임시정부의 모스크바 전권대사이자 한인사회당원인 한형권에게 순금으로 지급했다. 한형권의 회상에 따르면, 이 순금의 무게는 무려 327.6kg나 됐다. 성인 남자 다섯 명 정도의 무게로 커다란 궤짝 7개에 나눠 담아야 했다. 현재 화폐로 환산하면 510억 원에 이르는 어마어마한 금액이었다.[20] 그로부터 이태 뒤 여운형은 1922년 1월 22일부터 2월 2일까지 모스크바에서 열린 동방피압박민족대회에 참가해 레닌과 만나게 된다. 레닌은 그를 따뜻하게 맞으며 "조선은 이전에는 문화가 발달했지만, 현재는 민도가 낮기 때문에 지금 당장 공산주의를 실행하는 것은 잘못이다. 지금은 민족주의를 실행하는 편이 낫다"[21]는 견해를 밝혔다. 여운형의 관점과 일맥상통하는 신중하고 현실적인 판단이었다.

여운형이 방문했던 1920년대 초의 소련은 혁명의 잔열이 남아 있던 따뜻한 온정의 나라였다. 하지만 1945년의 소련은 바늘은커녕 칼로 찔러도 피 한 방울 안 나올 차가운 스탈린이 통치하고 있었다. 어찌됐든 여운형은 이제 곧 소련의 군대가 경성에 진주할 것이라 생각했고, 그 붉은 군대와 함께 조선의 건국을 위해 일로매진하리라 다짐했다.

일본의 항복은 10일일까, 15일일까?

일본이 연합국에 처음 항복의사를 전한 시점은 언제일까. 대다수 한국인은 천황의 항복방송이 울려 퍼진 1945년 8월 15일을 떠올리지만, 실제로는 그보다 닷새 전인 10일이었다.

'일억옥쇄'를 주장하며, 본토결전을 준비하던 일본이 예상보다 빨리 항복을 결심한 것은 두 가지 변수 때문이었다. 첫째는 8월 6일 히로시마, 9일 나가사키에 각각 투하된 원자폭탄의 엄청난 위력이었고, 둘째는 8월 9일 중립조약을 일방 파기하고 소만국경을 넘어 기습해 온 소련군이었다.

소련이 일본에 선전포고 했다는 사실을 정식 공포한 것은 일본 시각으로 9일 아침 오전 4시 모스크바 방송을 통해서였다. 소련의 단파방송에 귀를 쫑긋 세우고 있던 일본 외무성과 《도메이통신》이 이 사실을 처음 확인했다. 소련 침공이라는 경천동지할 소식을 접수한 외무성 라디오실은 도고 시게노리東鄕茂德 외무상에게 즉각 전화를 걸었다. 화들짝 놀란 도고는 옷을 주워 입고 새벽 5시께 스즈키 간타로 총리의 관저를 찾아가 이 충격적인 사실을 전했다. 도고는 낙담한 얼굴로 "이 전쟁은 이 내각에서 끝을 보자"고 말했다. 소련이 참전했으니 이제 더 버틸 수 없다는 고백이었다.

오전 10시 반 일본의 운명을 정하기 위한 최고전쟁지도회의가 열렸다. 스즈키는 "히로시마와 소련 참전이라는 주변 정세를 생각해 볼 때 도저히 전쟁 계속은 불가능하다"며 일본에게 '무조건 항복'을 요구한 "포츠담 선언을 수락해 전쟁을 종결할 수밖에 없다"고 말했다. 냉정한 현실론자인 요나이 미쓰마사米内光政 해군상도 "포츠담 선언을 수락한다면, 이를 그대로 받아들일 것인가, 아니면 거기에 우리가 희망조건을 제시할 것인가에 대해 논의해야 한다"며 단숨에 항복 수락 쪽으로 논의의 물꼬를 텄다.

남은 문제는 '항복의 조건'이었다. 최고전쟁지도회의에 모인 이들의 의견은 둘로 갈렸다. 스즈키 총리, 도고 외상, 요나이 해군상 등 강화파는 '황실유지' 즉 천황제라는 국체를 지키는 조건 단 하나만 걸고 포츠담 선언을 수락해야 한다고 주장했다. 이에 맞서 아나미 고레치카阿南惟幾 육군상, 우메즈 요시지로梅津美治郎 참모총장, 도요타 소에무豊田副武 군령부장(해군참모총장)은 천황제를 지키기 위해서라도 ① 점령은 소범위·소병력으로 실시 ② 무장해제는 일본 자율적으로 진행 ③ 전쟁 범죄자도 일본 스스로 처분이란 세 개 조건을 추가해야 한다고 맞섰다. 특히 육군을 대표하는 아나미 육군상이 강경 의견을 쏟아냈다. 도고의 1개 조건론과 아나미의 4개 조건론이 격렬히 대립한 것이다.

회의 막바지, 두 번째 원자폭탄이 떨어졌다는 소식이 전해졌다. 오전 11시 2분, 나가사키였다. 최고전쟁지도회의가 채 합의에 이르지 못한 상태에서 각료회의가 소집됐고, 밤 10시까지도 의견이 모아지지 않았다. 끝없는 논쟁을 멈출 방법은 천황의 결단밖에 없었다. 자정을 앞둔 9일 밤 황거 내 어문고에서 어전회의가 열렸다. 다시 긴 토론이 시작됐다.

새벽 2시께 스즈키가 마침내 자리에서 일어났다. 그는 옥좌 앞으로 나아가 허리를 굽혀 인사를 올린 뒤, "장시간에 걸쳐 논의를 거듭했지만, 결론이 나지 않았다. 매우 송구스럽지만 폐하의 성단을 바란다"고 말했다. 깜짝 놀란 아나미가 "총리!"라고 외치며 제지했지만 스즈키는 흔들리지 않았다. 기다렸다는 듯 히로히토 천황이 입을 열었다. 그는 잠시 몸을 앞으로 내민 뒤 결론부터 말했다.

"그럼 내 의견을 말하겠다. 외무대신의 의견에 동의한다."

이것으로 국체보지國體保持라는 단일 조건으로 일본이 연합군에 항복하겠다는 국가 방침이 정해졌다. 회의는 오후 2시 20분에 끝났다. 각의를 마친 도고는 급히 외무성으로 돌아왔다. 눈이 빠지게 도고를 기다리던 마쓰모토 슌이치松本俊一 차관에게 "천황의 지위를 변경하지 않는 것"을 조건으로 포츠담 선언을 수락한다는 각의 결정 사항을 전달했다. 일본은 중립국인 스위스·스웨덴을 통해 일본 정부의 항복 의사를 전했다. 외무성이 "제국정부는 1945년 7월 26일 포츠담에서 있었던 미·영·중 3국 정상에 의해 발표됐고, 이후 소련정부가 참가한 공동선언에 나온 조건을, 이 선언이 천황의 국가통치 대권에 대한 변경을 포함하지 않는다는 이해 아래 수락한다"는 전문을 타전한 것은 10일 오전 6시 45분이었다.

하지만 천황이 육성방송으로 '최종 항복'의 뜻을 밝힐 때까지 5일이란 시간이 더 소요돼야 했다.

일본이 10일 연합국에 전달한 것은 "천황의 국가통치 대권에 대한 변경을 포함하지 않는다"는 것을 전제로 한 '조건부 항복' 의사였다. 이는 포츠담 선언이 요구한 '무조건 항복'이 아니었기 때문에 항복이 이뤄지려면 미국 등 연합국이 이 조건을 받아들여야 했다. 천황제를 유지하게 해달라는 일본의 요구에 대한 미국의 응답은 "(항복 뒤) 천황과 일본 정부의 국가통치 권한은 연합군최고사령부의 '제한 아래'(be subject to) 놓이게 된다. 일본 정부의 최종적인 형태는 포츠담 선언에 부합되도록 일본 국민들의 자유롭게 표명된 의사에 의해 수립될 것"이었다. 일본 정부가 절실히 확인하고 싶어하는 '천황제 유지' 여부에 대해선 명확히 답하지 않은 회신이었다.

그러자 일본에서 다시 이 응답을 수락해야 할 것인지를 놓고 치열한 논의가 이어졌다. 12일 오후 3시부터 긴급 각의가 열렸다. 아나미는 "국체보

1945년 9월 2일 USS 미주리호에서 열린 미일 항복 조인식.

지에 대한 명확한 답변이라 할 수 없다"며 미국에 재조회를 해야 한다고 요구했다. 하지만 도고는 "즉시 수락해야 한다"며 맞섰다. 다시 한 번 천황의 결단이 필요했다. 14일 오전 황거 지하 방공호에서 열린 2차 어전회의에서 히로히토는 "이쯤에서 저쪽의 답변을 그대로 받아들여도 좋다고 본다. 내가 직접 국민들에게 호소하는 게 가장 좋은 방법이라면 언제든 마이크 앞에 서겠다"고 말했다.

회의는 정오께 끝났다. 각료들은 점심을 먹고 포츠담 선언을 수락하는 조서 작성을 시작했다. 여기서 또 한번 시간이 지체됐다. 아나미는 원문에 담긴 "전세가 날로 불리해"를 "전세가 호전되지 않아"로 수정을 요구했다. 이렇게 크고 작은 수정에 수정을 거듭한 최종 문안이 오후 7시께 확정됐다. 컴퓨터가 없던 시대였기 때문에 궁내성 직원이 붓으로 깨끗이 정서해야 했다. 이 작업에 한 시간이 걸렸다. 이렇게 만든 안을 오후 8시 반께 천황에게 보일 수 있었다. 천황의 승인을 얻은 뒤 전 각료가 문서에 서명을 마쳤다. 조서의 최종안은 밤 11시께 발표됐다. 외무성은 이 문서를 다시 한번 중립국인 스위스·스웨덴을 통해 연합국에 전달했다.

천황의 육성방송 녹음은 조서의 최종문안이 확정된 뒤인 밤 11시 25분 궁내성 내정청사 2층 정무실에서 이뤄졌다. 첫 녹음에서 목소리가 떨려 불명료한 부분이 있었기에 재녹음이 이뤄졌다. 총 4분 37초였다. 사코미즈 히사쓰네迫水久常 내각서기장관이 기자단에게 내일 정오 방송이 끝날 때까지 조간신문을 '절대' 배달하지 말라고 단속했다.

스즈키는 이튿날인 15일 오전 천황의 자문기관인 추밀원 회의에 참석해 항복방송을 청취했다. 마침내 일본이 연합국에 무조건 항복했다는 사실이 일본과 조선 방방곡곡에 전해졌다. 스즈키는 오후 2시경 각의를 소집해 사직 의사를 밝혔다. 이렇게 일본의 마지막 전시내각은 131일 만에 막을 내렸다.

#03

경거망동을 삼가라

송진우의
8·15

긴박한 이 시국에서

오직 —— 침묵밖에는⋯.

만일 우리가 움직이면 움직일수록

일본의 손아귀 속에

끌려 들어갈 뿐이오. ——

— 송진우

설의식의 단파방송

1922년 5월 《동아일보》에 입사한 뒤 사회부장·편집국장 등 요직을 거친 설의식(1900-1954)이 처남을 통해 단파 라디오를 입수한 것은 1944년 늦은 가을이었다. 신문의 단평 코너 '횡설수설'을 통해 문재를 뽐내던 설의식의 인생에 시련이 찾아온 것은 1936년 8월 일장기 말소 사건을 통해서였다. 당시 《동아일보》 편집국장을 맡고 있던 설의식은 사건에 책임을 지고 퇴사한 뒤, 해방 무렵엔 광산업에 종사하고 있었다.

설의식은 단파 라디오를 갖고 있었다. 이를 통해 미국과 중국의 방송은 물론, 일본어로 송출되는 소련 방송을 들으면서 세계정세에 눈뜰수 있었다. 가장 흥미로운 것은 미국 샌프란시스코에서 전해오는 《미국의 소리VOA》의 조선어와 일본어 방송이었다. 하지만 단파방송에 대한 단속이 엄중하고 처벌이 지독했기에 마음 놓고 들을 수는 없었다. 진실이란 금단의 열매는 위험했지만, 그만큼 달콤했다.'

단파 라디오가 전하는 전쟁의 실상은 일본 대본영 발표를 받아쓰는

《매일신보》 보도와는 딴판이었다. 설의식은 1945년 7월 "홋카이도를 기점으로 (미군의 – 인용자) 함포사격이 시작될 때 벌써 일본의 굴복이 결정적인 것"이 됐음을 깨달았다. 하지만 스스로 '꿀 먹은 벙어리'가 되어 "가슴속으로만 즐거울 뿐"이었다.

세상에 감출 수 있는 비밀이란 없다. 기쁜 일일수록 더 그런 법이다. 일제의 패망이 임박했다는 놀라운 소식을 단파 라디오를 구해준 처남이 알게 되고, 아내가 알게 되고, 동거하는 동생이 알게 되고, 조카가 알게 되고, 어느 틈에는 이웃들까지 알게 됐다. 겁먹은 아내의 강권에 그는 라디오를 지하실 깊은 곳에 감췄다.

8월로 접어들며 전황은 한층 더 심각해졌다. 6일 히로시마에 "전에 없는 과학병기(원자폭탄 – 인용자)에 의한 참혹한 폭격"이 있었고, 9일에는 "북만주 국경에 대기하고 있던 소련군이 선전포고도 없이 진격"을 시작했다.

그러던 10일 이른 아침이었다. 설의식은 평소 친분이 있던 《아사히신문》 경성지국장 이슈인 가네오伊集院兼雄*와 만났다. 이슈인은 뜻밖의 경고를 했다. "불일 내로 대량의 예비검속이 시작될 터이니 그대도 주의하라." 설의식은 총독부의 눈엣가시였던 《동아일보》의 편집국장

---

* 이슈인 가네오는 총독부 기관지 《경성일보》에서 근무하다 《아사히신문》에 스카우트되어 경성지국장으로 활약한 인물이다. 조선의 사정에 정통했기에 엔도 류사쿠 정무총감의 고문 역할도 맡았다. 김을한에 따르면 엔도가 그에게 "조선인의 민심을 잘 무마해 전쟁에 협력케 하려면 어떻게 해야" 할지 조언을 구했고, 그에 대해 "정치적 색채가 없는 순수한 사람들의 총독정치에 대한 솔직한 불만을 다 들어본 뒤 잘못된 것을 시급히 고치는 게 상책"이란 조언을 했다고 한다. 이슈인은 해방 무렵을 살았던 당대 조선인들의 여러 회고에 자주 등장한다.

을 역임한 인물이었다. '요시찰 인물'인 그의 이름이 총독부의 예비검속자 명단에 올라 있는 게 틀림없었다. 이는 뜬소문이 아니었다. 조선총독부는 실제 항복을 이틀 앞둔 13일 제17방면군을 찾아가 계엄령 선포 가능성을 의논하기도 했다.[2]

이슈인의 경고를 들은 설의식은 전쟁이 최후의 국면에 접어들었음을 직감했다. 위험을 감수하고 10일 밤 단파 라디오의 스위치를 켜기로 마음먹는다. 당시 그가 머물던 곳은 혜화동 네거리에 있던 '동본사'의 임원인 임정엽의 집이었다. 동본사는《동아일보》가 폐간된 뒤 회사의 자산관리를 위해 만들어진 법인이었다. 언덕 위에 자리해 주위가 훤히 뚫린 집이었기 때문에 설의식은 다른 때보다 더 긴장할 수밖에 없었다.

설의식은 그 더운 여름날 밤 10시께부터 덧문까지 닫고, 두터운 이불을 덮어쓰고, 땀을 흘려가며 라디오에 귀를 기울였다. 방송은 일본이 연합국에 항복 의사를 전했다는 사실과 거기에 연합국이 어떻게 답했는지 등을 명쾌한 일본말로 전하고 있었다. 그가 들은 것은 특정 언론의 '카더라식' 추측 보도가 아닌 미 국무부의 정식 발표였다. 일본이 항복했다! 설의식은 그 자리에서 소리 내어 울음을 터뜨렸다. 그는 이때의 감상을 "그 순간의 충격과 감격은 실로 형용할 수가 없었다"[3]고 적고 있다.

이튿날인 11일 아침이 밝았다. 뜬눈으로 밤을 새운 설의식은 아침 6시 구한말 지사였던 부친 설태희의 초상 앞에 조선이 해방된다는 사실을 고했다. 그리고 이 기쁜 소식을《동아일보》의 사주인 김성수(1891-1955)와 송진우에게 전하기로 했다.

아직 이른 시간이었지만 설의식은 개의치 않았다. 세상 이치를 따지자면 사장보다는 사주가 먼저였다. 김성수에게 먼저 기별을 넣었지만 수화기를 든 이는 "부재 중"이라며 서둘러 전화를 끊었다. 설의식은 일제가 감시의 눈을 번뜩이고 있음을 직감했다.

다음 차례는 사장 송진우였다. 섣불리 연락했다간 낭패를 당할지 몰랐다. 설의식은 한 가지 꾀를 냈다. 지난 밤 들은 일본 항복에 대한 소식을 종이에 깨알같이 써서 작게 접은 뒤에 송삼(개성인삼) 속에 집어넣었다. 여기에 금삼(금산인삼) 4-5개를 합쳐 약봉지를 만든 다음 원서동 송진우의 집으로 전화를 걸었다. 이번에는 송진우가 직접 받았다. 설의식은 다짜고짜 말을 쏟아내기 시작했다.

병환이 어떠십니까. 출입 못하시겠지요? 절대 안정을 하셔야 합니다. 면회 같은 것도 일절 피하십시오. 좋은 방문方文을 얻었는데 인삼이 듣기에 약을 보내겠습니다. 금삼보다 송삼을 먼저 쓰십시오. 달리 부탁할 일도 있으니 누구든지 댁에 있는 사람을 보내십시오.[4]

설의식은 송진우가 보낸 동본사 사원에게 "매우 중대한 일이니 안방에서 선생께 꼭 직접 전하라"고 몇 번이나 신신당부했다. 소식이 잘 전해졌는지 확인 전화를 넣은 설의식에게 송진우는 "좋은 방문을 얻어 고맙다. 이쿠타(경기도지사)가 만나자고 해서 곧 다녀오겠다"고 답했다. 이어 "나도 접객을 피하고 안정을 할 터이니 소오(설의식)도 건강에 절대로 주의하라"고 말했다. 이 말에 설의식은 서로의 뜻이 이심전심 통했음을 알았다. 일본이 항복한다는 귀중한 정보가 송진우에게 전달된

것이었다.[5]

"대책은 무대책"

송진우는 1921년부터 1940년 8월 《동아일보》가 폐간될 때까지 20년에 걸쳐 이 신문의 사장·주필·고문 등을 역임한 '동아맨'이었다. 3·1운동에 주도적으로 참여해 옥고를 치렀고, 이후 평생의 친구인 김성수가 만든 《동아일보》에 사장으로 취임한 뒤 신문사의 부침에 따라 적잖은 수난을 감내해야 했다.

1940년 8월 신문이 강제 폐간된 뒤, 송진우는 외부 활동을 피한 채 원서동 자택에 칩거했다. 우파 민족주의 인사 대부분이 1930년대 말 수양동우회·흥업구락부 사건*을 겪은 뒤 전향해 몸을 더럽혔지만, 송진

---

* 수양동우회는 도산 안창호가 이끌던 흥사단 계열의 단체로 1926년 1월에 결성됐다. 총독부는 이들이 독립운동을 하고 있다며 안창호, 이광수, 주요한, 조병옥 등 180여 명을 체포했다. 일제 당국의 가혹한 취조로 2명이 사망했고, 안창호 역시 이때 받은 고문으로 이듬해인 1938년 사망한다. 1심에선 전원 무죄 판결을 받았으나 2심에선 주요 구성원들이 징역형을 받았다. 그러나 1938년 11월 이광수 등이 "지성으로 천황에게 충의를 바치자"는 내용의 전향서를 발표한 뒤, 증거 불충분으로 다시 전원 무죄 판결을 받았다. 이 사건 이후 시대의 지성으로 불리던 이광수는 가야마 미쓰로香山光郎로 이름을 바꾸고 볼썽사나운 친일의 길에 들어서게 된다.

흥업구락부는 이승만이 1921년 하와이에서 결성한 독립운동 단체인 동지회를 지원하기 위해 1925년 3월 국내에서 결성된 비밀결사다. 본디 당대 민족주의 지식인들의 집합체였지만, 1932년 이후에는 연 1회 회합하는 유명무실한 상태에 놓여 있었다. 일제는 이 사건으로 검거된 54명 전원을 이례적으로 기소유예 처분했고, 관련자 상당수는 전향을 선택했다. 그때까지 조선 사회에서 어른 대접을 받던 윤치호는 1937년 9월 신흥우·유억겸 등을 불러 전

우만큼은 "이불을 쓰고 누워, 총독부의 온갖 요구를 일체 거절"[6]했다.

《동아일보》폐간에서 조선 해방 사이에 가로 놓인 5년은 '긴 시간'이었다. 송진우는 동아일보사의 청산 작업이 마무리된 뒤엔 간혹 소풍 삼아 경기도 연천 전곡에서 농장관리[7]를 하고 있는 전 주필 김준연(1895-1971), 창동에 터 잡은 변호사 김병로(1887-1964), 조선사학자 정인보 등을 방문하는 것을 유일한 즐거움으로 삼았다.[8]

일장기 말소사건으로 《동아일보》 주필 직에서 물러난 뒤 전곡에 머물던 김준연은 경성에 올라올 때면 자주 송진우의 집에 묵었다. 전라남도 영암 출신인 김준연은 1917년 경기고등보통학교를 졸업하고, 오카야마의 제6고를 거쳐 1920년 도쿄제대 법학부를 졸업한 당대의 엘리트였다. 이후 1922-1924년 독일 베를린대학에서 정치학과·법학을 공부하고 귀국해 곧바로 《조선일보》에 입사했다. 《조선일보》는 "김준연이 새로 귀국해 행장도 끄르기 전에 다시 머나먼 모스크바"[9]로 떠나게 만들었다. 1925년 소일기본조약 체결로 양국 간에 국교가 회복되자 소련이라는 미지의 나라를 조선에 소개하기 위한 모스크바 단기 특파원에 임명한 것이다. 김준연은 4월초 러시아에 도착한 뒤 5월 20일 모스크바를 떠나 6월초에 귀국했다. 그는 이때 취재 내용을 《조선일보》 지면을 통해 50회나 연재했다.

송진우가 이 서른세 살의 엘리트를 《동아일보》 편집국장으로 스카우트한 것은 그로부터 2년 뒤인 1927년 10월이었다. 이 무렵 김준연은

향성명서를 작성한 뒤 "민족자결의 미망을 청산하고 내선일체의 사명을 구현하겠다"고 선언했다.

3차 조선공산당의 최고 책임자인 책임비서직을 맡고 있었다. 그를 둘러싼 수상한 낌새를 눈치 채고 있던 총독부가 송진우를 불러 김준연을 채용한 경위를 물었다. 송진우는 "그는 성격이 온순하고, 학문과 덕망이 있고, 신사상을 이해하는 좋은 사람이어서 썼다"고 답했다.

그러나 일본 고등경찰은 빈틈을 허용하지 않았다. 김준연은 1928년 2월 3차 조선공산당을 뿌리 뽑는 검거 열풍에 휘말려 체포됐다. 이 일로 송진우도 짧게 옥고를 치르게 된다. 그럼에도 송진우는 김준연을 탓하지 않았다. 형무소에서 6년여를 복역하고 1934년 7월 출옥하자 다시 불러내《동아일보》주필로 앉혔다. 이유를 따져 묻는 일본 경찰에게 송진우는 "그 사람에게 직장을 주지 않으면 낭산은 부득이 상하이나 다른 곳으로 망명하게 될 게 아니오. 그렇게 되면 일본에 던질 폭탄을 만들게 될 것"이라고 답했다.[10] 자신을 끝까지 신뢰해준 송진우에게 감동했는지 김준연은 이후 민족주의로 전향한 것은 물론 해방 정국에서 한국민주당 그룹의 핵심 멤버가 되어 옛 좌파 동지들에게 저주의 수사를 쏟아내게 된다. 해방 직후 여운형과 안재홍을 친일파로 몰아대는 한민당의 여러 '격문'은 한때 좌익 투사였던 그가 쓴 것으로 추정된다. 김준연은 훗날 자신의 선택에 대해 "소련의 공산주의적 방식을 버리고 영미의 자유민주주의를 채택하는 것이 조선 사람의 행복을 위하는 길이라고 생각했다"[11]고 적었다.

해방 무렵 국내에 남은 지도층 인사 가운데 일제에 협력하지 않은 이는 여운형·안재홍·송진우 등이 있을 뿐이었다. 송진우에게도 총독부의 집요한 회유 공작이 이어졌다. 송진우는 언젠가 김준연을 붙들고 이렇게 말했다.

낭산(김준연 - 인용자), 이제 일제는 꼭 망하오. 그런데 저희들이 궁박하게 되면 자치를 미끼로 우리를 유혹할 거요. 형세가 악화돼서 더욱 궁하게 되면 독립을 허여한다고 할 거요. 우리는 자치를 준다고 해서 움직여서는 안 되오. 독립을 준다고 해도 응해서는 안 되오. 이때가 가장 위험한 때니까.[12]

둘은 일제는 반드시 망한다는 것과 함께 일본이 항복한 뒤 어떻게 사태를 수습하고 질서를 회복할지에 대해 견해를 주고받았다. 어느 날 자신의 집이 있던 원서동에서 창덕궁 쪽으로 산책에 나선 길에 송진우가 힘줘 말했다.

"낭산, 대책은 무책이오."

송진우는 일제가 항복한다고 조급히 나서 경거망동하기보다 역사의 순리를 따라 행동해야 한다는 명확한 견해를 갖고 있었다. 나름 일리 있는 판단이었지만, 일본이 항복하고 조선이 해방을 맞이하는 격동의 상황에서 지나치게 수동적이고 무책임한 대응이라는 생각을 떨칠 수 없다. 이는 '결정적인 선'을 지키며 일본 정계 인사나 총독부 당국과 아슬아슬한 시국담을 마다하지 않던 여운형과는 '화해할 수 없는' 인식의 격차였다.

1944년 여름으로 접어들던 무렵이었다. 고향인 평택 진위에 내려가 있던 안재홍이 송진우를 찾았다. 이 무렵 안재홍은 여운형과 함께 총독부 고위 관료 등과 접촉하고 있었다. '경거망동'을 경계하던 송진우의 눈에 그런 모습이 좋게 보일 리 없었다. 김준연에 따르면 안재홍은 이 만남에서 송진우에게 민족유심회라는 단체를 만드는 데 도움을 줄

《동아일보》에 3·1운동
7주년 기념사를 게재한 죄로
서대문형무소에 수감된
송진우(1926). 우익·자본가로
대표되는 민족주의 진영에서
송진우만큼 친일 혐의에서 자유로운
이는 드물었다.

1929년, 교토 범태평양 회의에 참석한 우익 인사들(왼쪽부터 백관수,
송진우, 윤치호, 유억겸, 김활란). 백관수와 송진우를 제외하면 모두
친일인명사전에 등재된 바 있다.

것을 요청했다.[13] 동아일보사에서 펴낸 송진우 전기《독립을 향한 집념》은 이 만남을 다음과 같이 묘사하고 있다.

> "고하, 기왕 조선 사람들이 군인으로 나가서 피를 흘리고 있는 바에야 그 피 값을 받아야 할 것 아니오. 그러니 무슨 운동을 일으켜 다소의 권리라도 얻어야 하지 않겠소?"
> "민세, 그게 무슨 소리요. 긴박한 이 시국에서 오직 침묵밖에는…. 만일, 우리가 움직이면 움직일수록 일본의 손아귀 속에 끌려 들어갈 뿐이오."
> "고하는 참 로맨틱도 하시오. 침묵만 지키고 있으면 이승만 박사가 미국 군함이라도 타고 인천 항구로 들어올 듯싶소?"
> "그건 안 될 말이오. 피는 딴 사람이 흘리고, 그 값은 당신이 받는단 말이오?"[14]

상대편인 안재홍의 회고는 맥락이 사뭇 다르다. 안재홍은 1944년 가을 '민족주의자 중진인 모씨(송진우)'와의 시국 회담을《신천지》(1948년 7월호)에 실린 〈민정장관을 사임하고〉라는 글에서 공개했다. 안재홍은 송진우를 찾아와 일본의 패망은 이제 시간문제인데 "조선인이 경솔하게 행동할 경우 무기를 쥐고 있는 일제 군대를 자극해 무용한 유혈참극이 발생할 수 있"으니 이를 방지해야 하고, "각각 국제적 세력을 배경으로 삼는 민(민족주의)·공(공산주의)진영의 대립 상쟁이 올 것을 예상"할 수 있으니 미리 "국내에 있는 양심적 부대, 그 주력 역량을 결성해" 이 시국을 구제할 필요가 있다고 강조했다. 안재홍이 언급한 '국내에 있는 양심적인 주력 역량'이란 이후 그와 여운형이 중심이 돼 만드는 건국준비위원회 같은 단체를 의미하는 것처럼 느껴진다. 그러나 송진우는 이런 적극적 대응에 동의하지 않았다. 그의 반론은 이러했다.

> 지금 미국은 전 세계를 영도하고 있다. (…) 소련은 황폐되었고 전후 국가건설에 필요한 막대한 재정·기계·자재·기술까지도 미국의 원조를 요하는 사정이다. 소련은 미국에 잘 협력할 것이요, 국제적 난관은 없을 것이다. 한편, 충칭 임시정부는 이미 연합열국의 정식 승인을 얻었고, 그 아래 10만의 독립군을 옹위하였으며, 미국으로부터 수억 달러의 차관이 성립되어 이미 1억 달러의 전차금을 받고 있다. 일제가 붕괴되는 때에 10만 군을 거느리고, 10억 달러의 거금을 들고 조선에 돌아와 친일거괴巨魁 몇 무리만 처단하면 (…) 만사는 큰 문제없이 해결될 것이다.[15]

당대 세계정세와 충칭 임시정부 역량에 대해 송진우가 지나치게 낙관하고 있었음을 알 수 있다. 그러나 송진우의 기대와 달리 대한민국 임시정부는 해방을 목전에 둔 마지막 순간까지 미국은 물론 중국 국민정부의 승인조차 얻지 못한 채 중국 내륙에서 약 500여 명 남짓한 광복군을 육성했을 뿐이다. 또 미국이 정식 승인하지 않은 극동의 작은 나라에 10억 달러라는 엄청난 액수의 돈을 지원할 리도 없었다. 이후 실제 역사가 증명하듯 기득권을 장악하고 있던 친일파 처단 역시 쉬운 일이 아니었다. 매사에 "경거망동하지 말라" "대책은 무대책"이라고 말해온 송진우의 지론이 임시정부에 대한 장밋빛 인식에 기초한 것이라면 민족 지도자로서 현실 인식 능력에 상당한 결함이 있었다고 평가하지 않을 수 없다.

이렇듯 송진우와 여운형·안재홍 사이에는 현실에 대응하는 관점과 행동양식은 물론 임시정부의 역량에 대한 평가에서도 심연과 같은 차이가 있었다. 이는 개인의 성향을 넘어 양측의 계급적 위치를 반영하는 매우 본질적인 간극이기도 했다.

3·1운동의 열풍이 잦아들고 1920년대 중반으로 접어들며, 조선의 사회운동은 여러 갈래로 분화했다. 첫 갈림길은 좌와 우였다. 조선의 좌파들은 공산주의에서 새로운 조선독립의 가능성을 찾았다. 이들은 1925년 4월 코민테른의 인정을 받는 조선공산당을 만들었다. 하지만 공산주의를 천황제라는 일본 국체에 위협을 가할 수 있는 '사회악'으로 보고 있던 일제 고등경찰은 이를 철저히 추적해 박멸하려 했다. 총독부 당국의 모진 고문과 호된 탄압을 받아내야 했던 조선공산당은 재건과 궤멸을 거듭했다. 그 과정에서 너무나 소중한 혁명가들이 죽거나 정신적·육체적으로 불구가 됐다. 여운형은 조선공산당과 직접 관계는 없었지만, 중국공산당에 입당하는 등 좌파적 세계관을 가진 인물이었다. 그는 세계를 바꾸기 위해 주체적으로 늘 무언가 하려 했고, 그로 인한 고난을 기꺼이 감수했다.

송진우와 안재홍은 모두 우파 민족주의자였다. 하지만 일관된 비타협 민족주의 노선을 견지한 안재홍과 달리《동아일보》와 경성방직 등 잃을 것이 많았던 자본가 세력을 대표하던 송진우(와 김성수)의 빛깔은 좀 더 회색이었다. 송진우 자신은 일제에 협력하지 않았으나, 그가 몸담았던《동아일보》는 식민지배에 개량주의적 입장을 취했다. 그 필연적 결과였을까, 송진우 주변의 많은 이들이 1930년대 후반 이후 양심을 꺾고 일제에 협력하는 길을 택했다. 한국 현대사에서 늘 논란이 되는 김성수의 친일 역시 마찬가지였다. 그의 친일은 적극적이고 자발적이라기보다《동아일보》와 그가 큰 애정을 기울인 보성전문을 보호하기 위한 '강요된 선택'에 가까웠다. 조선의 자본가라는 계급적 위치가 김성수를 저항보다는 타협으로 이끈 셈이다.

아무 것도 가진 게 없는 여운형과 안재홍은 직접 제 옷에 흙탕물을 묻혀가며 전면에 나서 세상을 바꾸려 했지만, 송진우는 원서동 집에 칩거하며 시국을 정관할 뿐이었다. 그러나 송진우 쯤 되는 인물이 언제까지나 이부자리 위에 머물 수 있는 것은 아니었다. 그에게도 마침내 결단을 내려야 할 시기가 닥쳐왔다. 해방을 나흘 앞둔 11일 오전 "이쿠다로부터 만나자"는 연락이 온 것이다.

총독부의 접촉

경기도 연천에 머물던 김준연이 일본의 패망을 직감한 것은 8월 9일이었다. 그날 오후 5시 라디오에서 소련이 일본과 중립조약을 깨고 만주와 조선으로 쳐들어왔다는 소식이 흘러나왔다. 당연히 일본의 선전포고가 이뤄져야 했지만, 그에 대해선 일절 말이 없었다. 일본의 애매한 태도를 감지한 김준연은 '중대한 시기'가 도래했음을 깨달았다.

그는 뉴스를 들은 뒤 지체 없이 작은 손가방만 챙겨 경성의 반대쪽으로 도망쳤다. 당시 세간엔 "일본이 참으로 위기에 봉착하면 일본이

나 미국이나 구라파에 다녀오고 또 자기들이 주목할만한 반일분자라로 생각되는 사람들을 몰살해 버릴 것"이라는 소문이 파다하게 퍼져 있었기 때문이다. 그러나 세인의 눈에 띄지 않는 시골에 머무르는 것은 오히려 불리한 일이었다. 이를 깨달은 김준연은 10일 아침 경성으로 올라갈 준비를 했다.[16]

김준연의 8·15 전후 행적은 1947년 펴낸 저서 《독립노선》에 자세히 기록돼 있다. 그는 10일 전곡역에서 기차를 잡아타고 우선 경성으로 향했다. 평소라면 청량리역에 내려 전차를 갈아타고 송진우의 원서동 집으로 향해야 했지만, 그날은 "특별히 생각하는 바가 있어서" 돈암동에 살고 있던 지인 서상국(해방 후 2대 국회의원)의 집으로 갔다. 이튿날까지 "북한산 밑에 있는 농막에서 하루 종일 유쾌하게 논" 뒤, 12일엔 도쿄제대 후배인 박석윤의 제기동 집을 찾았다. 박석윤은 김준연이 3차 조선공산당 사건으로 서대문형무소에서 복역할 때 경무국장의 전향 권유서를 가지고 면회를 올 정도로 막역한 사이였다.[17]

하지만 김준연의 이 기록엔 미심쩍은 구석이 있다. 그 급박한 시기에 "특별히 생각하는 바가 있어" 지인 서상국의 집을 방문했다는데, 이튿날 "북한산 밑의 농막에 가서 놀았다"는 설명이 쉽게 납득되지 않는다. 그 다음날 박석윤의 집을 찾았다는 점도 눈길을 끈다. 박석윤은 2장에서 소개한 대로 최하영이 니시히로 경무국장에게 총독부와 조선인 유력자 간 중개자로 추천한 인물이었다. 짐작컨대 박석윤이 송진우와 접촉하기 위해 그의 측근인 김준연에게 만나자고 연락해 왔을 것이다.

어찌됐든 김준연은 13일 밤에야 원서동 송진우의 집으로 향했다. 송진우는 자신을 찾아온 김준연에게 총독부가 자신에게 세 번이나 교섭해 왔다[18]는 사실을 털어놓았다. 송진우의 전기《독립을 향한 집념》, 김준연의 저서인《독립노선》, 설의식의 1946년 9월 10일자《동아일보》기사 등을 한데 묶어 송진우에 대한 총독부의 회유 공작을 재구성해 본다.

먼저 8월 11일* 새벽 4시, 총독부의 하라다 경무국 사무관(경무과장 하라다 이치로原田一郎로 추정)이 송진우의 자택을 방문했다.[19] 아직 먼동이 트기도 전인 새벽이었다. 하라다는 위로부터 "명령을 받들고 선생을 찾아왔다. 지금 하는 말은 나 개인의 의사가 아니다. 일본이 미·영에게 종전을 제의했다. 종전이 성립된 뒤의 수습을 선생께서 해주십사하고 그 의향을 여쭈어 보고 오라는 명령"이라고 용건을 밝혔다. 하라다에게 이 명령을 한 이는 10일 일본의 항복 사실을 확인한 니시히로 경무국장일 것이다.** 새벽부터 사람을 보냈으니, 총독부가 급작스런 사태 전개에 크게 당황했음을 알 수 있다.

송진우는 이 요청에 응하지 않았다. 그는《동아일보》를 강제 폐간으로 몰고 간 총독부의 시책을 힐난하듯 "신문사가 문을 닫은 그 날부터 나는 이렇게 병이 나서 누워 있는 병자"라는 말로 그를 돌려보냈다.

그 직후인 오전 6시 무렵 송진우는 앞서 언급한 대로 설의식이 전해준 비밀 쪽지를 통해 일본의 항복 사실을 알았다. 송진우는 오전 8시께 확인 전화를 걸어온 설의식에게 "좋은 방문方文을 얻어서 고맙다.

---

* 일본이 국체보전을 조건으로 포츠담 선언에 응하기로 한 것은 8월 10일이고, 총독부 경무국은 그날 밤 단파방송을 통해 이를 확인했다. 따라서 원문에는 8월 10일이라 되어 있으나, 실제 방문은 다음날인 11일에 있었을 것이다.
** 모리타의 기록을 보면, 니시히로는 오카 경기도 경찰부장에게 송진우와 교섭하도록 했다.

이쿠타 경기도지사가 만나자고 해 곧 다녀온다"고 말했다. 송진우와 이쿠타 기요사부로生田清三郎는 30년 지기였다. 그는 3월에도 송진우에게 "전쟁이 패배로 막을 내리는 상황을 각오하고 있다. 한국이 독립할지도 모른다"[20]는 천기를 누설한 적이 있다. 단정하긴 어려우나 이쿠타의 11일 만남 요청은 니시히로를 거친 총독부의 공식 요청이 아닌 개인적 우정에 따른 만남으로 추정된다.

이 회담과 관련해 일제 시대 독립운동가 변호를 도맡았던 변호사이자 해방 후 한국민주당 창당의 주역이 된 이인(1896-1979)이 전하는 송진우 본인의 증언이 남아 있다. 해방 당일 저녁, 그는 원서동 집에 모인 백관수·김준연·김병로·정인보·이인 등에게 다음과 같이 말했다.

> 8월 11일인가 평소 지면 있는 경기도지사 이쿠타 기요사부로가 남산에 있는 일본 요정에 자기를 초청하고, 아무래도 일본이 조선에서 물러가게 될 것이니 그 뒤의 치안을 담당하여 달라기에 자기는 이것이 고등정탐이 아닌가 생각되기도 하고, 일본이 당시 초토전술로 최후의 1인까지 항전한다고 장담하고 있었으므로 그렇게 속히 될 것인가, 설사 그렇다고 해도 물러갔으면 그 뒷일은 우리의 할 일인데 이것을 그자들이 하라말라 할 것 못 된다는 심정으로 자기는 목하 치료 중이라고 거절했더니 그 다음날 또다시 만나서 같은 말로 간절한 부탁이었으나 역시 거절했다.[21]

집으로 돌아온 송진우는 설의식에게 전화를 걸었다. 그는 "지금 집에 왔다. 출입 않고 정양하겠다. 절대로 자중하자"고 말했다. 송진우는

"자중하자"는 말을 두 번이나 되풀이했다. 설의식은 "시국 수습을 위한 정치적 절충이 시작됐으니 (이슈인 기자가 언급한 것과 같은 송진우와 자신에 대한–인용자) 신변의 위협은 없을 것"이라는 생각에 일단 마음을 놓았다. 그는 이후 송진우의 말을 따라 조용히 해방의 그날을 기다린다.

송진우에 대한 설득 공작은 멤버를 바꿔 다음날인 12일에도 이어졌다. 김준연에 따르면 총독부 보안과장 이소자키 히로유키磯崎広行, 전날 송진우를 방문했던 하라다, 조선군 고급참모 간자키 히사시神崎長, 그 외 다른 한 참모*와 박모가 혼마치本町(지금의 명동 일대)의 한 일본인의 집으로 송진우를 불러냈다.²² 이 자리에 함께한 박모는 박석윤으로 추정된다. 김준연은 자타가 공인하는 송진우의 최측근이었으니 그가 이날 박석윤의 제기동 집을 찾은 것은 이 회동을 조율하기 위한 방문으로 봐도 무방하다.

자리에 모인 일본인들은 송진우에게 일본이 항복한다는 말까지는 못하고 "다만 형세가 급박·중대하다" "행정위원회 같은 것을 조직하라" "독립준비를 해도 좋다" 따위의 말을 입에 담았다. 이미 설의식과 이쿠타를 통해 사태를 파악하고 있던 송진우에게 이들의 회유 공작은 가소롭게 보였을 것이다. 일본인들이 정권을 넘겨준다고 회유할 때 '덥석 물어서는 안 된다'는 게 송진우의 지론이었다. 그에게 '대책은 곧 무대책'이었다. 송진우는 "일본은 필승한다"는 모범 답안을 내놓고 자리

---

* 조선인 정훈으로 추정된다. 그는 일본인 집안에 양자로 들어가 총독부의 황민화 정책을 충실히 시행했다. 총독부 보안과장을 지낸 야기 노부오八木信雄는 정훈에 대해 "까다로운 인물"이라는 평가를 내린 바 있다.

를 떴다.

다음날인 13일 아침 하라다가 세 번째로 송진우를 찾아왔다. 이번엔 같은 조선인인 다나카 호도쿠田中鳳德(전봉덕田鳳德) 경기도 보안과장을 대동한 채였다. 나중엔 이쿠타 지사, 오카 경찰부장도 설득 대열에 합류했다.

송진우의 요지부동에 총독부 관계자들은 당황했다. 전날처럼 말을 골라가며 할 상황이 아니었다. 김준연의 표현에 따르면, 오카는 "앉았다 섰다, 왔다 갔다 하면서 어쩔 줄"몰라 하며, "형세가 급박하다. 당신이 담당해 주지 않으면 안 된다"고 협박조로 애원했다. "총독부가 가진 권력의 4분의 3을 내 놓겠다" "신문·라디오·교통기관·헌병·경찰·검사국 등을 다 밀어 주겠다"는 말도 서슴지 않았다. 오카는 "당신이 응낙하면, 지금 당장 정무총감 엔도에게 함께 가서 결정을 짓자"고 잡아끌었지만, 송진우는 꿈쩍하지 않았다. 오카는 결국 "당신이 고사하면 김준연을 설득해 보겠다. 김준연을 만나게 해 달라"고 한발 물러서고 만다.[23]

이런 증언을 모아 놓고 볼 때 니시히로 경무국장, 오카 경기도 경찰부장 등 총독부의 실무진과, 송진우와 개인적 인연이 깊던 이쿠타 경기도지사 등은 치안유지에 협력을 구할 조선인 인사로 여운형보다 송진우를 선호했음을 알 수 있다. 송진우와 그 주변 인물들이 여운형보다 일본 통치에 협력적이었으며, 따라서 더 통제 가능한 집단이었기 때문이다. 그렇지만 "당신이 승낙하면 당장 정무총감 엔도에게 가자"라는 오카의 말에서 볼 수 있듯, 엔도 등 최종 결정권자의 의향이 반영된 것은 아니었다. 엔도는 1957년 일본 언론과 인터뷰에서 "한국에서 내가 처음 송진우씨에게 이 문제를 상담했지만, 송씨가 거부해서 여씨를 선택했다고 전해지고 있으나 그것은 잘못 알려진 것이다. 내가 송씨나 안재홍, 장덕수(1894-1947)씨를 만난 것은 전쟁이 끝나기 전 총력연맹에 협력해 달라고 요청할 때다. 씨 등이(그들이 - 인용자) 이를 깔끔하게 거부했기 때문에 나도 씨 등의 신념을 이해해 두 번 더 권하지 않았다. 그래서 종전 후 송씨나 안씨와 교섭한 적은 없다"고 분명히 밝혔다. 여운형과 오랜 접촉을 통해 그의 인품과 실력을 알고 있던 엔도는 총독부 실무진의 판단과 별개로 조선의 치안을 유지할 수 있는 인물은 여운형밖에 없었다고 판단한 것이다.

결국 송진우를 설득하는 데 실패한 이쿠타와 오카는 이튿날인 14일 김준연을 만났다. 송진우로부터 이들의 의향을 전달받은 김준연은 오전 9시께 경기도지사실로 이쿠타를 찾아갔다. 오카 경찰부장도 "들락날락"하며 이 자리에 함께했다.

둘이 대화를 나누던 중 두 번이나 공습경보가 울렸다. 그때마다 일행은 경기도청 건너편 체신부 방공호에 함께 뛰어갔다 나오기를 반복했다. 둘의 대화는 5-6시간이나 이어졌다. 이쿠타는 빵 두 개와 물로 점심을 함께하며 김준연을 설득했다. 그의 가장 큰 걱정은 "학생들이 폭동을 일으켜 일본인의 생명을 위협하지 않을까"하는 점이었다. 김준연은 "우리 학생들은 결코 그와 같은 일을 하지 않을 것"이라고 장담했다.[24] 김준연은 평소 송진우가 자신에게 쏟아낸 지론을 다시 한번 떠올렸다.

일본이 망하기는 꼭 망한다. 그런데 그들이 형세가 궁하게 되면, 우리 조선 사람에게 자치를 준다고 할 것이고, 형세가 아주 궁하게 되어서 진퇴유곡의 경우에 이르게 되면 그들은 조선 사람에게 독립을 허여한다고 할 것이다. 우리가 자치를 준다고 할 때에 나서지 아니할 것은 물론이거니와 독립을 준다고 하는 때에도 결코 나서서는 안 된다. 그때가 가장 우리에게 위험할 때다. 망해가는 놈의 손에서 정권을 받아서 무슨 소용이 있겠느냐. 프랑스의 페탱 정권을 보라. 중국의 왕자오밍 정권을 보라. 또 필리핀의 라우엘 정권을 보라. 그들은 필경 허수아비 정권밖에 되지 못할 것이고 민족반역자의 이름을 듣게 된다.[25]

대화를 마무리할 무렵 김준연에게 이쿠타가 마지막 다짐을 받았다.

"당신이 송진우씨를 만났습니까."
"그렇습니다."
"그러면, 당신도 송진우씨와 같은 의견이십니까."
"그렇습니다."[26]

협상은 그것으로 끝났다.

단파방송 사건

조선총독부의 철저한 정보통제 아래 놓여 있는 조선
인들에게 단파방송은 해외를 향해 뚫려 있는 '작은 창'
이었다. 이를 통해 조선인들은 목말라 있던 해외 정보
를 들으며 해방에 대한 실낱 같은 기대를 유지할 수 있
었다.

총독부는 태평양전쟁이 시작된 지 다섯 달 뒤인
1942년 4월 방송전파 관제를 실시하면서 일반인이 가
지고 있던 단파수신기를 모두 압수했다. 전쟁의 정확한 전황을 알 수 없게
해 조선 민심이 급속히 이반되는 것을 막으려는 시도였다. 이후 조선인이
합법적으로 들을 수 있는 방송은 일본군이 승승장구한다는 대본영 발표
를 앵무새처럼 전하는 통제된 정보로 급격히 축소된다.[27]

이런 정보통제를 뚫고 제대로 된 국제 정세를 파악하기 위해 일부 인사
들이 몰래 단파당송을 듣다 총독부 치안당국에 대거 적발된 것이 이른바
'단파방송 사건'이었다. 일제 말기 최대 시국사건으로 기록된 이 사건의 중
심에 해방 직후 우사 김규식(1881-1950)의 비서로 활동했던 송남헌(1914-
2001)이 있었다.

당시 북촌 한복판에 있던 재동보통학교에서 교사로 근무하던 송남헌
이 회상하는 1930년대는 "한없이 척박하기만 한 시대"였다. 3·1독립선언
을 기초한 사람(최남선)이 하루아침에 생각을 바꿔 민족을 배신하는가 하
면, 우리나라 신문학사의 개척자라고 하는 사람(이광수)이 갑자기 일제를
예찬하는 강연을 하고 다녔다. 존경 받던 학자들은 제자들에게 일제의 총
알받이로 나서라는 학병 권유 연설을 마다하지 않았다.

이런 '짐승의 시대'를 살아가던 송남헌이 찾아낸 출구는 아동을 위한 글쓰기였다. 재동학교 교사로 근무하며 문인들과 교류하는 사이 조금씩 아동문학 이론가로 이름을 얻기 시작했다. 그러자 《동아일보》 등 신문사에서 글 청탁을 해오기 시작한다.

송남헌은 《동아일보》 지면에 글을 쓰는 과정에서 홍익범(1897-1944)이란 정치부 기자를 알게 됐다. 함경남도 정평 출신인 그는 일본 와세다대학과 미국 컬럼비아대학에서 유학한 엘리트였다. 송남헌은 홍익범을 통해 당대 조선의 3대 변호사라 불린 허헌(1884-1951년)·이인·김병로 등과 안면을 텄다. 이들은 당시 청진동에서 형사공동연구회라는 사무실을 내고 치안유지사범(독립운동가) 등을 위해 무료 변론을 해주고 있었다. 그런 이유로 이 사무실은 당시 조선의 지도층 인사들이 모여드는 사랑방 구실을 했다.

이 무렵 홍익범은 가깝게 지내던 경신학교 교장인 미국인 에드윈 쿤스 Edwin Koons(1880-1947)로부터 외국 방송을 청취할 수 있는 단파 라디오를 한 대 빌렸다. 단파는 멀리 떨어진 거리까지 도달하는 성질을 가지고 있어 세계 곳곳에서 이를 활용한 방송과 통신이 활발하게 이뤄지고 있었다. 제아무리 총독부의 정보통제가 엄혹하다 해도 보이지 않는 전파까지 막아낼 수 있는 것은 아니었다. 홍익범은 단파 라디오를 통해 일본 대본영 발표와는 전혀 다른 태평양전쟁의 전황을 파악할 수 있었다. 무엇인가 의미 있는 정보가 입수되는 날이면 청진동으로 가서 자신이 전해들은 뉴스를 소개했다. 송남헌의 회고에 따르면, 조병옥·송진우·윤보선·안재홍 등 민족주의 계열 인사들이 거의 매일 이 사무실을 드나들었다. 저 멀리 미국과 중국에서 전해오는 작은 소식에 일희일비하며 '한없이 척박했던 시대'를 버텨 낸 것이다.

해외를 향해 뚫려 있던 이 '작은 창'은 쿤스의 추방과 함께 닫히게 된다. 그러자 이번엔 정동의 경성방송국 기술자들이 움직였다. 경성방송국의 기술자 성기석은 1939년부터 2년에 걸친 노력 끝에 단파 라디오를 스스로 조립해내는 데 성공했다. 1942년 이른 봄날 오후 그는 소스라치게 놀랄만한 방송을 청취하게 된다. 라디오를 통해 김규식 임시정부 부주석의 목소리와 조우하게 된 것이다. 당시 대한민국 임시정부는 충칭방송국의 협조를 얻어 조선어로 된 단파방송을 쏘아대고 있었다.

> 모든 정세는 우리에게 유리해지고 있으니 여러분은 더욱 기운을 내서 각자 제자리에서 맡은 바 책임을 수행해 주기 바랍니다.[28]

단파 라디오는 2차 세계대전 중이던 1942년 2월 미국 정부가 독일 등 적국의 국민들을 대상으로 시작한《미국의 소리》방송도 잡아낼 수 있었다. 미국에 머물던 이승만의 카랑카랑한 목소리가 울려퍼진 것 역시 그해 6월 13일이었다.《미국의 소리》가 한국어 방송을 정식으로 시작한 것은 그로부터 두달 뒤인 8월 29일부터였다.

> 왜적이 저희 멸망을 재촉하느라 미국의 준비 없는 것을 이용해서 하와이와 필리핀을 일시에 침략하여 여러 만 명의 인명을 살해한 것을 미국 정부와 백성이 잊지 아니하고 보복할 결심입니다. (…) 얼마 아니해서 (일본에 – 인용자) 벼락불이 쏟아질 것이니 일황 히로히토의 멸망이 멀지 아니한 것은 세상이 다 아는 것입니다.[29]

《미국의 소리》는 하루에 30분씩 세 번, 충칭방송은 오후 6시 반부터 매일 빠짐없이 조선어로 방송을 내보내고 있었다. 일제의 식민지배 속에서 시름하던 조선인들에게 이 방송은 가뭄 속에 한 줄기 단비 같은 것이었다. 하지만 바람보다 빠른 소문을 통제할 순 없었다. 경성방송국 안에서만 맴돌던 소문이 조금씩 밖으로 퍼져 나갔다. 성기석이 조립한 단파 라디오를 꾸준히 듣던 이 가운데 방송국 편성과에서 아동물을 담당하던 양제현이란 이가 있었다. 송남헌은 아동문학 관계로 친분이 있던 양제현과 함께 단파 라디오를 듣거나 그에게서 새 소식을 전해들었다. 그런 날이면 빠짐없이 청진동 합동변호사 사무실을 찾아 이 소식을 나눴다.

하지만 꼬리가 길면 잡힐 수밖에 없었다. 항간에 일본이 패전을 거듭하고 있다는 '진실'이 유포되자, 총독부의 고등경찰은 긴장하기 시작했다. "황군이 귀축미영을 꺼꾸러뜨리며 연전연승하고 있다"는 총독부의 거짓 선동이 먹혀들어가지 않는다면, 조선 민심이 크게 동요할 터였다. 고등경찰들은 이런 불순한 정보를 퍼뜨리는 행위는 천황의 통치권, 즉 국체에 변혁을 가할 수 있는 중대 범죄라 인식했다. 이는 단순히 라디오를 듣는 행위가 잔혹한 치안유지법의 처벌 대상이 된다는 의미였다.

곧 대대적인 수사가 시작됐다. 독립운동가들을 때려잡는 사상 경찰로 악명 높았던 경기도 경찰부 고등경찰과 제1사찰계 주임 사이가 시치로斎賀七郞(1898-1945)가 냄새를 맡았다. 사이가는 1942년 12월 24일 연희전문과 보성전문의 연보전(현재의 연고전) 중계를 마친 뒤 관수동 국일관에서 송년 파티를 겸한 술자리를 하고 있던 경성방송국 직원들의 회식 자리를 덮쳤다.[30]

뒤이어 대규모 검거 열풍이 불었다. 송남헌이 체포된 것은 1943년 3월 25일이었다. 모친과 다정하게 아침상을 놓고 밥을 먹으려던 찰나 사이가 경부의 방문을 받았다. 송남헌은 결혼한 지 1년 밖에 안 되는 아내 앞에서 포승줄에 매여 끌려 나갔다. 결국 혹독한 고문을 당한 끝에 치안유지법 위반 등으로 1년 6개월의 징역형을 선고 받았다. 그의 서대문형무소 옆방엔 "일본이 패망한다"는 예언을 했다는 이유로 잡혀 들어온 여운형이 있었다.[31]

이 사건의 여파는 엄청났다. 전국에서 350여 명이 잡혀가 모진 고초를 당했다. 홍익범과 《조선일보》 영업국장을 지낸 문석준은 고문 후유증으로 숨졌다. 60대에 접어든 허헌은 2년형을 언도받고 복역하며 몸이 크게 상했다. 그는 해방을 불과 넉달 앞둔 1945년 4월 병보석으로 가까스로 풀려날 수 있었다.

단파방송 사건과 비슷한 시기인 1942년 10월 "우리말로 된 사전을 만드는 것이 독립운동"이라는 어이없는 죄목의 조선어학회 사건이 발생했다. 이인은 이 사건으로 옥에 갇혀 해방 직전 풀려났다. 그 역시 고된 고문과 옥살이에 건강을 해쳤다. 일제의 마지막 발악이 이어지던 1942-1943년 발생한 두 가지 시국사건으로 조선 내 지도층 인사들의 씨가 마르게 된다.

두 사건이 발생한 지 2년여 만에 꿈에 그리던 해방이 찾아왔다. 그해 여름, 조선의 지도층 인사들은 이 두 사건 중 어느 하나에 연루돼 건강을 크게 해친 상태였다. 하지만 해방이 찾아오자, 꿈에 그리던 조국의 건국 사업에 참여하기 위해 이부자리를 걷어내고 하나둘씩 경성으로 몰려들게 된다.

#04
항복방송

전국의
시청자 여러분들께서는
기립해주시기 바랍니다.

─ 와다 노부카타

"지금까지 들어온 것을 모두 태워라"

일본의 최후를 직감한 이가 여운형과 송진우만은 아니었다. 정세를 살피는 것이 업인 기자들 역시 임박한 일본의 패배에 촉각을 곤두세우고 있었다. 미나미 총독은 1940년 8월 조선의 양대 민간지인《동아일보》와《조선일보》를 강제 폐간시켰다. 그러자 조선인이 활약할 수 있는 지면은 총독부의 양대 기관지인《매일신보》(조선어)와《경성일보》(일본어) 정도밖에 남지 않게 됐다.

두 민간지의 폐간은 조선인 기자 사회에 어마어마한 충격을 안겼다. 당장 먹고살 길이 없어진 기자들이 호구를 위해 하나둘씩《매일신보》에 입사했기 때문이다. 그렇게 들어온 이들은 "자네도 매신賣身했나(몸을 팔았나 – 인용자), 나도 매신했네"라는 자조로 서로를 위로했다. 매신의 당사자인 조용만(1909-1995)은 "당시 매일신보 사원들은 그야말로 매신해 온 사람들이어서 하루 신문지면을 만들어 채우면 그만이지 신문을 잘 만들어 보겠다는 열의도, 정성도 없었"[1]다고 고백했다. 기자들

107

은 오전 10시에 나와 오후 3시 반에 마감을 하고, 오후 4시면 퇴근했다.[*]

당시 일본과 연합국 사이의 의사소통은 외교(비공개)와 단파방송(공개)이라는 두 가지 통로로 이뤄지고 있었다. 연합국이 때때로 외교채널이 아닌 단파방송으로 소통을 시도한 것은 일본 정부뿐 아니라 국민들에게 직접 의사를 전달하겠다는 의도였다. 덕분에 단파방송 청취 설비를 갖춘 《도메이통신》은 때로 정부보다 먼저 연합국의 동향을 파악할 수 있었다.

8월 8일 새벽,[**]《매일신보》문화부장으로 일하던 조용만은 숙직을 서고 있었다. 그날 소련의 대일참전을 알리는 《도메이통신》의 급보가 전해져왔다. 철석같이 믿고 있던 소일 중립조약이 파기됐으니 일본의 항복은 이제 시간문제였다. 며칠 뒤로 추정되는 '어느 날' 조선은행에 출입하던 경제부 기자 한명이 조용만을 불렀다. 둘은 건물 옥상으로 올라가 밀담을 나눴다. 앞뒤 정황을 놓고 볼 때 8월 11일의 일로 추정된다.

> 조선은행은 지금 법석이야. 일본이 어제 연합국에 대해 항복하기로 결정하고 천황의 지위를 그냥 그대로 둔다는 조건을 붙여 포츠담 선언 수락을 통고했다고 하더라.[2]

일본이 사실상 항복했음을 알리는 소식이었다. 다시 사흘이 지난 14

---

[*] 물론 변명일 뿐이다. 그렇게 일본의 식민통치에 협력한 기자 대부분은 민족문제연구소가 2009년 펴낸 《친일인명사전》에 부끄러운 이름을 올리게 된다.

[**] 오기로 보인다. 실제 소련의 침공은 1945년 8월 8일이 아닌 9일에 이뤄졌다.

일 오후 2시였다. 이성근(1887-?)*《매일신보》사장이 총독부에 불려가 오후 5시께 돌아왔다. 그는 전 사원을 불러 일본이 포츠담 선언을 수락했다는 사실을 전했다. 신국불패를 외치던 일본이 허무하게 패망한 것이었다. 조용만은 "계동에 있는 여운형씨 댁에 가서 인터뷰를 하고 내일 신문에 내라"는 지시를 받았다. 연합국의 폭격을 피하기 위해 등화관제가 실시 중인 어두컴컴한 경성 시내를 스리쿼터 트럭을 타고 내달려 계동으로 향했다. 여운형의 집 앞에서 기척을 냈지만, 모든 불이 꺼져 있었고, 밖을 내다보는 이도 없었다.

경성방송국의 신출내기 기자 문제안(1920-2012)이 일본의 패망이 머지않았음을 깨달은 것도 8월 11일이었다. 총독부에서 신문·방송에 대한 검열을 담당하던 경무국 도서과**의 무로바야시室林 계장이 오전 10시께 출입 기자들을 불러 모았다. 한때 저승사자와 같이 당당한 위세를 뽐내던 무로바야시는 풀죽은 목소리로 "일본의 조선에 대한 정책이 밑바탕부터 달라질 것"이라고 말했다. 이 얘기를 들은 문제안은 "이제 총독부도 끝났구나"라는 직감에 몸을 부르르 떨었다. 하지만 서슬 퍼런 일본 헌병대 정보원들이 구석구석 깔려 있어 함부로 내색할 순 없었다.

* 조용만은 사장의 이름을 거명하지 않았지만, 당시《매일신보》사장은 가네가와 기요시金川聖라는 창씨명을 쓰던 이성근이었다. 그는 1906년 대한제국의 순검으로 경찰에 입문한 뒤 총독부의 고등경찰로 악명을 떨쳤다. 이후 경찰의 여러 요직을 거친 뒤, 1941년 6월부터 해방 때까지《매일신보》사장으로 재직했다.
** 조선총독부 도서과는 조선인 지식인들이 가장 경멸하는 대상이었다.《메밀꽃 필 무렵》의 이효석은 은사인 구사부카 조지草深常治 경무국 도서과장의 도움을 받아 도서과 검열관으로 취직한 적이 있다. 불경기에 당장의 호구를 위해서였지만, 보름쯤 뒤에 이효석을 마주친 평론가 이갑기는 노기가 등등해 그에게 욕설을 퍼부었다. 충격을 받은 이효석은 사표를 내고 처가인 함경북도 경성으로 가버렸다.

그러던 14일 밤이었다. 《도메이통신》 경성지국에서 "내일 있을 일본 천황의 항복방송 내용이 들어오고 있다"는 전화가 왔다. 문제안은 조선호텔 건너 테일러 빌딩 3층(현재 소공동)에 있던 《도메이통신》 편집실로 뛰어갔다. 방안에는 일본 기자들이 잔뜩 모여, 뭐라 설명하기 힘든 살벌한 분위기를 풍기고 있었다. 그 방에 조선인이라고는 자신을 포함해 등사판 원지를 철필로 긁어 쓰는 직원 한명, 원경순 《도메이통신》 기자, 이선구 《매일신보》 기자 등 4명뿐이었다.

오후 8시 40분, 원고가 절반 정도 들어온 순간 헌병대에서 전화가 왔다. 그리고 명령이 떨어졌다. "지금까지 들어온 것을 모두 불태워라." 얼마 뒤 일본도를 둘러맨 헌병들이 사이드카를 타고 사무실로 쳐들어와 편집실을 구석구석 뒤졌다. 이어 방안의 기자들을 모두 밖으로 쫓아냈다. 이런 갑작스런 조처는 사코미스 내각서기장관이 방송이 끝나는 이튿날 정오까지 원고 내용이 보도되지 않도록 지시했기 때문이었다.[*] 문제안은 헌병대에 끌려 나와 다시 방송국으로 돌아올 수밖에 없었다.

문제안이 눈앞에서 빼앗긴 천황의 육성방송 원고가 일본의 각료회의를 통해 확정된 것은 그보다 조금 이른 오후 7시께였다. 그리고 헌병대가 《도메이통신》 경성지국에서 기자들을 내몰 무렵인 오후 9시, 일

---

[*] 이 같은 사실을 보면, 당시 제17방면군-조선총독부-조선헌병대 간 소통이 원활하지 않았음을 알 수 있다. 조선총독부는 일본이 항복했다는 사실을 8월 10일 《도메이통신》의 단파방송을 통해 알았고, 이하라 참모장은 이 사실을 역시 《도메이통신》 경성지국의 연락을 받고 "14일 밤에 알았다"고 증언했다. 조선 헌병대가 이 사실을 언제 알았는지 알 수 없지만, 문제안의 증언으로 추측할 때 일본 정부로부터 개별 통보를 받고 연설문 회수에 나선 것으로 보인다.

본과 조선 전역에 "내일 정오에 중대한 라디오 방송이 있으니, 국민은 빠지지 말고 들으라"는 예고 방송이 울려 퍼졌다. 시내 곳곳에도 "오늘 정오 중대 방송, 1억 민심 필청" 등의 벽보가 나붙었다. 조선은 물론 일본제국 전체가 '불길한 예감'으로 웅성대기 시작했다.

옥음방송

15일은 쾌청한 날이었다. 전날 밤 계동 여운형의 집으로 취재를 나갔다가 허탕을 쳤던 조용만은 아침 일찍 다시 계동을 찾았다. 조용만의 원서동 집과 계동 사이엔 새 길이 뚫려 천천히 걸어도 10분이면 오갈 수 있었다. 창덕궁의 담을 타고 남쪽으로 내려가다 원서동 동회 골목으로 우회전해 나지막한 언덕을 넘으면 바로 계동이었다. 언덕 밑 첫 번째 집이 여운형, 그 다음이 홍증식, 그 너머가 《상록수》의 저자 심훈의 형인 심우섭(1890-1948)의 집이었다.[3] 그 맞은편에 공산주의자 홍덕유(1887-1947)의 집도 있었다.

조용만이 언덕에 올라서자 저만치에서 이강국·박문규(1906-1971)·최용달이 모습을 드러냈다. 나란히 경성제대 2회 졸업생이었던 이들은 대학 시절 도쿄제대 경제학부 출신의 소장 학자 미야케 시카노스케三宅鹿之助(1899-1982)[*] 교수에게서 마르크스·레닌주의를 배웠다. 미야

---

[*] 미야케는 경성제국대학 조수 정태식을 통해 알게 된 이재유가 1934년 조선공산당 재건 운동으로 쫓기는 몸이 되자 37일간 자신의 관사에 숨겨주기도 했다.

케는 이 3인방을 중심으로 1931년 9월 10일 '조선사회사정연구소'를 만들어 조선의 정치·경제·사회 각 분야의 자료를 수집하고 연구를 진행했다.[4] 세인들은 이 3인방을 '성대파(경성제대파) 공산주의자'라 불렀다. 성대파 공산주의자들은 1944년 하반기부터 여운형의 건국동맹에 참여해 '해방 이후'에 대비하고 있었다. 천황의 육성방송을 앞둔 이날도 여운형과 대응책을 상의하기 위해 나서던 길이었다.

"어디가?" 조용만을 발견한 이강국이 물었다. 그해 봄부터 이강국은 《매일신보》 기자인 대학 후배 조용만을 이따금 청진동 뒷골목에 있는 중국집 '대륙원'으로 불러냈다. 이강국은 구하기도 힘든 귀한 술을 사주면서 이런저런 얘길 꼬치꼬치 물어댔다. 그가 특히 관심을 기울인 것은 "총독부에서 소련과 전쟁을 시작하면 조선 인텔리로 전쟁에 협력하지 않는 이들을 일제히 검거한다"는 소문[*]이었다. 당시 조선엔 총독부가 '예비 검속자' 명단을 만들어 놓고 여차하면 이들을 쥐도 새도 모르게 제거할 것이란 소문이 파다했다.[5] 하지만 총독부의 핵심에 접근하기 힘든 조선인 기자가 그런 극비 정보를 알고 있을 리 없었다. 이강국은 그동안 조용만에게 여러 가지를 캐물었던 기억이 떠올랐는지 그에게 말했다. "몽양 선생 댁에 가지 말고, 나한테 와서 무엇이고 물어봐. 이제부터는 내가 다 알려줄 테니까."

이강국은 조용만에게 여운형이 잠시 뒤 엔도와 만나 "오늘 안으로

---

[*] 언론인 유광렬이 1947년 고등경찰로 근무했던 이에게 들은 바에 따르면, 일제는 조선인 지식인 약 2만 명을 학살할 계획으로 명단을 작성했다. 시기는 미군이 인천에 상륙한 직후로, 적군의 눈앞에서 실시한다는 것이었다. 명단을 작성한 것은 경찰이었고, 실행 주체는 헌병이었다. 다행스럽게도 일본의 갑작스런 항복으로 계획이 실현되지는 않았다.

전 조선 감옥에 갇힌 모든 정치·경제범을 석방할 것, 서울 시민이 3개월간 먹을 식량을 확보할 것, 오늘부터 내 행동을 방해하지 말 것" 등을 요구할 예정이라고 밝혔다. 이강국의 이 증언은 여운형이 14일 밤 엔도의 연락을 받은 뒤, 여운홍이 묘사한 것처럼 계동 집에 조용히 머무르며 날이 밝기만 기다린 게 아니라 측근들과 활발하게 논의했음을 방증한다.

그러는 사이 계동 골목 안이 떠들썩해지고 여운형이 모습을 드러냈다. 군중들이 함성을 지르며 그의 뒤를 따랐다. 여운형은 언덕 위로 올라와 군중들을 향해 외쳤다.

"여러분 기뻐하십시오. 우리는 오늘 정오를 기해 일본 통치로부터 해방됩니다."

좁은 골목 안에서 많은 이들이 만세를 부르고, 고래고래 소리를 질렀다. 인파 속에 갇힌 조용만은 몸을 움직일 수 없어 가만히 그 자리를 지키고 서 있었다. 그때 누군가 그의 어깨를 쳤다. 심우섭이었다. 그날이 오면, "이 몸의 가죽이라도 벗겨서/ 커다란 북을 만들어 들쳐 메고는/ 여러분의 행렬에 앞장을 서"겠다는 팔방미인 심훈이 이미 저 세상으로 떠난 지 10년 가까운 세월이 흐르고 있었다. 심우섭은 1939년 경성방송국 제2방송(조선어방송) 과장 시절 우리말 방송을 사수할 때 보였던 절개를 지키지 못하고 해방 무렵엔《매일신보》이사대우를 맡으며 시국강연을 다니는 등 친일활동으로 몸을 더럽히고 있었다.[6]

"육당이 우리 집에 와 계셔…." 심우섭은 조용히 조용만을 잡아 끌었다. 그의 말대로 누런 안동포 고의적삼을 입은 최남선이 심우섭의 집 건넌방에 앉아 있었다. 그때 여운형이 우루루 한 떼의 무리를 데리고 이 집으로 들어왔다.

"자, 이렇게 되었으니 육당, 서슴지 말고 나와 우리 함께 일합시다."
통이 크고, 사람을 좋아했던 여운형다운 '뜬금없는' 발언이었다. 이후
자신이 벌인 친일행위로 인해 반민족행위특별조사위원회에 체포돼
곤욕을 치르게 되는 최남선은 낮은 목소리로 말했다. "괜한 말씀, 내가
무슨 일을 한단 말이오."

비슷한 시각, 일본에선 정오에 나올 천황의 육성방송에 대한 두 번
째 예고방송이 전파를 타고 있었다. 오전 7시 21분 다테노 모리오館野
守男 아나운서가 이 원고를 읽었다. 얄궂게도 그는 1941년 12월 8일
오전 7시 일본이 진주만을 공습해 미국과 전쟁을 시작했음을 알리는
'임시뉴스'를 전한 인물이었다. 방송 내용은 다음과 같았다.

> 삼가 전합니다. (…) 황공하옵게도 천황폐하께서 오늘 정오 직접 방송
> 을 하십니다. 국민 한 사람도 남기지 말고 삼가 옥음을 청취합시다. 또
> 낮 시간에 송전이 없는 지방에서도 정오 방송 시간에는 특별히 송전을
> 합니다. 사무소, 공장, 정류장, 우편국 등에서는 가지고 있는 수신기를
> 최대한 활용해 빠지는 국민 없이 엄숙한 태도로 황공한 말씀을 들을
> 수 있도록 준비를 부탁드립니다. 감사한 방송이 정오에 있습니다.[7]

전날 밤《도메이통신》에서 쫓겨난 뒤 새벽 1시까지 대기하던 문제
안은 새벽 3시 무렵 공덕동의 집으로 돌아갈 수 있었다. 야근을 했기
때문에 이날은 늦잠을 자고 오전 10시 무렵 회사를 향해 걸어가고 있
었다. 당시 정동에 있던 방송국을 향해 이화여고 골목에서 꺾어진 덕

수궁 뒷담을 지나는 길에 직장 동료 윤용로 아나운서와 마주쳤다. 그의 손에는 《도메이통신》에서 들어온 천황의 '옥음방송' 원고가 쥐어져 있었다. 어제 문제안이 헌병대에게 빼앗겼던 바로 그 원고였다. 회사에 도착해 보니 우리말 방송을 하는 제2보도과에 열 사람쯤이 머물고 있었다. 이들은 원고를 몇 장씩 나누어 받아 서둘러 번역을 시작했다.

천황의 역사적인 항복방송은 도쿄에서 직접 송출돼 왔다. 방송 시작을 알리는 안내 멘트를 담당한 이는 와다 노부카타和田信賢 아나운서였다. 정오에 맞춰 라디오에선 다음과 같은 음성이 흘러나왔다.

지금부터 중대 방송이 있습니다. 전국의 시청자 여러분들께서는 기립해주시기 바랍니다.[8]

이어, 일본의 국가인 〈기미가요〉가 장중하게 울려 퍼졌다. 천황의 항복방송은 전날인 14일 밤 궁내성 내정청사 2층 정무실에서 녹음됐다. 분량은 그리 길지도, 짧지도 않은 4분 37초였다. 핵심 내용은 아래 구절이었다.

짐은 세계의 대세와 제국의 현 상황을 감안하여 비상조치로써 시국을 수습하고자 충량한 너희 신민에게 고한다. 짐은 제국정부로 하여금미·영·소·중 4국에 그 공동선언을 수락한다는 뜻을 통고토록 하였다.

'그 공동선언'이란 일본에 무조건 항복을 권고하는 포츠담 선언을 가리킨다. 천황이 그 선언을 수락한다고 했으니, 일본은 연합국에게

'무조건 항복'한 것이었다. 천황은 이어 다음과 같은 결심을 덧붙였다.

생각건대 금후 제국이 받아야 할 고통은 물론 심상치 않고, 너희 신민
의 충정도 짐은 잘 알고 있다. 그러나 짐은 시운이 흘러가는바 참기 어
려운 것을 참고, 견디기 어려운 것을 견뎌, 이로써 만세를 위해 태평한
세상을 열고자 한다.

조선총독부 청사 제1회의실로 모여든 총독부 직원들은 기립한 채
방송을 청취했다. 도쿄에서 직접 송출돼 온 방송이었기 때문에 잡음이
심해 알아듣기 힘들었다. 이는 일본어 구사능력의 문제는 아니었다. 일
본 최고명문인 도쿄제대 법
학부 정치학과를 졸업하고
고등문관시험에 합격한 최
하영도 "천황의 목소리가 가
늘어" 무슨 소리인지 정확히
이해하지 못했다. 다만, 일본
이 앞서 패전 예고를 했기 때
문에 '항복한다'는 얘기일 것
이라 추측할 뿐이었다.[9] 물
론 천황의 목소리가 또박또
박 들렸다 해도 "그 공동선
언을 수락한다는 뜻을 통고
토록 하였다"는 두루뭉술한

1945년 8월 14일 밤, 일본의 제2차 세계대전
항복 선언문을 낭독하는 히로히토 천황.

표현과 일본이 연합국에 무조건 항복한다는 의미를 연결할 수 있는 조선인들은 많지 않았을 것이다.

결국 일반 국민들을 위한 해설방송을 할 수밖에 없었다. 천황의 육성방송이 끝난 뒤 일본에선 와다 아나운서가 '성단의 경과' '교환외교문서의 요지' '포츠담 선언의 내용' '평화재건의 조서환발' 등의 내용을 37분간 설명했다.[10] 경성방송국 1방송인 일본어 방송에선 후쿠다 제1보도과 계장이, 조선어 방송이었던 2방송에선 이덕근 아나운서가 천황의 발언을 재방송하며 설명을 이어갔다. 천황의 방송이 끝나자 이어서 한국어로 "우리는 해방이 됐습니다. 대한민국 만세!" 등의 해설이 나왔다는 증언[11]도 있지만, 총독부의 철저한 검열이 유지되고 있었을 15일에 그런 대담한 멘트가 가능했을 것이라 보긴 힘들다.

방송이 끝나자 총독부 제1회의실엔 한동안 침묵이 이어졌다. 심연과 같은 정적을 깬 것은 아베 총독의 통곡소리였다. 회의실에 모인 다른 일본인들은 눈물을 흘리지도 분개하지도 않았다. 그저 모두 기진맥진한 표정들이었다. 최하영은 "전쟁에 오래 시달리면 이렇게 되는 것이구나"라는 감상에 잠겼다.

허물어지는 총독부

아베 총독은 울음을 그친 뒤 훈시를 시작했다. 라디오를 끈 뒤 확성기에 대고 "오늘 황공하옵게도 정전에 관한 조서를 접하고, 신하로서 공구참괴恐懼慙愧하여 장이 끊어질 것 같은 아픔을 금할 수 없다"라는 문장으로 시작하는 유고를 읽었다. 하지만 본국 정부가 항복한 마당에 조선총독이 할 말은 많지 않았다.《매일신보》8월 15일자 1면에 전문이 담겨 있는 이 유고의 핵심은 "뜻이 있는 곳에 길이 있다", 즉 "정신일도 하사불성"이라는 일본 특유의 정신론을 강조하는 알맹이 없는 내용이었다. 아베는 유고를 읽는 중간에도 계속 눈물을 흘려댔다. 연설을 다 들은 뒤 로비로 빠져나온 일본인 직원들도 하나둘 흐느끼기 시작했다.

그럴만한 이유가 있었다. 당시 일본인들에게 미개한 나라 소련은 공포의 대상이었다. 21세 여성 나가타 가나코長田かな子는 패전 3-4개월 전부터 총독부에 임시 고용돼 중요 서류를 정리하는 작업을 담당하고 있었다. 그는 1982년 일본 잡지《삼천리》에 남긴 회고에서 당시 총독부 직원들의 심리 상태를 생생하게 묘사했다. 일본이 패전한 이상 소련군이 육지로 이어진 경성에 몰려오는 것은 시간문제이며, 그 이후엔 오키나와처럼 전화戰火에 죽든지 자살을 택할 수 있을 뿐이라고 생각했다는 것이다. 걱정되는 것은 죽음을 맞을 때의 고통이었다. 나가타는 "어떻게 해야 아프지 않게 죽을 수 있을까라는 무겁고 고통스런 생각이 머리를 떠나지 않았다"[12]고 회상했다. 이 말은 과장이 아니었다. 실제로 소련의 침공을 받았던 남사할린에선 적잖은 젊은 일본인 여성들이 스스로 목숨을 끊었다.

말단 직원인 나가타와 달리 소련의 경성 진주를 앞둔 총독부 관리들은 감상에 빠져들 여유가 없었다. 이들에겐 시급히 처리해야 할 일이 있었다. 나가타가 가슴을 진정시키고 사무실로 돌아오자 직원들이 방을 오가며 "태워라, 태워라"라는 지시를 내리고 있었다. 정신을 차리고 창밖을 내다보니, 벌써 소각작업이 시작되고 있었다.[13] 누군가가 파기해야 할 중요 문서를 창밖으로 내던지면, 아래에선 이를 쌓아 놓고 기름을 부어 태웠다. 청명한 여름 하늘에 서류를 태운 재가 눈꽃처럼 휘날렸다. 모두가 아무 말 없이 기계적으로 서류를 밖으로 내던졌다. 총독부만이 아니었다. 시내 관청 곳곳에서 솟아오른 검은 연기가 경성 하늘을 검게 물들이고 있었다.

아베 총독은 이후 관저에 틀어박혀 좀처럼 모습을 드러내지 않았다. 총독부의 분위기도 15일을 경계로 크게 달라졌다. 일본인 직원과 조선인 직원은 물과 기름처럼 분리됐다. 서로 칼같이 갈려서, 같이 모여 회의도 하려 들지 않았다.[14]

지방의 사정도 대개 비슷했다. 일본 오이타현 출신으로 경성제대 법문학부를 졸업한 쓰보이 사치오坪井幸生가 충청북도 치안의 총책임자인 충북 경찰부장으로 부임한 것은 1945년 6월이었다. 쓰보이가 부임했을 무렵 충북도지사는 우카와 교겐烏川僑源이란 창씨명을 쓰던 조선인 정교원鄭僑源이 맡고 있었다. 새 업무에 익숙해져 갈 무렵인 8월 14일 밤이었다. 총독부에 근무하던 문관고등시험 합격 동기인 무라카미 쇼지村上正二가 전화를 걸어왔다. 내일 정오에 '종전의 조칙'이 나올 것이란 얘기였다.

쓰보이는 마음을 가다듬기 위해 다음날 아침 일찍 기상했다. 오전에 혼자 말을 타고 청주 시내 우암산에 있던 신사에 참배했다. 돌아오는 길에 사태를 논의하기 위해 지구 사령관의 숙소를 찾았지만 만나주지 않았다. 쓰보이는 어쩔 수 없이 그 옆에 있는 병사부장 관사를 찾았다. 마지막 순간까지 결사항전을 외치던 일본군은 정세 동향에 둔감한 편이었다. 쓰보이는 병사부장에게 항복 사실을 알렸다.

"정오에 천황의 방송이 있습니다." "아 그렇습니까. 소련에 대한 것인가요?" 일본이 소련에 선전포고를 하는 것이냐 물은 것이다. 일본군의 넘버2인 이하라 참모장이 항복 소식을 전날 밤 늦게 《도메이통신》 경성지국을 통해 전해 듣는 상황이었다. 당시 군은 일본이 본토 결전을 벌여 보기도 전에 연합국에 항복한다는 사실을 꿈에도 예상치 못하고 있었다.

쓰보이는 오전 8시 도청으로 출근해 부내 각 과장들을 모아 긴급사태를 알렸다. 이어 정교원 지사와 상의해 몇 가지 원칙을 정했다. 핵심은 경찰이 치안 유지에 최선을 다하고 군과 헌병은 가능한 출동시키지 않는다는 것이었다. 정교원 역시 3·1운동 때의 경험을 언급해 가며 "군대와 헌병이 출동할 때는 예외 없이 결과가 나빴다"는 점을 강조했다.

오전 11시, 각 관공서의 장과 민간 유력인사들을 도청 대회의실로 모았다. 참석자 대부분은 이날 중대 방송의 내용이 소련에 대한 선전포고일 것이라 생각했다. 쓰보이는 그들에게 "최악의 경우에도 냉정하게 대처해달라"고 말할 수밖에 없었다.[15]

하지만 막상 방송이 나오자 쓰보이 자신부터 터져 나오는 울음을 억누르지 못했다. 잡음이 심해 무슨 말인지 알아들을 수 없었지만, 참석자들은 경찰부장 쓰보이의 흐느낌으로 모든 상황을 파악할 수 있었다. 장내는 폭풍이 떠난 자리마냥 고요하고 침통했다.

일본의 패전은 확정됐다. 하지만 앞으로가 걱정이었다. 엔도 정무총감은 폭풍우 치는 망망대해에 홀로 남겨지는 듯한 고립감을 느꼈다. 그는 일본 내무성에 "정전의 대칙을 확인했다. 조선 내의 제반 정세에 대해 중앙으로부터 어떤 지시가 있을 것으로 생각한다"는 전신을 보냈다. 앞으로 조선총독부가 어떻게 이 난국을 헤쳐가야 할지에 대해 중앙 정부에 훈령을 요청한 것이다. 엔도는 눈이 빠지게 회신을 기다렸을 테지만, 도쿄 내무성에선 아무 응답도 전해오지 않았다.

일본인들의 충격

갑작스런 항복 선언에 경성에 사는 일본인들은 큰 충격을 받았다. "악화되었기에" 뒤로 이동 전황이 급속히 악화되었기에 언젠간 '만일의 사태'가 닥칠 것이라 각오하고 있었다. 하지만 이렇게 빨리, 이렇게 아무런 대책 없이 항복이 이뤄질 줄은 꿈에도 예측하지 못했다.

15일 오전 다나카 다다시田中正四 경성제대 의학부 조교수는 출근길에 "오늘 정오 중대 발표가 있으니 1억(신민)은 필히 들으라"는 안내판을 확인했다.* 학교 분위기는 예상대로 뒤숭숭했다. 사람들은 불안한 마음을 억누르며 '무슨 일일까'라는 질문을 주고받았다. 누구는 일본이 항복할 것이라 점쳤고, 누구는 일본이 소련에 선전포고하는 내용일 것이란 견해를 내놓았다.

8월 9일 소련이 소일중립조약을 일방적으로 파기하고 소만국경을 넘어선 뒤, 경성제대 의학부에선 매일 학생 30여 명이 학교에 머무르

---

* 다나카는 해방 직후 일기를 1961년 8월 《수골선생지수첩瘦骨先生紙屑帖》이라는 제목의 책으로 펴냈다.

며 숙직을 서고 있었다. 소련군이 쳐들어올 경우에 대비해 학교 시설을 지키기 위해서였다. 이런 암담한 분위기 속에서 수업이 정상적으로 진행될 리 없었다. 그렇지만 선생도 학생도 별달리 할 일이 있는 것도 아니었다. 모두 잔디밭에 모여 앉아 뒹굴거리며 걱정스레 저마다의 정세 전망을 주고받을 뿐이었다. 이윽고 정오가 됐다. 천황의 항복 선언이 라디오를 통해 흘러나왔다. 다나카는 "모든 것"이 끝나고, "새로운 고난의 길이 시작됐다"는 사실을 직감했다. 하지만 그 고난은 다나카가 예상했던 것보다 더 엄혹한 것이 될 터였다.

조선에 거주하는 일본 민간인 사회에서 최고 유력자 가운데 하나인 호즈미 신로쿠로穂積新六郎(1889-1970) 경성전기 사장은 이쿠타 기요사부로 경기도지사실*에서 방송을 들었다. 호즈미는 조선에 사는 일본인 가운데 가장 화려한 명문가의 후손이었다. 그의 부친은 도쿄제대 법과대학장을 거쳐 마지막 추밀원 의장을 지낸 노부시게陳重, 외할아버지는 머잖아 일본 1만 엔권의 주인공이 되는 일본 자본주의의 아버지 시부사와 에이치渋沢栄一(1840-1931)였다. 직립한 채 방송 내용을 듣던 호즈미는 놀라움과 충격에 자신도 모르게 굵은 눈물을 떨어뜨렸다.

호즈미는 1913년 도쿄제대 정치학과를 나와 이듬해 문관고등시험에 합격한 뒤 조선에 발령받았다. 이후 줄곧 총독부에 근무하며 1932년엔 조선의 산업을 관장하는 식산국장에 올라 퇴임 때까지 그 자리를 지켰다. 그로 인해 한때 '식산의 호즈미'란 별명이 붙었다. 하지만 군부와의 알력으로 1941년 관료생활을 청산한 뒤, 조선상공회의소 회두,

* 당시 경기도청의 위치는 지금의 대한민국박물관 부근이다.

경성전기 사장 등 조선 내 일본인 사회를 대표하는 여러 요직에 머무르고 있었다. 그러면서도 '식산의 호즈미' 시절 조선의 산업발전에 기여했다고 자부해 온 지조파知朝派이기도 했다. 그가 조선에 얼마나 큰 애정을 가졌는지는 1974년 출간된 자서전의 제목《내 생애를 조선에 わが生涯を朝鮮に》를 통해 짐작할 수 있다.

조선에 거주하는 일본인 역시 조선인들처럼 중요 정보로부터 철저하게 차단돼 있었다. 호즈미는 한탄했다. "내지에선 며칠 전부터 무조건 항복에 대한 소식이 민간에도 새어나가 다소 마음의 준비를 한 사람도 많았던 것 같다. 그러나 조선에선 30여 년간 인쇄물과 언론에 대한 단속이 엄격하게 실행됐다. 민간에는 세계정세가 거의 알려지지 않았다." 호즈미 같은 일본인 유력자보다 몰래 단파방송을 청취하며 전쟁 추이를 살피던 조선인 쪽이 더 정확히 정세를 꿰뚫는 형편이었다.

호즈미의 눈물은 뺨을 타고 지사실의 카펫에 떨어졌다. "천만 생각이 동시에 뇌리에 떠올랐다. 조상들에게 드릴 말씀이 없고, 젊은이들을 볼 면목이 없다. 왜 더 용기를 내서 전쟁에 반대하지 못한 것일까." 그는 복잡한 생각을 뒤로 하고, 서둘러 경성전기 사옥으로 돌아왔다. 곧이어 모든 사원을 집합시켰다. 경성전기는 경성 내 전력사업과 경성 부민들의 발이 되는 전차운영을 책임지는 국가 기간기업이었다. 그는 혼란한 상황을 견뎌내며, 당분간 현상을 유지해야 한다는 결론을 냈다.

경성전기 40년의 성실한 전통을 어디까지든 지켜나가자. 우리 사업은 치안 상으로도 매우 중요한 일이니 혼란 중에 1분이라도 정전이 일어나면, 우리 책임은 매우 크다. 사업을 이어받을 주체가 결정돼 인수 작

123

업을 완료한 뒤 당당하게 퇴진하자.[16]

넓은 사무실 안에서 젊은 여성 한 명이 책상에 얼굴을 파묻고 울고 있었다. 호즈미는 그에게 위로의 말을 전하고 싶었지만, 끝내 적당한 말을 찾지 못했다.

경성제대 의학부의 다나카 교수는 호즈미와 달리 눈물을 흘리진 않았다. 차라리 이렇게 결판이 나 버리니, 차분하게 마음이 가라앉았다. 그에게 한 학생이 오후 강의를 어떻게 할 것인지 물어봤다. 수요일 오후 1시라면, 2학년 학생들을 위한 위생학 수업이 예정돼 있었다. 하지만 도무지 수업을 할 엄두가 나지 않았다. 잠시 고민 끝에 다나카는 말했다.

"휴강합시다."[17]

#05
건국준비위원회

국내에서
여운형씨와 송진우씨가
악수를 하면 그에 대항할 세력이
없을 것이다.

— 정백

해방의 감격

해방 전 《매일신보》 편집국장을 지낸 유광렬(1899-1981)은 고양 일산역 부근에서 천황의 육성방송을 들었다. 14일 밤 라디오를 통해 예고를 들은 그는 15일 아침 가장 잘 들리는 대형 청취기가 있는 곳을 찾았다. 일산에 거주하던 조선인과 일본인들이 함께 모여 불안한 눈빛으로 방송을 기다리고 있었다. 평소 조선인들을 경멸하던 일본인들은 웬일인지 오전부터 풀이 죽어 있었다.

마침내 정오가 되었다. 천황의 항복 선언을 들은 조선인들은 "이제야 전쟁이 끝나고 조선은 다시 살아나는구나"라고 외치며 서로 부둥켜 안고 울었다. 일본인들은 일제히 울음을 터뜨렸다.

잠시 후 일산국민학교에서 지역의 조선인 공직자와 유지들이 모여 회의를 열었다. 그 자리에서 "교만방자하여 우리에게 원한을 산 일인들에게 되도록 관대히 하고 박해를 하지 말자"는 쪽으로 얘기가 모아졌다. 이튿날부터 일본인들의 태도는 싹 달라져 있었다. 조선 사람들에

127

게 설설 기면서 굽신거리기 시작한 것이다. 더 우스운 것은 일본인들이 이후 어디를 가든 두 사람 이상이 동행했고, 심지어 손에 작은 태극기를 들고 다니기 시작했다는 점이었다. 이튿날 일산역을 거쳐 경성으로 향하는 기관차 앞은 꽃과 태극기로 장식이 되어 있었다. 어떤 차에는 새로 독립될 조선의 국호를 동진공화국東震共和國이라 써 붙인 현수막이 붙기도 했다.'

해방 이후 한국 굴지의 삼성그룹을 일궈내는 이병철(1910-1987)은 1942년 봄, 사업 일체를 지배인 이순근에게 맡기고 고향인 경남 의령군 중교리로 들어앉았다. 그는 자서전《호암자전》에서 14일 밤 연합군 측의 방송을 통해 일본의 무조건 항복을 알았다고 밝혔다. 이병철 역시 단파방송을 통해 해외 정보를 습득했음을 알 수 있다. 덕분에 이병철은 해방 당일 집에 머무르며 차분한 마음으로 천황의 항복방송을 들을 수 있었다. 곧이어 거리에서 독립만세 소리가 터져 나왔고, 하루 만에 길목마다 태극기가 물결쳤다.'

한편으로, 갑자기 닥친 해방 앞에서 '당혹감'을 느끼는 조선인들도 있었다. 해방 이후 '냉전의 우상'에 빠져 있던 한국 사회를 일깨우며 '시대의 지성'이라 불리게 되는 리영희(1929-2010)가 살던 평안북도 창성군 압록강변에 해방 소식이 전해진 것은 16일이었다. 마을 끝에 있는 경찰관 주재소에서 순사들이 부리나케 들락날락하고, 뭔가 불태우는 연기가 피어오르기 시작했다. 마을 사람들은 일본 순사들의 수상한 행동을 통해 해방이 왔음을 알았다. 그렇지만 소년 리영희는 해방 조국에서 이제 무엇을 해야 할지 전혀 알 수 없었다. "나의 8·15 순간의 감상은 심훈의 〈그날이 오면〉처럼 덩실덩실 춤을 추는 그런 감격이기보다는 멍멍한 느낌이었다."

멍멍하기는 시인 박두진(1916-1998)도 마찬가지였다. 그는 경성 근교 안양에서 일본의 항복 소식을 들었다. 이 기쁜 소식을 듣자마자 경성행 기차에 올랐다. 하지만 감격에 차 도착한 그날 오후 경성 시내는 여느 때와 다름없이 조용할 뿐이었다. "경성역에서 내리니 여전히 거리는 달라진 것이 없었다. 나는 경성역을 나와 남대문역을 바라보며 멍하니 서 있었다. 이제 어떻게 해야 하나. 나는 어떻게 할까 망설이다가 사람들 무리 속에 섞였다. 기차에서 내린 사람들이 남대문을 향해 가고 있기에 그들을 따라 갔다."[3]

계동, 정국의 중심으로 떠오르다

겉으로 보이는 침묵 속에서도 경성은 들끓고 있었다. 천황의 육성방송이 울려 퍼진 경성 시내에 새로운 소식이 전해져 왔다. 조선 청년들의 기대와 존경을 한몸에 받던 민족지도자 여운형이 이날 새벽 엔도 정무총감과 회담했다는 뉴스가 공개된 것이다. 소식은 경성 곳곳으로 바람같이 퍼져나갔다.

계동으로 수많은 인파가 모여들었다. 여운형의 딸 여연구(1927-1996)는 회고록《나의 아버지 여운형》에서 "갑자기 대문이 활짝 열리고 사람들이 밀려들었다. 어느새 방안과 마루, 마당에 사람들이 꽉 차서 정신을 차릴 수 없었다"고 적었다. 천황의 항복방송을 들은 사람들은 만세를 외치며 뜨거운 눈물을 흘렸다. 누군가는 서로 얼싸안고, 누군가는 마당을 뒹굴었다.[4] 여운홍의 기억도 비슷했다. "(천황의 육성) 방송을 청취하고 수많은 군중들이 그날 오후부터 형님의 집과 붙어 있는 휘문학교 운동장과 교정에 모여들기 시작했다. 그들은 만세를 부르고 노래를 불렀다."

전날 여운형으로부터 '결사대를 조직하라'는 얘기를 들었던 이란은 여운형의 계동 집에서 천황의 육성방송을 들었다. 당시 그곳엔 여운홍, 이강국·박문규·최용달 등 성대파 공산주의자, 엔도를 만나고 돌아오는 길에 여운형이 데리고 들어온 정백 등이 모여 있었다. 갑작스런 해방 소식은 모두를 희열에 빠뜨렸다. 방송이 끝난 뒤 몰려든 사람들로 집 안엔 "움직일 틈이 없었"고, 다들 서로 수군수군대며 "거의 자기 정신들이 아닌 것 같"[5]았다. 특히 정백은 "어찌 떠들고 다니는지 거품을 물고 반 미친"[6] 사람처럼 보였다.

방송이 끝날 무렵인 오후 12시 20분께 정형묵이 보내온 자동차가 도착했다. 여운형은 이란에게 "너 여기 타라. 헌병대로 가자"고 말했다. 이란은 임기응변으로 일장기에 4괘를 그려 넣은 태극기를 만들어 자동차 앞에 붙였다.

여운형이 헌병대에서 빼낼 인물은 그의 평생 동지 이임수였다. 여운형은 새벽 니시히로 경무국장과의 담판에서 형무소에 잡혀 있는 기결수는 물론 경찰서·헌병대에 잡힌 미결수들도 석방한다는 약속을 받아둔 상태였다. 용산 헌병대에서 "중좌인지 대좌인지"[7]하는 계급의 헌병 사령관이 여운형을 맞이했다. 그는 "제가 직업이 헌병이라 사람들을 괴롭히고, 선생님을 괴롭혔지만, 인간적으로는 존경했습니다"라고 말한 뒤 울음을 터뜨렸다. 여운형은 일본어를 잘 못했지만, 이때만큼은 짧은 일본어로 위로의 말을 던졌다. "아마리 카나시마나이데 구다사이 (너무 슬퍼하지 마십시오)."

헌병대에선 유치장에 갇혀 있던 20여 명을 끌어냈다. 핼쑥해진 모습의 이임수는 옷 보따리를 들고 서 있었다. 이때 이임수와 함께 석방된 이들로는 상하이 시절부터 여운형의 동지였던 조동우, 훗날 한국 진보 정당사에 큰 획을 긋게 되는 죽산 조봉암(1899-1959), 나중에 북에서 재무차관직에 오르게 되는 윤형식 등이 있었다. 여운형은 차에 이임수와 윤형식을 태우고 혜화동 이임수의 집으로 갔다. 여운형은 이임수에게 "몸이 약하니 푹 쉬었다가 (계동으로) 나오라"고 일렀다.

계동으로 돌아온 여운형은 오후 3시 반께 서대문형무소로 향했다. 엔도, 니시히로와의 면담 자리에서 오후 4시에 정치범·사상범을 석방하기로 말을 맞춰 놓았기 때문이다. 하지만 형무소에선 아직 수속이 끝나지 않아 오늘 석방은 불가능하고 내일로 미뤄야 한다고 말했다.[8]

해방 당일 경성에서 특별한 만세 시위 없이 조용하고 덤덤하게 하루를 넘겼다는 증언이나 연구가 많지만, 다른 사실을 전하는 이도 있다. 천황의 육성방송이 끝난 뒤 문서소각 작업에 여념이 없던 나가타 가나코의 귀에 저 멀리서부터 파도 소리 같은 커다란 함성이 들려오기 시작했다.

'무슨 일일까.' 나가타는 창밖을 내다봤다. 굳게 닫힌 총독부 정문 앞에서 수백~수천 명에 이르는 조선인들이 모여 "만세"를 외치고 있었다. 나가타는 조선에서 태어나 21년을 살았지만, 아는 조선어 단어가 7-8개밖에 없을만큼 조선인들과 교류를 맺지 않고 살아왔다. 일본이 항복을 선언한 뒤 나가타의 눈에 띈 가장 큰 변화는 조선인들의 복장이었다. 그때까지 국방색 국민복과 검은 몸뻬로 가득 찼던 경성 거리에 지금까지 거의 볼 수 없었던 하얀 물결이 넘실대고 있었다.

총독부에선 성난 조선인 시위대가 직원들에게 위해를 가할 수도 있다고 우려했다. 결국 자동차를 수배해 직원들을 일일이 집까지 배웅했다. 그마저도 사람들이 모여 있는 정문을 피해 뒷문으로 나갈 수밖에 없었다. 나가타는 차창 밖으로 빠르게 지나가는 경성의 모습을 보며, "어제까지 모습과는 완전히 다른 것 같다"는 느낌을 받았다. 거리엔 하얀 조선옷을 입은 사람들이 활보하고 있었고, 집집에는 일장기에 서둘러 덧칠한 태극기가 펄럭이고 있었다. 거리를 쏘다니는 인파는 예전보다 크게 늘었고, 이들의 얼굴엔 생기가 넘쳐 흘렀다. 나가타는 고개를 푹 숙이고 입술을 깨물면서 이따금 창밖을 흘끔흘끔 내다볼 뿐이었다.[9]

'여운형주의'가 조선 해방의 첩경

여운형에게는 오래된 소신이 있었다. 해방 이후 독립국가를 건설하려면 민족이 '대동단결'해야 한다는 것이었다. 조선 건국이라는 '거대한 사업'을 시작하려면, 일단 국내의 모든 정치세력을 아우르는 거족적인 단일체를 만들어야 했다.

여운형이 1929년 상하이에서 독립운동을 한 죄로 붙들려 경성으로 압송된 뒤 일이다. "너의 주의는 무엇이냐"는 경기도 경찰부 다나베 다카시田邊孝 경부의 질문에 여운형은 그의 사상적 유연함을 짐작케 하는 심오한 답변을 남겼다.

나 개인의 주의는 마르크스주의자이다. 또한 조선독립운동에서는 민족주의적 행동을 한 것이다. 러시아에 레닌주의가 있듯이, 중국에는 삼민주의가 있고, 조선에는 여운형주의로서 하는 것이 조선 해방의 첩경이라고 생각한다.

조선에서는 계급투쟁을 해서는 안 된다. 공산주의, 사회주의, 민족주의 등 각 주의를 고집하는 것도 불가하다. 전 민족은 각기 그 주의를 버리고 일치단결해서 공동의 이익을 획득하기 위해 현 단계에 있어서 가장 가능하고 적합한 프로그램에 의해 그 총역량을 집중해 제국주의에 대항해야 한다.

(……)

장래의 독립운동은 전 민중에 기초를 두고 그 조직적 후원 하에서 하지 않으면 소기의 목적을 달성할 수 없다. 조선민중의 대다수를 차지하는 농민의 고양에 역점을 두고 사회의 각 계급을 통해 그들 각 단체의 조직을 강고하게 하는 것이 최급선무이다. 이와 함께 그 준비를 완성해 언제라도 시기의 도래와 함께 즉시 그를 수용할 수 있는 요소의 함양이 필요하다. 독립의 당면의 문제로서는 그 외에는 없다고 생각한다.[10]

여운형은 독립을 위한 "준비를 완성해 언제라도 시기의 도래와 함께" 대응할 수 있도록 1944년 8월부터 주변 청년들과 노장 독립운동가들을 모아 건국동맹을 결성하는 한편, 안재홍·허헌·조만식(1883-1950) 등 조선 내 좌우를 포괄하는 주요 인사들과도 바로 제휴할 수 있도록 말을 맞춰두고 있었다. 이제 일제가 패망했으니 그간 준비한 혁명 역량을 동원해 모든 정치세력을 아우르는 단일한 정치체를 만들어야 했다. 이를 위한 '산파적 역할'은 15일 저녁 여운형을 중심으로 결성된 건국준비위원회가 담당하게 될 터였다.

유일하게 남은 협력 대상은 김성수와 송진우가 이끄는《동아일보》·경성방직 그룹이었다. 여운형은 평소부터 이들의 실력을 매우 높게 평가하고 있었다. 그는《조선중앙일보》사장으로 재직하던 무렵 측근 이만규에게 "현재 조선 안에 표면에 드러난 세력으로는 예수교·천도교 등 종교계, 그 외에는 김성수 그룹이다. 동아일보, 보성전문(현 고려대학교 - 인용자), 중앙학교, 방적회사, 직유織紐회사가 모두 김의 계통이다. 그 사업이 모두 민족적으로 훌륭하다. 이 다음 무슨 일이 있을 때라도 그 그룹이 상당한 세력을 가질 것으로 무시할 수가 없을 것"이라고 말했다." 여운형은 무슨 일이 있어도 송진우를 끌어들여야 했다.

이를 위해 12일부터 정백이 백방으로 노력하고 있었다. 정백과 송진우의 측근인 김준연의 만남은 14일 이뤄졌다. 김준연은 회고록《독립노선》에서 이쿠타 경기도지사와 만남 직후 "나의 ML당(마르크스레닌주의당) 옛 동지" 정백의 방문을 받았다고 적었다. 정백은 김준연에게 "일본이 곧 손을 드니 우리가 뒷일을 감당해야 한다. 국내에서 여운형씨와 송진우씨가 악수를 하면 그에 대항할 세력이 없을 것이다. 그대가 송진우씨와 김성수씨에게 말해서 연락을 취해달라"고 부탁했다. 이는 당시 객관적 정세와 부합하는 인식이었다. 중도좌파로 공산주의자들까지 두루 포용할 수 있는 여운형과《동아일보》·경성방직 진영의 핵심 인사로 우파 민족주의 인맥을 장악하고 있던 송진우가 협력한다면, 미국의 이승만과 충칭의 김구 등 해외 인사를 제외하고 국내 세력을 대상으로 한 '좌우합작'은 일단 성립됐다고 말할 수 있었다.

하지만 총독부의 직접 제의에도 꿈적하지 않던 송진우가 이 설득에 응할 리가 없었다. 14일 밤 김준연은 송진우와 함께 저녁을 들며 정백이 전한 여운형의 제안을 꺼냈다. 송진우는 "총독 측에서 네 번이나 교섭하여 왔는데도 거절하였는데 지금 여운형씨가 말한다고 해서 되겠는가"라는 반응을 보였다. 김준연은 더 이상 말을 붙이지 못했다. 15일 새벽, 잠에서 깬 송진우는 오히려 김준연을 불러 "몽양이 잘못하면 민족에게 큰 피해를 입힐지도 모른다"고 장탄식을 했다.

15일 아침이 밝았다. 청년 한 명이 송진우의 집에 찾아와 "오늘 아침 7시 반에 여운형씨가 총독부 정무총감을 만나러 갔다"는 말을 전해왔다. 송진우와 김준연은 이때 여운형이 총독부의 제안을 받아들였음을 확인했다. 그리고 이를, 자신들은 지조를 지키며 거부한 총독부의 제안을 여운형이 덥석 집어 문 것이라 받아들였다. 이후 이들은 그런 혐오의 감정을 담아 여운형의 행동을 맹렬히 비난하게 된다. 김준연이 송진우의 거절 의사를 전하기 위해 원서동을 나선 것은 15일 오전 10시쯤이었다. 목적지는 정백이 머무르고 있던 계동 초입 장일환의 집이었다.

창덕궁 담을 따라 창덕궁경찰서 앞에 다다랐을 때였다. 저 남쪽에서 여운형이 활기찬 걸음으로 다가오고 있었다. 자신의 설득에 응하지 않는 송진우를 만나러 가는 길인지도 몰랐다. 여운형은 "평소의 그 활발한 태도로" 김준연에게 악수를 청했다.

"고하는 어떻게 하오?"

"고하는 나오지 않고 김성수씨는 어제 오후 연천으로 떠났기 때문에 이야기할 틈도 없었습니다."

"동무는 어떻게 하겠소?"

여운형은 옛 조선공산당 책임비서 김준연을 '동무'라 불렀다.

"나도 나서지 않겠소!"

여운형은 답했다. "그러면 좋소. 나 혼자 나서겠소. 공산혁명으로 일로매진하겠소!"[12]

다시 돌아온 김준연은 정오 천황의 육성방송을 송진우의 집에서 들었다. 오후 2시께 정백이 전화를 걸어왔다.

"여운형씨를 만났더니 송진우씨가 확실히 거절하였다니 송진우씨의 의견은 다시 물을 것이 없고, 동무만은 꼭 같이 일했으면 좋을텐데, 어떻게 하겠소?"

"못하겠소."

정백은 옛 공산주의 동료가 소중한 건국사업에서 소외될 것이 우려됐는지 재차 물었다.

"그러면 동무가 후회하지 않겠소?"

"후회하지 않겠소."[13]

당시 답답한 상황에 대해 여운형의 측근 이만규는 다음과 같은 기록을 남겼다.

> 언제나 송(송진우 – 이하 괄호는 인용자)만은 '경거망동을 하지 말라' 경계하고 해방을 맞이할 준비도 하려들지 않았다. (안재홍, 조만식 등 다른 주요 인사들과 달리) 끝끝내 송진우만은 딴 배포를 하려고 하였다. 15일 《동아일보》 조사부장 출신인) 이여성을 보내고, 그 다음에 또 사람을 보

내고, 그 다음엔 여운형이 친히 가서 '그대 보기에 나의 출발이 잘못된 점이 있더라도 국가의 큰일이니 허심탄회하게 나와서 대중의 신망을 두텁게 하고, 대사에 차질이 없게 하라고 힘 있게 권하였다. 송은 '경거망동을 삼가라. 충칭정부를 지지해야 된다' 하고 협동을 끝끝내 거부하였다.[14]

건국준비위원회 결성되다

송진우와 그가 대표하는 우익 민족주의자들의 참가 불발로 해방 당일 "건국사업을 위한 민족 총역량의 일원화"[15]를 전면에 내세운 건국준비위원회(건준)는 불완전하게 출범할 수밖에 없었다.

해방 당일 이 조직이 어떻게 발족했는지에 대한 구체적 증언이나 상황 묘사는 존재하지 않는다. 여운형과 안재홍 등 주요 인사들이 모여 건국준비위원회 결성을 선언한 '극적인 행위'가 없었기 때문일 것이다. 건준 결성을 주도한 안재홍과 정백의 증언을 통해 당시 상황을 유추해 보자. 먼저 안재홍의 말이다.

8·15 즉일 건국준비위원회라고 간판 걸기로 하고 계동에다 그 본부를 두고 사무를 보았다. 그런데, 이 건국 운운은 나의 명명이었고, 나는 건국동맹의 존재를 몰랐다. (…) 건준이 성립된 8·15 당일 여운형씨는 개방되는 출옥군중에게 순회연설과 타지 정치공작에 분망하여 만나 볼 수 없었고, 정백씨는 세청 장안과 공산당 결성 때문에 자리를 비워두

고 있어 나는 홀로 다른 대중과 건준을 지키면서 문자 그대로 고심참
담하였다.[16]

이번엔 정백의 증언이다. 정백은 1945년 11월 7일 작성한 〈8월 15
일 조선공산당 조직경과 보고서〉에 다음과 같은 흥미로운 기록을 남
겼다.

> 8월 15일이 박두하기 5일 전부터 일본 항복설이 유력하게 유포되었
> 다. 민족대회관계의 여운형·안재홍은 8월 12일 석방된 정백과 함께 협
> 의하고, 독립에 대한 구체적 정책수립을 준비하기 위하여 동아일보과
> 의 송진우와 합력의 필요를 실현하고자 정백은 김준연을 만나 누차 협
> 의가 있었다. 송 측에서는 일본정권이 완전 붕괴되기 전에 그의 치하
> 에서 준비되는 정권은 (프랑스의 나치 괴뢰정부인 – 인용자) 페탱 정권의
> 위험이 있으므로 (충칭의 대한민국 – 인용자) 임시정부가 오기를 기다리
> 겠다고 협력을 거부하였다.[17]

건국준비위원회 결성에 직접 참여한 핵심 관계자인 둘의 증언을 모
아 보면 다음과 같다. 여운형과 안재홍은 1장에서 살펴본 대로 해방을
앞둔 시점에 행동을 함께하고 있었다. 여운형은 조선 건국을 위해선
민족의 총역량을 결집하는 대동단결이 필요하다고 생각했다. 이를 위
해 건국동맹을 만들어 준비를 해왔다. 건국을 위해선 '민족주의자들이
주도권을 행사하고, 공산주의자들은 뒤를 받쳐야 한다'는 점에서 생각
이 달랐지만, 안재홍도 대동단결에 이견이 있을 리 없었다. 그랬기에

건국동맹 회원들을 상대로 강연하는 여운형(1945년). 건국동맹은 일제 말기 국내에 거의
유일하게 존재했던 조직적 독립운동 단체로, 해방 이후 건국준비위원회의 모태가 된다.

중도 좌파인 여운형과 비타협적 민족주의자인 안재홍은 공산주의자인 정백을 끌어들이는 데 아무런 거리낌이 없었다. 이들은 좀 더 개량주의적 입장을 가졌던 우파 민족주의자이자 《동아일보》·경성방직 세력을 대표하는 송진우와도 힘을 합치려 했다. 그러나 송진우는 일제의 항복이 확정되지 않은 상태에서 "경거망동해선 안 된다"며 합작을 거부했다.

건준 결성의 핵심은 12일부터 회합을 이어온 여운형·안재홍·정백이었다. 이들은 해방 당일, 건국준비위원회와 같은 조직을 결성한다는 원칙에 합의를 봤다. 하지만 해방 당일 여운형은 여운형대로, 정백은 그 나름대로 '정치 공작'을 위해 눈코 뜰 새 없이 바빴기 때문에 모든 사람이 한데 모여 치밀한 논의를 할 틈이 없었다. 그래서 단체 이름은 안재홍이 혼자 결정할 수밖에 없었다. 1장에서 언급했듯 "비밀결사를 해보자"는 여운형의 제안을 거부했던 안재홍은 그 이후 만들어진 건국동맹의 존재를 몰랐다. 따라서 건국동맹과 건국준비위원회의 이름이 비슷해진 것은 우연의 일치일 뿐이다.

실제로 안재홍이 계동 사무실에서 단체 설립을 위한 실무에 정신없는 동안 여운형은 출옥군중에게 연설을 하는 등 밖으로 나돌고 있었고, 정백은 그 나름대로 홍증식의 집에서 재경혁명자대회를 열어 '장안파'라 불리게 되는 조선공산당을 재건하느라 분주했다. 건국동맹과 유기적으로 연결되어 있지 않았던 안재홍은 당일 온갖 잡무를 홀로 떠맡을 수밖에 없었다. 그랬기에 당일 저녁 무렵엔 "문자 그대로 고심참담"할 수밖에 없었고, 그런 서운한 마음을 애써 글로 남겼다. 이런 안재홍의 증언을 뒷받침하듯 정백 역시 건국준비위원회 수립 시점을 8월 15

일이 아닌 1차 조직이 확정되는 8월 17일이라 적고 있고, 여운홍도 "15일 저녁 계동에 있던 임용상 소유의 양옥건물을 빌려 형님과 안재홍 그리고 몇몇 건국 동맹원이 중심이 되어 건국준비위원회 조직에 '착수'했다"고만 밝혔다. 이런 사실을 통해 본다면, 15일엔 건국준비위원회를 설립한다는 큰 틀의 합의가 있었을 뿐이고, 정식 발족은 17일에 이뤄졌다 보는 게 합리적이다.

15일 안재홍이 떠맡은 실무 가운데는 외부와 신속한 의사소통을 위한 전화 설치도 포함돼 있었다. 그는 경성방송국에 전화를 걸어 "계동 143호 몇 호인 서울방송국 편성과 임병현씨* 집 2층을 건준을 위한 연락사무소로 써야 하니 전화를 놓아 달라"고 요청했다. 이에 기술과 직원 심상웅이 전화기 설치를 위해 출장을 나가다 아직 회사에 남아 있던 문제안을 찾아 동행을 권했다.

두 사람이 서둘러 도착한 건물 안에 안재홍이 있었다. 그는 아래층 큰방에 보성전문, 연희전문, 중앙불교전문, 경성제대 학생 40명을 앞에 두고 "드디어 우리들이 국가를 위해 일을 할 수 있는 때가 왔다"고 열변을 토하고 있었다. 갑작스레 닥친 해방이었지만, 건국준비위원회를 중심으로 해방 조국 건설을 위한 첫걸음이 시작된 것이었다.

그 다음날인 16일 송건호(1927-2001, 《한겨레신문》 초대 사장)는 건준 사무실 맞은 편에 자리한 휘문중학 교정에서 다시 한번 안재홍의 사자후를 목격한다. "시민들 앞에서 말할 수 없이 초라한, 어떻게 보면 걸인 같은 모습의 한 50대 중반의 신사가 해방된 민족의 앞날에 관하

---

* 임용상의 가족으로 추정된다.

여 열변을 토하고 있었다. 얼굴이 영양실조와 고생으로 윤기 없이 까맣게 탄 이 노신사야말로 민중이 존경해 마지않는 민족지도자 안재홍이었다."[18]

전화기 설치를 끝낸 심상웅과 문제안은 계단에 웅크리고 앉아 안재홍의 얘기에 귀를 기울였다. 그의 얘기가 끝나자, 누가 뭐라 한 것도 아닌데 모두 벌떡 일어나 두 손을 높이 들고 "대한독립만세"를 목이 터져라 외쳤다. 아직 철이 덜 든 중학생 송건호를 사로잡은 안재홍의 진심이 문제안에게도 전달됐다. 조선이 독립됐다! 문제안의 눈엔 뜨거운 눈물이 솟구치고 있었다.[19]

#06
갈등의 시작

여 선생, 조심해야죠.

왜 이렇게 좌익만 만나는 기요?

주의자 서클은 안 됩니다.

— 이임수

건국준비위원회의 좌편향

축제 같은 하루가 저물어가고 있었다. 하지만 해방 첫날부터 보이지 않는 갈등이 싹트고 있었다.

가장 큰 불안 요소는 여운형과 송진우의 합작 불발로 발생한 건국준비위원회의 좌편향이었다. 해방 당일 헌병대사령부에서 풀려난 이임수는 한밤중에 아들 이란의 부축을 받아가며 여운형의 집으로 들어섰다. 계동 집의 방·마루·마당에는 온갖 사람들로 입추의 여지가 없었다. 마땅히 얘기할 장소를 찾지 못한 이임수는 여운형을 변소간으로 끌고 들어갔다. 그는 여운형이 계동을 찾아온 장덕수(1894-1947)·이종형·윤치영(1898-1996) 등을 만나주지 않고 공산주의자들만 상대한다는 사실에 불안감을 느꼈다. 여운형은 "누워서 쉬라는데 왜 나왔냐"고 질색을 했다. 이임수가 말했다.

"여 선생, 조심해야죠. 헌병이 길거리에 득시글거리잖우. 왜 이렇게 좌익만 만나는 기요? 주의자 서클은 안 됩니다."

"해방이 됐다고 나를 찾아오는 사람을 어찌 내쫓겠소? 해방된 이 마당에 좌익·우익이 어디 있소. 양심적인 사람이라면 다 손잡아야지. 남관(이임수 – 인용자)도 우익이라고 생각하는 사람을 보내시오. 내 얼마든지 만나주고 같이 일하리다."[1]

물론 여운형에게도 할 말은 있었다. 아무리 전 민족의 대동단결이 중요하다 해도 일제의 개가 된 악질 친일파들까지 포용할 순 없는 법이었다. 상하이 시절 여운형의 '끈끈한 동지'였던 장덕수는 1919년 10월 고가 척식장관이 여운형을 도쿄로 불러들여 회유를 시도했을 때 통역으로 맹활약했다. 하지만 흥업구락부 사건을 계기로 전향한 뒤로는 눈뜨고 봐줄 수 없는 추태를 보였다. 태평양전쟁 당시 일본을 위해 피를 흘리라며 자신의 보성전문학교 제자들을 끌어내 학도병으로 지원시킨 것이다. 또한 이종형[*]은 "오카 경기도 경찰부장의 앞잡이"[2]라는 평가를 얻을 정도로 독립운동가와 그 가족을 박해한 악질 밀정이었고, 윤치영 역시 흥업구락부 사건 이후 변절한 뒤 〈황군의 무운장구를 축도함〉 따위의 낯 뜨거운 글을 발표하며 식민통치에 부역한 인물이었다.[**] 해방이 됐다고 안면을 바꿔 발 빠르게 계동으로 찾아온 이들과 웃으며 악수할 순 없었다. 여운형에게 외면당한 이들은 이후 한국민주당을 결성해 여운형에게 거꾸로 친일 혐의를 덧씌우는 정적이 된다.

그 시각 다른 쪽에선 건준의 간판 아래 모인 공산주의자들이 재빠르

---

[*]   영화《암살》의 주역 안옥윤의 모티프인 독립운동가 남자현(1872-1933)을 밀고해 죽음으로 몰고간 인물이다.

[**]   대한민국 정부는 2009년 친일반민족진상규명위원회 결정을 통해 장덕수·이종형·윤치영을 친일반민족행위자로 단죄했다.

게 세 규합을 시작하고 있었다. 여운형으로부터 소련군이 경성을 점령한다는 전망을 들은 이들은 재빨리 당 재건에 나섰다. 여운형의 이웃인 홍증식의 집에서 이날 밤 조선공산당 재건을 위한 재경혁명자대회가 열렸다. 이 자리에 모인 이들은 일제의 탄압으로 명맥이 끊겼던 조선공산당 재건에 합의했다. 해방 직후에 잠시 활약했던 장안파 공산당이 탄생하는 순간이었다.

해방 당일 계동에 다양한 이들이 모여 있었지만, 좌익세가 강한 것은 부정할 수 없는 사실이었다. 더 큰 문제는 모인 이들의 실력이었다. 정백·이강국·최용달·박문규 등 공산주의자들은 많은 투쟁 경험을 가진 "너무나 날카로운 정예분자들"이었다. 이런 "공산당 출신의 용장들은 몽양 주변에서" 타고난 실력과 조직력을 발휘해 조금씩 영향력을 확대해 간다. 그에 비해 이만규·이여성·이상백·양재하·최근우 등 여운형의 측근들은 정치나 정치조직에 대해 뚜렷한 주관이나 경험이 없는 신사들이었다.[3] 결국 건준의 주도권은 여운형의 측근 모임이라 할 수 있는 건국동맹이 아닌 단단한 철의 조직력으로 뭉친 공산주의자들에게로 서서히 넘어가게 된다. 이란은 1989년 8월 이정식과의 만남에서 그날 밤 계동의 풍경을 다음과 같이 회상했다.

그날 거기에 모여 있던 사람들 간에는 대부분 좌경된 사람들이 많이 와 있었어요. 그때 소문에는 소련 군대가 서울에 들어오느니 어쩌니 했지요. 일본 사람이 망한다는 것, 일본 천황이 항복한다는 것만 알지 전연 정보가 없었죠. 카이로 회담 얘기도 듣기는 했지만, 원문을 읽어본 것도 아니고. 그래서 소련군이 들어온다고 하기 때문에 몽양이 좌익 세력을 포섭해야 되겠다는 생각이 있었던 것으로 압니다. 그리고 건국동맹이라는 조직도 있긴 했지만, 몽양 언저리에서 좌익을 빼놓고 이론적으로 일가견이 있는 사람이 없었어요.[4]

계동에서 건준을 조직할 때 건국동맹이 점령하고 들어가야 했어요. 제가 볼 때에 건국동맹이 있었던 것은 틀림없지만, 그분들이 몽양을 점령하고 들어갈 능력이, 힘이, 없었던 것 같아요.[5]

건준은 이후 공산주의자들에게 장악된다. 건국준비위원회의 좌편향은 이후 안재홍-이인을 중심으로 전개되는 좌우합작 움직임에 큰 걸림돌로 작용한다. 이 좌우합작이 실패한 뒤 안재홍이 건준을 떠나자, 남은 좌익들은 해방 정국에 일대 파란을 일으키는 인민공화국 수립을 통해 좌우대립을 돌이킬 수 없는 증오와 상호불신의 소용돌이로 몰고 가게 된다.

이인의 탄식

해방 직후 송진우를 둘러싼 우파 민족주의자들 중에서 좌우합작에 가장 적극적이었던 이는 일제시대 조선의 3대 인권 변호사라 불리던 이인이었다. 1896년 대구에서 태어나 메이지대학 법학부를 졸업한 이인은 1922년 일본변호사시험에 합격했다. 이듬해 5월 경성에서 변호사 개업을 한 뒤 허헌·김병로 등과 함께 의열단 사건을 시작으로 독립운동을 벌이다 잡혀온 이들의 변호를 떠맡다시피 했다.

해방 무렵 이인은 일제가 독립운동가들의 씨를 말리기 위해 날조한 조선어학회 사건에 연루돼 큰 고초를 치렀다. 그의 회고록《반세기의 증언》에 당시 고통이 절절하게 기록돼 있다. "형사들은 조서를 받다가 조금만 말이 엇갈리면 무조건 달려들어 마구 때렸다. 한번 맞고 나면 보름씩 말을 못했다. 나는 이때 앞니 두 개가 빠지고 나머지 어금니는 온통 욱신거리고 흔들렸다. 몽둥이건, 죽도건 손에 잡히는 대로 후려갈기니 양쪽 귀가 다 찢어"질 정도였다. 구타는 기본이고 다양한 얼차려 방식의 고문은 보너스였다. 사지를 묶은 사이로 목총을 가로질러 꿰 넣은 다음 양끝을 천장에 매달아 비트는 것은 '비행기타기', 목총을 두 다리 사이에 넣어 비틀어대는 것은 '아사카제朝風'라 불렸다. 이렇게 혹독한 구타와 고문을 당하는 과정에서 같이 검거됐던 이윤재와 한징 등 두 명의 국어학자가 숨졌다. 이인 역시 말라리아와 협심증에 시달렸다.[6]

1945년 1월, 이인은 독립을 목적으로 만들어진 조선어학회의 목적 실행을 협의·선동했다는 이유로 징역 2년에 집행유예 4년을 언도받았다. 판결이 나오기까지 일본 사법당국이 시간을 질질 끌어, 수감 기간은 2년이 넘었다. 건강을 크게 해친 이인은 시골인 양구군 덕정리로 낙향했다.

그러던 7월 하순, 경성에서 오매불망하던 기별이 왔다. 노장 독립운동가 원세훈(1887-1959)이 이인의 둘째 아들 춘을 통해 "전국이 급전직하해 형세가 풍전등화 같다"며, 일본이 곧 항복할 것임을 시사하는 기사가《만주일보》에 실렸다고 전해왔다. 이에 이인은 서둘러 경성으로 향했다. 하지만 일본이 불과 보름 뒤에 항복할 것이라곤 예상하지 못했다. "일제가 그토록 초토전술을 외치니 도쿄가 떨어진 뒤거나, 그렇지 않으면 9월말-10월초에나 항복할 것"이라고 짐작한 것이다. 그는 경성과 인천 등을 둘러보고 다시 피신처로 돌아왔다.

그러던 8월 15일 오후 1시였다. 아들 춘이 헐레벌떡 달려왔다.

"아버지, 이젠 우리가 해방됐고, 일본이 항복했습니다. 아버지 친구분들이 어서 아버지 모시고 오랍니다."[7]

춘은 이 말을 전하고 엉엉 울었다. 이인은 이웃집 서형석이 모는 자전거 꽁무니에 매달려 경성으로 향했다. 창동 부근에 이르자 주재소에 청년들이 모여 벌써 "조선독립 만세"를 우렁차게 외치고 있었다. 덕정에서 자전거로 출발했으니 경성 도심에 접어들었을 때는 어둑한 저녁이었을 것이다.

이인은 청진동 집에 들르지 않고 곧바로 《동아일보》로 향했다. 그러나 알 만한 사람들은 그곳에 없었다. 할 수 없이 우익들의 사랑방 구실을 하던 원서동 송진우의 집으로 방향을 돌렸다. 이동수단은 여전히 서형석의 자전거였다. 송진우의 집엔 벌써 동아일보를 중심으로 한 우익 인사들인 백관수·김준연·김병로·정인보 등이 모여 있었다. 이들은 해방을 기뻐하며 냉수를 찾아 축배를 들고 있었다.[8] 송진우는 이들에게 11일부터 진행된 총독부와 교섭 얘기를 들려줬다. 이어 자신은 이쿠타 경기도지사의 제안을 거절했는데 여운형이 이를 덥썩 받아서 건국준비위원회를 발족했다고 말했다. 다음은 이인이 회고록에서 전하는 당시 송진우의 증언이다.

그러자 그 자(이쿠타-이하 괄호는 인용자)는 곧 몽양을 만나서 부탁했는데 몽양은 기다렸다는 듯이 즉석에서 응낙했다. 이쿠타가 3-4일 대기하고 있으라고 하자 몽양은 민세와 (신간회에 참여했던 공산주의자) 권태석(1894-1948)을 이 일에 가담케 한 후에 오늘 일제의 무조건 항복방송이 나오자 활동을 개시해서 갑자기 건국준비위원회란 간판으로 일인 관사와 접촉하고 일본으로부터 정권이양을 받은 듯 날뛰고 있다. 오늘 내가 두 번이나 만났으나 의견의 차이로 같이 일하자는 데는 결렬이 되었다.[9]

이인은 자존심 강하고 꼿꼿한 송진우보다 훨씬 더 현실적이고 열정적이 인물이었다. 이인은 송진우에게 "정보의 암매暗昧했음과 동지들과 한마디 상의도 없이 독단으로 이쿠타의 말을 거절한 것은 실수"라고 쏘아붙였다. 또한 일제의 항복이라는 거대한 사건에 대응하는 송진우의 정세판단이 어둡다고 결론 내렸다. 좌중의 반응도 비슷했다. 엔도의 제의를 수락한 여운형은 해방 첫날부터 거침없이 정국을 주도하고 있었지만, 자신들은 송진우의 사랑방에 모여 냉수 잔을 부딪칠 따름이었다.

송진우의 집에 모인 우익 인사들은 견딜 수 없는 불안감을 느꼈다. 불안의 원인은 두 가지였다. 우선 여운형·안재홍이 "일제 말기 어용괴뢰정당*의 이름을 그대로 이어받는다느니 하는 소문이 도는 등" 친일

---

* 송진우는 고이소 총독 시절, 여운형과 안재홍이 민족유심회라는 이름의 친일 단체를 만든다고 의심하고 있었다. 김준연 역시 해방 직후 여러 성명에서 여운형의 친일 의혹을 집요

적인 행보를 보이지 않을까 하는 우려였다. 그러나 진짜 이유는 여운형의 독주에 있었다. 이대로 가다간 가뜩이나 열세에 몰린 우익들이 건국 과정에서 단체로 소외될 수밖에 없었다. 이런 흐름을 두고 볼 수 없었던 이인이 참다못해 말했다. "정치는 현실인데 몽양과 민세가 비록 불순하기는 하나, 불과 반일 간에 몽양의 천하가 된 것처럼 그 기세가 충천하는 듯합니다. 만일 이대로 간다면 전도가 암담하지 않겠소!"[10]

만년의 이인. 해방 당일 한차례 결렬됐던 좌우합작은 그의 활약으로 불씨를 이어가게 된다.

오전에 여운형과 정백의 제안을 거절했던 김준연이 미련이 남았는지 이 말을 긍정적으로 받았다. 흥미롭게도 이인과 김준연은 해방 후 나란히 법무부장관직에 오르게 된다.

"애산이 몽양, 민세와 친한 처지이니 한번 절충해보면 어떻겠소?"

일제 치하에서 두 번의 옥고를 치른 여운형도, 아홉 차례나 감옥에 다녀온 안재홍도 모두 법정에서 이인의 변호를 받았던 이들이었다. 게다가 안재홍은 이인과 같은 민족주의 진영에 속한 인사로, 조선어학회

하게 제기했다. 하지만 여운형과 교류했던 총독부 관계자들은 모두 여운형이 자신들에게 협력한 바 없다는 증언을 남겼다.

사건의 '감방 동기'기도 했다. 이렇듯 좌우합작은 조선 내 모든 정파가 한뜻으로 뭉쳐 건국 작업에 참여한다는 '고고한 명분'은 물론, 정국 주도권을 좌우 어느 한편에 넘겨서는 안 된다는 '실리적 계산'에 따라 추동되어갔다.

하지만 해방 첫날은 이미 저물고 있었다. 이인은 훗날 제헌국회 의원이 되는 서용길을 데리고 경성의 밤거리로 나섰다. 거리엔 벌써 죽창을 든 젊은이들이 곳곳에 배치돼 치안을 담당하고 있었다. 여운형이 이날 YMCA 체육부 간사 장권에게 명령해 조직한 치안대 청년들이었다. 이인은 먼저 종로의 기독교청년회관으로 향했다. 그곳에 여운형의 사돈이자 측근인 이만규가 있었다. 그 역시 조선어학회 사건으로 옥고를 치른 교육자였다. 하지만 이곳은 건국준비위원회가 아닌 건국동맹의 사무실이었다. 이인은 이만규에게 따져 물었다.

"이게 무슨 짓이오? 젊은 사람들에게 죽창을 들려 행인을 위협하는 게 옳은 일이오?"

"그런 것이 아니라 우선 치안이 문란하기에 그랬을 뿐이오. 애산 집에 전화로 연락해 보았으나 계신 곳을 알 수 없어 걱정하던 터이니, 곧 몽양을 만나보시오.""

이인은 회고록에 자신이 하대를 한 것처럼 적었지만, 이만규는 그보다 14살이나 많은 손윗사람이었다. 이만규는 여운형과 안재홍이 계동 임용상의 집에 건국준비위원회 사무실을 꾸려 놓고 그곳에 머물고 있다고 전했다. 이인은 다음날 아침 일찍 여운형을 찾아봐야겠다고 다짐했다.

놀라움과 흥분으로 가득 찼던 해방 첫날이 마무리되어가고 있었다.

밤이 되면서 조선이 해방됐다는 소식이 한반도 전체에 퍼지기 시작했다. 1936년생 언론인 임재경은 해방되던 해 도요카와豊川라는 창씨명을 쓰던 국민학교 3학년이었다. 15일 늦은 밤, 그가 살던 강원도 김화의 작은 마을에도 해방의 소식이 전해져 왔다. 어린 임재경은 해방의 풍경을 저녁 무렵 검은 몸뻬를 벗어던지고 흰 치마저고리로 갈아입던 어머니 장규선의 모습으로 기억한다. 장규선은 아들에게 "일본이 항복했다. 김화 사람들이 모두 군청 앞에서 모이는데 같이 가자"고 말했다.

어머니뿐 아니라 남녀노소 대부분이 흰색 한복을 입고 군청으로 향하고 있었다. 한여름이라 낮이 길어서인지, 온 천지의 흰색 빛깔 때문인지 저녁을 먹고 한참 지났는데도 사방은 여전히 훤했다. 군청 현관엔 과일상자에 올라선 흰색 셔츠 차림의 남자가 조선어로 연설하고 있었다. 그의 선창으로 사람들이 "조선독립만세"를 외쳤다. 소년 임재경도 주위 사람들을 따라 세 번이나 만세를 외쳤다. 저녁부터 밤늦게까지 한반도 전역에서 기쁨에 들뜬 조선인들이 노래를 부르고 춤판을 벌였다.[12] 해방 첫날이 그렇게 저물고 있었다.

카이로 선언

일본이 항복을 선언했을 때까지도 연합국 내에서 한반도를 어떻게 처리할 것인지에 대한 '명확한 합의'는 존재하지 않았다. 모든 연합국이 동의한 유일한 기준은 1943년 11월 카이로 선언을 통해 공표된 "조선 인민의 노예 상태에 유념해, 적절한 시기in due course에 조선이 자유롭게 독립될 것을 결의한다"는 구절뿐이었다. '적절한 시기'란 용어는 미국 대통령 프랭클린 루스벨트의 지론인 한반도에 대한 신탁통치 실시를 염두에 둔 것이었다.

루스벨트는 조선 등 추축국의 옛 식민지를 대상으로 '연합국의 선량한 지도와 보호를 기반으로 하는 신탁통치'를 실시할 계획이었다. 이 생각에 큰 영향을 끼친 것은 미 국무부에서 한국통으로 불리던 윌리엄 랭던William Langdon이 1942년 2월 작성한 보고서 〈한국 독립문제의 몇 가지 측면들〉이었다. 랭던은 이 문서에서 "독립이 된다 해도 한국인들은 국가를 운영할 경험을 가지고 있지 못하다. 적어도 한 세대 동안 한국인들은 열강으로부터 보호·지도와 근대국가로 나아가는 데 대한 도움을 받아야 한다"고 주장했다.[3] 루스벨트는 보고서의 주장대로 1942년 11월 "아시아에서 해방된 국가는 자치능력의 부족으로 인해 교육을 통한 준비기를 거쳐 독립해야 한다"는 입장을 견지했고, 1943년 3월 27일 앤서니 이든Anthony Eden 영국 외상에게 "한국을 미국·중국 및 1-2개 나라가 참가하는 신탁통치에 두자"고 제안했다. 조선을 신탁통치하겠다는 구상은 4월 7일 《시카고 선》에 보도되며, 전 세계에 알려지게 된다.

조선의 전후 운명을 사실상 결정한 카이로 선언의 뼈대가 완성된 것은

1943년 11월 23일 루스벨트와 장제스 중국 총통의 만찬에서였다. 미국에선 루스벨트와 그의 외교고문인 해리 홉킨스Harry Hopkins(1890-1946)가 참석했고, 중국에선 장제스와 영어가 능통했던 부인 쑹메이링宋美齡, 왕충후이王寵惠 비서장이 자리를 지켰다. 이 자리에서 장제스는 "조선에 독립을 부여할 필요성을 강조"했고, 루스벨트는 이에 원칙적으로 동의했다.

하지만 카이로 선언이 문서로 확정되기까지는 적잖은 부침이 있었다. 미국의 초안엔 조선 독립에 대한 문구가 "조선을 '가능한 가장 빠른 순간at the possible earlist moment'에 자유 독립시킨다"였다. 하지만 지론인 신탁통치를 포기할 수 없던 루스벨트가 홉킨스의 초안에 담긴 '가장 빠른 순간'이란 표현을 '적절한 순간at the proper moment'으로 바꿨다. 조선에 먼저 신탁통치를 실시한 뒤 적절한 순간이 오면 독립을 인정하겠다는 의미를 함축하도록 문구가 바뀐 것이다. 이후 영국의 2차 개입이 시작된다. 인도 등 거대한 식민지의 연합체인 '대영제국'을 유지하고 있는 영국에게 조선 독립 문제는 식민지 정책의 근간을 흔들 수 있는 민감한 이슈였다.

3개국의 입장이 조율된 것은 11월 26일 오후 루스벨트의 숙소에서 이뤄진 대표단 회의에서였다. 알렉산더 카도간Alexander Cadogan 영국 외무차관은 초안에 담긴 "조선을 자유 독립시킨다"는 구절을 "일본의 통치에서 벗어나게 한다"라는 애매하고 추상적인 표현으로 바꾸자고 주장했다. 중국 대표인 왕충후이는 "조선은 일본의 침략으로부터 병탄됐고, 일본의 대륙정책은 조선을 병탄함으로부터 시작된 것이다. 단지 일본의 통치에서 벗어나게 된다는 것은 말이 되지 않는다"고 반박했다. 이에 카도간은 조선 관련 문구를 아예 선언에서 들어내자고 맞섰다. 결국 해리먼이 조선 독립은 루스벨트의 생각을 반영한 것이라며 중국의 손을 들어줬다. 대신 루스벨트의 원안을 윈스턴 처칠이 더 유려한 문체로 다듬기로 했다. 제

카이로 회담의 주역들. 왼쪽부터 장제스, 프랭클린 루스벨트, 윈스턴 처칠(1943년).

2차 세계대전 회고록으로 훗날 노벨 문학상을 수상하게 될 문필가의 제안에 미국과 중국도 동의했다. 최종 결론은 다음과 같다.

> 상기 3대국은 조선 인민의 노예 상태에 유념해, 적절한 시기에 조선이 자유롭게 독립될 것을 결의한다.

정병준 이화여대 교수는 루스벨트 수정안과 최종안을 비교하며 세 가지 문제점을 지적했다. 첫째로 조선 인민을 노예상태로 만든 일본이라는 가해 주체를 삭제했고, 둘째로 노예 상태의 정도와 상황을 묘사하는 '기만적treacherous'이라는 수식어가 사라졌으며, 마지막으로 조선의 자유와 독립 회복을 '일본의 몰락 후'에 한다는 시점이 모호해졌다는 것이다. 즉 카이로 선언의 조선 조항은 가해 주체, 독립 시점, 독립 방법 등에서 추상적으로 합의됐다는 지적이다. 물론 연합국이 전후 조선의 독립을 공개적으로 약속했다는 점은 큰 성과였다.[14]

카이로 선언은 분명 미·영·중 사이의 정치적 타협물이었고, 그랬기에 필연적으로 모호해질 수밖에 없었다. 가장 큰 문제는 '적절한 시기'라는 표현의 애매모호함이었다. 이 모호함은 이후 열린 전시 연합국 정상회담인 얄타(1945년 2월)와 포츠담(1945년 7-8월) 회담에서도 해소되지 않았다. 루스벨트는 2월 8일 얄타에서 열린 스탈린과의 정상회담에서 "소련, 미국, 중국 대표로 구성된 신탁통치를 생각하고 있다. 이 문제와 관련한 우리의 경험은 자치를 준비하도록 50년의 시간을 갖게 한 필리핀뿐이다. 조선의 경우는 20년에서 30년 정도의 기간이 좋지 않을까 한다"고 말했다. 스탈린은 "신탁통치 기간은 짧을수록 바람직하다"면서 신탁통치 자체엔 원칙적으로 동의한다는 입장을 밝혔다. 이로써 한반도에서 미·소·영·중이 참여하는 신탁통치를 하자는 데 미소 간 '느슨한 합의'가 이뤄졌다.

그로부터 석 달여 뒤 해리 홉킨스는 5월 26일 모스크바에서 스탈린과 회견했다. 갑작스레 타계한 루스벨트가 생전에 스탈린과 합의했던 여러 약속의 유효성을 확인하고, 후임 대통령 해리 트루먼이 두 달 뒤 참석할 포츠담 회담의 의제를 논의하기 위해서였다. 홉킨스는 회담 셋째 날인 28일 한반도 신탁통치와 관련해 얄타에서 비공식 논의가 있었음을 상기시킨 뒤 "신중한 검토 끝에 미국 정부는 조선에 소련·미국·중국·영국에 의해 구성되는 신탁통치를 실시하는 게 바람직하다는 결론에 도달했다"고 말했다. 그에 앞서 미 국무부는 "조선의 해방은 미국 내지 소련에 의해 단독으로 혹은 미·중·소·영에 의해 공동으로 이뤄질 것인데 어떤 경우든 4개국은 조선의 민정에 동등한 권한으로 참가하고 이를 대표한다"며 "신탁통치 기간은 대일전쟁이 공식 종결된 뒤 5년 동안 이뤄질 것"이라는 내용이 담긴 보고서를 작성했다. 홉킨스는 보고서 내용을 일부 언급하며 "(신탁통치의) 기간은 확정되지 않았다. 5년 내지 10년이라는 것은 확실하지만 가장 길게는 25년이 될 수도 있다"고 말했다. 스탈린은 "4개국에 의한 신탁통치가 바람직하다는 데 완전히 동의한다"고 밝혔다.[15]

안타깝게도 7월말 일본에게 '무조건 항복'을 요구한 포츠담 회담에서 이 합의를 구체화하기 위한 미소 간 논의가 전혀 이뤄지지 못했다. 그로 인해 조선인들은 한반도에서 구체적으로 누가 어떻게 신탁통치를 시행할 것인지, 카이로 선언에 담긴 '적절한 시기'란 모호한 표현에 대한 연합국 내부의 명확한 합의를 얻어 내지 못한 상태에서 해방을 맞을 수밖에 없었다. 이를 둘러싼 '공백'은 결국 한반도의 운명을 분단으로 내몰게 된다.

민족의 구심력

VS 좌우의 원심력

2

08.16–09.09

0816
여운형–송진우·이인 회동. 좌우합작 논의 개시
전국적 만세시위 확대, 소련군 환영대회
안재홍, 건국준비위원회 결성 발표
건국준비위원회 치안대 조직

0817
우익대표단과 여운형 회동.
우익의 건준 참여와 국민대회 개최 합의
경성 시내 일본군 배치(건준으로 넘겼던 치안권 회수)

0818
22명의 한미연합 독수리작전팀, 여의도 비행장에 착륙.
일본군과 대치

0819
국민대회(건준 확대위원회) 무산
가와베 참모차장 일반명령1호를 통해 연합국의
한반도 분할 정책 확인

0820
박헌영, 조선공산당 재건파 결성.
'8월 테제' 채택
일본군과 총독부, 해방 후 결성된 조선인
단체 해산 요구

0821
건준 총무부장 최근우, 건준 활동을 놓고
일본군 참모장 등과 담판

0822
일본 정부, 조선총독부에 미소의 한반도
분할 점령 방침 통보

0825
소련군 개성 진주
건준 집행위원회 개최(135인 확대위원회 안건)

0831
건준 확대위원회 개최

0903
김구 임시정부 명의의 광복 성명서 발표

0904
건준 확대위원회 파행, 좌우합작 결렬

0906
한국민주당 창당 발기인대회.
인민공화국 건국 선언

0907
미군 제24군단 한반도 상륙

0909
미군 경성 진주. 미일 항복조인식.
조선총독부 청사에 성조기 게양

#07
8월 16일

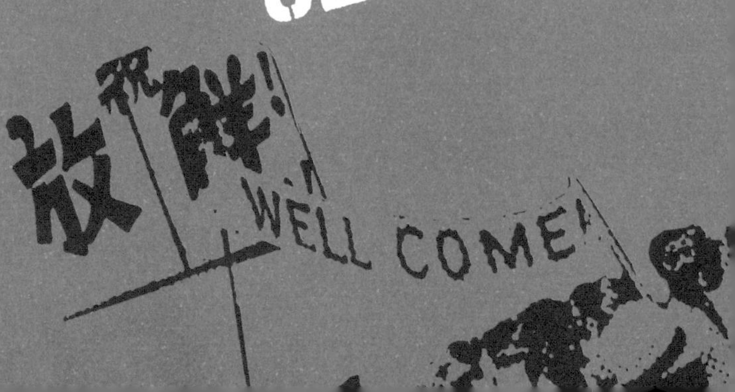

민족적 성업을 하는데 ──

단 몇 사람이 사랑방 문을 잠그고

수군대는 수가 어디 있소!

── 이인

이인의 방문

해방 둘째 날이 밝았다. 전날 밤 여운형을 만나려다 허탕을 친 이인은
이날 오전 8시께 이만규가 알려준 대로 건국준비위원회 본부가 차려
진 계동 초입 임용상의 2층 양옥을 찾아갔다. 여운형과 안재홍이 그를
맞았다.

여운형의 얼굴을 마주한 이인은 불쾌한 감정을 숨기지 않았다. 전날
송진우의 집에서 우익 인사들이 건국준비위원회에 쏟아낸 분노와 우
려를 있는 그대로 전했다. 그들이 보기에 이제 막 해방이 됐는데 몇몇
사람들이 골방에 모여 "국가 초건 운운"한다는 것은 용납할 수 없는 일
이었다. 누가 여운형과 그 주위 사람들에게 그런 권한을 부여했단 말
인가. 이인은 "민족적 성업을 하는 데 단 몇 사람이 사랑방 문을 잠그고
수군대는 수가 어디 있냐"며 쏘아붙였다.[1]

이인의 힐난은 정당했다. 해방 당일 엔도 정무총감이 여운형에게 부
탁한 것은 '치안협조 요청'에 불과했다. 그런데 여운형은 이를 계기로

총독부로부터 단번에 치안권과 행정권을 넘겨받은 것으로 간주하고 우리 민족이 오랫동안 염원해 온 "역사적 대사업인 조선독립정부 수립"²에 나서려 했다. 하지만 건국이라는 대업에는 여러 사람의 의사를 한데 모으는 선거나 그에 준하는 '민주적 절차'가 필요했다.

여운형도 이인의 지적에 동의했다. 일제 경찰의 갖은 위협에도 움츠림이 없었던 그의 오랜 지론은 조선 내 모든 정치 세력의 '대동단결'이었다. 건국을 위해선 먼저 "국내 혁명동지를 규합하여 단결하고 준비하고, 입국할 해외 혁명동지를 맞아들여 혼연일체인 과도정부"³를 세운 뒤 이 과도정부 아래서 민주적인 선거를 치러 정식 정부를 수립해야 했다.

여운형·안재홍·정백을 주축으로 15일 간판을 올린 건준이 '건국의 모태'가 되려면 외연을 확장해야 했다. 누구보다 여운형 자신이 제일 절실했다. 해방 전후 며칠간 송진우와의 합작을 성사시키기 위해 백방으로 노력했던 것도 그 때문이었다. 그랬기에 여운형이야말로 이인의 갑작스런 방문을 반겼을지 모른다. 여운형은 겸연쩍은 듯 이인에게 "애산조차 아무리 찾아도 행방을 알 도리가 없고, 고하를 만나 이야기하고 합작하자고 애원했으나 의견이 맞지 않았다"고 말했다. 이에 옆에서 듣고 있던 안재홍이 "애원이란 말이 과하다"며 핀잔을 줬다. 세 사람은 논의 끝에 "각계각층을 총망라한 인사를 한데 모아 일석논의一席論議를 하자"고 의견을 모았다. 생각보다 말이 잘 통하자 이인은 안심이 됐는지 여운형에게 다시 한번 송진우와 만나볼 것을 권했다.

"우선 고하와 다시 한번 만나시지요."

"좋소, 오늘 오후 2시에 내가 다시 고하를 방문할 터이니 애산도 동석하시오."[4]

정치범이 석방되다

이인과 대화를 마친 여운형의 눈앞엔 해결해야 할 일이 산더미처럼 쌓여 있었다. 우선 서대문형무소로 가서 정치범들을 석방시켜야 했다.

경성콤그룹[*] 관련자로 추정되는 전후全厚(가명으로 보인다)가 서대문형무소 정문을 찾은 것은 오전 6시 반이었다. 아직 이른 시간이었던 탓인지 정문 앞엔 "부인네들 스무 명 남짓이 와서 형무소 문 쪽을 바라보고 서 있"을 뿐이었다. 머잖아 혁명을 위해 뜻을 함께 모았던 동무들을 만날 수 있다는 생각에 전후의 가슴은 쿵쾅댔다.

조선인 혁명가들에게 서대문형무소는 일제의 폭압 통치를 상징하는 조선의 바스티유 감옥 같은 공간이었다. "오늘은 형무소 문이 열린다는 역사적인 날이다. 나는 지금까지 분격한 우리 민중들의 손으로 저 형무소의 담이 부서져 넘어지고 총소리가 나고, 저 집이 불타오르는 화염 속에서 열광된 우리 민중들의 외치는 소리가 들릴 때 그때 비

---

[*] 경성콤그룹은 걸출한 공산주의 활동가였던 이재유(1905-1944)와 이관술(1900-1950), 김삼용 등이 상해계의 서중석 및 화요계의 권오직 등과 함께 1940년 3월 출옥한 박헌영을 지도자로 옹립해 만든 비밀 결사 조직이다. 이 조직은 같은 해 12월부터 김삼용을 비롯한 지도부와 조직원들이 잇따라 경찰에 체포되며 고난을 겪었지만, 이후 온갖 탄압과 회유에도 전향하지 않고 끝까지 지조를 지킴으로써 해방 직후 누구도 범접하기 힘든 절대적인 정통성을 주장할 수 있었다. 박헌영은 이 명분을 무기로 1945년 9월 자신을 중심으로 조선공산당을 재건하는 데 성공한다.

로소 우리 새 조선의 새벽이 오고 동무들은 저 형무소에서 살아 나오리라고 이렇게 생각하고 희망하고 있었다."[5]

석방이 예정돼 있던 오전 9시가 지나고, 10시가 가까워졌다. 어느새 독립문에서 형무소로 향하는 언덕길 이쪽저쪽은 환영 인파로 가득찼다. 잠시 후 이강국과 최용달을 대동한 여운형이 모습을 드러냈다. 그의 옆에 석방 수속을 도울 나가사키 유조 경성보안관찰소장과 통역을 맡은 백윤화 판사가 붙어 있었다. 여운형의 모습을 발견한 군중들이 곳곳에서 산발적으로 박수를 쳤다.

해방 직전 조선 각지 형무소에 수감돼 있던 정치범들은 대개 공산주의자였다. 석방자를 기다리는 한 부인이 손에 든 작은 초롱엔 "권오직 동무, 김대봉 동무 환영"이란 글귀가 쓰여 있었다. 전날인 15일 경성 곳곳엔 "박헌영 동지여. 빨리 나타나라"라는 벽보가 나붙어 세인의 눈길을 끌었다.* 또 하나 눈길을 끈 것은 당대 최고 기업가이자 친일파로 악명 높았던 박흥식(1903-1994)이 설립한 조선비행기회사의 트럭이었다. 해방 소식이 전해진 뒤 직원들이 회사를 접수했는지 트럭에는 '조선비행기회사접수위원회'라는 글자가 적혀 있었다. 서대문형무소는 곧 석방될 정치범들은 1차로 강당에 모여 앉아 있게 했다. 여운형은 이들 앞에 나서 그간의 오랜 고초를 위로한 뒤, 조국 해방의 날이 왔음을 알리고 조선과 일본 두 민족의 장래를 위해 경거망동하지 말 것을 당부했다. 최용달은 이들에게 준비해둔 옷과 식량을 받으러 종로로 올

---

* 송남헌 또한 16-17일 화신 백화점 앞의 전봇대에 "박헌영 동지는 나와서 우리를 지도해 달라"는 내용의 벽보가 붙어 있어 많은 이들의 시선을 끌었다고 회고했다.

것을 안내했다.[6]

오전 11시, 마침내 옥문이 열렸다. 사람들은 30분 혹은 한 시간씩 시차를 두고 무리를 지어 석방됐다. 전후는 1945년 4월호 《신천지》에 "열한 시, 열두 시, 오후 한 시, 한 시 반, 이제 사람들이 거리로 쏟아져 나오기 시작했다"[7]고 적었다. 정문 앞에 모인 이들이 정치범들이 석방될 때마다 환호성을 지르고 박수를 쳤다. 하지만 석방되어 나오는 이들의 몰골은 말이 아니었다. 당시 주경성 소련영사였던 아나톨리 샤브신Anatole Shabshin의 부인 파냐 이사악꼬브나 샤브시나는 석방자들이 대부분 부축이 필요할 정도로 몸이 상해 있는 것을 보고 슬픔과 놀라움을 감추지 못했다. 마중 온 가족들은 고문과 혹독한 수감 생활로 바짝 늙은 이들을 통곡하며 끌어 안았다.

> 부축을 받고 나오는 등이 굽은 사람에게 여인과 세 명의 아이들이 기쁨의 함성을 지르며 달려갔다. 그는 놀라서 그들을 쳐다보다가 외면했다. 바로 옆에서는 불구가 된 노인에게서(노인으로 보이는 아들에게서 – 인용자) 아들의 젊을 때 모습을 어렵게 알아본 어머니가 울다 웃다 하였다. 그녀는 아들을 안고 쓰다듬는 동시에 주변 사람들에게 '그가 잡혀갔을 때는 아주 앳된 소년이었다'고 말했다. 나는 이해할 수가 없었다. 그렇게 짧은 기간 동안 그렇게 늙어버렸는지, 아니면 감옥에서 그처럼 많은 세월을 보냈는지."[8]

감옥 마당 곳곳에서 즉흥 연설이 진행되고 있었다. 누군가가 〈애국가〉를 선창했다. 수백 명이 따라 불렀다. 그다음 전 세계 공산주의자들의 영혼이 담긴 〈인터내셔널가〉의 멜로디가 처음엔 조용히, 나중엔 점점 크게 확신에 차서 울려 퍼졌다. 하지만 노래는 흥얼거림에 그쳤다. 정확한 가사를 아는 이는 드물었기 때문이다.[9]

인파를 헤치며 샤브시나는 힘겹게 거리로 나갔다. 거리는 이전보다 더 혼잡하게 변해 있었다. 형무소 앞에서 시작된 사람들을 가득 채운 자동차와 트럭 행렬이 경성 시내 곳곳으로 뻗어 나가기 시작했다. 노면 전차에도 사람들이 빼곡하게 매달려 급히 만든 태극기를 흔들어대며 만세를 외쳤다. 만세 함성으로 들끓는 군중과 깃발이 종로에서 남대문까지 들어찼다. 가는 곳마다 태극기가 펄럭이고 만세소리가 울려 퍼졌다. 경성 시내 200-300미터마다 크고 작은 집회가 벌어졌다. 16일 경성 시내는 오랫동안 억눌려 왔던 조선인들이 해방의 기쁨을 발산하는 해방구였다.

> 사람들은 아래층에서 윗층으로 뛰어오르고, 뛰어내리고 수많은 문이 열렸다 닫히고 또 닫히고, 책상은 갖다 밀어붙이고 의자가 부서지고 뒤바뀌고 했다. 건너편 빌딩에서는 연합국 국기를 내어걸고, '조선민족해방만세' '조선독립만세'하고 써 내어붙였다. 학생들이 청년들이 또 일군들이 조그마한 어린애들까지도 깃발을 흔들고 입을 크게 벌려 외치고 두 팔을 높게 들어 만세를 불렀다.[10]

정치범 석방은 지방에서도 이뤄졌다. 함경북도 성진 출신의 공산주의자 허성택은 하루 늦은 17일 새벽 청주의 사상범 예방구금소에서 풀려났다. 새벽 형무소 앞으로 몰려온 청주시민들이 석방자들을 열광적으로 환호하고 따뜻하게 위로했다. 허성택은 이들의 동포애에 저절로 눈물을 흘렸다. 청주에 오래 머무를 순 없었던 그는 그날 밤 경성행 열차에 몸을 실었다. "캄캄한 어둠 속을 달리는 차창을 내어다보면서" 허성택의 "좁은 가슴 속은 감정으로 벅찼고, 꼬리에 꼬리를 잇는 앞날의 계획이 무지개같이 스쳐갔다".[11]

여운형의 연설

환영 인파 가운데 일부는 다시 계동 주변으로 모여들었다. 오후 1시께 여운형은 5000여 군중의 박수를 받으며 휘문중학 운동장으로 들어섰다. 당시 광경을 담은 흑백사진이 남아 있다. 사진 속에서 여운형은 "희색이 만면했고, 희망에 차 있었으며 앞길엔 거칠 것이 없어 보였다".[12] 그는 이곳에서 약 20분 동안 열띤 웅변으로 15일 이후 지금까지 경과를 소개했다.《매일신보》8월 17일자는 이 역사적 연설을 사진과 함께 묶어 "건준위원장 여운형, 엔도와의 회담경과 보고"란 제목으로 전하고 있다. 전문을 인용한다.

> 조선민족 해방의 날은 왔다. 어제 15일 아침 8시 엔도 조선총독부 정부총감의 초청을 받아 "지나간 날 조선 일본 두 민족이 합한 것이 조선민중에 합당하였는가 아닌가는 말할 것이 없고, 다만 서로 헤어질 오늘을 당하여 마음 좋게 헤어지자. 오해로서 피를 흘린다던지 불상사가 일어나지 않도록 민중을 잘 지도하여 달라"는 요청을 받았다.

나는 이에 대하여 다섯 가지 요구를 제출하였는데 즉석에서 무조건 응락을 하였다.

즉,

① 전 조선 각지에 구속되어 있는 정치·경제범을 석방하라.

② 집단생활인 만치 식량이 제일 문제이니 8·9·10월 3개월간 식량을 확보·명도하여 달라.

③ 치안유지와 (국가 – 인용자)건설사업에 있어서 아무 구속과 간섭을 하지 말라.

④ 조선 안에 있어서 민족해방의 모든 추진력이 되는 학생훈련과 청년 조직에 대하여 간섭을 말라.

⑤ 전 조선 각 사업장에 있는 노동자를 우리들의 건설 사업에 협력시 키며 아무 괴로움을 주지 말라.

이것으로 우리 민족해방의 첫 걸음을 내디디게 되었으니 지난날에 아프고 쓰렸던 것은 이 자리에서 모두 잊어버리자. 그리하여 이 땅을 참으로 합리적인 이상적 낙원으로 건설하여야 한다. 이때 개인의 영웅주의는 단연코 없애고 끝까지 집단적 일사불란의 단결로 나아가자. 머지 않아 각국 군대가 입성하게 될 것이며 그들이 들어오면 우리 민족의 모양을 그대로 보게 될 터이니 우리들의 태도는 조금도 부끄럽지 않게 하여야 한다. 세계 각국은 우리들을 주목할 것이다. 그리고 백기를 든 일본의 심흉을 잘 살피자. 물론 우리들의 아량을 보이자. 세계 신문화 건설에 백두산 아래에 자라난 우리 민족의 힘을 바치자. 이미 전문대

8월 16일, 휘문중학 교정으로
들어서는 여운형.

이날 여운형은 해방 당일
엔도 류사쿠와 가진 회담
내용을 공개하며 건준
활동을 공식화했다.

학 학생의 경비원은 배치되었다. 이제 곧 여러 곳으로부터 훌륭한 지도자가 오게 될 터이니 그들이 올 때까지 우리의 힘은 적으나마 서로 협력하지 않으면 안 될 것이다.

이 연설엔 해방을 맞이한 여운형의 마음가짐과 총독부와 교섭 내용이 비교적 잘 드러나 있다. 여운형과 엔도는 자칫하면 엄청난 비극으로 번질 수 있는 두 민족 간의 '유혈충돌'을 막자는 데 의견을 함께했다. 엔도가 "오해로 피를 흘리는 불상사가 일어나지 않도록 민중을 잘 지도해달라"며 치안협조 요청을 하자, 여운형은 이를 받아들이며 국가 "건설사업에 간섭하지 말라"는 내용의 5대 요구를 했다. 이 합의를 기초로 여운형은 "두 민족이 합하였던 것이 조선민족에 대하여 적절했는가 하는 잘잘못을 지금 말하고 싶지 않다. 우리들의 아량을 보이자"[13]며 일본과의 화해를 호소했다. 건국준비위원회는 이날 경성 시내에 살포한 전단에서도 "중대한 현 단계에 있어 절대의 자중과 안정을 요청한다. 제위의 일언일동—言—動이 민족의 휴척休戚에 지대한 영향있는 것을 맹성猛省하라! 절대의 자중으로 지도층의 포고에 따르기를 유의하라"[14]고 거듭거듭 당부했다.

연설의 뒷부분엔 향후 정세 전망이 담겨 있다. 여운형은 "머잖아 각국(연합국) 군대가 입성하게 될 것"이라며 "그들이 들어오면 우리 민족의 모양을 그대로 보게 될 터이니 우리들의 태도는 조금도 부끄럽지 않게 해야 한다. 세계 각국이 우리를 주목할 것"이라고 말했다. 여운형은 조선인들이 건준을 통해 스스로의 행정과 치안을 확보하는 "조금도 부끄럽지 않은" 모습을 보인다면, "세계 각국이 우리를 주목"해 조선인들의 자유의사를 존중해 건국 사업을 도울 것이라 생각했던 것이다.[15] 국내 정치세력은 건준으로 단합되어 있을 테니 남은 일은 "여러 곳으로부터 오는 훌륭한 지도자", 즉 해외 정치 세력을 맞이해 정식 국가를 설립하는 일일 터였다. 여운형의 예상은 들어맞는 듯 보였다. 곧바로 또 다른 희소식이 전해졌기 때문이다. 소련군이 곧 경성역에 도착한다는 급보였다.

소련군이 온다

이영근(1919-1990) 《통일일보》 창립자*는 해방 첫날을 종로 2가 장안빌딩 3층에서 맞았다. 이영근·정의식·이광진·권서윤·이인덕 등 일군의 동지들은 5월부터 이곳을 아지트 삼아 비밀 활동을 이어오고 있었다. 이들도 연합국의 단파방송과 현직 기자들이 흘려주는 정보를 통해 소련의 선전포고와 일본의 포츠담 선언 수락 사실을 알고 있었다.

15일 오전 여운형의 측근 최근우가 이들에게 여운형이 엔도에게서 "항복 후 선처를 의뢰받았다"는 사실을 전해 왔다. 뒤이어 정의식**은 여운형의 호출을 받고 "보안기관을 조직하고 출옥동지들을 받아들이는 원호태세"를 갖추란 지시를 받았다. 그에 따라 청년들은 정오에 천

---

* 해방 후 조봉암 농림부장관의 비서관을 지냈으나 간첩으로 몰리며 일본 망명을 택하게 된다. 망명지에서 《통일일보》를 창간했다.
** 정의식의 이름은 8월 22일 공개된 건국준비위원회 중앙집행위원회 명단(치안부)에서 확인할 수 있다.

황의 육성 방송을 확인한 뒤 신속히 보안대 조직 구성을 확정하고 오후에 장안빌딩 외벽에 간판을 내걸 수 있었다.[16]

　그날 저녁 사회주의계 노혁명가들로부터 연락이 왔다. 다음날 오전 10시 장안빌딩에서 '재경혁명자대회'를 열도록 주선해 달라는 부탁이었다. 1장에서 밝혔듯 조동호·정백·홍남표·이승엽·최용달 등 주요 공산주의자들은 해방 당일 밤 계동 홍증식의 집에 모여 1928년 이후 해체됐던 조선공산당을 부활하고 이튿날 재경혁명자대회를 열기로 의견을 모았다. 그 대회를 16일 오전 장안빌딩에서 열겠다는 얘기였다. 보안대는 요청을 받아들였다. 장소 협조 요청을 거절할 상황이 아니었다. 당시 경성에서 조선인이 세운 빌딩이라곤 박흥식의 화신백화점, 영보빌딩, 한청빌딩, 장안빌딩 정도밖에 없었기 때문이다. 재경혁명자대회라 해 봐야 모이는 이가 100명도 안 될 테니, 보안대 사업에 큰 방해를 받지 않고 행사를 치를 수 있을 것 같았다. 이들은 나아가 사무실 공간을 나눠 쓰자는 혁명 선배들의 요청도 받아들였다. 덕분에 장안빌딩엔 '조선공산당 경성지구위원회' 간판 또한 내걸렸다. 해방 당일 밤 홍증식의 집에서 조직된 공산당*이 '장안파 공산당'이라 불리게 된 이유다.[17]

　하지만 이영근의 예측은 보기 좋게 빗나갔다. 이튿날 행사에 구름 같은 인파가 몰려들었기 때문이다. 행사 열기는 상상을 뛰어넘었다. 3

---

*　장안파 공산당이 15일 밤 장안빌딩에서 결성됐다는 기록도 있으나, 본문의 진술에서처럼 이영근은 이를 부인했다. 반면 장안파의 리더였던 정백 역시 15일 밤 계동에서 재경혁명자대회를 열었다고 밝혔다.

층 방 두 개를 터놓고 자리를 마련했지만 몰려드는 이들을 감당할 수 없었다. 회의 시작 전부터 3층 방과 복도는 물론 계단과 1층 현관까지 사람들로 가득 찼고, 건물 앞 노상은 물론 전차길 건너편 인도에까지 사람들로 가득 메워졌다. 서둘러 다른 장소를 수배해야 했다. 마침 안국동 덕성여자실업학교 강당이 비어 있었다. 대회장이 바뀐 탓에 예정보다 두 시간은 늦은 정오에 겨우 행사를 시작할 수 있었다.[18]

행사 사회를 맡은 이는 양주 은신처에서 달려 온 조선공산당의 베테랑 활동가 홍남표였다. 이어 노장 공산주의자이자 여운형의 측근으로 건국동맹에 참여하고 있던 조동호가 경과보고를 했다. 해방의 기쁨을 나누는 연설로 대회 분위기는 점차 고조돼 갔다. 또다른 건국동맹원인 이기석이 연단에 올라 열변을 토하려던 순간이었다. 돌연 사회자 홍남표가 한 장의 종이 조각을 손에 쥐고 일어서 연설을 중단시켰다. "오후 1시 경성역에서 소련 적군이 입성합니다. 모두 환영하러 갑시다." 장내는 흥분의 도가니에 빠져들었다. 모두 환호성을 올리며 경성역으로 달려갔다.

휘문중학 운동장의 분위기도 마찬가지였다. 여운형의 연설이 끝나갈 무렵 어떤 이가 헐레벌떡 군중 속에 뛰어들었다. "지금 남대문역에 소련군이 도착했다."[19] 시내에서 조선독립만세를 축하하던 거대한 인파는 소련군을 맞이하기 위해 경성역으로 물밀 듯 몰려들었다. 언론인 신태민은 당시 스물두 살로 미쓰코시 백화점(현 신세계백화점 본점)에서 서울역으로 향하는 남대문로에 있었다. 아직 신문이나 라디오에선 소련군이 진주한다는 정보는 나오지 않았지만, 언제 누가 붙였는지 거리 곳곳엔 "노동자, 농민의 해방자, 소련군 만세"라고 적힌 벽보가 붙어 있었다. 인파 속에도 비슷한 플래카드를 든 이들이 눈에 띄었다. 해방의 감격에 들뜬 조선인들은 이를 보고 해방군이 곧 경성에 도착할 것이라 믿어 의심치 않았다. 거리에 모인 이들은 벅찬 감정에 노래를 불러댔다. 신태민의 회상이다.

> 노래로 흥분된 감정을 표시해야겠는데 행진하며 부를 한국 노래를 몰랐습니다. 애국가라는 것은 후에 알려졌지만, 그날 우리가 애국가를 알 도리가 없죠. 한국 노래로 아는 것이라면 '도라지' '아리랑' 등의 민요인데, 두둥실 두둥실 민요를 부르며 행진을 할 순 없잖아요. 행진에 맞는 노래가 아니니까. 정말 답답했어요. 내가 아는 것은 일본의 군가들뿐이었으니….
> 내가 묻혀가고 있는 인파에는 구호 제창자가 없었어요. 조직의 힘으로 움직이는 게 아니라 오직 해방의 환희와 흥분에 들끓는 떼 무리가 꿈틀대는 느낌이었습니다. 질서정연한 시위행렬일 수는 없었죠. 나는 군중에 밀려 남대문까지 갔다가 멈칫했어요. 남대문과 서울역 근방에 모이는 사람이 몇 천 명인지 몇 만 명이었는지 알 수가 없었죠. 그저 흥분한 인파가 와글와글 끓고 있었습니다.[20]

호즈미 신로쿠로 경성전기 사장은 남대문로 본사 사무실*에서 조선인 군중이 발산하는 커다란 만세소리를 들었다. 놀란 마음에 창밖을

---

* 현재 서울 남대문로에 있는 남대문로 한국전력공사 사옥이다. 2002년 2월 28일 국가등록문화재 제1호로 지정됐다.

내다보니 손에 붉은 깃발을 든 이들이 무리지어 경성역을 향해 내달리고 있었다. 경성전기가 운행하는 전차는 이미 군중들에게 점거돼 회사의 통제를 벗어나 있었다. 사람들은 전차 창밖으로 손을 내밀어 깃발을 흔들며 만세를 외쳐댔다.

'왜 붉은 깃발을 들고 있을까' 의아해 하는 호즈미에게 누군가가 "북부 조선에 쳐들어 온 소련군이 오후 3시께 경성역에 도착한다"는 소문이 돌고 있다는 사실을 전해줬다. 소련군을 맞으러 가는 행렬이었던 것이다. 경성역 광장은 금세 엄청난 인파로 가득 메워졌다. 사람들은 경성역 쪽에 소련군이 진짜 도착하는지 확인을 요청했다. 경성역의 공식 답변은 "소련군이 접근하고 있는지 알 수 없다"는 것이었다. 하지만 군중 속에서 '복계까지 왔다' '철원까지 왔다'는 미확인 정보가 계속 확대 재생산됐다. 주경성 소련 영사관에도 소련군 경성 진입설의 진위를 묻는 전화가 쉴 새 없이 걸려왔다.

하지만 대본영이 현지 부대에 아직 정전 명령을 내리지 않아 이 무렵 소련군은 청진에서 일본군과 치열한 접전을 벌이는 중이었다. 조선 주둔 제17방면군은 세력이 약해지긴 했지만, 여전히 23만여 명의 병력을 보유한 '강군'이었다. 소련군이 그렇게 빨리 경성에 진주할 수 있는 상황이 아니었다. 소련군이 경성 근처 개성에 도착한 것은 일본군의 정전 명령이 내려지고도 며칠이 더 지난 8월 25일이었다.

수만 명의 인파가 광장에 모여 눈이 빠지게 기다리는데도 소련군은 좀처럼 모습을 드러내지 않았다. 흥분한 군중 속에서 자연발생적으로 각종 소문과 추측이 꼬리에 꼬리를 물었다. 사람들은 "오후 7시에 도착할 것이 분명하다"고 말했다가 잠시 뒤 "내일 온다"²¹고 말을 바꾸었다.

조선 군중이 구름 떼처럼 몰려들자 일본은 긴장했다. 경성역은 일본인들의 집단 거주지인 지금의 명동과 충무로에서 지척이었다. 중무장한 헌병대가 현장 주변에 출동했다. 신태민은 저만치 "아직 칼을 차고 무장한 채로 살기등등한 모습"을 한 일본 헌병들을 목격하고 두려움에 몸을 떨었다.

시간은 조금씩 흘러 오후 3시 무렵이 됐다. 호즈미는 조선총독부로부터 회의가 있으니 "곧 와 달라"는 연락을 받았다. 젊은 사원들은 흥분한 조선인이 해코지를 할지 모른다며, 총독부 앞까지 바래다주겠다고 했다. 호즈미는 그들의 호의를 거절했다. 1918년 일본군의 시베리아 출병 때나 1931년 만주사변 때도 겁 없이 만주 벌판을 활보하던 그였다. "이 정도 소동은 별로 대단한 것도 아니다"[22]고 마음을 굳게 다잡았다.

거리로 나온 호즈미는 붉은 깃발을 든 인파의 흐름과 반대인 북쪽으로 길을 잡았다. 당시 경성전기 본사는 현재 지하철 2호선 을지로입구역 앞에 있는 한국전력 서울본부 건물이다. 을지로로 빠져 나와 왼쪽으로 잠시 걸으면 경성부청(현 서울시청)이었다. 부청 앞 광장에도 많은 조선인들이 운집해 있었다. 부청 건물을 끼고 광화문 쪽으로 꺾어지려는 순간 군중들이 쏜살같이 사방으로 흩어지기 시작했다. 헌병대의 시위 진압이 시작된 것이다.* 호즈미는 가로수 아래서 그 광경을 멀뚱하게 지켜볼 수밖에 없었다. 인파로 가득 차 있었던 광화문 거리는

---

* 이때 적잖은 조선인이 희생됐다는 소문이 돌았지만, 여운형의 측근 이만규는 이듬해 출간한 《여운형 투쟁사》에 "군중 사이에 작은 충돌이 있었을 뿐"이라고 증언했다.

어느새 거짓말처럼 텅 비어버렸다. 그 정적을 타고 저만치 북쪽으로 하얗게 빛나는 총독부 건물이 눈에 안겨왔다. 그 순간 한동안 잊고 지냈던 '다이쇼 8년 만세사건(3·1운동)'이 호즈미의 뇌리에 스쳤다. 그날 이후 이렇게 많은 조선인들이 한데 모여 있는 장면을 본 것은 처음이었다.

텅 빈 거리에 헌병 장교 한명이 일본도를 들고 서 있었다. 그 밑에 붉은 깃발을 든 청년 하나가 쓰러져 있었다. 그는 죽은 듯 움직이지 않았다. 호즈미는 이 같은 유혈진압이 조선 각지에서 되풀이 되지 않을까 우려했다. '일본은 전쟁에 진 뒤에도 그동안 해온 것과 똑같은 방식으로 조선인들을 밀어붙이려는 것일까.' 호즈미의 복잡한 심사를 눈치챈 듯한 장교가 굳은 얼굴을 풀고 변명하듯 말했다. "칼 뒤쪽으로 때린 겁니다."[23]

"정규군은 편성하겠다."

호즈미가 총독부를 향해 발길을 옮길 무렵 경성 시내엔 안재홍 건준 부위원장의 역사적인 방송이 울려 퍼지고 있었다. 안재홍은 오후 3시 10분부터 20분에 걸쳐 경성방송국 마이크 앞에 앉아 '해내·해외의 삼천만 동포에게 고함'이라는 제목의 연설을 했다. 건국준비위원회 결성을 알리는 안재홍의 카랑카랑한 목소리가 전 조선을 향해 방송됐다. 이 방송은 오후 6시와 9시에도 재방송됐다.

이 방송 연설이 전파를 탈 수 있었던 것은 건준의 재빠른 조처 때문이었다. 오전 9시 건준이 보낸 치안대 학생들이 경성방송국에 찾아와 "시설을 접수하겠다"고 통보했다. 방송국을 장악해 건국준비위원회의 시책을 전국에 실시간으로 전하려 한 것이다. 경성방송국 내 조선인 직원들이 모여 대책을 논의했다.

"당신들이 방송국을 접수해도 할 수 있겠어요? 기술적으로 힘들 겁니다. 그러니 밖에서 경호를 하세요."
"일본 사람들이 (방송 시설을 - 인용자) 다 깨뜨리면 어쩝니까."
"방송은 우리가 안에서 할 겁니다. 외곽 경비는 당신들이 맡아주시오."

전날까지만 해도 경성방송국이 송출하는 모든 방송은 총독부 통신 과의 사전 검열을 받아야 했다. 하지만 이제는 새 세상이었다. 건국준 비위원회의 치안대 학생들이 방송국 외곽을 지킨 덕에 경성방송국의 조선인 직원들은 난생 처음 조선인의, 조선인에 의한, 조선인을 위한 방송을 내보낼 수 있었다. 이들은 오후 8시, 제4스튜디오에 따로 모여 스코틀랜드 민요인 〈올드 랭 사인〉의 곡에 맞춰 〈애국가〉도 불렀다. 16 일 하루 동안 무려 세 번이나 전파를 탄 안재홍의 방송 내용은 다음과 같았다. 길지만 중요 부분을 그대로 소개해 본다.*

---

* 원래 여운형이 마이크 앞에 설 예정이었지만, 주인공이 안재홍으로 바뀌어 있었다. 연유 는 알 수 없지만, 여운형이 이날 오후 2시 이인의 중개로 송진우와 회동이 있었다는 점을 생 각하면 대략 아귀가 들어맞는다. 이 연설을 통해 조선인들은 꿈에 그리던 조선 건국을 위한 건국준비위원회가 결성됐다는 사실을 알았다.

지금 해내·해외 3000만 우리 민족에게 고합니다.

오늘날 국제정세가 급격히 변동되고 특히 조선을 핵심으로 한 전 동아시아의 정세가 급박하게 변동되는 이때에 우리 조선민족이 대처할 방침도 매우 긴급 중대함을 요하는 터이므로 우리들 각계를 대표할 동지들은 여기에서 조선건국준비위원회를 결성하고 신생 조선의 재건설 문제에 관하여 가장 구체적·실제적 준비공작을 진행키로 합니다.

(…)

근본적인 정치운동의 최대 문제에 관하여는 금후 적당한 시기에 차례로 발표하려니와 우선 당면한 긴급 문제는 대중의 파악과 국면수습으로서 첫째, 민족 대중 자체의 일상생활에서 생명·재산의 안전을 도모함이오, 또 하나는 조·일 양 민족이 자주호양(서로 양보함 – 인용자) 태도를 견지하여 추호라도 마찰이 없도록 하는 것입니다.

즉 일본인 주민의 생명·재산의 보장을 실현하는 것입니다. 그 때문에 자위대를 결성해 일반 질서를 정리하는 것입니다. 학생 및 청년대와 경관대, 즉 본 건국준비위원회 소속 경위대를 두어 일반 질서를 정리하는 것입니다. 이외에 따로 곧 정규대 즉 정규병인 군대를 편성해 국가 질서의 확보를 도모하는 중입니다.

다음으로 식량 확보입니다. 우선 경성 120만 부민의 식량은 절대 확보키로 계획되어 근거리에 쌓여 있는 미곡을 운반하기로 소 운반 통제기관을 장악하여 운반 공급을 할 준비가 되어 있습니다. 각처 식량배급 기타의 물자배급 태세도 현상을 한동안 유지하면서 나가기로 하니까 그런 줄 아시고 일층 책임에 진췌盡瘁 하시기 바랍니다.

(…)

본 건국준비위원회는 그 발족 처음부터 청소년·학생 및 기타 일반 정치범의 석방 문제를 요구하여 오던 터였는데 어제 8월 15일부터 오늘 16일까지 경향 각 지방 기·미결 합계 1100인을 즉시 석방하게 되었습니다. 일반 부모·형제와 함께 더욱 민족 호애의 정신에서 인민 결성의 씩씩한 발자국을 내디디기 바랍니다.

행정도 일반 접수할 날이 멀지 아니하거니와 일반 관리로서 직장을 고수하면서 충실히 복무하기를 요구합니다. 통감정치 이래 40년간 총독정치·특수정치인지라 지금까지 일반 관리와 전직 관리 및 기타 일반 협력자란 인물들에게 금후 충실한 복무로 새롭게 행진하는 한 일률로 안전한 일상생활을 보장할 것이니 그 점 안심하고 또 명념하기 바랍니다.

최종으로 국민 각위 남녀노소는 이 즈음 언론 동정을 각별히 유의하여 일본 주민의 심사 감정을 자극함이 없도록 진력하지 않으면 안 됩니다. 과거 40년간 총독 정치는 벌써 과거 일이오, 하물며 조일 양 민족은 정치 형태가 여하하게 변천되던지 자유호양으로 아시아 제 민족으로서 떠메고 있는 각자의 사명을 다하여야 할 국제적 조건 하에 놓여 있는 것을 똑바로 인식하여야 합니다. 우리들은 수난의 도정에서 한 걸음씩 형극의 덤불을 헤쳐 나아가는데 피차가 없는 공명·공감을 하여야 합니다.

여러분 일본에 있는 500만 조선동포가 일본국민 제씨와 한가지로 수난의 생활을 하고 있는 것을 생각할 때 조선 주재 일백기십만 일본 주민 제씨의 생명·재산의 절대 확보가 필요하다는 것을 총명한 국민 제씨가 충분히 이해하실 것을 의심치 아니합니다. 제위의 심대한 주의를

요청하여 마지아니합니다.[25]

하루 전까지만 해도 총독부의 검열 탓에 이런 연설이 전파를 타는 일은 불가능했을 것이다. 하지만 15일 이후 총독부의 기능은 사실상 마비된 상태였다.[26] 건준의 등장을 기정사실로 받아들인 총독부는 하루 뒤인 17일, 이 연설문을 양대 기관지인《매일신보》와《경성일보》에도 싣도록 허락한다.

하지만 안재홍의 연설을 들은 총독부는 경악했다. 안재홍은 연설에서 건국준비위원회가 '경위대'를 결성했고, 정규군에 해당하는 '정규대' 또한 편성할 예정임을 밝혔다. 그의 말대로 여운형은 15일 장권에게 휘하 젊은이들을 모아 치안대를 조직하게 한 상태였다.[27] 장권은 연설이 시작되기 직전인 오후 3시 휘문중학 강당에서 시내 중학교 이상*의 체육교사와 학도 대표들로 구성된 '건국 치안대'를 조직했다.

그뿐만이 아니었다. 엔도로부터 협력을 부탁받은 치안유지의 영역을 넘어, "행정도 일반 접수할 날이 멀지 않았다"며 ①식량 확보 ②물자배급 유지 ③통화 안정 ④쌀 공출 ⑤대일협력자 대책 등 당시 조선인들이 촉각을 곤두세울만한 여러 현안에 대한 견해를 밝혔다. 마치 머잖아 수립된 조선 독립정부의 '정책 요강'을 설명하는 듯한 내용이었다. 이 연설을 들은 사람들은 자연스럽게 총독부가 벌써 해체됐고,

---

* 이기형에 따르면 치안대의 대장은 장권, 사무국장은 정상윤, 총무부장은 송명무였다. 이들은 청년·학생 2000여 명을 동원해 서울의 치안확보에 진력하고, 지역별·직장별 치안대를 조직해 각각의 치안을 유지해 중요 자재와 기관을 확보했다.

일본군이 무력저항을 포기했으며, 머잖아 새 정부가 수립된다고 생각하게 됐다.[28]

엔도 입장에서 이는 약속 위반이자, 용납하기 힘든 기회주의적 행태였다. 15일 새벽 자신은 치안 유지에 협력해 줄 것을 부탁했을 뿐인데, 여운형은 이를 계기로 본격적인 건국 작업을 시작했기 때문이었다. 하지만 여운형은 치안유지와 국가건설사업에 총독부가 아무 간섭도 하지 말라는 내용이 포함된 5대 요구를 엔도가 받아들였다고 이해하고 있었다. 한발 더 나아가 일본이 이미 항복한 마당에 조선인이 건국사업에 나서는 데 총독부의 승낙을 받는다는 것 자체가 어불성설이었다. 15일 새벽 이뤄진 여운형-엔도 회담에 대한 총독부와 건준의 해석 차이는 이후 양자 사이의 첨예한 대립을 불러오게 된다.

호즈미가 총독부에 도착할 무렵 안재홍의 연설은 마무리되어 있었다. 침울한 표정의 아베 총독과 엔도 정무총감이 그를 맞았다. 이 둘과 총독부의 각 국장, 호즈미 등 민간인 유력 인사 5-6명이 참석한 가운데 패전 이후 시국 수습을 위한 민관 합동회의가 시작됐다.

호즈미는 총독부가 불안에 떠는 내지인의 민심 수습을 위해 의연하고 분명한 의견을 내놓을 것이라 예상했다. 그러나 아베 총독의 입에서 나오는 것은 단조롭고 뻔한 말 뿐이었다. 엔도 정무총감은 총독부가 전면에 나서 사태 수습을 시도하면 역으로 불행한 결과를 가져올 수 있다는 '신중론'으로 일관했다. 이어 안재홍의 라디오 연설에 대한 변명을 늘어놓았다. "(전날 새벽 – 인용자) 여운형에게 치안에 조력해 줄 것을 의뢰했다. 그러나 여운형 일파는 마치 정권을 위임 받은 것처럼 발표하고 가정부假政府 건설까지 연구하고 있다. 결코 그런 광범위한 위임을 한 것은 아니다." 엔도의 말이 사실이라 해도, 이미 엎질러진 물이었다.

호즈미는 분노했다. "이 순간 80만 재류 일본인들이 바라는 것은 갑작스런 이 상황에 맞서 어두운 밤 폭풍우 속에서 조각배를 타고 헤매는 내지인들을 위해 총독부가 빛나는 등대 역할을 해주는 것 아닌가! 이런 때야 말로 총독부가 그 존재를 명확히 해 미군이 진주해 올 때까지 의연히 반도의 치안을 빈틈없이 지키고 재류민들에게 의지할 곳이 있다는 신뢰감을 주는 등대의 불빛을 보여줄 순 없는가."²⁹ 그는 "이런 때 위정자들이 인민들에게 좀 더 분명한 태도를 보여야 한다"고 거듭 호소했다. 그러나 일본의 패전으로 자신감을 잃은 총독부는 무기력할 뿐이었다. 회의는 별다른 결론 없이 끝났다.

헌병대의 진압으로 텅 비었던 광화문 거리는 금세 만세를 외치는 조선인 인파로 가득했다. 조선인들이 내지르는 함성 소리로 하얀 대리석으로 지어진 총독부 건물이 흔들릴 정도였다. 당시 호즈미는 몰랐지만 "어두운 밤 폭풍우 속에서 조각배를 타고 헤매고" 있는 것은 총독부 자신이었다. 14일 밤 최종적인 항복 방침이 정해진 뒤 일본 정부가 밝힌 방침은 매정하기 이를 데 없는 '각자도생'이었다. 일본 정부는 해외 공관에 전문을 보내, 상대국 관헌과 협력해 일본인의 생명과 재산 보호에 만전을 기하되 "가급적 현지에 잔류·정착하라"는 뜻을 전했다. 어떤 말로도 정당화할 수 없는 뻔뻔한 '기민棄民정책'이었다.³⁰

회의를 마친 호즈미는 암담한 상념에 사로잡혔다. 이제 80만 반도 내지인의 운명은 어떻게 될까. 조선을 좋아하고 조선인들의 사정을 잘 이해하긴 했지만, 그는 어쩔 수 없는 전직 총독부 관리였다. 그는 당국이 함부로 총칼을 써선 안 되겠지만, 역으로 지나치게 무저항적인 태도를 보이는 것도 좋지 않다고 생각했다. 하지만 딱히 뾰족한 수가 떠오르는 것도 아니었다. 호즈미는 풀이 죽어 집에 도착했다.

풀이 죽기는 여운형도 마찬가지였다. 16일 경성 전체를 들썩하게 만들었던 소련군 진주 소식은 결국 오보로 확인됐다. 여운형은 소련군 도착 사실이 전해지자, 이란을 통해 하얼빈에서 변호사를 하다 4월 귀국한 박형권에게 연락을 넣었다. 소련 당국과의 회담을 대비하기 위해서였다. 박형권은 해방 무렵 경성 근처에서 과수원을 하고 있었다. 이란의 아버지인 이임수와 박형권의 부친이 친구였기 때문에 둘은 어린 시절부터 아는 사이었다. 이란이 박형권을 불렀다.

"아니, 형님. 뭣하고 있소. 해방이 됐는데."

"그 얘기 들었어."

"소련 군대가 옵니다. 와서 통역을 하래요."

"내가 통역관인가."

박형권은 이란의 말을 탐탁지 않게 받았다. 이란은 재촉했다.

"아니, 형님 이럴 수 있소?"

"내가 자네 아버지 얼굴을 보고 들어가지. 여운형은 너무 정열적이야. 란이, 너무 흥분하지 말어. 지금부터 세상은 상당히 복잡하다."[31]

그날 저녁, 여운형은 이란과 함께 차를 타고 경성까지 온 박형권을 바라보며 멋쩍은 듯 말했다. "어, 박군 왔어? 괜찮아. 가서 좀 쉬어. 소련군 안 들어온대."[32]

소련군 진주 소동은 그 이후로도 며칠째 이어졌다. 여운형의 딸 여연구는 17일 낮 종로구 효동 덕성여자상업학교 운동장에서 5000군중이 모인 가운데 여운형이 연설을 하고 있을 무렵 "소련군이 도착한다"
고 외쳐 사람들이 경성역으로 향했다고 증언했다.* 여운형은 경성역으
로 향하는 을지로 거리에서 단파방송 사건으로 옥고를 치르고 겨우 일
어난 허헌을 만나 부축하고 역 앞으로 향했다. 군중 속에는 《해외조선
혁명운동소사》를 쓰다 달려나온 최일천(1905-1950)도, 충북 괴산에 은
둔하다 경성으로 올라온 홍명희(1888-1968)도 있었다. 하지만 소련군
은 17일에도 그 다음날인 18일에도 모습을 드러내지 않았다.[33] 해방의
기쁨에 들떴던 조선인들은 조금씩 의아함을 느끼기 시작했다.

---

* 경성역 소동이 16일과 17일에 연이틀 있었는지, 여연구가 날짜를 혼동한 것인지 불분명
하다.

'소련군 입성' 공작은 누가 했을까?

해방 정국의 치열한 정치 투쟁에서 승리한 우파들은 16일 경성을 뒤흔들었던 '소련군 진주' 소동을 공산주의자 혹은 여운형의 농간이라 매도해 왔다.

하지만 당사자들은 매우 억울하다는 반응을 남겼다. 16일 정오 안국동 덕성여자실업학교 강당에서 열린 재경혁명자대회에서 사회를 보던 홍남표는 '소련군 진주설'의 근원은 "나도 모른다"는 증언을 남겼다. 이 날 집회 도중 장내가 소란해졌고, 몇몇 회원이 벌써 문밖으로 나갔기 때문에 할 수 없이 자신도 따라갔다는 것이다. "경성역까지 행진해 가보니 군중은 가득 찼고, 일병의 시위는 삼엄한데 조금만 소동하면 불상사가 터질 기세였다. 그때 거짓말은 지금 생각해도 출처를 모르겠다. 회의를 방해하려는 무슨 모략이나 아니었던가 한다."[34]

이것이 '모략'이었다면, 주체는 누구일까. 이정식 펜실베이니아대 명예교수는 《신동아》 1991년 8월호에 매우 흥미로운 가설을 제시했다. 그가 지목한 모략의 주인공은 15일 새벽 엔도와 여운형의 만남에 동석했던 나가사키 유조 경성보호관찰소장 겸 야마토주쿠 숙장이었다.

나가사키는 1958년 남긴 회고록 《코케시와 시계》에서 '어느 날 밤' 자신이 관리하던 전향 사범의 모임인 야마토주쿠 회원들이 최후의 봉사로서 무슨 일이든 할 터이니까 명령만 해달라는 요청이 있었다고 밝혔다. 이정식은 이 '어느 날'이 일본의 패전이 사실상 확정된 8월 15일이라고 추정한다.

나가사키는 이들에게 "내선일체를 위해 사용하던 자금 60만 원을 주며 일본인과 조선인의 충돌을 피하는 운동을 하라"고 전했다. 야마토주쿠 회원들은 전향한 사상범들이니 국적을 따지자면 조선인, 즉 전향한 친일파들이었다. 즉 나가사키의 지시를 받은 전향한 친일파들이 총독부의 공작금을 사용해 소련군을 환영하는 깃발을 들고 경성역으로 향하자, 수천 명의 조선인들이 따라갔고, 조선 사람들이 살던 종로 쪽으로 군중을 끌고 다니다 흐지부지 해산 시켰다는 것이다. 그렇게 독립의 열기가 가장 뜨거웠던 16일 조선인들의 뜨거운 정념이 일본인들을 향한 폭력으로 이어지지 않고 경성역 시위를 통해 발산될 수 있었다.

총독부와 일본군은 해방 이전에도 다양한 정치공작과 역정보 발산을 통해 조선인 독립운동가들에게 혼란을 줘 왔다. 해방 당시 제17방면군의 2인자였던 이하라 준지로 참모장은 해방 직전 긴박한 상황 속에서 조선인들에게 역정보를 흘려 혼동을 일으킨 적이 있다는 흥미로운 증언을 남겼다. 당시 이하라는 연희전문 같은 조선의 전문학교에서 단파방송을 통해 해외 정보를 입수하고 있다는 의심을 갖고 있었다. 이하라는 이를 확인하기 위해 "오전 9시께 역정보를 흘려 보면, 내가 흘린 정보가 한 바퀴 돌아 오후 2시쯤 다시 나의 귀에 되돌아 왔다"고 증언했다.[35] 역정보를 흘린 구체적인 수단에 대해 언급하진 않았지만, 단파방송을 언급한 것으로 봐 이를 통해 정보를 흘린 것으로 추정된다.

흥미로운 것은 소련군 진주설을 퍼뜨리는데 단파방송이 사용됐다는 점이다. 해방 직후 조선에 주둔한 제24군이 작성한 《주한미군사》를 보면 이런 구절이 나온다.

8월 16일에는 경성방송국의 JODK 주파수를 쓰는 무허가 라디오 방송에서 다음과 같은 방송을 했다. 임시정부가 서울에 즉시 설치될 것이고, 그

정부의 대표 3인이 내일 기차로 수도에 도착할 것이라는 내용이었다. 청취자 중 일부는 이 방송이 조선을 점령한 소련군에 의해 방송된다고 믿었다. 8월 16일 조선인 군중들은 대표 3인을 보기 위해 서울역으로 갔다. 그러나 군중들은 경찰에 의해 쫓겨났고, 대표 3인은 나타나지 않았다.

모략의 주인공은 많은 사람을 동원할 수 있는 자금력과 라디오 방송을 송출할 수 있는 기술력을 가진 이들이었다. 해방 직후 조선에서 이런 공작이 가능한 세력은 많지 않았다. 이정식의 추론대로 총독부의 지원을 받는 전향한 친일파들이었을까. 진실은 여전히 베일에 가려져 있다.

#08
일본의 반격

대권은

아직도 천황에 엄존한다.

누구라도 달려드는 자는

―― 가차 없이 단칼에 베겠다.

―― 간자키 히사시

통치구조의 붕괴

일본제국의 질서는 위에서부터 붕괴되고 있었다. 당시 조선총독부 수뇌부가 연출한 한 편의 블랙코미디는 이 사실을 극적으로 보여준다. 해방 이튿날인 8월 16일, 경성 교통본국은 다나베 다몬田辺多聞 부산지방교통국장에게 영문을 알 수 없는 이례적인 지시를 내렸다. 부산에서 일본 본토로 출항하는 배 한 척을 서둘러 구해 놓으라는 것이었다.

'무슨 일일까….' 그 다음날 의아해 하는 다나베 앞에 모습을 드러낸 것은 뜻밖에도 아베 노부유키 총독 부인 일행이었다. 70만 명 넘는 일본 민간인을 현지에 버려두고 총독 부인이 가장 먼저 일본으로 도망치려 한 '도덕적 해이'의 극치였다.

이들은 말 그대로 산처럼 많은 짐을 배에 싣고 일본으로 출항했지만 밀항은 성공하지 못했다. 악천후로 인해 파도가 높은 데다가 낡은 배에 너무 많은 짐을 실은 탓에 다대포 앞 나무 섬(목도) 근처에서 침몰 위기에 빠진 것이다. 살려면 어쩔 수 없이 경성에서 애써 실어 온

195

"산처럼 많은 짐"을 바다에 내던져야 했다. 구사일생으로 목숨을 건진 일행은 항구로 귀환한 뒤 다시 기차를 타고 조용히 경성으로 돌아갔다.[1]

갑작스런 일본의 패전으로 패닉에 빠진 것은 총독 부인만이 아니었다. 극도의 혼란에 직면한 평범한 재조 일본인들은 은행으로 앞 다퉈 몰려들었다. 예금을 인출하려는 '뱅크런(대량예금인출사태)'이 발생한 것이다.

전쟁의 추이를 불안한 눈빛으로 살피던 미즈타 나오마사水田直昌 재무국장은 1944년 말부터 이런 상황을 예측하고 있었다. 뱅크런에 대비하려면 조선의 여러 은행·금융조합·우체국 등이 충분한 현금을 쌓아두고 있어야 했다. 그러려면 조선은행권, 즉 돈이 필요했다.

돈이야 찍어내면 그만이지만, 1945년 초만 해도 조선엔 화폐를 발행할 설비가 마련돼 있지 않았다. 어쩔 수 없이 일본에서 돈을 찍어 공수해와야 했다. 하지만 전쟁이 막판으로 치달으며 일본 내 인쇄시설은 전쟁에 필요한 군표 발행 등으로 여유가 없었다. 미즈타는 차선책으로 낡은 조선은행권을 폐기하지 말고 쌓아두라는 지시를 내렸다. 이를 통해 1945년 초엽엔 경성 각 은행에 10억 엔, 전국에 총 35억 엔의 지폐를 비축해 놓을 수 있었다. 미즈타는 1945년 2월엔 전국 어디서나 6시간 안에 예금지급이 이뤄지도록 화폐 수송계획을 짰뒀고, 3월엔 이 계획에 따라 두 차례에 걸쳐 실전연습도 했다.[2] 그와 함께 조선의 화폐 자급자족을 위해 본국 정부에 인쇄기와 기술자를 공수해달라고 부탁했다.[3]

막상 닥친 예금인출사태는 예상을 훌쩍 뛰어넘었다. 16일 하루 경성에서만 전체 지급준비금의 20%인 2억 엔이 인출됐다.[4] 이 추세라면 22-23일쯤엔 경성 은행들이 잔고 부족으로 모라토리엄을 선언하게 될지도 몰랐다. 그렇게 되면, 패전으로 위축된 일본인들의 불안 심리는 한층 더 악화되고, 이는 더 큰 패닉으로 이어질 수밖에 없었다.

이를 피할 수 있는 방법은 딱 하나, 화폐남발이었다. 이후 발생할 인플레이션은 일본이 떠난 뒤 한반도에 남게 될 조선인들이 감당하면 될 터였다. 미즈타는 먼저 가나가와현 오다와라 인쇄국에서 보관하고 있던 약 4억여 엔의 조선은행권을 비행기로 긴급 공수해 왔다.[5] 이어 미친 듯이 돈을 찍어댔다. 애초 미즈타의 계획은 5월부터 자체 인쇄를 시작한다는 것이었지만, 전쟁 말기의 혼란으로 일정이 늦어졌다. 그러나 8월 무렵엔 설비가 갖춰졌는지 패전이 확정된 16일부터 31일까지 조선서적주식회사 인쇄공장에서 1000엔권 고액지폐 70억 엔어치, 지카자와 인쇄주식회사에서 100엔권 21억 엔어치를 찍어낼 수 있었다.[*] 미즈타는 1953-1954년 남긴 증언에서 새로 찍은 화폐엔 손을 대지 않고 미군정에 넘겼다고 주장했지만, 이 돈의 일부가 유통됐다는 증언도 있다.[6]

마지막 방책은 '불안심리 해소'였다. 미즈타는 17일 담화를 내어 "조

---

[*] 지카자와 인쇄소의 소재지는 중구 소공동 74번지 지카자와 빌딩이었다. 총독부와 조선은행은 1946년 5월 이곳에서 1945년 8월 24일부터 미군이 진주하기 직전인 9월 7일까지 엄청난 양의 조선은행권을 인쇄했다. 해방 이후 이 빌딩을 인수한 이들은 김철수를 중심으로 한 공산당 세력이었다. 조선공산당은 지카자와 인쇄소를 조선정판사로 개칭해 운영했다. 미군정 하에서 조선공산당이 불법화되는 계기였던 '정판사 위폐 사건'이 이곳에서 벌어졌다. 그 비극의 뿌리가 미즈타의 금융대책이었던 셈이다.

선 내 통장을 일본으로 가지고 가면, 매달 500엔 한도 내에서 인출할 수 있다. 또 일본에 본점이 있는 은행의 송금 수표는 일본에서도 유효하다"[7]고 선언했다. 성급하게 조선에서 현금을 인출해 분실하지 말고, 일본으로 돌아간 뒤 안전하게 돈을 찾으라는 권고였다. 그러나 이 담화는 일본 정부의 정식 승인 없이 독단으로 질러 버린 것이었다. 미즈타는 1953년 남긴 회고록에서 만약 본국 정부가 이 담화 내용을 추인하지 않는다면 "배를 가르고 할복할 생각이었다"고 말했다.[8] 다행히 일본 대장성은 19-20일께 담화 내용을 추인한다.

미즈타의 화폐남발로 1945년 8월 15일 현재 49억7000만 엔이었던 조선은행권의 발행잔고는 9월 28일 시점엔 86억5000만 엔으로 폭증했다.[9] 이렇게 늘어난 돈 중에 3분의 1인 12억 엔 정도는 조선총독부와 일본군의 퇴각자금인 직원 퇴직금, 제대군인 귀환여비, 그리고 자신들의 안전을 담보하기 위한 여러 명목의 공작금으로 쓰였다. 미즈타는 17일 일반 예금자들에게 예금 인출을 자제해 달라고 긴급 담화를 발표하면서, 엔도 정무총감과 경무국에겐 500만 엔이나 되는 거액의 기밀비를 건넸다.

친일 경찰 '김'이 처단되다

치안 붕괴 역시 심각한 수준이었다. 해방 직후 가장 먼저 눈에 띈 변화는 조선인 경찰관의 '결근 사태'였다. 1945년 8월 조선의 경찰 정원은 2만3700명이었고, 이 가운데 일본인 몫은 전체의 54%인 1만3000명이었다. 그러나 해방 시점에 실제 현업에 있던 이들은 2만1000명이었고, 이 중에 일본인 경찰관은 전체의 30% 정도인 6000여 명에 불과했다. 사정이 이렇게 된 이유는 단순했다. 젊은 일본인 경찰들이 군의 소집영장을 받고 하나둘씩 군대로 끌려갔기 때문이다.[10]

쓰보이 사치오 충청북도 경찰부장은 자신의 회고록에 해방 직후 경찰조직의 동요에 대해 매우 실감나는 회고를 남겼다. 해방 직후 청주 관내 한 주재소에서 근무하던 김아무개 순사부장이 성난 조선인들에게 맞아죽었다.[11] 쓰보이는 그의 죽음에 대해 "너무 성실하게 일하려 했기 때문에 민중의 분노를 산 것"이라고 평했다. 일본인 상관 쓰보이에게 '성실'하게 비쳐졌을 김 순사부장의 업무 태도가 조선인 민중의 눈에 어떻게 비쳤을지 상상하긴 어렵지 않다.

일본의 식민통치를 떠받치며 말단에서 조선인 민중들과 크고 작은 마찰을 빚었던 이들은 같은 조선인 순사와 면서기 등이었다. 이들은 무리한 인력·물자 공출을 강요하고 동포들을 감시·탄압해 적지 않은 사람들에게 원한을 사고 있었다. 해방된 조선 민중의 눈에 이들은 즉각 단죄되어야 할 '악질 친일파'였다.

해방 직후 한반도 곳곳에서 벌어진 보복 학살에 대해선 적잖은 증언이 남아 있다. 스물한 살 청년 박문재는 고향 개성에서 해방을 맞았다. 15일 저녁 만월대에서 꽹과리를 치며 해방의 기쁨을 만끽하던 이들은 잠시 후 "이제 어디 가자, 누구네 집에 가자"하면서 시내로 몰려갔다. 흥분한 민중들이 몰려간 곳은 일본인 앞잡이를 하던 조선 사람의 집이었다. 박문재는 "헌병 앞잡이, 무슨 고등계 형사 앞잡이 했던 사람들이 많이 당했다. 눈치 빠르게 도망간 사람은 살았지만, 그냥 있다가 붙잡힌 사람은 다 죽었다"고 증언했다.[12] 철원에서 자치위원회 보안대장을 지냈던 손진 역시 다른 이들은 전쟁이 끝난 뒤 징용에서 돌아왔는데 자기 아들만 돌아오지 않으니 화가 난 아버지가 징용에 뽑아간 면서기를 찾아가 죽였다는 증언을 남겼다.[13] 상주에서 초등학교 교사를 하다 해방을 맞은 시인 서정주는 "해방이라는 것이 일본의 손아귀에서 벗어나서 좋고 즐거운 것이 있는 반면 원한을 푸는 기회가 되기도 했다"고 회상했다.[14]

이런 치안공백 사태를 메운 것이 장권을 중심으로 16일 결성된 치안대와 이영근을 중심으로 장안빌딩에 들어선 보안대 등 조선인 무장 조직이었다. 이들은 해방의 기세를 타고 경성 내 여러 경찰소와 파출소에서 일본인 경찰관을 내쫓고 사무실을 점거했다. 경성 시내 8개 경찰서 가운데 본정경찰서(현 중부경찰서), 용산경찰서를 제외한 다른 곳에선 경찰서 간판이 내려가고 '조선건국준비위원회 ○○경위대'란 팻말이 내걸렸다. 《매일신보》17일자를 보면, "치안의 확보를 기하고자 조선인 경찰관이 중심이 되어서 조선건국준비위원회 보안대를 조직하여 16일 밤부터 부내 각 요소마다 치안 확보에 정진하기로 되었다. 본부는 종로경찰서"라는 내용을 확인할 수 있다. 독립운동가를 잡아 족치던 총본산이었던 종로경찰서에 아주 잠시나마 조선인 치안 조직의 본부가 세워진 것이다.

조선인 치안 조직이 결성됐다고는 하지만 혼란은 계속됐다. 경성 거리엔 확인되지 않은 소문이 꼬리에 꼬리를 물었고, 곳곳에선 데모가 끊이지 않았다. 치안이 어지러워지자 자연스럽게 박해받는 일본인들이 늘어나기 시작했다. 기세등등해진 조선인 종업원들은 일본인 사장

을 쫓아냈고, 이웃에 사는 일본인에게 집을 넘기라고 요구하는 조선인
도 등장했다. 신문사·회사·공장·대학·전문학교 등 주요 기관의 조선인
직원들 역시 일본인 책임자에게 몰려와 "시설을 접수하겠다"고 선언
했다. 총독부의 명확한 방침이 정해지지 않은 상태에서 일본인 책임자
들이 서류에 도장을 찍고 인감과 금고 열쇠를 넘기기 시작했다. 심지
어 총독부를 상대로 한 접수 요구도 있었다.[15]

경성제대 의학부 교수 다나카 다다시가 '세상이 변했다'는 사실을
체감한 것은 패전 이틀 뒤인 17일이었다. 학교에 출근하니 교내 곳곳
에 '조선독립만세'라고 쓴 종이가 붙어있었다. '대학자치위원회'라고
쓴 건물 앞에서 목총을 들고 경비를 서는 조선인 학생들의 모습이 눈
에 띄었다. 어제까지 함께 일하던 조선인 직원들은 여러 직함이 적힌
완장을 달고 이곳저곳을 분주히 오가고 있었다.

다나카는 대학 관리권을 이렇게 넘기는 게 맞는지, 관리권을 넘겨받
는 쪽이 적법한 단체인지 따져 묻고 싶은 기분이 없는 것도 아니었지
만, 시대 흐름에 순응하기로 한다. 다나카는 조선인 자치위원회 위원장
이 된 친구 남기용에게 부탁해 통행허가증을 얻어 연구실로 들어갔다.
그는 이튿날인 18일엔 거리에선 급하게 가구를 내다파는 일본인들을
발견한다. 갑작스런 패전으로 패닉에 빠진 이들이 현금을 확보하려 한
것이었다.

시골에 살던 일본인 지주들은 조선인들의 습격을 우려해 그나마 보
는 눈이 많은 도심으로 모여들었다. 쓰보이는 청주 도심으로 피난 온
일본인 지주들이 해 진 거리에서 안전한 거처를 찾아 우왕좌왕하는 모
습을 지켜볼 수밖에 없었다. 경찰 책임자로서 "무력함을 깨닫고 마음

이 아프고, 괴로울 뿐이었다".[16] 어쩔 수 없이 일본인 경찰관 10여 명으로 구성된 무장 순찰대를 조직해 밤늦게까지 시내 순찰을 돌며 무력시위를 했다. 쓰보이는 "실탄 장전!"이라고 크게 구령을 외치며 겁을 줬지만, 그 다음엔 슬며시 안전장치를 걸어 함부로 발포하지 못하게 했다. 유혈충돌이 발생하면 그 뒷감당을 누가 어떻게 할지 상상하기 어려웠다. 일본 경찰은 눈앞에서 현행범을 봐도 체포할 수도 없었고, 체포한다 해도 기소할 수 없었고, 기소한다 해도 재판할 수 없었다. 일본의 통치권이 무너지고 만 것이다.

시간이 흐르며 쓰보이는 총독부의 통치가 가능했던 것은 조선인 하급 노동자들의 협조가 있었기 때문임을 깨닫는다. 그동안 사용하던 경찰 전용전화의 교환·접속을 담당한 것은 대부분 조선인 여성이었다. 이전엔 모든 교환이 일본어로 이뤄졌지만, 패전 이후 며칠이 지나자 조선어로만 소통이 가능했다. 경찰 차량을 운전하는 이들도 대부분 조선인이었다. 이들은 출근하지 않거나, 때로 노골적으로 명령을 무시했다. 결국 경찰의 발도 묶였다. 주요 역에서 기차표를 판매하는 조선인들은 때때로 일본인에겐 표를 판매하지 않겠다고 버텼다. 쓰보이는 격무와 스트레스로 제대로 잠을 이루지 못했다. 소변에 피가 섞여 나올 정도였다.[*]

---

[*] 하지만 해방 직후 재조 일본인에 대한 공격은 예상보다 심하지 않았다. 경성 일본인세화회는 이에 대해 "내지인(일본인)에 대한 박해보다 친일계 선인(친일 조선인)에 대한 박해가 더 많았다"고 분명히 기록하고 있다. 일제 통치기구의 말단에서 식량공출, 노동동원, 징병에 앞장섰던 조선인들이 보복 대상이 됐다는 말이다. 8월 15일 이후 열흘 동안 일본인 경찰에 대한 폭행·협박·약탈은 66건, 민간인에 대한 범죄는 80건이었다.(李景珉, 〈朝鮮総督府終焉期の

"이 집은 내가 접수했다"

1990년대 히로시마 시장을 지낸 히라오카 다카시平岡敬가 부친의 뒤를 따라 조선으로 이주한 것은 1937년이었다. 그는 이후 경성에 사는 일본인들을 위한 중급 교육기관인 경성중학교에 입학했다. 학교 교육은 피지배민족인 조선인에 대한 차별의식을 조장하는 내용이었다. 학교에선 늘 '우린 일본인이니까 조선인들에게 비웃음을 사면 안 된다'는 것을 가르쳤다. 중학교 1학년 때는 조선인에게 바보 취급을 당하면 안 되니 유럽의 매너를 평소부터 몸에 배이게 하라며 양식 풀코스를 먹는 법까지 가르쳤다. 전쟁 중이었기 때문에 진짜 음식 대신 종이에 인쇄한 그릇과 나이프가 나왔다.

철저한 황민화 교육을 받은 히라오카는 또래 소년들처럼 철저한 군국소년이 됐다. 4학년 때* 육군사관학교나 해군병학교(해군사관학교)에 진학을 희망했지만, 키가 작아 뜻을 이루지 못했다. 아버지는 "너는 장남이다. 전쟁에 끌려가 죽지 않으려면 군의관이 되어야 한다"고 가르쳤다. 결국 1944년 경성제대 예과 의학부에 시험을 쳐 붙었다.

1945년 4월이 되자 중학생 이상은 모두 공장 등에 학도동원됐다. 경성제대 예과 의학부 학생들이 끌려 간 곳은 흥남에 있던 아시아 최대 비료공장인 일본질소였다. 패전 나흘째를 맞는 19일이었다. 내일 소련

政策),《思想》1985년 8월, 103쪽.) 같은 기간 일본인에 대한 살해·상해·폭행 사건은 각각 6건, 8건, 21건이었고, 조선인을 상대로 한 같은 사건은 그보다 훨씬 많은 각각 21건, 67건, 118건이었다.(加藤聖文,《「大日本帝国」崩壊－東アジアの1945年》, 中公新書, 2009, 73쪽.)
*　당시 중학교는 5년제였다. 4학년부터 상급학교 진학이 가능했다.

군이 흥남에 진주한다는 소문이 들려왔다. 그 소식에 흥남 시내는 지금까지 한 번도 본 적 없는 흥분에 휩싸였다. 히라오카와 친구들은 곳곳에 붙어 있는 조선어 신문을 주워 읽었다. 신문에 담긴 한자를 통해 '일본인 즉시 철거' '조선독립만세' '해방군 환영' 등의 내용을 확인할 수 있었다. 히라오카는 그때 처음 '일본제국주의'라는 표현을 접하게 된다. 이를 본 일본인 학생들 사이에 논란이 벌어졌다.

"나는 조선인에게 하나도 나쁜 짓을 한 게 없어."

"일본 통치 덕에 조선의 근대화가 이뤄진 게 사실이잖아."

"(일본이 해 온) 모든 게 나쁘다고 하는 것은 옳지 않다."

일본 학생들의 대화에 조선인 H군이 끼어들었다. 그는 총독부가 강요했던 창씨개명, 신사참배, 국어(일본어)상용 등에 대해 조선인들이 얼마나 큰 민족적 굴욕을 느꼈는지 설명하기 시작했다. 토론은 곧 일본과 조선 간의 '민족론'으로 바뀌어 감정적인 공방이 오갔다. H군은 "우리들의 나라는 이제 우리들이 만들 것이다. 일본 민족도 새로운 삶의 방식을 찾아야 한다"고 말했다. 그리고 덧붙였다. "나는 일본인을 증오하지만, 너희들과는 다시 언젠가 만났으면 좋겠어."[17]

내일이면 흥남에 소련군이 들어올 터였다. 서둘러야 했다. 히라오카와 친구들은 19일 오전 흥남에서 경성으로 향하는 마지막 열차를 잡아탔다. 열차는 가다 서다를 반복하며 느리게 나아갔다. 무엇이 그렇게도 기쁜지 열차에 함께 탑승한 조선인 학생들은 제일 끝 차량에 모여 앉아 끊임없이 노래를 불러댔다.

열차는 8월 20일 밤 청량리역에 도착했다. 경성제대 의학부 예과 교사는 역에서 멀지 않았다. 교문에 들어서니 1학년생 조선인이 "이 학교는 우리가 접수했다"고 말했다. 히라오카는 착잡한 감상에 빠져들었다. 오랜만에 돌아온 경성의 밤은 사람들로 붐비고 있었다. 전쟁이 끝나 더 이상 등화관제를 지킬 필요가 없었기 때문에 한밤의 경성시내는 전등불로 빛나고 있었다. 집으로 찾아갔지만, 안에서 나온 것은 부모님이 아닌 옆집에 살던 조선인 이웃이었다. 그는 "이 집은 내가 접수했다"고 말했다.

히라오카는 어쩔 수 없이 간난초(지금의 한남동)에 있던 별장으로 향했다. 부모님은 그곳에 있었다. 히라오카는 "조선이 독립되면 우리는 어떻게 되는지 아무런 생각이 없었다. 여기서 태어나 자란 이들도 있어서 (조선도) 당연히 우리 땅이라고 생각했다".[18] 조선에 살던 일본인들에게 자신들이 가해자라는 역사적 자각은 찾아볼 수 없었다. 그랬기에 패전 뒤에도 조선 땅에 남아 이전 같은 안락한 삶을 유지할 수 있을 것이란 기대를 버리지 않았다.

반격의 시작

70만 일본 민간인들의 생명과 재산에 본격적인 위협이 가해지자 총독부도 대응에 나설 수밖에 없었다. 엔도는 까마득한 후배인 호즈미에게 "좀 더 분명한 태도를 인민들에게 보여줬으면 한다"는 질책까지 당한 상태였다. 어쩔 수 없이 17일 밤 나가사키 경성보호관찰소장을 불러내 여운형과 만나 "(총독부는) 연합국이 접수할 것이다. 건국준비위원회의 활동은 어디까지나 치안유지에 대한 협력의 한계를 넘으면 안 된다"는 점을 주지시키라고 했다. 니시히로 경무국장도 나가사키와 백윤화를 대동하고 18일 오후 3시 회현동에 있던 요정으로 안재홍을 불러내 이틀 전 방송의 문제점을 지적하고, 건국준비위원회의 해산을 요구했다. 이 같은 요구에 건준이 선선히 응낙할 리 없었다.[19]

그러자 총독부는 자체적인 대응에 나선다. 우선 19일 담화를 내어 안재홍의 방송은 "건국준비위원회의 사명에서 일탈하는 부분이 너무 많다. 건국준비위원회는 본래 총독부 행정의 치안유지에 협력하는 것이 사명"이라고 밝혔다. 또 안재홍이 언급한 정규군 편성, 행정기관 접수 등의 조처는 총독부 "당국이 일본제국의 이름으로 4개국 대표와 절충해 결정할 문제이다. 개별 단체가 관여할 사안이 아니다. 또 각종시설 접수 등도 총독부의 공식적 의사결정에 의해 후일 결정해야 할 문제"[20]라고 지적했다. 총독부는 이어 이러한 일탈적 행동에 대한 단속을 강화하겠다는 뜻을 밝히며 건국준비위원회 쪽에 "맹성을 촉구"한다고 경고했다. 총독부는 건국준비위원회의 폭주를 막으려 했지만, 어디까지나 대화를 통해 문제를 풀려 했다.

하지만 군의 생각은 달랐다. 미국과 제대로 한번 싸워보지도 못하고 패전을 맞이한 제17방면군은 끓어오르는 혈기를 다스리지 못했다. 게다가 군 당국은 엔도가 15일 새벽 여운형을 만나 치안 협력을 의뢰했다는 사실 자체를 모르고 있었다. 군이 이 충격적인 사실을 파악한 것은 16일 안재홍의 연설을 들은 뒤였다.

'어떻게 이런 중대한 일을 군과 사전 상의도 없이 벌일 수 있는가' 일본군 내 젊은 참모들의 분노는 대단했다. 이들은 총독부에 항의하면서, 앞으로 군이 전면에 나서 치안유지를 담당하겠다고 강력하게 주장했다. 총독부는 군과 조선 민중이 정면 출동하면 누구도 예측할 수 없는 대형 참사가 발생할 수도 있다는 이유로 반대 의사를 밝혔다. 만의 하나 유혈사태가 발생한다면, 이후 경성으로 진주해 오는 연합군이 엄중한 책임을 물을 수도 있었다. 아베 총독은 훗날 이 시기 총독부와 군 사이 대립에 대해 군은 "치안 우려가 있을 경우 자발적으로 출병할 권리가 있다"고 주장했지만, 총독부, 특히 경찰 조직에선 "군대의 손을 빌리면 (경찰의) 면목이 상한다"며 맞섰다고 증언했다.[21]

해방 직후 건국준비위원회와 조선총독부·일본군 사이 발생한 대립은《매일신보》17일자 지면을 통해 확인할 수 있다. 이날 1면 머리기사는 안재홍의 전날 라디오 방송 내용을 정리한 '호혜의 정신으로 결합, 우리 광명의 날을 맞자'였고, 두 번째 기사는 '민족해방의 사자후-우리들 이상의 낙토 세우자'는 여운형의 휘문중학 운동장 연설이었다. 이 기사만 보면, 조선 독립이 이제 곧 실현될 것만 같은 희망적 느낌이 든다. 하지만 하단엔 '경거망동을 삼가라'는 16일 일본군의 포고 '관내 일반 민중에게 고함'이 실려 있다. 군은 조선인들에게 "만약, 민심을 착란하여 치안을 해하는 것과 같은 일이 있다면, 군은 단호한 조처를 취하지 않을 수 없을 것"[22]이라며 '시위운동 일체불허' '인심착란 치안방해엔 단호조처' '민중들은 절대자제' 등을 요구했다. 군이 취하게 될 '단호한 조처'란 무력 사용을 암시하는 것이었다.

일본군의 개입

군과 경찰 사이에 벌어진 의견 대립에서 승리한 것은 군이었다. 엔도는 총독부의 경찰 조직이 무너져 내리고 있음을 인정할 수밖에 없었다. 치안 공백을 두려워한 총독부는 15일 당일 경비소집을 실시해 입대했던 일본인 경찰관 4000명을 원직 복귀시켰다. 하지만 일손은 여전히 턱 없이 부족했다. 엔도는 군의 제안을 받아들여 군인 9000명을 추가로 제대[23]시켜 '특별경찰대'란 이름을 붙여 경찰에 전속시켰다. 이하라 참모장의 표현을 빌리자면, "급히 병사들에게 경찰관의 옷으로 갈아입히는 모양새"로 군인을 경찰로 전용해 경찰력을 확보한 것이다.[24] 총독부와 일본군은 이어 우후죽순처럼 생겨나는 조선인 정치 단체들을 견제하기 위해 '정치운동단속요강'도 만들었다.[25]

경성 시내에 살기등등한 일본군 병력이 배치되기 시작한 것은 17일부터였다. 경성방송국의 신출내기 기자 문제안은 이날 아침 취재를 마친 뒤 회사로 복귀했다. 치안대 청년들이 외곽 경비를 서는 가운데 난생처음 조선방송답게 방송을 내보낸 바로 다음 날이었다. 방송국 분위기는 불과 하루 만에 완전히 뒤집어져 있었다. 치안대 학생들은 온데간데 없이 사라지고 오전 10시께 군인들이 몰려와 조선군관구사령부 "나가야長屋 보도부장의 명령"이라며 방송국을 재접수했다. 이들은 말했다.

방송국은 이 시간부터 일본군이 접수한다. 점령한 곳의 주민은 포로나 마찬가지 처분을 받는 게 통상적이다. 그러나 여기 직원들은 점잖으니

그렇게까지는 하지 않겠다. 사실이 그렇다는 점은 분명히 알아둬라.[26]

장총에 대검을 꽂은 군인들이 스튜디오는 물론 보도과·경리과 사무실까지 배치됐다. 당시 경성방송국 2층에 제일 큰 제1스튜디오, 국악 전용 제2스튜디오, 보도와 토크 프로그램을 진행하는 제3·4스튜디오, 아래층에 네 평도 안 되는 제5스튜디오가 있었다. 그 작은 제5스튜디오까지 군인들이 배치됐다. "일본놈들 다 죽여라!'라고 방송하면 큰일이니까 자기네들의 치안유지를 위해 한국 사람들을 꽉 잡고 있겠다"는 의도였다. 경성방송국의 해방은 16일 '단 하루'에 그치고 만 것이다. 그 충격으로 18-19일 아나운서와 보도과 직원 말고는 한명도 출근하지 않았다. 편성과 직원이 가끔 나와 시간 때우기를 위해 음악을 골라 트는 상황이 9월 8일 밤 미군이 진주할 때까지 이어졌다.

건국준비위원회가 접수를 시도했던 《매일신보》의 사정도 비슷했다. 건준은 16일 최익한·이여성·양재하·김광수 등 네 명을 신문위원으로 지명해 매일신보 인쇄시설의 접수를 시도했다. 신문사 접수 결정은 급박하게 이뤄졌다. 얼마나 급하게 이뤄졌는지 안재홍의 측근으로 《조선일보》《동아일보》 등에서 기자 생활을 했던 양재하는 라디오 방송을 통해 자신이 신문위원으로 선임됐음을 알고 급하게 매일신보사로 뛰어갔다.[27] 이들은 제호를 한달 뒤 조선공산당의 기관지 이름으로 사용되는 《해방일보》로 바꾸려 했다. 《해방일보》 1호는 편집까지 다 마쳤지만, 일본군이 17일 신문사를 접수하는 바람에 발행되지 못했다. 건국준비위원회의 신문위원들은 사흘 만에 퇴진해야 했다.

실력행사에 나선 뒤 일본군의 경고 수위는 더 높아졌다. 나가야 보도부장은 18일 경성방송국을 통해 다음과 같은 살벌한 경고 방송을 쏟아냈다.

> 일당일파가 목전의 야망에 휩쓸려 사회질서를 문란하게 하고 어떻게든 제 이익을 얻으려 하기 때문인지 동아시아의 이 비극을 기화로 식량을 농단하고 교통·통신기관을 파괴하며 약탈·횡령을 기도해 치안에 해가 되는 비적 같은 행위를 하고 있다. 조선군은 엄연히 건재하다. 지금 그 잘못됨을 깨닫지 못한다면 장소를 가리지 않고 단호 무력사용을 금하지 않을 것임은 어제 군 당국의 발표를 봐도 명료하다.[28]

나가야가 언급한 '일당일파'는 건국준비위원회, '치안에 해가 되는 비적같은 행위'는 치안대·보안대 등 건국준비위원회 하부기관의 활동을 겨냥한 것이었다. 이 같은 공갈에 건국준비위원회는 적잖은 공포를 느꼈다.* 나가야의 경고는 허풍이 아니었다. 고즈키 요시오 제17방면군 사령관은 4월 강원도·경기도·충청북도·충청남도를 방위하기 위해 신설한 경성사관구의 고모다 고이치菰田康一 사령관을 20일 경성경비 사령관으로 임명했다. 무장한 일본군이 경성 요소요소를 점거했고, 미군 상륙에 대비해 서해안에 배치돼 있던 전차와 장갑차는 후방으로 이동해 주요 도시의 주요 길목에 자리 잡았다.

---

* 이강국은 해방 1주년을 기념한 《해방일보》 기고문에서 "16일부터 불온한 기색을 보이던 재경일본 패잔병의 시위행동은 점점 험악해져서 발도한 왜 헌병대가 미친 개 모양으로 서울 거리를 휘돌고 마치 우리 위원회가 있던 종로청년회관 앞거리에는 왜병의 탱크 대열이 무서웁게 **(문자 불명확)을 하여 삼엄하였다"고 적었다.

일본군의 무력시위는 지방에서도 이어졌다. 1927년 경상북도 경산에서 태어난 강창덕은 해방 당시 고향의 식량검사소에서 일하고 있었다. 해방 이튿날인 16일부터 군중집회가 열렸다. 오후엔 몇 십 명이 태극기를 그려 조선독립 만세를 외치며 거리를 돌아다녔다. 그러던 17-18일 밤이었다. 한밤중에 갑자기 마을에 있던 일본인 부대에서 기관총 소리가 들려왔다. 강창덕은 "그놈들이 분풀이를 하려나 보다"라는 생각에 어머니를 업고 집에서 300미터 이상을 도망쳐 나갔다. 잠시 후 어머니를 다시 업고 집에 와 누웠지만, 도통 잠을 청할 수 없었다. 일본군들이 사람들을 해칠까 두려웠기 때문이었다.[29]

1920년대 의열단에서 활약했던 유석현은 해방 직후 안재홍으로부터 "건준에 와서 일 좀 해 달라"는 연락을 받는다.* 건국준비위원회 치안부에 배치된 유석현은 지역별·직업별 자위대 등을 조직하고 일본인 가정을 수색해 권총·일본도 등을 압수했다. 그런데 총독부의 경고 담화가 발표되더니, 종로에 일본군의 기관총이 설치됐다. 그러자 한동안 풀이 콱 죽었던 일본인들이 조금씩 고개를 들며 활보하기 시작했다. 그러던 24일이었다. 유석현은 박석윤의 연락을 받고 일본 요리집 신성으로 향했다. 가게 앞에는 헌병들이 집총을 한 채 보초를 서고 있는 등 어딘가 위협적인 분위기가 풍겼다. 오카 경기도 경찰부장, 사사키 헌병대좌가 먼저 와 유석현을 맞았다. 이들은 "일본인의 생명과 재산을 어떻게 취급할 것이냐", "당신, 치안엔 자신이 있느냐"며 힐난하듯 물었다. 유석현은 "일본에 있는 300만 동포를 무사히 귀환시켜 주면, 너희

---

* 8월 22일 발표된 건국준비위원회 중앙집행위원회 명단에서 그의 이름을 확인할 수 있다.

를 보호하겠다"고 적당히 대꾸했다. 자리를 마친 뒤 유석현이 박석윤에게 물었다.

"왜 그런 곳에 데려갔소."

"그런 게 아니라 그자들이 치안을 맡고 있는 당신이 일본 사람들을 해치고 있으니 암살해 버리겠다고 하는 얘기를 듣고 만나면 무언가 통할 것이라고 오늘 만난 겁니다."[30]

해방의 환희로 빛나던 경성 거리엔 계엄령이 선포된 것 같은 살벌한 분위기가 내려앉았다. 조선의 치안은 16일 '아주 잠깐' 건준으로 건너왔다가 다시 일본군의 손으로 넘어갔다.[30]

최근우의 응전

일본군의 개입으로 경성엔 살기등등한 분위기가 흐르기 시작했다. 군의 생리를 잘 아는 박석윤은 혹시 모를 유혈충돌을 피하기 위해 여운형을 붙들고 간청했다.

총독부 쪽에서는 여 선생에게 맡긴다면 치안유지는 문제없을 것이라고 확신하고 있습니다. 그러나 군 사령부는 다릅니다. 그들은 미군이 진주해 무장해제 된 것이 아닙니다. 이들은 패전에 의해 미친 맹수와 같이 변한 존재입니다. 그들이 무슨 구실을 만들어 폭동을 일으켜 살육행위를 한다면 선생 신변이나 모든 사람들의 생명까지 위험합니다. 어떤 약탈행위를 저지를지도 모릅니다. 그를 위해 여 선생이 엔도 총감을 통해 혹은 저를 통해 어떤 일이 있더라도 군대는 그에 걸맞는 대우를 해 본국에 무사 귀환한다는 보장을 해주셨으면 합니다.[32]

박석윤의 조언이 작용한 것인지 분명치 않으나 조선인들과 일본군 사이에 사태 수습을 위한 접촉이 이뤄졌다. 가이데 시게유키貝出茂之 경성사관구 참모(소좌)*는 17일 밤 종로 장안빌딩의 보안대 본부를 방문했다. 그를 데려 온 이는 해방 전부터 경찰 접수 공작을 해 온 정우섭이란 인물이었다. 보안대 간부 몇 사람은 가이데를 데리고 동대문 밖 박석윤의 집으로 장소를 옮겨 대화를 이어갔다. 회담은 날을 넘겨 새벽까지 이어졌다. 이영근의 회고에 따르면 "가이데 참모의 입에선 전쟁터에서 보초를 교대하듯 쥐도 새로 모르게 치안 담당자를 교체하자"는 건설적인 이야기도 나왔다.[33] 이튿날인 18일에도 보안대는 총독부 당국과 전국 경찰기관을 건국준비위원회로 이양하는 협의를 이어갔다. 하지만 일본군이 전격 실력행사에 나서며 교섭은 결렬되고 만다.[34]

일본군과 총독부는 급기야 해방 직후 결성된 여러 조선인 정치 단체를 겨냥해 해산하라며 최후통첩을 해왔다. 이영근은 "전날 꼬박 밤을 새운 다음날"인 20일 장안빌딩의 의자에 걸터앉아 선잠을 자고 있었다. 일본 경찰이 "중대한 상담이 있다"며 그를 종로경찰서로 불러냈다. 2층 서장실엔 니시히로 경무국장, 다카치 헌병사령관 등 일본 군경 대

* 모리타는 이 만남이 '18일 밤'에 있었다고 적었지만, 보안대에서 회견한 이영근은 '17일 밤'이라고 기억했다.

표와 하얀 모시두루마기를 입고 근엄한 표정을 짓고 있는 안재홍 건준 부위원장 등 조선인 20여 명이 모여 있었다. 다른 20여 명은 해방 이후 닷새 동안 우후죽순처럼 생겨난 각종 단체 대표들이었다. 니시히로는 "각 단체는 금일 오후 5시까지 간판을 내리고 해산하라. 그렇지 않으면 실력행사를 하겠다"고 통보해 왔다. 이영근은 "내가 지금 무슨 얘길 들은 것인지 귀를 의심할 수밖에 없"는 큰 충격을 받았다. "일본은 패배하고, 엔도는 여운형에게 정권 이양을 한 게 아니었나?"[35] 니시히로의 통보에 실내는 물을 끼얹은 듯 조용해졌다. 한동안 침묵이 흐른 뒤 안재홍이 상기된 얼굴로 답했다. "나 혼자 생각만으로는 결정할 수 없다. 돌아가서 기관과 상의해 회답하겠다."

건국준비위원회는 15일 간판을 내건 뒤 조선 독립을 실현시켜 줄 기관으로 민중들의 기대를 한 몸에 받고 있었다. 《매일신보》 8월 18일자를 보면, 해방의 기쁨에 못 이겨 건준 사무실로 음식을 해 나르는 아낙네들의 모습이 묘사돼 있다. 조직은 각 지방으로 급속히 확장해갔다. 해방 당일부터 8월말에 이르는 2주일 동안 각지에서 145개 지부가 생겨나 있었다.[36] 지방에선 건국준비위원회를 조선의 새로운 '독립정부'로 여기는 이들도 많았다. 해산 통보를 수용한다는 것은 패망한 일본에 굴복한다는 의미였다. 도저히 받아들일 수 없는 일이었다.

이영근은 장안빌딩으로 돌아와 보안대 간부회의를 소집했다. 보안대는 일단 건국준비위원회의 결정을 지켜보기로 했다. 무장한 일본군은 그날 밤 건준을 압박하려는 듯 대오를 지어 경성 요소요소를 점거했다.

거세게 달려드는 일본군과 교섭에 나선 것은 최근우 총무부장이었다. 1897년 개성에서 태어난 최근우는 도쿄 상과대학을 졸업한 뒤 프랑스·독일에서 공부한 지식인이었다. 그는 도쿄 유학시절 1919년 3·1운동의 도화선이 된 도쿄 유학생들의 2·8독립선언에 참여했고, 이후 상하이로 건너가 대한민국임시정부에서 활동했다. 여운형과의 인연은 그 무렵 시작됐다. 여운형이 그해 11월 고가 렌조 척식장관의 초청을 받아 도쿄로 갔을 때 그를 수행해 조선 독립의 당위성을 당당히 주장했다. 하지만 일제 말기엔 일본의 괴뢰국인 만주국 안둥성 민정청 사무관, 만주의 어용단체인 만주국 협화회協和會의 안둥성 사무장 등으로 활동했다. 이는 분명한 친일 활동이지만, 뒤로는 건국동맹에 참여해 만주의 사정을 여운형에게 보고하며 일본의 패망에 대비하고 있었다.*

최근우가 박석윤을 대동하고 엔도 정무총감을 찾아간 것은 이튿날인 21일 오전이었다. 이영근은 박석윤에게서 이날 일본군을 상대했던 최근우의 대쪽 같은 모습을 전해 듣고 느꼈던 "감격을 잊을 수 없다"[37]고 회고했다. 최근우는 먼저 엔도 정무총감을 찾아갔다. 엔도는 난처하다는 반응을 보이며 "이는 총독부의 의향이 아니다. 군에서 저지른 일이니 이하라 참모장을 만나보라"고 변명했다.

최근우는 어쩔 수 없이 용산으로 달려가 이하라 참모장과 마주했다. 이하라는 "참모들을 통제하기 어려운 형편이다. 직접 만나달라"며 흥분한 젊은 참모들에게 책임을 돌렸다. 최근우는 결국 고급 참모인 간

---

* 이런 점들을 두루 고려해 민족문제연구소는 《친일인명사전》에 수록될 예정이었던 최근우를 최종 명단에서 제외했다. 최근우처럼 애초 명단에 포함됐다가 제외된 이는 3명에 불과하다.

자키 대좌[*], 마루자키 중좌를 상대해야 했다. 최근우는 이들이 머무르고 있는 참모실로 들어갔다. 두 참모는 험악한 눈초리로 최근우를 노려봤다. 간자키가 말했다.

"뭘 하러 왔소?"

"건준의 간판은 절대로 내릴 수가 없다고 통보하러 왔소."

간자키는 흥분해서 얼굴이 새빨갛게 변했다. 그는 일본도의 손잡이에 손을 대며 최근우를 위협했다.

"대권은 아직도 천황에 엄존한다. 누구라도 달려드는 자는 가차 없이 단칼에 베겠다."

"뭐라고? 벨 테면 베어봐. 네 놈들이 의기양양할 때도 너희들과 싸워온 우리들이다. 하물며 전쟁에 진 주제에 무슨 건방을 떠느냐. 네가 칼로 벤다면 나는 이빨로 물어뜯을 테다."

최근우의 예상치 못한 강경 반응에 놀란 간자키는 동작을 멈췄다. 잠시 정적이 흘렀다. 이어 최근우에게 손을 내밀어 악수를 청했다. 일본이 패전한 마당에 이 이상 사태를 악화시켰다간 뒷 감당이 힘들 것이라 판단했기 때문으로 보인다.

이날의 극적인 대화에 대한 일본인쪽의 기록은 간결하다. 모리타는 《조선종전의 기록》에서 "최·박 양씨는 이하라 참모장을 방문해 간자키 대좌 등과 회담했다. 석상에서 상호 간에 엄혹한 응수가 이뤄진 뒤, 건준 위원장만이 간판을 내리지 않고 치안에 협력하기로 했다고 한다"고 적었다. 이어 일본군의 강경대응에 대해 "군은 일상적으로 조선인

---

[*] 간자키는 13일 송진우를 설득하는 모임에 참석했던 인물이기도 했다.

용산 일본군 20사단의 전경.
건국준비위원회 총무부장 최근우는
이곳에서 건준의 무력화와 해산을
요구하는 일본군 장교와 담판을 벌였다.

과 접하지 않고 있었기 때문에 정치적 감각이 둔하고, 그 공작 역시 졸속적이었다. 그로 인해 거꾸로 혼란을 일으키는 경우가 적지 않았다"는 평가를 남겼다.[38]

가까스로 위기는 봉합됐지만, 한반도를 둘러싼 불확실성은 점점 커져만 갔다. 일본은 분명 항복했고, 조선은 해방됐다. 그렇다면 누가 해방된 조선의 치안과 행정의 주체가 되어야 할 것인가. 그보다, 한반도의 주인은 대체 누구란 말인가.

#09
다시 한번,
합작으로

고하의 민족주의와

— 몽양의 사이비 공산주의가

서로 타협이 되기는

어려울 것이고…

— 이인

여운형-송진우의 결별

조선인들은 해방된 이 땅의 주인은 36년간 쉼 없이 일제를 상대로 피흘리며 투쟁했던 우리 자신이라고 믿어 의심치 않았다. 이를 분명한 기정사실로 만들기 위해선 하루 빨리 조선인의 힘으로 독립된 국가를 건설해야 했다. 해방 당일 결성된 건국준비위원회는 이를 위한 '첫 발'이었다.

하지만 일본의 항복이 갑작스레 이뤄진 탓에 건국준비위원회는 조선 내 여러 정치 세력의 광범한 지지를 확보하지 못한 채 해방 당일 서둘러 결성되고 말았다. 5장에서 살펴봤듯 건준은 여운형을 중심으로 활동해 온 건국동맹원들과 정백·이강국 등 공산주의자들이 주축이 되고, 안재홍 등 우파 민족주의자들 일부가 참여한 느슨한 연합체였다. 이들은 15일 밤 극도의 흥분과 혼란 속에서 건국 대업을 이루기 위한 '산파적 기관'으로 건국준비위원회를 설립하기로 의견을 모았다. 하지만 '건국'이란 이름을 붙일 만큼 좌우를 포괄하는 조선 내 정치 세력의

221

보편적 동의를 확보한 것이 아니었다. 따라서 '외연 확장'이야말로 해방 직후 건준이 해결해야 할 최우선 과제로 떠오르게 된다.

가장 시급한 문제는 여전히 원서동 사랑방에 웅크린 송진우를 끌어내는 일이었다. 그래야만 임시정부 등 해외 정치세력은 따로 놓더라도 국내 정치세력 간의 좌우합작을 완성했다고 주장할 수 있었다.

이를 가장 절실하게 의식한 이는 여운형 자신이었다. 5-6장에서 살펴봤듯 여운형이 주도한 좌우합작 노력은 15일 이전부터 시작됐다. 이인이 전하는 송진우의 말에 따르면, 여운형은 얼마나 급했는지 15일 당일에만 송진우를 두 번이나 만났지만 "의견 차이로 같이 일하자는 데는 결렬"되고 말았다. 하지만 이 같은 '무책임한 결렬'은 해방 첫날부터 여운형에게 정국 주도권을 빼앗긴 우익들도 원치 않는 결과였다. 6장에서 언급한 대로 이런 교착 상황을 돌파하기 위해 민족진영의 이인이 16일 오전 8시 계동을 찾아갔고, 이를 계기로 합작을 위한 움직임이 다시 시작된다.

여운형은 이인과 약속대로 16일 오후 2시 원서동 송진우의 집을 다시 찾았다. 이 소식을 전해들은 기자들이 송진우의 집 주변으로 몰려들었다. 회담 성과를 묻는 이들에게 송진우는 "할 말이 없다"고 말했다. 기자들이 불평을 터뜨리자, 왕년의 《동아일보》 사장이었던 송진우가 쏘아붙였다. "아무 말도 없다는 것도 훌륭한 인터뷰야."[1] 회담이 성과 없이 끝났다는 말이었다.

이 만남에 대해 여운형과 송진우 양쪽 모두에서 기록을 남겼다. 여운형의 측근 이만규의 《여운형 투쟁사》를 보면, 몽양이 송진우에게 "그대 보기에 나의 출발이 잘못된 점이 있다 해도 국가의 큰일이니 허

심탄회하게 나와서 대중의 신망을 두텁게 하고 대사의 차질이 없게 하
자"고 힘 있게 권했으나, 송진우는 "경거망동을 삼가라. 충칭 정부를 지
지하여야 한다"는 입장을 바꾸지 않았다.[2] 송진우 쪽의 기록인 동아일
보사의 《독립을 향한 집념》도 큰 틀에선 같은 얘기를 하고 있지만, 강
조하는 맥락이 조금 다르다.

"고하는 나를 페탱이라고 했다는데, 그것은 어떤 의미에서 한 말이었
소."

"몽양을 가리켜 한 말은 아니오. 이런 시기에 정권을 물려받으면 페탱
이 되기 쉽다고 했소. 정권은 국내에 있는 우리가 받을 것이 아니라, 연
합군이 들어와서 일본군이 물러나고, 해외에 있던 선배들과 손을 잡은
뒤에 절차를 밟아서 받는 것이 옳다고 생각했기 때문이오. 그때가 되
어 몽양이 생각이 있다면 내가 극력 몽양을 추대할 것이니 지금 정권
수립은 보류했으면 싶소."

"어째서 꼭 해외에 있는 사람들과 함께 정권을 받아야 하오. 고하와 나
와 둘이 손만 잡는다면 그만한 세력은 없을 것이고, 해외에서 들어오
는 세력도 우리들 속에 흡수될 것이며, 해외 인사라고 해도 별로 문제
될 만한 사람은 없소."

"의리상 나는 그렇게는 못하겠소."

"그러면 그 동안은 국내를 진공상태로 둘 생각이오."

"내가 보기에는 몽양은 공산주의자가 아니오. 그러나 자칫하면 그들
에게 휘감기어 공산주의자도 못되면서 공산주의자 노릇을 하게 될 위
험성이 없지 않소. 내 말을 들으시오."[3]

이 짧은 대화는 해방 직후 정세를 바라보는 둘의 시각이 '화해할 수 없을' 만큼 깊은 차이가 있음을 일깨운다. 먼저 여운형은 "그대 보기에 나의 출발에 잘못된 점이 있다 해도"라는 말을 통해 건국준비위원회가 충분한 민주적 절차를 거치지 않고 만들어졌음을 인정했다. 그러나 지금은 35년 동안 조선을 통치했던 일본이 물러가고 해방 조선을 다시 만들어 일으켜야 하는 비상 시국이었다. 여운형은 "혁명에는 기탄(망설임)이 필요치 않다"[4]는 생각을 가진 이였다. 비상 시국인

교육자 최송설당의 동상 제막식에 참여한 송진우와 여운형(1935년). 두 사람의 결별은 해방 직후 한반도가 나아갈 수 있었던 어떤 가능성과의 결별이기도 했다.

만큼 "국가의 큰 일"을 생각해 송진우가 고집을 꺾고 건국준비위원회에 참여해야 한다고 주장했다.

그러나 매사에 신중하고 조심스런 송진우의 생각은 달랐다. 그는 참여할 수 없는 이유로 세 가지를 꼽았다. 첫째, 일제가 아직 물러서지 않은 상황에서 정권을 물려받았다가는 프랑스의 비시Vichy 정권과 같은 일제의 괴뢰가 될 우려가 크다고 봤다. 둘째, "해외에 있던 선배들" 즉,

대한민국 임시정부를 추대해야 한다는 '임정 봉대론'이었다. 마지막으로 좌파에 편향된 건국준비위원회의 구성이었다. 송진우는 "자칫하면 그들(공산주의자들)에게 휘감기어 공산주의자 노릇을 하게 될 위험성이 크다"는 말로 여운형을 경계했다. 여운형의 적극적인 설득에도 송진우는 땅속 깊이 박힌 바위처럼 꿈쩍도 하지 않았다. 결국 회담은 결렬되고 말았다.

"이 사람들이 또 싸웠구나."[5] 기대했던 여운형-송진우 회담이 결렬로 끝났다는 사실을 전해들은 이인은 탄식했다. 한때 《동아일보》 사장과 《조선중앙일보》 사장을 지내며 경쟁했던 둘은 조선 내에서 알 만한 사람은 다 아는 견원지간이었다. 이인은 이 회담의 결렬에 대해 "딴은 고하의 민족주의와 몽양의 사이비 공산주의가 서로 타협이 되기는 어려울 것이고 또 은연중 주도권을 서로 장악하려는 배짱으로 맞지 않을 것이었다"는 평을 내렸다. 이후 이인은 더 이상 여운형-송진우 합작을 추진하지 않았다. 해방 이후 시도된 좌우합작의 1차 실패였다.

"좌방제군은 2선에 후퇴하라"

이인의 지적대로 여운형-송진우의 합작이 불발된 이유를 개인 차원에서 찾자면, 상극의 성격에서 비롯된 불화를 들 수 있다. 하지만 그 배경엔 좌우로 갈린 둘의 계급과 사상 차이가 있었다. 여운형은 머잖아 경성에 소련군이 진주하는 만큼 건국의 주역을 맡을 쪽은 좌파라고 판단했다. 하지만 송진우는 자본의 이익을 대변할 수밖에 없는 김성수-우파 그룹의 핵심 멤버였다. 송진우가 이대로 건국준비위원회에 참여하면, 여운형의 들러리로 내려앉을 수밖에 없었다. 우파들이 진지하게 합작에 참여하려면 적어도 자신들이 주도권을 빼앗아 올 가능성이 열려 있어야 했다. 주목할 대목은 건준 내부에도 민족주의 세력이 건국을 주도해야 한다고 생각하는 이가 존재했다는 것이다. 건준의 부위원장이자 2인자인 안재홍이었다.

건국준비위원회는 여운형이란 독특한 카리스마를 가진 인물을 매개로 세 개의 이질적인 그룹이 뭉친 '느슨한 연합체'였다. 첫째는 이만규·최근우·이여성·이상백 등 여운형의 오랜 측근 그룹이었다. 이들은 여운형이 어느 길을 택하든지 끝까지 따를 이들이었다. 두 번째는 정백을 비롯한 옛 서울파와 이강국·최용달·박문규 등 여운형과의 개인적 인연에 따라 합류해온 공산주의자들이었다. 마지막은 이들과는 이념적 색깔을 달리하는 안재홍 등 우파 민족주의자들이었다. 여운홍은 당시 건준 구성을 "공산당원인 극좌, 비공산주의적인 좌익 즉 온건한 사회주의자들, 안재홍·이규갑 등의 우익, 무조건 형님을 지지하는 장권·송규환 등으로 나뉘어질 수 있었다"고 적었다.

안재홍이 1949년에 쓴 〈8·15 당시의 우리 정계〉를 보면, 해방 직후 건국 방향을 둘러싸고 건준 내부에서 발생한 '알력'을 짐작해볼 수 있다. 안재홍은 감격적인 해방 첫날을 보낸 뒤, 16일 새벽 여운형과 그 주변의 좌파 인사들과 얼굴을 마주하고 앞으로 건준의 행로에 대해 이야기를 나눴다. 안재홍은 이들에게 몇 번이나 거듭 민공협동(좌우합작)을 해야 한다고 강조했다.

16일 미명에 여·정 양씨와 외타 좌방 수씨(좌익의 여러 명)는 나에게 그 실정을 말하면서 '금후 절대 긴밀 협동할 것이니 실망하지 말아달라'는 것이었다. 나는 좌방 제씨에게 '신간회 당년 민공분열(민족주의와 공산주의의 분열)을 계승함이 없이 좌방은 잘 협동할 것인가'하고 질문할 때마다 그들은 '절대 염려 말라'고 하던 것이다. 나는 그때 '신민족주의'를 입속말로 속삭이면서 민공협동이 역사적 요청인 것을 역설하였다. 건준에서도 '민족주의자를 1선에 당로當路케 하고, 좌방제군은 제2선에 후퇴하라고 정면으로 주장하며 폭은 많은 눈총을 맞았고⋯.

이 언급 속에서 건준 내 다수파인 좌파 인사들과 우파 민족주의자 안재홍 사이에 초기부터 상당한 긴장이 형성되었음을 확인할 수 있다. 안재홍은 "민족주의자를 1선에 당로케 하고 좌방제군은 제2선에 후퇴하라"며 우파가 주도권을 잡는 건국을 주장했지만, "많은 눈총을 맞았고"라는 말에서 알 수 있듯 대다수 좌파 인사들은 이에 동의하지 않았다. 그렇더라도 민공협동이라는 대의 자체에 반대한 것은 아니었다. 좌파들은 좌우합작을 위해 협력할 것이냐는 안재홍의 물음에 "절대 염려하지 말라"며 누차 다짐했다. 덕분에 16일 미명에 발생했던 구성원들 사이의 이견을 일단 미봉하고 건국준비위원회 결성에 합의할 수 있었다.

여운형-송진우의 16일 회담이 불발로 끝난 이튿날 건국준비위원회 5개 부서가 발표됐다. 여운형이 위원장, 안재홍이 부위원장을 맡고, 그 아래 최근우 총무부장, 이규갑 재무부장, 정백 조직부장, 조동호 선전부장, 권태석 무경부장 등으로 진용을 짰다. 급한 대로 5개 부서의 담당자만 확정한 것에서 알 수 있듯 여전히 우파 민족주의자들을 위한 자리를 비워둔 모양새였다. 이튿날인 18일엔《매일신보》에 건국준비위원회의 성격과 사명에 대한 여운형의 담화가 발표됐다. 여운형은 이 담화에서 "오래 기를 못 피고 눌려 있던 대중"이 "여러 간판과 명목을 걸고 어지간히 움직이는" 현상을 "일원적으로 통일"하는 일, 요컨대 정치통합의 필요성을 언급했다. 이를 위해 "만일 아직 합류되지 아니한 방면에 대하여는 되도록 성의를 다하여 협력을" 구하겠다고 밝혔다. 좌우합작에 문을 열어 놓고 정치통합을 추진하겠다는 뜻을 공개적으로 천명한 것이다.

여운형에게 선수를 빼앗긴 우파는 우파대로 독자 행보에 나서기 시작했다. 좌파들이 중심이 된 건국준비위원회에 대항하기 위해 곧 진주하는 연합국을 위한 환영행사를 준비하기로 했다. 이를 위한 준비위원회를 꾸리는 행사가 17일 오후 1시 반도호텔에서 열렸다. 이날 모인 100여 명의 인사들은 연합국환영준비위원회와 충칭에서 돌아오는 임시정부 요인들을 맞이하기 위한 임시정부환영준비위원회를 만들고, 위원장으로 민족대표 33인 중의 하나였던 천도교의 원로 권동진(1861-1947)을 선출했다. 그를 도와 실무를 담당할 사무장으로는 조병옥이 임명됐다. 이후 건강 문제로 외부활동이 힘든 권동진을 대신해 부위원장이던 이인이 위원장 역할을 맡게 된다.

행사를 마친 이들은 송진우의 원서동 집에 모여들었다. 이들에게 전날 있었던 여운형-송진우 회담이 결렬됐다는 소식이 전해졌다. 우익 인사들은 이대로 가다간 자신들이 건국 사업에서 집단으로 소외되는 최악의 상황을 맞을 수도 있다고 우려했다. 결국 "회담 결렬은 있을 수 없는 일"이라고 결론지은 뒤, "몽양과 민세의 불순행동을 분쇄하자고 의론한 후" 김병로·백관수·이인 3인이 재차 여운형·안재홍과 회담해야 한다고 뜻을 모았다.

이들이 재차 합작에 나선 배경엔 김대우(1900-1976) 경북지사를 내세운 총독부의 설득도 있었던 것으로 추정된다. 모리타의 기록을 중심으로 살펴보면, 아베 총독은 15일 천황의 육성방송을 들은 뒤 "당시 조선인 지사 중에 가장 실천력이 있는 김대우 지사에게 급히 '경성으로 올라오라'"고 연락했다. 김대우는 16일 경성에 도착해 그날 바로 엔도 정무총감, 니시히로 경무국장과 만나 여운형과 송진우의 합작을 위해 움직였다. 16일 밤이면 안재홍의 라디오 연설이 이뤄진 뒤였다. 총독부는 여운형과 송진우의 합작을 성사시켜 치안유지의 범위를 넘어선 건국준비위원회의 '과격한 움직임'을 제어하려 했던 것 같다.

김대우는 이튿날 바로 여운형을 만났다. 여운형은 합작의 필요성에 동의하며 박석윤·최근우·정백을 합작위원으로 추천했다. 송진우는 '기쁘게' 김대우 지사와 만났지만 "개인적으로, 여운형과 함께 하는 것만은 이해해 달라"(함께하기 어렵다는 의미)고 말하면서도, 자기 쪽 위원으로 장덕수·백관수·김준연을 제시했다. 김대우의 구상은 여운형·안재홍·송진우 3인에 유길준의 둘째 아들로 친일파였던 유억겸(1896-1947), 기독교계의 친일인사인 양주삼(1879-?), 천도교 간부 등 유망한 조선인들을 묶어 총독부가 이들에게 재차 치안유지 협력을 요청한다는 것이었다.

이강국에 따르면 총독부는 항복 직전 여운형에게 이와 비슷한 형태의 치안유지회를 구성하도록 제안했었다. 8월 12일 이후 "총독부로부터 여운형씨에게 항복 후 치안을 확보하는 데 대한 책임을 져달라는 요청이 있었는데, 그때 교섭 내용은 치안유지회를 구성하되 그 당시 총독부 조선인 고관과 민간인 유지를 망라하도록 해 달라는 뻔한 것"[7]이었다. 여운형은 이를 거절하고 조선 애국혁명가만으로 구성할 것을 주장해 관철시켰다. 그것이 바로 건국준비위원회였다.

김대우의 구상은 엔도가 15일 새벽 여운형에게 부탁한 치안유지 요청을 사실상 거둬들이고 예전의 치안유지회로 돌아가는 안이었다. 모리타는 "송진우는 이 구상에 찬성이었다"고 적었지만, 여운형은 동의하지 않았을 것이다. 이 계획은 결국 폐기된 것으로 보인다. 총독부의 중재가 실패했으니 여운형과 우익 인사들이 직접 합작에 나서야 했다. 문제는 그게 말처럼 쉽지 않다는 데 있었다. 이 난맥을 이해하기 위해선 동시대인들에게 생생한 상처로 남은 '신간회 트라우마'란 역사적 배경을 들여다봐야 한다.

신간회 트라우마

1945년 8월 15일 해방을 맞은 이들은 그날 아침 하늘에서 뚝 떨어진 이들이 아니었다. 이들은 지옥 같던 식민시대를 함께 살아가며 서로의 볼 꼴, 못 볼 꼴을 목도했던 동시대인들이었다. 이인과 김병로는 일본 경찰에 붙잡혀 갖은 고생을 하던 여운형과 안재홍을 위해 법정에서 싸웠던 변호사였고, 백관수는 안재홍과 《조선일보》에서 오랫동안 한솥밥을 먹었던 동료였다. 이인은 조선어학회 사건으로 구치소에 입감된 뒤, 그보다 먼저 붙들려 온 안재홍의 인사를 받았다.

김병로는 이념은 달랐지만 여운형을 존경했다. 자신이 겪었던 옥중 인물들 중에 "여운형이 내외 사람을 물론하고 소질로나 경험으로나 제일이었다. 인격과 언어의 조리라던가 체격을 놓고 볼 때 그 이상은 보지 못했다"[8]는 극찬을 남겼다. 복잡한 인간사의 얽힘 속에서 이들은 당대인이 아니면 쉽게 이해할 수 없는 서로를 향한 존경과 환멸, 기대와 실망, 고마움과 서운함 등 다양한 감정을 축적할 수 있었다.

건국준비위원회 내의 세 그룹 가운데 합작에 가장 열성적인 이는 비타협적 민족주의자의 대표격인 안재홍이었다. 그는 해방 조국을 새로 만드는 대업을 위해 "민족주의자들이 1선에 서고, 좌파 제군들은 제2선으로 후퇴"[9]해야 한다고 믿었다. 이것이 그가 건국준비위원회에 몸담기로 결심한 이유였다. 안재홍은 이러한 민공합작, 다시 말해 좌익세가 강했던 건준의 주도권을 민족주의자에게로 돌려놓기 위해 처절한 내부 투쟁을 전개하게 된다.

안재홍의 부단한 노력에도 좌우합작은 가시밭길이었다. 동시대를 살았던 이들의 기억 속에 생생하게 남아 있는 '신간회 해체'라는 거대 트라우마 때문이었다. 안재홍은 1년 5개월 정도 재직했던 미군정 민정장관직을 사임한 뒤《신천지》1948년 7월호에 발표한 기고에서 당시 애통한 마음을 절절하게 읊었다. 좌익들이 예전 신간회 사태처럼 내부 헤게모니 투쟁을 벌여 운동 자체를 무너뜨리지 않을까 노심초사한 것이다.

1928년에 결성되었던 신간회 운동 때도 명목으로 민공합작에서 그것이 성립 발전하였고, 그 헤게모니 획득 문제로 분열상쟁 한 끝에 해소의 명목으로 자연 소멸되는 형태에 빠졌었다. 8·15 이전 공산진영의 인물과 가끔 회담함에 있어 나는 내심 신민족주의의 구상을 내세우며 '그대들은 신간회 당년의 영도권 싸움을 재연시키지 않을 것인가'라고 물으면 그들은 서슴지 않고 단연 그렇지 않다고 하는 것이다. 그러나 8·15 즉시 건국준비위원회 성립과 함께 민공대립은 건국 즉 조국건설 이 의도와 함께 발생, 출발한 것이었다.

안재홍이 언급한 신간회란 '민족협동전선'이란 명분 아래 민족주의와 공산주의, 즉 좌와 우가 손을 잡고 만든 최초의 민족통일전선이었다. 1927년 2월 15일 종로 기독교청년회관에서 만들어진 이 단체는 합법적 틀을 통한 '비타협적 민족운동'을 전개했다. 좌우가 대립을 멈추고 힘을 합치자 민중들은 뜨겁게 호응했다. 신간회는 150여 개 지부에 4만 명의 회원을 보유한 거대 단체로 가파르게 성장했다.[10]

해방 정국에서 저마다 존재감을 드러내게 되는 수많은 인사들이 신간회에 참여했다. 건국준비위원회 쪽에선 안재홍·권태석, 우익 쪽에선 김병로·조병옥·백관수·이인·김준연 등이 이 조직의 회원이었다. 안재홍은 신간회 초기의 총무간사였고, 김병로는 마지막 중앙집행위원장이었다.

좌우가 협력을 선택한 이유는 복잡다단했다. 민족주의 진영에선 독버섯처럼 파고드는 자치론 등 타협주의와 결별해야 했다. 3·1운동 이후 적잖은 시간이 흐르며 민족주의 운동은 비타협적 항일 노선에서 벗어나 일제에 일정 부분 협력함으로써 조선인의 권익을 신장하자는 자치운동 쪽으로 기울고 있었다. 거칠게 말해 안재홍이 대표하는 《조선일보》가 비타협주의 노선을 대표했고, 송진우의 "《동아일보》사 간부들은 천도교 신파 세력과 합세해 자치운동의 방향으로 나가려"[1]는 모습이었다.

한편 공산주의자들은 일제의 혹독한 탄압에 몰려 있었다. 1925-1926년 이뤄진 1·2차 조선공산당 검거 사태로 숱한 혁명가들이 고문 끝에 목숨을 잃거나 정신을 놓았다. 박헌영(고려공산청년회 1대 책임비서)은 정신이상으로 제가 싼 똥을 먹었고, 강달영(1887-1942, 조선공산당 2대 책임비서)도 고문에 무너진 뒤 끝내 제정신을 회복하지 못했다. 권오설(1897-1930, 고려공산청년회 2대 책임비서)은 서른셋에 옥사했다. 남겨진 이들이 애써 복구한 당 조직은 일제 고등경찰의 집요한 수사에 다시 뿌리 뽑히기를 거듭했다. 그와 함께 무엇과도 바꿀 수 없는 소중한 인재들이 스러져 갔다. 신간회 재정총무 겸 경성지회장을 역임했던 조병옥(1894-1960)은 회고록에서 "우리 한국의 현실적 입장으로 봐 자주독립을 쟁취하지 않고서는 민족주의든 공산주의든 간에 그 이념은 공염불에 지나지 못하게 되므로, 먼저 자주독립을 쟁취한 뒤 그때 가서 다시 의논해 보자"는 결론을 내렸다고 적었다. 좌우 모두 흩어진 민족 역량을 결집하지 않으면 제대로 된 항일운동을 전개하기 어렵다는 인식에 도달한 것이다.

문제는 해체 과정이었다. 갈등의 원인은 두 가지로, 하나는 주도권 싸움이었다. 민족주의 세력이 계속 주요 보직을 차지하는 바람에 좌익 입장에선 '프롤레타리아 헤게모니'를 확보할 수 없는 상황이 이어졌다. 또 다른 이유는 합작 대상인 민족주의 세력에 대한 평가였다. 좌익 입장에서 공조의 파트너가 비타협적 민족주의자가 아닌 소부르주아적 개량주의자들이라면, 합작은 무의미할 뿐 아니라 조선 독립과 계급 혁명에 해를 끼칠 수 있었다. 더군다나 개량주의자들의 신간회 가입이 이어지자 공산주의자들의 불만은 날로 쌓여갔다. 경계 대상 1호는 송진우였다. 공산주의자들은 송진우가 1928년 1월 신간회에 가입하자 끔찍한 폭력을 휘둘렀다. 《동아일보》 함경북도 지국장회의장에 입장하는 그에게 몽둥이찜질을 가한 것이다. 송진우는 피를 흘리며 바닥에 쓰러졌다.[12]

1930년 들어 신간회 해체론이 본격 거론되기 시작됐다. 직접적인 계기는 광주학생운동으로 공석이 된 지도부를 메우기 위해 김병로가 1930년 11월 중앙집행위원장으로 선임된 것이었다. 김병로 집행부는 신간회의 급진적 경향을 온건한 방향으로 돌리려 노력했다. 공산주의자들은 이를 개량주의 노선이라 받아들이고 저항에 나섰다. 많은 지방 지회를 장악하고 있는 좌익들은 "신간회의 사명과 역할이 시대적 요구에 따라가지 못하게 됐다"며 해소론을 주장했다.[13] 안재홍은 《조선일보》 등에 수많은 논설을 써 해소론을 공격했고, 김병로는 "현재 신간회가 해소되기 바라는 자는 일본제국주의자밖에 없을 것인데 왜 공산주의자들이 이에 앞장 서냐"고 피를 토했다. 하지만 신간회는 1931년 5월 열린 전체대회에서 기습 해산됐다. 이 사건은 좌우 양쪽 모두에 깊은 상처를 남겼다. 좌는 우를 "개량주의적 친일 부르조아지"라 멸시했고, 우는 좌를 "신간회를 해체 시킨 좌익 소아병에 걸린 사람들"이라 저주했다.

합작의 동상이몽

옛 기억이 얼마나 쓰라렸든 조국이 해방된 마당에 좌우가 합작하자는 '절대 명분'에 반대할 순 없는 일이었다. 게다가 좌익들이 이미 건국준비위원회를 장악한 채 정국을 주도하고 있으니, 발등에 불이 떨어진 것은 우익 쪽이었다. 이들은 서둘러 건준에 참여해 지분을 확보하거나, 거꾸로 이 조직을 가차 없이 공격해 해체로 몰고 가야 했다.

좌우의 두 대표인 여운형-송진우 회담이 이미 결렬됐으니, 이제 조직과 조직이 나서야 했다. 17일 저녁 송진우의 사랑방에 모인 우익 인사들은 여운형-송진우 회담의 결렬은 "있을 수 없다"며, 김병로·백관수·이인 3인이 재차 여운형·안재홍과 회담할 것을 결정했다. 이인의 표현을 빌리자면 김병로·백관수·이인 등 3인 대표는 "그 길로 바로" 건국준비위원회 본부가 있던 계동 임용상의 집을 찾아갔다. 이인이 '그 길로 바로'라는 표현을 썼으니, 여운형을 쫓아가 닦달한 시간은 '17일 밤'이었을 것이다. 이들은 "건준의 불순성을 국민 앞에 사과하고 건준은 즉각 해산"하라고 요구했다. 말은 해산이었지만, 타협하자는 얘기였다.

건준이 정당한 '정치적 절차'를 거치지 않고 기습적으로 결성됐다는 이인 등 3인의 주장은 부정할 수 없는 사실이었다. 여운형은 16일 오전에 이인의 방문을 받았을 때와 같이 이를 인정했다. 여운형은 거듭 "건준이 황망 중에 (결성)된 것"이라고 말하고, "3인의 주장을 받아들인다"고 밝혔다. 여운형은 16일 오후 송진우와 회담에서도 "그대 보기에 나의 출발이 잘못된 점이 있다 해도"라는 표현을 사용했다. 여운형은 건준을 둘러싼 '절차적 정당성' 문제를 어떻게든 해결해야 했다.

사실 이 문제를 해결하기 위한 가장 명쾌한 방법은 '선거'였다. 그러나 이제 막 해방을 맞은 조선에서 선거는 현실적으로 불가능한 선택지였다. 이날 만난 이들은 우선 급한 대로 "거국적으로 국내 각계각층을 총 망리한 인사들을 한 자리에 모아 건국방략을 협의"하자고 합의했다. 이를 통해 건국준비위원회 결성의 절차적 정당성 문제를 어느 정도 보완할 수 있을 터였다.

이인은 1966년《신동아》기고와, 1974년 회고록에서 여운형과 안재홍이 이 자리에서 연명으로 "건준을 해산한다"는 각서를 썼다고 주장했다. 그러나 다른 증언에선 안재홍이 "황망 중에 건준으로 가칭해 가지고 건국 준비에 나섰으나 다시 각계각층을 총망라해서 결정하겠다"는 석 줄 반 정도의 각서를 썼고, 여운형이 보는 앞에서 도장을 찍어 건네줬다고 밝혔다.[14] 즉 17일 밤의 '합의 내용'은 건국준비위원회의 절차적 정당성을 보완할 수 있는 '각계각층을 총망라한 국민회의 개최'였다.

일단 여기까지 합의한 뒤 이튿날 재차 만남이 이뤄졌다. 김병로와 백관수는 18일 건국준비위원회 본부를 방문해 여운형 위원장, 안재홍 부위원장, 최근우 총무부장, 권태석 무경부장, 이규갑 재무부장 등과 회견했다. 약 2시간에 걸친 회의에서 우익 인사들은 "차제에 적법적 국민대회 같은 회합을 소집해 전 국민의 총의를 반영치 못하더라도 현 상황의 응급책으로 우선 서울 시내 각계각층 유지인사 혹은 각 지방에서 온 유지자들을 한군데 모아 함께 중심기관을 창설하자"[15]고 주장했다. 거국적 국민대회를 개최하면 좋겠지만, 현실적 어려움을 고려해 서울과 지방의 유지인사들이 모인 중심기관을 만들자고 제안한 것이다.

건준은 이 안을 받아들였다. 단 각계각층 유지인사를 초청하는 '주체'를 건국준비위원회로 하고, 안재홍 부위원장의 명의로 통첩을 보내기로 했다. 또 통첩 안에 "자기 동지 수명이 당황 중에 과오를 범하였다. 용서하시고 다시 상당한 명실상부의 유지자 단체를 원한다"는 내용을 넣기로 했다. 이를 통해 우익 인사들이 "당황 중에 과오를 범하였다"는 사과를 받는 선에서 건준의 실체를 추인했음을 알 수 있다. 여운형과 안재홍은 각계각층 인사가 참여한 회의를 열어 건국준비위원회의 절차적 정당성 문제를 해소하고, 우익은 자신들의 정치적 지분을 챙기는 동상이몽의 합의에 도달한 것이다.

마침 이 자리에 유억겸이 있었다. 이들은 유억겸에게 서울 시내 각계각층에 대표가 될 만한 명사들의 명단을 빠짐없이 작성하는 실무 작업을 요청했다. 유억겸과 우익 인사들은 명단 작성을 위해 원남동 백관수의 집으로 이동했다. 이 자리에서 권동진·오세창(1864-1953)·송진우·김성수·여운형·안재홍·백관수 등 "(좌우) 양편에서 이의 없는 55명을 선정해 화신백화점 영화관을 빌려 회의를 열기로 합의했다."[16] 여기까지 사태 전개는《매일신보》18일치에 실린 짤막한 단신("조선건국준비위원회에서는 19일 오후 1시부터 화신뉴스 영화관에서 위원회를 개최한다")을 통해 확인할 수 있다. 이 기사에서 '위원회'라는 표현을 사용한 것으로 보아 각계각층 인사가 참여하는 중심기관은 기존 건국준비위원회에서 문호를 크게 넓힌 '확대위원회' 형태로 자리매김했음을 알 수 있다.

그러나 곧 문제가 발생했다. 건준 내에서 강한 세력을 구축하고 있던 공산주의자들이 들고 일어난 것이었다. 이들은 유억겸·이인·김병로 등이 작성한 55인의 명단을 거부했다. 이 명단이 지나치게 '우파 편향적'이라 판단한 것이다. 좌파 정당과 사회단체의 연합체인 민주주의 민족전선이 1946년 펴낸《조선해방연보》에는 이 결정을 비난하는 과격한 표현이 담겨 있다.

> 송진우파는 김병로·백관수로 하여금 합작을 제의하였다. 건준을 경성 유지자대회를 열어서 개조할 것을 주장하였다. 그 유지자의 규정은 적에게 욕 한번 듣지 않고, 적의 뺨 한번 때리지 못하던 외정치하의 유지신사들이었다. 그들로서 건준의 중심세력을 삼으려 하였다. 뿐만 아니라 건국준비의 목적을 재 충칭 김구정부 환국준비에 두자는 것이었다.

우익 인사들이 "적에게 욕 한번 듣지 않은" 외정치하의 유지신사들이란 지적은 부정할 수 없는 사실이었다. 명단 작성에 깊이 개입한 유억겸부터가 문제였다. 그는 흥업구락부 사건 이후 전향해 조선인 유력인사가 할 수 있는 거의 모든 친일활동에 참여한 인물이었다. 민족문제연구소의《친일인명사전》과 대한민국 정부의 친일반민족행위자 명단에서 그의 이름을 확인할 수 있다.[*]

---

[*] 유억겸은 1939년 시국대응전선사상보국연맹 경성분회 제3분회장, 1943년 학도병 종로익찬회 강연대원, 1945년 조선언론보국회 명예회원 등으로 활동했다.《매일신보》1942년 7월 5일치를 보면, 그해 6월 29일 열린 '지나사변과 대동아건설'에 대한 좌담회에서 "이렇게 장기전이 되어감에 있어 반도인으로서 각오는 어떠한가. 총후의 국민으로 설혹 생활에 전보다 부족한 일이 약간 있어도 어디까지나 인고단련의 생각을 가지고 필승의 길로 매진해야 한다"고 발언한 내용을 확인할 수 있다.

결국 탈이 났다. 유억겸이 명단을 들고 건국준비위원회로 돌아간 지한 시간쯤 뒤에 우익 쪽 청년 두 명이 황급히 이인을 찾아왔다. 이들은 건준이 "55명의 명단에 소장파 사회주의자·공산주의자 색채가 농후한 자 90여 명을 첨부해서 마치 55명과 같이 선정된 것처럼 위장하고 수의 다수로 앞으로 있을 회의를 좌우할 계략을" 꾸몄다고 전했다. 이인은 끓어오르는 분노를 참을 수 없었다. 건국준비위원회가 이 명단을 《매일신보》에 게재할 것이라는 얘기를 듣고, 즉각 인쇄 중지를 요구했다. 그러나 청년들이 신문사로 달려갔을 땐 이미 신문 기백 장이 배부된 뒤였다. 우익 인사들은 이 조처의 부당성을 항의하고, "건준의 흉계를 알리는 성명벽보를 시내 요소요소에" 붙였다. 성명에는 지금까지 논의 전개과정을 잘 아는 김병로·백관수·송진우 등 15명이 이름을 올렸다. 그날 밤, 안재홍과 여운형은 긴 설전을 벌였다. 이에 대해 안재홍은 1949년 다음과 같은 묘한 기록을 남겼다.

> 건준이 성립된 후 몽양은 좌방적인 공작 또는 건국동맹을 주력으로 자신의 정치공작에 여념이 없는 편이었다. 1945년 8월 18일 자정이 지나가는 때 나는 몽양과 계동의 모 장소에서 장시간을 단독회담 하였으나 몽양의 의도하는 바가 나의 포부인 민족주의진영 주도세력 하의 건국방침과는 상당거리가 있는 편이어서 사실에 내면에서는 이날로서 거의 결렬하였고…[17]

그가 회상하는 1945년 8월 18일은 국민대회에 참여할 55인의 명단을 둘러싸고 건준과 우익 인사들 사이에 살벌한 신경전이 벌어진 날이었다. 안재홍은 그날 밤 여운형과 장시간 독대했다고 적고 있다. 상당히 날 선 언쟁이 이뤄졌을 것으로 짐작된다. 안재홍은 여운형의 생각이 민족주의자들이 주도해 건국해야 한다는 자신의 포부와 "상당히 거리가 있는 편"이라는 사실을 깨달았다. 여운형은 좌우합작의 대의엔 동의했지만, 어디까지나 자신을 중심으로 하는 좌익 주도의 건국을 원했던 것이다.

알궂게도 이 만남 직후로 추정되는 18일 오후 11시게, 계동 자택으로 돌아가던 여운형은 테러를 당했다. 중상은 아니었지만 몸을 추스르기 위해 시골로 내려가 정양해야 했다. 이 때문에 《매일신보》 지면을 통해 예고했던 19일 위원회(국민대회)도 열리지 못했다. 해방 후 급박한 정세 변화가 이어지는 와중에 여운형은 부상 치료를 위해 8월말까지 자리를 비우게 된다. 이는 그 자신은 물론 한반도 전체에 큰 불행이었다. 그런 한편, 이 사건은 건준의 2인자 안재홍에게 뜻밖의 '운신의 공간'을 제공하게 된다. 여운형의 부재를 틈타 부위원장의 권한으로 "민족주의진영 주도세력 하의 건국"이라는 소신을 한 번 더 밀어붙여 볼 수 있는 기회가 생긴 것이다.

안재홍의 집념,
여운형의 결단

건국준비위원회 내부 반발로 19일 국민대회가 무산된 뒤에도 안재홍은 포기하지 않았다. 그로부터 나흘 뒤인 23일 권태석이 백관수의 원남동 집을 방문했다. 권태석은 서울파 공산주의자였지만 1920년대 말 신간회에 참여한 경험이 있었다. 이 무렵엔 공산주의와 거리를 둔 채 안재홍을 도와 좌우합작에 적극 나서고 있었다.

권태석은 백관수에게 국민대회를 개최하려는 안재홍 부위원장 명의의 통첩을 보내지 못한 것을 여러 말을 동원해 해명했다. 이어 18일 합의 내용을 바꿔 건준 확대위원회에 참여할 각계각층 인사에게 개별 통첩을 보내는 대신, "건준에서 그대로 추천·발표할 수 있는 각계각층의 명사를 호천互薦해달라"고 청했다. 각계각층 인사들에게 일일이 연락해 회의 개최 사실을 통보하는 수고로움을 덜기 위해 건준에서 명단을 일괄 확정해 발표하겠다는 얘기였다. 이 제안을 접한 김병로와 백관수는 마뜩잖았지만, 함께 합작을 추진하던 이인·김약수·박찬희·김용무·박명환 등 우익 인사들이 "호양의 정신으로 이 또한 무방하다"는 뜻을 밝혔다. 결국 제안을 받은 우익 진영은 25일 권태석이 동석한 가운데 건준 확대위원회에 참석할 62명을 확정했다.[*]

안재홍의 2차 좌우합작 시도에 건국준비위원회 내부는 또다시 벌집을 쑤신 분위기였다. 혼란이 이어지자 요양 중이던 여운형이 나설 수밖에 없었다. 18일 밤 안재홍과 벌인 설전에서도 알 수 있듯 여운형은 안재홍이 주장하는 '민족주의 인사들이 제1선에 서고, 좌방 제군들이 뒤를 받치는' 민공협력에는 동의하지 않았다. 다만 건국을 위해선 각계각층의 역량을 결집해야 한다는 것은 그의 오랜 신념이었다.

---

[*] 명확한 기록은 존재하지 않지만, 이를 통해 17일 밤 합의됐던 각계각층 인사가 참여하는 국민대회는 건준이 지명하는 위원들이 모이는 확대위원회로 대체된 듯 보인다.

권태석이 우익 인사들로부터 62명의 명단을 받아온 25일 건국준비위원회 집행위원회가 개최됐다. 사태 수습을 위해 여운형도 불편한 몸을 이끌고 상경해 회의를 이끌었다. 여운홍은 당시 사정에 대해 여운형이 테러를 당해 들어앉게 되자 "그 직무를 대리하게 된 안재홍이" "우익 편중(우익에선 좌익 편중이라 주장했다 – 인용자)인 135인의 확대위원을 선정하여 놓고서 확대위원회를 소집할 것을 형님에게 요청하였다"[18]고 적었다. 여운형은 좌우합작을 둘러싼 건준의 내부 분열에 큰 스트레스를 받고 있었다. 그렇다고 포기할 수 있는 일도 아니었다. 애초 62명이었던 명단을 135명으로 늘린 주체가 누구인지는 분명치 않지만, 여운형은 이 정도라면 자신이 주도권을 유지한 채 우익 인사들을 건준에 흡수할 수 있다고 판단했을 것이다. 여운형은 작심하고 입을 열었다.

　　우리가 우리 대업을 성취하여 나가는 데에 기탄없이 적극적인 현명한 의견을 제출하는 것은 대단히 좋은 일입니다. 따라서 2-3인의 소수라도 동일한 의견으로 결합하여 공고히 단결해야 합니다. 지금 우리가 할 일이 정부조직이 아니고 또 어떠한 기성세력을 형성하려는 것도 아니니 물론 무슨 정권의 쟁탈도 아닙니다. 다만 신정권이 수립될 때까지 준비를 위한 것과 치안을 확보하는 것뿐입니다. 과언묵행이 오직이 실행에 있습니다.

　　나는 임무를 마치면 곧 농촌으로 가겠습니다. 자신이 농촌출신이고 또 이번에 농부들과 귀농을 약속하였습니다. 나는 지식계급에 득죄할지언정, 결단코 노동대중에게는 득죄하고 싶지 않습니다. 여러분 중에

단 한 사람이라도 우리 위원회라든지 혹은 내 자신의 직책에 불평이 있고 내 책무를 잘 이행 못하는 점이 있다고 지적한다면 나는 이 자리에서 물러가겠습니다. 그렇지 않으면 서로 협심하여 우리의 사명인 조선건설의 대업을 위하여 매진하지 않으면 안 될 것입니다.[19]

여운형은 이 자리에서 좌우합작을 위한 칼을 빼든 것으로 추정된다. 건국준비위원회의 주도권을 놓지 않기 위해 반발하는 좌익 인사들을 인식한 듯 "때로는 많은 제갈량보다도 한 사람의 충실한 병졸이 필요하다" "과언묵행(말을 줄이고 행동하자 – 인용자)이 오직 이 실행에 있다"는 말로 단결을 호소했다. 그리고 "지식계급에 득죄할지언정, 결단코 노동대중에게는 득죄하고 싶지 않다"며 "여러분 중에 단 한 사람이라도 우리 위원회라든지 혹은 내 자신의 직책에 불평이 있고 내 책무를 잘 이행 못하는 점이 있다고 지적한다면 나는 이 자리에서 물러가겠다"고 배수진을 쳤다. 좌우합작의 결렬을 '노동대중에게 죄를 짓는 것'이라고 표현하며, 직을 걸고서 좌우합작을 관철시키겠다는 분명한 의지를 밝힌 것이다.

이 회의를 통해 권태석과 우익 인사들이 확정한 62명에서 72명이 더해진 135명(애초 134명이었으나 이후 1명이 추가돼 135명이 됨)의 확대위원회 명단이 확정된 것으로 추정된다. 이런 짐작을 가능하게 하는 것은 《매일신보》의 26일 보도다. 신문은 "(건국준비)위원회에선 위원회 위원을 선정해 회의 진용을 확대·강화함으로써 조선민중의 총궐기 태세를 갖추려고 (⋯) (확대위원) 총 134명을 결정했다. 이로써 건준은 전 조선의 총역량을 집결하게 됐다"는 사실을 전했다. 이 135명이 건국준비위원회가 "조선민중의 총궐기 태세"를 갖추기 위해 타협할 수 있는 마지막 선이었던 셈이다.

이런 결정을 내린 여운형의 심리에 대한 증언은 엇갈린다. 여운홍은 "형님 개인 입장으로는 이(확대위원회)를 굳이 반대해야 할 이유가 없었"지만, "특히 좌익계의 비난과 반발로 인해 건준 내부에 큰 파문이 야기됐다"[20]고 지적했다. 하지만 이만규는 "몽양은 이것을 반대"했다고 적고 있다. 사실이 어떻든 135인의 확대위원회 안은 건준 집행위원회를 통과했다. 여운형이 직을 걸고, 반대를 누르면서 아슬아슬하게 통과시킨 안이었다. 그럼에도 내부 반발이 끊이지 않았고, 여운형은 확대위원들에게 "의견 제출권만 주고 결의권을 주지 말라"[21]고 재차 양보할 수밖에 없었다.

우익의 분노

여운형은 직을 걸고 135인 확대위원회 안을 통과시키는 결단을 내렸지만, 우익들의 평가는 달랐다. 이들은 두 번이나 약속이 지켜지지 않자 건준에 배신을 당했다고 생각했다. 해방 직후 우익들이 결집해 만든 통합정당인 한국민주당에서 펴낸 《한국민주당소사》(1948)라는 책자엔 그에 대한 우익 인사들의 분노가 담겨 있다.

일이 이에 이르며 신뢰는 고사하고 모략도 정도라. 이 이상 피차 논란하는 것은 도로徒勞임을 확인하고, 어언간 10일이란 시간을 공연히 낭비하였다.

이 시점에서 사실상 좌우합작은 파국에 다다랐다. 확대위원회 135명의 명단은 확정됐지만 안재홍은 건준 내부에서 고립무원에 빠졌다. 이만규는《여운형투쟁사》에서 안재홍을 향해 노골적인 불만을 쏟아냈다.

> 외부의 명사축들(우익인사들을 지칭 - 이하 괄호는 인용자)이 안(안재홍)을 끼고서 건준을 대개혁을 하고 새 사람들이 들어올 계획으로 확대위원회라는 것을 조직하기를 강요하였다. 여기에는 (권태석 같은) 내부 몇 사람의 연락도 있었다. 안은 안으로는 부하의 뒷공론에 내부가 버성겨 가고 밖으로는 명사축의 요구에 외압이 강하여 확대위원회를 허락하고 135명의 위원을 뽑았다. 그런데 이 일은 그렇게 단순한 일이 아니고 반드시 건준에 큰 파문을 일으키고 사업에 지장이 생길 염려가 있었다.[22]

다른 이들의 불만도 쏟아졌다. 이기형은 "몽양은 자기 주의를 관철하는데 혁명적이요, 결단이 있었고 외부 간섭에는 투쟁적인데 반하여, 민세는 모든 일에 군자연하고 타협적이고 순응적이었다"[23]고 꼬집었고, 여운홍은 "건준 내부에선 (안재홍과) 좌익계와 의견이 일치하지 않고, 외부의 우익계 인사들은 그를 비난했다"[24]고 지적했다. 안재홍에게는 하루하루가 가시방석이었을 것이다.

코너에 몰린 안재홍은 8월말 팔당에 칩거한 여운형을 찾아갔다. 그

러자 건준 내 공산주의자인 최용달과 정백이 동행을 자청했다. 행여라
도 여운형이 안재홍 쪽으로 기울어질까봐 견제에 나선 것이다. 최용달
은 재건파 공산당을 결성한 박헌영의 강한 영향력 아래 있었고, 건준
결성을 주도했던 정백은 장안파 공산당의 리더였다. 공산당의 두 파벌
인 재건파와 장안파에서 살뜰하게 한 명씩을 붙인 것이다. 자신의 주
장을 관철하기 위해서라면 밥을 굶으며 시베리아 횡단열차를 타고 블
라디보스토크에서 모스크바까지도 달려가던 사람들이었다. 이들의 견
제로 안재홍은 뜻을 이룰 수 없었다.

　건국준비위원회의 행태를 확인한 이인의 분노는 머리 끝까지 치밀
었다. 이인은 안재홍과 권태석이 재차 자신을 찾아온 '어느 날'이 언제
였는지 정확히 기억하진 못했다. 둘은 "과거사는 물에 흘리고 새로 국
가 건설하는 조직체를 구성하기로 결정했다"며 이인을 포함한 민족주
의자 20여 명을 위원으로 선정했다고 밝혔다. 권태석이 손에 든 황색
가방을 열어 선임통지장을 꺼내려 했다.

　　민세가 이러기요? 조선 땅과 민중이 몽양과 민세의 사유물이 아닌 바
　　에야 어찌해서 서로 의논도 없이 자의로 곶감 놓고 배 놓고 하오? 민세
　　가 가증스럽소.[25]

이인은 권태석의 가방을 빼앗아 안재홍의 가슴팍에 집어 던졌다.

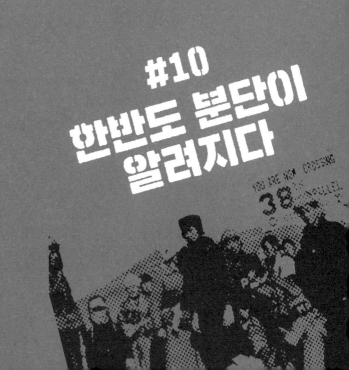

#10
한반도 분단이
알려지다

자유 독립정부가 수립될 때까지 —

미국과 소련의 분할점령 하에

두고 각각 군정이

—— 시행될 것으로 보인다.

《매일신보》

맥아더의 전보

운명의 8월 15일 이후 앞으로 어떤 일들이 벌어지게 될지, '한 치 앞'을 내다볼 수 없던 것은 일본도 마찬가지였다. 분명한 것은 곧 연합국과 구체적인 항복절차 협의를 시작해야 한다는 것뿐이었다. 그 이후 연합군이 일본에 진주하면, 기약 없는 점령이 이어질 터였다. 칼자루를 쥔 것은 전쟁에서 승리한 미국이었다.

미국은 일본에 많은 시간을 허락하지 않았다. 미국이 항복절차에 대한 논의를 시작하자는 의사를 전해온 것은 천황의 항복방송 다음날인 16일이었다. 미국 정부는 일본 정부에 보낸 전문에서 더글러스 맥아더 태평양미육군총사령관이 연합국최고사령관에게 임명됐다는 사실을 알리며 "즉시 (일본 정부를 대표하는) 사자를 파견할 것"을 명령했다. 미국 정부는 이 사자가 일본군의 배치 상황에 대한 정보와, 항복을 접수하는 연합국최고사령관의 지시를 실행할 수 있는 권한을 가져야 한다고 밝혔다. 맥아더 사령관은 별도 전문을 통해 일본에 "필리핀 마닐라에 있는 연합국최고사령부에 항복 조건을 수행하기 위해 필요한 요구를 접수할 수 있는 권한을 가진 대표자를 파견하라"고 지시했다. 맥아더는 별도 전문을 통해 일본 대표를 태운 비행기가 "17일 오전 8시부터 11시 사이에 규슈 최남단인 사다佐多곶을 통과해 미국이 점령 중인 오키나와 이에지마 비행장에 도착해야 한다"는 구체적인 일시와 이동 경로까지 제시했다. 일본 대표단이 이에지마에 도착하면, 그곳에서 미국이 제공한 비행기를 타고 필리핀으로 이동할 예정이었다.'

그러나 일본 내부 사정은 간단하지 않았다. 혈기왕성한 육군은 여전히 '패전'이란 현실을 받아들이지 못했다. 특히 그동안 유리하게 전쟁을 이끌어온 중국 전선에선 대본영을 향해 '마지막까지 결사항전해야 한다'는 전문을 잇따라 쏟아내고 있었다. 이런 상황에서 섣불리 현지 부대에 정전명령을 내리고 항복협의에 돌입한다면, 군의 폭주가 있을지도 몰랐다. 대본영은 이들이 진주해 들어오는 미군을 상대로 무모한 일을 벌이지 않을까 전전긍긍했다.

17일 황족인 히가시쿠니노미야 나루히코왕東久邇宮稔彦王을 수반으로 하는 새 내각이 출범했다. 이들의 첫 임무는 마닐라에서 연합군이 제시하는 요구를 수령하고 돌아올 대표단을 선정하는 일이었다. 육군 참모본부의 '넘버2'였던 가와베 도라시로河辺虎四郎(1890-1960) 참모차장은 우메즈 참모총장을 만나 일본 대표로 나갈 것을 권했다. 그러나 평소 '미스터 애매모호'라 불리던 우메즈는 끝까지 뜨뜻미지근한 반응을 보이며 움직이려 하지 않았다. 가와베는 다른 장성들과 함께 거듭 설득에 나섰지만 무소용이었다.' 우메즈가 나서지 않는다면, 결국 가와베가 갈 수밖에 없었다.

가와베는 번잡스런 마음을 꾹꾹 눌러 담으며 육군 대표단 인선에 들어갔다. 몇몇 부하들이 마닐라행을 고사하며 맘고생을 시켰지만, 18일 오전께는 자신을 포함해 총 8명으로 구성된 육군 대표단을 구성할 수 있었다. 해군과 외무성에서도 인선 작업이 이뤄졌다. 이 과정을 거쳐 가와베를 육군 대표 겸 전권대표, 요코야마 이치로橫山一郎를 해군 대표, 오카모토 가쓰오岡崎勝男 조사국장을 외무성 대표로 하는 16인의 대표단이 꾸려졌다. 가와베는 새 총리로부터 천황의 신임장을 수령한 뒤 그날 밤 육해군 대표단과 함께 참모본부에 모여 냉주로 건배하며 임무 완수를 기원했다.

마닐라행 비행기에 오르다

'황군불패'를 진심으로 믿었던 젊은 군인들은 항복 선언 후에도 눈앞의 미군을 상대로 분풀이를 했다. 18일 오후 1시께 흥분한 해군 항공대가 간토 지역에서 정찰비행을 하던 미군 B-32 2기를 공격해 미군 1명이 숨졌다. 미국 여론은 발칵 뒤집혔고, 일본 정부는 잔뜩 긴장했다. 이런 상황에서 미군 진주가 시작되면 곳곳에서 같은 일이 되풀이될 수 있었다. 일본은 가급적 스스로 무장을 해제한 뒤, 9월 18일께 미군 진주를 받아들이기 원했다. 가와베의 임무는 이 사실을 미국에게 충분히 납득시켜 미군 진주 일정을 하루라도 더 늦추는 것이었다.

일본 대표단이 마닐라를 향해 출발한 것은 19일 일요일이었다. 하네다 공항과 기사라즈를 경유해 오키나와까지 비행하는 긴 시간 동안 깊

251

은 침묵이 이어졌다. 가와베의 마음 역시 천근만근이었다. 가장 큰 고민은 '미국이 항복 조인식에 천황의 출석을 요구한다면 어떻게 대처해야 할 것인가'였다.[3]

비행기는 오후 1시 반에 지난 3월말 미군이 격전 끝에 점령한 오키나와 이에지마 비행장에 도착했다. 가와베는 이곳이 초행이었지만 활주로의 포장, 대지의 굴착 상태를 통해 미국이 점령한 뒤 대규모 보강 공사를 벌였음을 대번에 알 수 있었다. 미-일의 공업력 차이를 절감하는 순간이었다.[4]

미군이 일본 대표단을 맞았다. 전쟁이 끝났다는 안도감에 기뻐하는 미군 병사들이 일행을 둘러싸고 사진기를 들이댔다. 가와베는 불쾌감을 느꼈지만, 피할 방도가 없었다. 당시 미군의 기록사진을 보면, 굳은 직립 자세로 전방을 응시하는 가와베의 모습을 확인할 수 있다. 대표단 일행은 그곳에서 미국이 제공하는 C-54 수송기로 갈아탔다. 엔진이 4개나 달린 대형 비행기는 웅장하고 근사했다. 좌석은 32개나 됐고, 통로 역시 넓고 편안했다. 군용기 안에서 불편한 자세로 비행을 견디며 "공중여행은 이런 것"이라고 생각해 왔던 가와베는 또 한번 양국 간의 국력차를 실감했다. 일행을 실은 비행기는 도쿄 시간으로 오후 5시 45분 마닐라 니콜라스 필드 비행장에 도착했다. 3년 4개월 전 육군 항공본부의 총무부장 자격으로 이곳을 시찰했던 가와베로서는 자신이 패전국 대표로 항복 협상을 위해 다시 이곳을 찾게 되리라고는 생각지 못했을 것이다.

일본 대표단이 비행기에서 내리자 공항에 대기하고 있던 기자들의 사진기 플래시가 잇따라 터졌다. 옆에 대기하고 있던 한 미국 대령이

가와베에게 정확한 일본어로 인사를 걸어왔다. 가와베는 이 말에 묘한 친화감을 느꼈다. 동시에 무겁던 마음이 한 순간 풀려 거의 무의식적으로 손을 내밀려다 멈추고 만다. 악수를 나누기엔 아직 일렀다. 미국은 공식 항복 절차를 마치지 않은 엄연한 적국이었다.[5] 일행을 숙소로 안내할 자동차 앞엔 미군 장성 한 명이 서 있었다. 미국의 일본 점령과 한국전쟁에 막대한 영향을 끼치게 될 찰스 윌로비Charles Willoughby 연합군총사령부 정보부장이었다.[6]

가와베 일행은 호텔에 도착해 일단 휴식을 취했다. 그 사이 미군은 저녁에 개시될 회의를 위한 주요 서류를 보내왔다. 일본 대표단이 받아서 돌아갈 3대 문서인 △항복문서 △항복에 대한 천황의 포고문 △일반명령 1호 등이었다. 이 문서엔 항복 조인식이 28일 도쿄만 내 미군 함상에서 열릴 것이며, 이를 위해 맥아더 사령관이 26일 도쿄 인근 가나가와현 아쓰기 기지에 도착한다는 정보가 포함돼 있었다.

한편 미국이 이날 전한 일반명령 1호(〈틈새읽기: 38선의 획정은 어떻게 이뤄졌을까?〉 참조)엔 한반도와 관련된 '중대한 사실'이 담겨 있었다. 샤워를 마치고 이 문서를 훑어본 가와베는 한반도가 북위 38도선을 기준으로 미소에 분할 점령된다는 사실을 확인했을 것이다. 하지만 가와베는 조선의 장래엔 별 관심이 없었는지 294쪽에 이르는 긴 회고록 속에 그에 대한 감상을 따로 적진 않았다. 그가 진심으로 우려한 단 하나의 사안은 미국이 항복 조인식에 천황의 참석을 요구할지 여부였다. 문서에는 그런 요구나 언급이 없었고, 가와베는 비로소 가슴을 쓸어내렸다.

그날 밤 회담이 시작됐다. 가와베의 상대는 리처드 서덜랜드Richard Sutherland 연합국총사령부 참모장이었다. 가와베는 흥분한 일본군과 미군의 우발적 충돌을 막아야 한다며 일본군이 자체 무장해제를 마치도록 열흘의 시간을 달라고 요구했다. 가와베는 "미국의 진주를 고의적으로 늦추려는 게 아니다. 흥분한 일본군과 미군 사이에 혹시 있을지도 모를 충돌을 막아야 한다"며 설득했다. 서덜랜드는 가와베의 설명을 이해했는지 잠시 자리를 비운 뒤, 애초 요청을 반으로 깎은 닷새를 대안으로 제시했다. 이에 따른다면, 맥아더는 28일 일본에 도착해 31일 항복 조인식을 열 수 있었다. 가와베는 일정을 더 늦추려 노력했지만, 서덜랜드는 더 이상 움직이지 않았다.

이 무렵 미국은 사할린과 쿠릴열도를 석권한 소련군이 홋카이도를 향해 막무가내로 밀고 내려오지 않을까 잔뜩 긴장하고 있었다. 하루라도 빨리 일본에 진주해 이를 견제해야 했다. 가와베는 이날 밤 회담 분위기에 대해 "지금까지 먹느냐, 먹히느냐를 놓고 싸웠던 원수라는 느낌이 들지 않았다. 국제공통의 군인의 심리, 특히 참모업무의 공통성으로 인해 뭐라 말할 수 없는 부드러움을 느꼈다"고 적었다.[7]

이튿날인 20일 회의는 오전 10시 30분 시작됐다. 가와베는 미국 대표단에게 "연합국최고사령관으로서 중국군이나 소련군이 일본군과 마찰을 일으킬 때 필요한 지시를 내릴 수 있냐"고 물었다. 서덜랜드는 "그에 대해 우리에겐 어떤 권한도 없다"고 답했다. 일본 대표단은 이 자리에서 연합국의 3대 문서를 공식 접수했다. 정오 무렵 모든 회의가 끝났다. 일본 대표단은 20일 오후 1시 공항에 도착해 귀국길에 올랐다. 쏟아지는 폭우 속에서 기체는 이륙해 오후 6시 반 무렵 이에지마에 도착했다. 일행은 이곳에서 타고 온 일본 비행기로 갈아탔다.

귀국길은 고난의 연속이었다. 가와베를 태운 기체가 엔진 이상을 일으켜 불시착했기 때문이다. 시즈오카현 덴류강가였다. 가까스로 목숨을 건진 뒤 저만치 바다를 보니 하마마쓰 해안 수평선엔 아직 달이 떠 있었다. 불시착의 원인은 어처구니없게도 연료 부족이었다.[8]

미국과 항복절차를 교섭하러 간 가와베의 귀환이 예상보다 늦어지자 일본 정부는 패닉에 빠졌다. 다행히 하루만에 연락이 닿았다. 가와베는 하마마쓰에서 급히 수배한 비행기를 타고 21일 도쿄로 귀환했다. 가와베가 귀환한 뒤 대본영은 "8월 22일 오전 0시를 기해 전투를 일체 중지한다"는 명령을 내렸다.

미군의 진주 일정은 예정보다 다시 이틀 늦어졌다. 21일 대형 태풍이 마닐라를 직격했기 때문이다. 미군 선발대는 28일 일본에 도착했고, 맥아더는 30일 아쓰기 비행장에 착륙했다. 일본이 정식 항복문서에 서명한 것은 다시 이틀 뒤인 9월 2일 오전 10시 30분 도쿄만에 정박한 미주리호 선상에서였다. 시게미쓰 마모루 외무상과 가와베에게 마닐라행을 떠넘겼던 우메즈가 나가 일본 대표로 항복 문서에 서명했다.

한반도 분할점령이 알려지다

일본이 한반도가 미소에 의해 분단 점령된다는 사실을 공식 확인한 것은 가와베가 마닐라에서 수령해 온 일반명령 1호를 통해서였다. 일본 정부는 이 '충격적 사실'을 이튿날인 22일 총독부에 통보했다. 앞선 20일 웨드마이어Albert Coady Wedemeyer 중국전구 미군 사령관이 한반도에 B-29를 띄워 미군이 경성에 진주한다는 내용의 삐라를 뿌리긴

했다. 그 내용이 사실로 공식 확인된 것이다.

그때까지 총독부는 한반도 북부에 진입한 소련군의 동향에 촉각을 곤두세우며, 향후 정세가 어떻게 흘러갈지 몰라 노심초사하고 있었다. 답답해진 엔도 정무총감은 15일부터 일본 정부를 쪼아대기 시작했다. 천황의 육성방송을 확인한 뒤 내무차관에게 전문을 보내 "조선 내 제반사항에 대해 중앙으로부터 어떤 지시가 있을 것으로 사료된다"[9]고 물었다. 하지만 한 치 앞을 알 수 없긴 중앙 정부도 마찬가지였다. 일본 정부는 이 질의에 회신하지 않았다.

엔도가 15일 새벽 여운형에게 "17일에는 소련군이 경성에 진주할 것"이라 말한데서 알 수 있듯 이 무렵 일본은 경성에 진주하는 것은 이미 한반도 북부에 진입해 있는 소련군일 것이라 판단했다. 하지만 며칠 더 시간이 지나며 꼭 그렇진 않을 수도 있다고 생각한 듯하다. 《매일신보》역시 17일 '시정에 떠도는 낭설 듣지 말라'는 제목의 기사로 이를 경계했다.

> 항간에는 소련군이 경성 시내에 진주해 들어온다느니 혹은 몇시에 입성식을 한다느니 미국군이 어느 항구에 상륙하였다는 등 여러 가지 낭설이 분분한데 그것은 사실무근이다. 아직 소련군이 어느 날 입경할지 또는 연합군이 과연 조선에 상륙할는지 전연 알 수 없는 일이다. 따라서 수일 내로 입경한다는 확보는 없고, 20일 이후가 아니면 자세한 정보를 알 수 없다. (…)
> 입경 혹은 상륙할 경우에는 확보가 도달 되는대로 보도될 터이니 일반은 근거 없는 소식을 믿지 말고 경거망동하지 말기를 바란다.

기사는 "20일 이후"엔 연합군의 경성 진주와 관련된 자세한 정보를 알 수 있다고 적고 있다. 일본 정부는 미국에 17일 일본 대표단이 이틀 뒤인 19일 마닐라로 출발한다고 전했고, 미일 간 교섭은 19-20일 이뤄졌다. 이 같은 움직임을 알고 쓴 기사인지 알 수 없으나 결과적으로 "20일 이후"에 자세한 정보를 알 수 있다고 한 것은 매우 예리한 예측이었다.

15일 질문에 대한 본국의 회답이 없자, 총독부는 21일 내무성을 다시 한번 쪼았다. 총독부의 기능이 정지되거나 사멸할 경우 향후 조선에서 발생하는 모든 일의 책임은 일본 정부가 직접 져야한다는 최후통첩성 경고였다.

> 조선총독부의 통치행정은 모두 제국정부의 직접 지휘 및 위임에 의거해 이뤄진 이상 이후 조선총독부가 중앙의 지령에 의하거나 조선 현지에 있는 연합군 쪽의 접수 등에 의해 그 기능이 정지될 경우엔 종래 총독부의 책임에 의해 처리되는 모든 결과는 중앙 정부의 책임으로 이관된다고 이해하고 처리됨이 마땅하다.

그 다음날인 22일이었다. 드디어 내무차관으로부터 중요 전문이 도착했다. 내무성은 이날 "조선에서 군의 무장해제 담당구역은 북위 38도선 이북은 소련, 이남은 미군이 할 전망""이라고 통보했다.* 일반 시

---

* 조선이 분할 점령된다는 소식은 이 시점을 전후로 소련군을 통해서도 확인되기 시작한다. 소련군은 21일 옌지에 있던 일본 제34군 사령관과 무장해제협정을 맺을 때 협정범위

민들이 이 사실을 확인한 것은 《도메이통신》 보도를 전달한 《매일신문》의 24일치 기사를 통해서였다. 기사 제목은 '조선은 소련과 미군-대만은 충칭(중국)이 보장점령'이었다. 그 안에 "조선에 관하여서는 자유 독립정부가 수립될 때까지는 미국과 소련의 분할점령 하에 두고 각각 군정이 시행될 것으로 보인다"는 구절이 포함돼 있었다. 이를 통해 평범한 조선인들도 한반도가 분할된다는 사실을 알게 됐다.

다시 이틀 후인 26일, 총독부가 오매불망 기다리던 질문에 대한 회신이 도착했다. 기존 최고전쟁지도회의를 대체한 종전처리회의는 24일 향후 조선의 법적 지위에 대한 일본 정부의 공식 견해를 확정했다. 이 내용은 26일 엔도에게 전달됐다.

> 조선에 관한 주권은 독립문제를 규정하는 강화조약 비준이 이뤄지는 날까지 법률상 우리 쪽에 존재한다. 이 조약 체결 이전에도 외국군대에 의한 점령 등을 사유로 우리의 주권은 사실상 휴지상태에 들어간다.[12]

이 전문을 통해 엔도 정무총감은 소련군의 진주에 대비해 여운형에게 치안협력을 얻어 일본인들의 생명과 재산을 보호하려 했던 15일 새벽의 결단이 '치명적 오판'이었음을 깨달았다. 경성에 진주하는 것

를 '38선 이북'으로 한다고 밝혔다. 한반도 북부를 점령한 소련 제25군 이반 치스차코프Ivan Chistyakov 사령관은 한 발 더 나아가 26일 평안남도 인민정치위원회를 설립하며 38도선에 대해 "미소 양군의 진주를 경계로 하는 것일 뿐 정치적 의미가 없다"고 설명했다.

은 소련이 아닌 미국이고, 그때까지 조선의 주인은 여전히 일본이며, 연합국과 체결하게 될 강화조약의 비준이 이뤄지는 순간*까지 조선의 국제법적 주권은 여전히 일본에게 있다는 정부의 입장을 확인했기 때문이다.

일본 정부는 같은 전문에서 건국준비위원회와의 관계에 대해 "건준을 억압하는 것에 의해 민심이 우리에게 이반되는 것은 적절하지 않다고 사료된다. 치안유지의 견지에서 여러 주의를 기울여 뒤에 우를 남기지 않도록 하라"[13]고 지시했다. 적당히 뒤탈이 없을 정도로만 건국준비위원회를 대하라는 지시였다. 이후 총독부는 건국준비위원회를 패전 이후의 '협력 대상'으로 보지 않고 냉랭한 거리를 유지하게 된다. 총독부가 새로 내편으로 만들어야 할 상대는 조선인이 아닌 곧 이 땅의 새 주인이 될 미군이었다.

---

* 실제 역사에서 이 시점은 샌프란시스코 강화조약이 발효되는 1952년 4월 28일이라 할 수 있다. 일본 정부의 견해에 따르면, 이 시점까지 '기술적'으로 한반도의 주권은 일본에게 있었다. 물론 일본 정부도 동의하듯, 법리적으로 그렇다는 의미일 뿐이다. 실제적으로 조선에 대한 일본의 주권은 미군과 총독부 사이의 항복식이 조인된 9월 9일 사라졌다. 하지만 대한민국 정부의 공식 견해에 따르면, 일본이 대한제국에게 강요한 을사조약·병합조약 등은 애초부터 불법 조약이므로 일제의 식민 지배는 법적 정당성이 없는 원천 무효 행위이다.

38선의 획정은 어떻게 이뤄졌을까?

일본의 갑작스런 항복은 미국과 소련 등 연합국에게 적잖은 숙제를 남겼다. 시급한 현안은 대일본제국의 붕괴로 인한 '힘의 공백'을 메우는 일이었다. 당장 일본 정부의 항복을 접수하고 군의 무장해제를 위한 지역 분할에 나서야 했다. 그 결과물이 9월 2일 공개된 연합국의 '일반명령 1호'이다.

미국 정부 내에서 일본이 항복한 뒤 영토를 분할 점령하는 문제는 3부조정위원회SWNCC가 맡고 있었다. 미국은 제2차 세계대전과 같은 거대한 전쟁을 수행하기 위해 세계 각지에서 '군사적 효율성'과 '정치적 민감함'을 함께 고려하며 의사 결정을 내려야 했다. 이를 위해 미국은 1944년 12월 전쟁 수행과 직접 관련한 세 부서 ― 국무부·육군부·해군부 ― 가 모인 3부조정위원회를 만들어 국무장관에게 조언하게 했다. 1945년 8월 당시 3부조정위원회는 제임스 던James Dunn 국무부 차관보(의장), 존 맥클로이John McCloy 육군차관, 랄프 바드Ralph Bard 해군차관 등으로 구성돼 있었다. 그리고 이 조직의 사무국 역할을 담당한 곳은 육군부 작전국 산하 전략정책단이었다.

일본이 항복 의사를 전해 온 운명의 10일 밤, 맥클로이 육군차관의 방에서 일반명령 1호를 작성하기 위한 3부조정위원회의 긴급 회의가 개최됐다. 가장 큰 고민거리는 그때까지 연합국 내에서 처리 방침이 합의되지 않았던 한반도였다.

이 과정에서 국무부와 육군부 사이에 격렬한 의견 대립이 있었다. 국무부는 소련 견제라는 정치적 관점에서 미국이 극동에서 가능한 한 만주와 중국 본토 등을 포함한 넓은 지역을 점령해야 한다고 주장했다. 육군은 군사적 현실론을 들어 반대 입장을 밝혔다. 소련의 150만 대군은 9일 0시를 기해 만주와 한반도 북부로 진격해 들어온 상황이지만, 미군은 여전히 머나먼 오키나와에 머무르고 있었다. 결국 어디엔가 선을 그어야 했다.

이런 고도로 군사적이고 정치적인 문제에 신속한 대안을 제시할 수 있는 실무 그룹은 육군부 작전국 전략정책그룹밖에 없었다. 10일 자정을 넘긴 운명의 밤에 3부조정위원회 의장 던이 육군 전략정책단장 조지 링컨 George Lincoln에게 전화를 걸어 초안의 기초 작업을 지시했다. 맥클로이가 전략정책그룹의 찰스 본스틸Charles Bonesteel 정책과장(대령·훗날 주한미군사령관)과 데이비드 러스크David Rusk(훗날 국무장관) 대령을 직접 불러 지시했다는 증언도 있다. 이 선 긋기 작업은 맥클로이 차관 집무실의 바로 옆방에서 이뤄졌다.

이 역사의 현장에 있었던 러스크는 10일 밤부터 11일 새벽까지의 38선 획정 상황에 대해 흥미로운 비망록을 남겼다. 실무 작업을 맡은 것은 본스틸과 러스크였지만, 러스크는 한 달 전인 7월에 갓 전입한 상황이었기 때문에 작업을 주도한 것은 본스틸이었다. 러스크 역시 비망록에서 자신을 "38도선 탄생을 '눈으로 본 목격자eye witness'"였다며 스스로를 실행자가 아닌 목격자로 규정했다.

링컨이 본스틸과 러스크에게 요구한 것은 "가능한 한 북방에서 항복을 수리하기 원하는 미국의 정치적 욕구와 도달할 수 있는 능력의 명백한 한계를 조화시키라"는 것이었다. 10일 밤 소련군은 이미 나진·웅기 등 한반도 북동부에 진입해 있었다. 미소가 합의할 수 있는 경계선 설정이 늦어진다면, 소련이 재빠르게 남하해 한반도 전체를 석권할 수도 있었다. 본스틸과 러스크는 미·소 양국이 납득할 수 있는 중간 어딘가의 타협점을 찾아야

조지 링컨과 함께 한반도 분할 정책의
밑그림을 그린 찰스 본스틸.

미국의 한반도 분할 정책 실무자로, '38선
획정의 목격자'를 자처한 데이비드 러스크.

했다.

두 대령은 합동전쟁기획위원회 작전 참모들이 기다리는 가운데 약 30분에 걸쳐 일반명령 1호의 초안을 작성했다. 시간이 없었기 때문에 한반도와 관련해선 벽에 걸린 내셔널지오그래픽 지도를 봐가며 밑그림을 그렸다. 제일 중요한 원칙은 조선의 제1도시이자 수도인 경성을 미군 담당 지역에 포함시킨다는 것이었다. 링컨은 독일의 수도 베를린이 소련 점령지에 포함된 탓에 미국이 겪었던 곤란을 잘 이해하고 있었다. 마침내 선을 그을 수 있는 후보지가 떠올랐다. 북위 38도선과 40도선이었다.

러스크는 1980년대 일본 《NHK》와 진행한 인터뷰에서 "조금 더 북쪽에 마침 한반도가 잘록해진 부분(40도선)이 있어서 그 자리를 가를 생각도 했다. 그랬더라면 소련이 응하지 않았을지 모른다. 우리는 너무 북쪽에 손을 뻗지 말라는 군부의 지시를 받고 있었다"고 말했다. 본스틸과 러스크는 국무부의 '정치적 욕구'보다 육군의 '군사적 현실'에 민감할 수밖에 없는 군인이었다. 최종 결론은 새벽 2-3시 사이에 나왔다. 육군 정책기획단이 도달한 결론은 북위 38도였다.

이 결정은 세간에 알려져 있듯 조선에 대해 아무 것도 모르는 두 대령이 운명의 그날 밤 즉흥적으로 그은 '우연의 산물'은 아니었다. 미 합동전쟁기획위원회JWPC가 작성한 여러 내부 보고서에서 확인할 수 있듯 육군부 내 실무자들은 이 문제와 관련해 수개월에 걸친 깊은 정책적 고민을 해왔다. 특히 링컨 단장의 역할이 컸다. 《뉴욕타임스》는 1975년 5월 26일자 링컨의 부고 기사에서 "2차 세계대전 기간 (육군 내) 최고의 전략 참모"였던 그를 "38선을 그은 남자"로 묘사했다.

소련은 한밤 중 시급히 만들어진 미국의 북위 38도선 분할 제안을 군말 없이 수용했다. 이 무렵까지 한반도는 스탈린의 본격적인 관심 지역이 아니었기 때문이다. 그의 군사적 관심 대상은 만주·사할린·쿠릴열도였고, 정치적 관심 대상은 일본이었다. 38선 획정 과정을 추적한 집요한 저서인 《38선 획정의 진실》을 써낸 이완범 한국학중앙연구원 교수는 이런 사실을 두루 언급한 뒤 그날 밤 내려진 분할 결정에 대해 "상당 기간의 심사숙고와 세력 간 분할론이 소련의 대일 참전이라는 돌발적 상황의 영향을 받아 결정된 합리적 타협이었다"고 결론 짓고 있다. 그럼에도 실무 담당이었던 러스크는 비망록에서 소련이 훨씬 더 유리한 상황이었는데도 타협에 동의했다며 "38선을 수락했을 때 꽤 놀랐다"고 회고했다.

#11
좌우합작,
파국에 이르다

의미 없는 노력이었다.

민공 쌍방 너무 국제정세에

우원한 편이었고,

또 사대주의적이었다.

— 안재홍

우익의 변심

경성에 진주하는 것은 소련이 아닌 미국이다! 건국준비위원회의 잇따른 '약속 위반'에 치를 떨던 우익 인사들은 이 무게 중심의 변화를 예민하게 포착했다. 우익 인사들은 미군의 경성 진주를 크게 반겼다. 이들 중 상당수는 미국 유학 경험이 있는 당대 최고의 엘리트들이었다. 영어에 능통했고, 미국식 자본주의와 자유민주주의 가치를 신봉했다. 조선의 지주와 자본가의 이익을 대변하던 이들은 1930년대 말 이후 '친일'로 기울었지만, 본질적인 정체성은 '친미'였다. 이들의 영어 실력은 조만간 경성에 진주하게 될 미군들 앞에서 빛을 발하게 될 터였다.

미군 진주로 우익은 더이상 좌익이 득세한 건준에 비집고 들어가기 위해 기싸움을 벌일 필요가 없어졌다. 동지가 아니게 된 정치세력은 적일뿐이었다. 좌우합작을 포기한 우익들은 이후 여운형과 건준을 향해 비열하다 싶을 만큼 가혹한 공격을 가하기 시작한다.

조선이 미소에 의해 분할 점령된다는 사실이 전해지기 며칠 전인 18

일이었다. 건국준비위원회의 행태에 화가 난 이인은 분한 마음에 쉽게 잠들지 못했다. 그는 자기 집 사랑방에서 함께 잠자던 조병옥과 원세훈을 "술이나 마시자"며 흔들어 깨웠다. 이 자리에서 이인은 한동안 마음속에 품고 있던 계획을 털어놓는다. 건국준비위원회에 매달리지 말고, 뜻이 맞고 말이 통하는 우익 인사들끼리 모여 독자 정당을 만들자는 제안이었다. 하지만 조병옥은 신중론을 폈다.

> "건준 쪽이 우리가 조직이 없는 것을 기회로 우리를 소매 긴 친구로 무시하기 때문에 그런 짓들을 감히 할 수 있었소. 그러니 우리 정당하나 만듭시다."
> "국가도 정부도 없는데 정당이라니…."
> "임시정부가 목하 귀국준비라는 풍문이 있지 않소. 그것을 정부로 삼을 작정하고 정당을 만들어 단결력을 발휘해야지."
> "별안간 맨 손으로 어떻게 정당을…."
> "(17일 반도호텔에서 모였던) 연합군환영회 인사가 300~400명이나 되고 다들 강고한 민족주의자로서 환영회가 상당히 활발히 되어가니 그것을 뒷받침으로 단 시일 내에 발족할 수 있을 것이오."[1]

이튿날 이인은 김병로와 백관수를 불러냈다. 백관수 역시 우익 세력이 모여 독자정당을 만들자는 이인의 의견에 대찬성이었다. 이들은 본격적으로 조선민족당이라는 당명 아래 창당 작업에 나섰다. 하지만 조금 더 사태를 관망할 필요가 있었다. 이인 자신이 회고록에 썼듯 "정당 발족을 서둘렀지만 소련이 입성하느니 맥아더 사령부는 공중에서 살포한 삐라*로 8월 9일 현재 상태로 있으라"느니 하는 등 "형세가 혼혼混混했"²기 때문이었다. 경성에 아직 어느 나라가 진주할지 분명히 확인되지 않는 정세 속에서 발을 잘못 내디뎠다간 한순간에 나락으로 떨어질 수 있었다.

하지만 성급한 일부 우익 인사들의 각자도생은 시작된 뒤였다. 이인의 사랑방에서 함께 창당 논의를 했던 원세훈은 "한나절 보이지 않더"니 계동 한학수의 집에 고려혁명당의 간판을 내붙였다. 한학수는 을사조약 당시 체결에 끝까지 반대하다 졸도했던 참정대신(총리대신) 한규설(1848-1930)의 손자였다. 그러나 원세훈은 20일 종로경찰서에 불려가 "오후 5시까지 간판을 내리라"는 경고를 듣고 굴복해 창당 작업은 물거품이 됐다. 비슷한 시기 김도연·홍성하·윤보선 등은 한국국민당을 조직한다고 나섰고, 임시정부가 환국할 때까지 '경거망동해선 안 된다'며 원서동 집에 틀어박혀 있던 송진우마저 "국가가 건립되자면 국회가 있어야 한다"며 국회 개설을 위해 각계각층을 망라한 국민대회 준비회를 만들겠다고 움직이기 시작했다.

마침내 24일《매일신보》보도를 통해 이인이 "혼혼하다"고 표현한 불확실성이 사라졌다. 경성에 주둔하는 것이 미군이라는 점이 확인됐고, "7일 경성에 미군이 진주한다"**는 일자까지 정해진 것이다.

끝까지 비타협적 반일 투쟁을 이어간 좌익 투사들에 견주면 상당수

---

* 8월 20일, 중국전구 미군 사령관 웨드마이어의 명의로 경성 시내에 뿌려진 삐라를 가리키는 것으로 보인다.
** 이 일정은 이틀 미뤄져 미군은 9월 9일에 진주하게 된다.

우익 인사들의 정통성에는 분명 적잖은 결함이 있었다. 그만큼 민중들의 신뢰가 깊지 못한 것도 당연했다. 해방되던 해 스물한 살 청년이었던 이란은 "해방 후에 젊은 놈이 좌익을 한다고 해야 행세를 하지 어떻게 한민당을 합니까. 이는 (나는) 병신입니다 하는 얘기"[3]라고 당시 사회 분위기를 소개했다. 우익에겐 자신들의 취약한 도덕성을 가려줄 무언가가 필요했다. 마침 근사한 방패막이가 있었다. 1919년 이후 26년 동안 중국 대륙에서 풍찬노숙하며 독립운동의 외길을 걸어 온 대한민국임시정부였다. 이들은 임시정부의 '절대적 명분'을 빌려오기로 결심한다.

물론 당대인들도 그런 '꼼수'를 간파하고 있었다. 이만규는 우익의 임시정부 띄우기에 대해 "국내 지지세력 없이 행세할 수 없어 해외 정권만을 지지하려 호가호위 방법으로 세력을 잡으려는"[4] 수작이란 혹평을 내놨다. 그러거나 말거나 우익 인사들은 4일 경성시내에 삐라를 뿌려 종로YMCA에서 임시정부와 연합군을 맞이하는 환영 준비회를 조직했다는 사실을 알렸다.

우리가 기다리고 바라던 날은 왔다. 굴욕과 압박에서 해방의 첫 걸음을 걷게 된 우리의 감격과 환희는 표현할 말이 없다. 이제 멀지 않아 우리 임시정부와 연합군은 민족해방의 귀한 선물을 가지고 이 땅에 들어오게 되었다.

이 날을 맞기 위하여 30여 년 성상을 갖은 고난을 겪으며 악전고투하다가 마침내 큰 뜻을 이루고 고국으로 돌아오는 우리의 선배들을 충심으로 환영하고 성의껏 위로하는 것은 우리의 순정의 발로이며 재내동포在內同胞로서 떳떳한 의무이다.

연합군은 막대한 희생으로 얻은 승리의 기쁨과 혜택을 홀로 취하지 않고 우리에게도 노나 주려는 민족해방의 은인이다. 우리가 이들에게 충심으로 감사하고 마음껏 환영하는 것은 인정이며 예의며 도리이다. 우리는 정치적 견해와 외교적 관계를 초월해서 다 같이 우선 마음껏 환영하고 위로하고 감사해야 할 것이다.[5]

그와 동시에 건국준비위원회를 상대로 악의에 찬 네거티브 공세를 쏟아내기 시작한다. 이들이 내세운 첫 번째 명문은 '임정봉대', 그 다음은 무도한 여운형과 그 무리들인 '건준의 타도'였다. 우익 인사들은 자신들을 "소위 건준이 천하민심을 현혹하고 질서를 문란하여 이 천재일우의 무한 천혜天惠를 받는 우리 3000만 민중이 환희로 건국의 기초를 닦을 이때에 도깨비 같은 무리가 백주횡행하는 것에 분개하야 분연히 떨쳐 일어난 지사들"로 규정했다. 격앙된 이들의 고어투를 현대어로 고친다면, 3000만 조선인이 한 마음으로 건국의 기초를 닦아야 할 중요한 때에 건국준비위원회 같은 도깨비 무리가 민심을 현혹하고 있어 부득이 우리들이 떨쳐 일어날 수밖에 없었다는 정도의 얘기가 된다. 이들의 정체는 곧 김병로·백관수·원세훈·조병옥·이인·나용균·함상훈·김약수·박찬희·김용무 등을 중심으로 한 조선민족당과 유억겸·윤치영·윤보선·최승만 등이 모여 만든 한국국민당이었다. 이 두 개 정당은 이틀 뒤인 "대동단결의 대의 아래 합류하기로 결정하고 9월 6일*

* 원문엔 4일이라고 잘못 기재되어 있다.

에 발기회"를 개최했다. 이후 한국 정치사에 큰 족적을 남기게 될 우익 합동정당인 한국민주당(한민당)이 탄생하는 순간이었다.[6]

건준의 극좌화

그렇지만 안재홍은 여전히 포기하지 않고 있었다. 우호적이지 않은 건준 안팎의 분위기에도 민족주의자가 전면에 서고 좌익이 뒤를 받치는 자신의 민공협력 구상을 뚝심 있게 추진해 나갔다. 8월 25일 집행위원회에서 진통 끝에 통과시킨 135명으로 구성된 건준 확대위원회 개최를 밀어붙인 것이다.

그로 인해 건준의 내분은 걷잡을 수 없이 확대된 것으로 보인다. 보다 못한 여운형이 31일 집행위원회에서 공언한 대로 사직서를 제출하며 2차 배수진을 쳤다. 어떻게든 '135인 확대위원회' 안으로 좌우합작을 달성하겠다는 선언이었다. 위원장이 사직을 선언하자 다른 집행부원들도 조직 내 "(의견)통일이 안 된 책임은 우리에게 있다"며 동반 사직을 결의했다.

이를 둘러싼 당시 건준의 내밀한 의사 결정과정을 보여주는 기록은 찾을 수 없다. 어찌됐든 안재홍의 고집과 여운형의 지지로 31일 집행위원회에서 확대위원회 개최 안은 강행통과된 것으로 보인다. 9월 1일자 《매일신보》 기사를 통해서도 확인할 수 있다. 확대위원회의 개최 시간은 2일 오후 5시로 정해졌고, 장소는 안국정 휘문소학교 내에 있는 건국준비위원회 사무실이었다. 이날 확대위원 135명 전체 명단이 신문 지상에 실려 전 조선에 공포됐다.

> 이날 위원회 (건준)에서는 그동안 정세의 성숙과 사업발전에 따라 널리
> 각계각층으로부터 진보적인 의사를 대표할 인물을 망라하여 한층 더
> 강력한 지도부를 확립할 터이며 따라서 이 준비위원회 중앙집행부 전
> 원은 8월 31일 총 사직장을 여 위원장에게 제출하였으므로 여 위원장
> 통솔 아래 신 중앙집행위원 선거를 비롯하여 여러 가지 당면한 요구를
> 협의하게 될 터인데 안내장을 받은 이는 다음의 135명이다.

불행히도 이 확대위원회는 개최 전부터 실패할 운명을 안고 있었다.
경성에 미군이 진주한다는 사실을 확인한 우익이 이미 독자활로 모색
을 끝내고 건준을 '통합'이 아닌 '타도' 대상으로 점찍고 있었기 때문이
다. 건준은 건준대로 큰 내홍에 빠져 있었다. 여운형과 그 측근들이 주
도했던 초기와 달리 공산주의자들이 득세한 뒤 심각한 좌경화로 치닫
고 있었기 때문이다. 이렇듯 날 선 우익과 편협한 좌익을 억지로 불러
다 놓고 화해를 종용하면 더 큰 갈등이 벌어질 수 있었다.

건준의 좌경화를 가장 극적으로 보여주는 것은《매일신보》9월 3일
자에 실린 '선언문'이다. 이 글의 발표일자는 8월 28일이었지만, 엿새
나 묵힌 다음에야 지면에 실릴 수 있었다. 내용을 둘러싸고 조직 내에
서 상당한 알력 다툼이 있었음을 짐작케 한다.

> 인류는 평화를 갈망하고 역사는 발전을 지향한다. 인류사상의 공전
> 적 참사인 제2차 세계대전의 종결과 함께 우리 조선에도 해방의 날이

왔다.

지난 반세기동안 우리 **조선은 제국주의 일본의 식민지로서 제국주의적 봉건적 착취와 억압 하에 모든 방면에 있어서 자유의 길이 막히어 있었다.**(이하 강조는 인용자)

그러나 우리는 과거 36년 동안 우리의 해방을 위하여 투쟁을 계속하여 왔다. 이 자유발전의 길을 열려는 모든 운동과 투쟁도 제국주의 및 그와 결탁한 반동적 반민주주의적 세력에 의하여 완강히 거부되어 왔다. 전후문제의 국제적 해결에 따라 조선은 제국주의 일본의 기반羈絆으로부터 벗어나게 되었다.

그러나 조선민족의 해방은 다난한 운동사상에 있어 겨우 새로운 일보를 내딛었음에 불과하나니 완전한 독립을 위한 허다한 투쟁은 아직 남아 있으며 새 국가의 건설을 위한 중대한 과업은 우리의 전도에 놓여 있다.

그러면 차제에 우리의 당면임무는 완전한 독립과 진정한 민주주의의 확립을 위하여 노력하는데 있다. 일시적으로 국제세력이 우리를 지배할 것이나 그것은 우리의 민주주의적 요구를 도와줄지언정 방해치는 않을 것이다. 봉건적 잔재를 일소하고 자유발전의 길을 열기 위한 모든 진보적 투쟁은 전국적으로 전개되어 있고 국내의 진보적 민주주의적 여러 세력은 통일전선의 결성을 갈망하고 있나니 이러한 사회적 요구에 의하여 우리 건국준비위원회는 결성된 것이다.

그러므로 본 준비위원회는 우리 민족을 진정한 민주주의적 정권으로 재조직하기 위한 새 국가건설의 준비기관인 동시에 모든 진보적 민주주의적 제 세력을 집결하기 위하여 각층 각계에 완전히 개방된 통일기관이요 결코 혼잡된 협동기관은 아니다. 왜 그런고 하면 여기에는 **모든 반민주주의적 반동세력에 대한 대중적 투쟁이 요청되는 까닭이다. 과거에 있어서 그들은 일본제국주의와 결탁하여 민족적 죄악을 범하였다. 금후에도 그들은 해방조선을 그 건설 도중에서 방해할 가능성이 있나니 이러한 반동세력 즉 반민주주의적 세력과 싸워 이것을 극복 배제하고 진정한 민주주의 실현을 위하여 강력한 민주주의 정권을 수립하여야 할 것이다.**

이 정권은 전국적 인민대표회의에서 선출된 인민위원으로서 전취戰取될 것이며 그동안 해외에서 조선해방운동에 헌신하여 온 혁명전사와 그 집결체에 대하여서는 적당한 방법에 의하여 전심적으로 맞이하여야 할 것은 물론이다. 그리하여 조선전민족의 총의를 대표하여 이익을 보호할 만한 완전한 새 정권이 나와야 하며 이러한 새 정권이 수립되기까지의 일시적 과도기에 있어서 본 위원회는 조선의 치안을 자주적으로 유지하며 한걸음 더 나아가 조선의 완전한 독립국가 조직을 실현하기 위하여 새 정권을 수립하는 한 개의 잠정적 임무를 다 하려는 의도에서 아래와 같은 강령을 내세운다.

강령

一. 우리는 완전한 독립국가의 건설을 기함

一. 우리는 전민족의 정치적 경제적 사회적 기본요구를 실현할 수 있는 민주주의적 정권의 수립을 기함

一. 우리는 일시적 과도기에 있어서 국내질서를 자주적으로 유지하며 대중생활의 확보를 기함

1945年 8월 28일

조선건국준비위원회

이 선언문에서 건국준비위원회는 조선 해방이 "전후 문제의 국제적 해결" 즉 연합국의 2차 세계대전의 승리로 인한 결과임을 인정했다. 그에 따라 "일시적으로 국제세력이 우리를 지배"할 수밖에 없게 돼 조선인들은 앞으로 "완전한 독립과 진정한 민주주의"를 위한 "허다한 투쟁"을 벌여야 할 운명에 놓이게 됐다. 그러면서 동의하기 힘든 두개의 매우 '낙관적 전망'을 제시하고 있다.

첫째, 이들은 조선에 진주하는 국제세력이 조선인들의 "민주주의적 요구를 도와줄지언정, 방해치는 않을 것"이라고 생각했다. 그러나 2차 세계대전의 연합국이었던 미소는 이 무렵엔 동유럽의 전후 질서 재편을 둘러싼 대립으로 '냉전의 초입'에 접어들고 있었다. 이들에게 중요한 것은 자국의 안전보장을 위한 완충지대 확보(소련)와 공산주의 세력의 봉쇄(미국)였다. 반세기 동안 이어질 냉전을 앞둔 미소에게 조선인들의 여러 민족적 요구는 부차적 고려 대상일 수밖에 없었다.

둘째, 이들은 "국내의 진보적 민주주의적 여러 세력은 통일전선의 결성을 갈망하고 있다"고 주장했다. 그러나 통일전선 운운한 건국준비위원회 내 공산주의자들은 우익 민족주의자들과의 합작을 거세게 반대하며 심각한 내부 갈등을 일으키고 있었다. 그럼에도 이들은 논리적 모순을 느끼진 않았다. 통일전선을 결성해야 할 '진보적 민주주의 세력' 가운데 우익 인사들은 처음부터 배제되어 있었기 때문이다. 이들에게 한국민주당의 깃발 아래 결집한 우익 인사들은 조선 건국을 위해 협력해야 할 대상이 아닌 "반민주주의적 반동세력"일 뿐이었다. 이들 상당수는 "일본제국주의와 결탁해 민족적 죄악을 범"한 이들일 뿐 아니라, 나아가 "해방 조선을 건설 도중에서 방해할 가능성"이 있는 위험분자들이었다.

우익 인사들의 친일행적과 관련된 건준의 지적은 '불편한 진실'이었지만, 이 "세력과 싸워 이것을 극복 배제"한다는 것은 상대를 용납하지 않는 극단적 사고방식이었다. 그런 의미에서 이 선언문은 '전 민족의 일치단결'을 강조해온 여운형의 평소 신념과는 너무 다른 '괴이한 문서'였다. 건국준비위원회는 민족의 대동단결을 주장해온 여운형의 영향력에서 이미 벗어나 극단화되고 만 것이었다.

박헌영 등장하다

건준의 좌경화엔 그럴만한 필연이 작용했다. 일제의 고문을 못 이겨 제 똥을 제가 퍼먹는 정신이상을 겪으면서도 끝내 신념을 꺾지 않았던[7] '철의 공산주의자' 박헌영 때문이었다. 박헌영은 1942년 12월 경찰 검거망을 피해 광주로 피신한 뒤 벽돌공장 노동자로 가장한 채 일제 폭압이 가장 혹독했던 마지막 2년 반을 버텨냈다. 그러는 와중에도 지방 동지들과 연계를 구축하고 당 재건 사업을 지속하는 등 끝까지 투쟁을 멈추지 않았다. 공산주의자들 가운데서도 일제 말까지 처절한 투쟁을 이어온 것은 박헌영이 지도하던 '콤그룹'이 유일했다. 박헌영은 해방 당일 근무하던 벽돌공장 주인 이득윤에게 "장래를 위해 서울로 가겠다"고 말한 뒤 광주를 떠났다. 이어 8월 18일께 상경한 것으로 추정된다.

　해방 당일 조동호·이영·정백·최용달·이승엽·조두원·서중석 등은 홍증식의 집에서 재경혁명자대회를 열어 조선공산당을 재건했다. 이들은 이튿날 장안빌딩에 사무실을 꾸려, 장안파 공산당이라는 이름을 얻게 됐다. 하지만 이날 당 재건을 서두른 이들 가운데 상당수는 한동안 공산주의 운동선상에서 탈락해 있던 인사들이었다. 해방 무렵 이승엽은 일제와 협력하며 인천 식량배급조합 이사로 일했고, 정백은 광산업에 종사했으며, 최익한은 동대문 밖에서 술집을 했다.

　경성으로 올라온 박헌영은 공산주의 운동을 오랫동안 지원해 온 전북 익산의 부잣집 아들인 김해균의 명륜동 집에 자리를 잡았다. 붉은 벽돌의 한·양 절충식 저택이어서 '아방궁'이라 불린 집이었다.[8] 박헌영은 20일 종로구 낙원동 안중빌딩 2층에서 조선공산당 재건준비위원회를 결성했다. 이른바 재건파 공산당의 탄생이었다.

　이날 회의에서 박헌영이 기초한 〈일반 정치노선에 대한 결정〉(8월 테제)이란 문서가 채택됐다. 이 문서에서도 건국준비위원회 선언문과 같은 우익 인사들에 대한 노골적 적대감을 확인할 수 있다. 박헌영은 "조선 민족부르주아지는 어떤 희생을 치르더라도 자기의 친일적 성향을 숨기려 하고 있다"며 "우리 과업은 이들과 비타협적 투쟁을 전개하는 것"[9]이라고 지적했다. 박헌영은 8월 테제의 내용을 보강한 '현 정세와 우리의 임무'(9월 25일 채택)에서 "반동적 민족부르주아지 송진우와 김성수를 중심한 한국민주당은 지주와 자본계급의 이익을 대표한 반동적 정당"이라고 단정하며, "반민주주의적 경향을 가진 반동단체(한국민주당 등)에 대하여는 그 반동성을 폭로하며 반대투쟁을 일으킬 것"이라

고 선언했다. 이정식은 건국준
비위원회의 선언문에 등장하
는 일본제국주의와 결탁하려
민족적 죄악을 범한 반민족주
의적 반동세력이란 표현은 "박
헌영의 8월 테제를 연상케 하
는 것"이라며, 이 시기 건준은
이미 여운형의 손을 벗어나 있
었다고 판단했다.[40] 그런 의미
에서 건준의 3일 선언문과 박
헌영의 8월 테제는 기본적으로
같은 철학을 공유한 '쌍둥이 문
서'라 할 수 있다.

건준의 급진적 좌경화 뒤에는 당대 최고의
공산주의 이론가 박헌영이 있었다.

　정통성과 명분을 가진 박헌영의 등장으로 해방 당일 날림으로 결성
된 장안파 공산당은 큰 타격을 받았다. 박헌영은 장안파 공산당 설립
을 주도한 이들에게 "탄압의 시기에는 기득의 영예에 만족하던 자들"[41]
이라 단죄했다. 결국 조선공산당은 9월 11일 박헌영의 재건준비위원
회를 중심으로 통합된다. 이 변화는 건국준비위원회는 물론 전체 해방
정국에 매우 심오한 영향을 끼쳤다. 그때까지 이강국 등이 건국준비위
원회에 참여한 것은 여운형과 친소관계에 따른 '개인행동'이었다.[42] 그
러나 박헌영의 등장과 함께 이들은 당의 '조직적 결정'에 종속되어야
했다. 건준 내 공산주의자들이 갈수록 강경하고 좌경화된 입장을 취하
게 된 까닭이다. 이정식은 이에 대해 "공산당 내부에는 몽양의 옛 동지

들이 많이 있었고, 개인적으로 몽양의 처지를 동정했을 것이지만, 그들도 자기 당의 결정 앞에서는 어쩔 수 없었을 것"[13]이라고 적었다.

공산주의자들은 민공협력을 추진하던 안재홍에게 목숨까지 위협하는 살벌한 경고를 남겼다. 9월 3-4일께 작성된 것으로 보이는 '안재홍의 정체를 공개함'이라는 제목의 등사물을 읽으면, 몸이 오싹해오는 공포감이 느껴진다. "배신, 음모, 반영, 반동의 총아 안재홍이야! 그대는 굳이 고집하여 죽음을 감수하려는가, 그렇지 않으면 정치운동에서 발을 빼어 생명을 보전하려는가."[14] 계속 그런 식으로 행동하면, 죽여버리겠다는 노골적 협박이었다.

해방된 지 불과 보름여 만에 한반도 내 좌우대립은 이토록 치유하기 힘든 지경에 이르게 됐다. 이만규는 《여운형 투쟁사》에서 3일 선언문에 대해 "거의 몽양이 지었다고 할만치 몽양이 내용을 대 수정한 것"이라고 적었다. 하지만 이정식은 "이 글이 여태껏 모든 정치 세력의 대동단결을 외쳐온 여운형의 생각을 표현한 것이라 볼 수 없다"며 이만규의 이례적인 언급 자체가 "이 선언문을 채택하는 데 우여곡절이 있었다는 것을 말해준다"는 평가를 남겼다.

파국의 9월 4일

이제 파국에 이르는 마지막 절차가 남아 있었다. 안재홍이 밀어붙이고 여운형이 지지했던 135명 확대위원회 회의였다. 건국준비위원회는 예고대로 9월 2일 오후 5시 휘문중학교 준비위원회 사무실에서 확대위원회를 열었다. 안재홍 부위원장이 사회를 맡았다.

안재홍에 대해 비판적 시각을 갖고 있던 이만규가 보기에 이미 출석자들이 상당히 모였고 또 모이는 중이었다. 하지만 안재홍은 독단적으로 "5시 정각이 됐지만, 외부 연락이 불충분하여 원만히 모이지 못할 듯하다"는 이유로 집회를 9월 4일로 연기했다.[15] 안재홍이 이런 결정을 내린 것은 확대위원회에 이름을 올린 우익 인사들이 행사를 사실상 보이코트 했기 때문으로 보인다. 안재홍은 회의를 이틀 연기한 뒤 이들을 만나 출석을 독려하려 했을지도 모른다. 확대위원회가 연기됐다는 사실은 "2일 개최 예정이던 위원회는 연락이 불완전한 탓으로 4일 오전 10시로 연기했다"는 《매일신보》 3일자 보도로 확인된다. 안재홍을 견제하는 건국준비위원회 내 좌익들은 "이것은 또 무슨 음모냐. 심상치 않다"며 흥분했다.

안재홍과 함께 건국준비위원회의 틀을 통한 좌우합작에 참여했던 유억겸은 해방 1주년을 맞아 1946년 8월 15일자 《시대일보》에 짧은 회고담을 남겼다. 유억겸은 이 글에서 자신이 건준의 틀을 활용한 좌우합작 노력을 포기한 시점을 9월 4일이라고 못 박았다.

해방 직후 탐욕한 건준에 ****(글자 불명) 싸움이 적지 않았음은 세상이 다 잘 알 터이지만, 나는 그때 좌우의 합작을 위해 9월 4일까지 동분서주한 일이 있다. 싸움을 파해 식히고 감정을 풀어 손을 맞잡고 전국에 매진하도록 하려고 우익의 요인도 만나고 좌익의 거두도 만나 나의 힘자라는 데까지 애를 써 모았으나 끝끝내 별 결과를 못 보고 9월 4일 이후 합작교섭을 단념하고 말았다.

유억겸이 언급한 9월 4일은 한 차례 연기됐던 건준 확대위원회가 열린 날이었다. 이 행사는 오전 10시에 예정돼 있었지만, 행사 참석률이 저조했기 때문인지 정오에 시작됐다. 정원 135명 가운데 불과 57명이 참석했다. 우익들이 끝내 행사를 보이코트한 것이다. 안재홍이 알고 있었는지 확실치 않지만, 이 무렵 우익 인사들은 '건국준비위원회 타도'를 목표로 내건 한국민주당 발기인대회를 준비하고 있었다. 이 모임은 파국으로부터 이틀 뒤인 6일 열렸다.

일반적으로 재적인원 중 과반수 출석을 통해 회의 성원이 이뤄졌다고 보지만, '재경위원은 과반수가 됐다'는 편법으로 회의가 시작됐다. 안재홍은 개회사를 통해 "회합이 내외 여러 사정으로 수차 연기되어 죄송하다. 이것은 위원회 사업이 극히 난관에 봉착하였기 때문"이라고 말했다. 자신의 민공협동 노력이 "극히 난관해 봉착"해 사실상 실패했다는 비통한 선언이었다. 이어 최근우를 확대위원회 의장으로 올려 회의가 시작됐다.

첫째 안건은 8월 31일 제출된 여운형·안재홍의 사임에 대한 토의였다. 여운형은 "정세가 급박하였으므로 중책을 맡기는 하였으나 책임을 감당할 수 없고 또 건강도 나쁘다"며 사임 수리를 요구했다. 위원들은 "여운형을 절대 지지한다"며 이를 거부했다. 한국민주당은 여운형과 안재홍이 18대 17이라는 1표 차로 겨우 유임됐다고 비꼬았지만, 회의 참석자가 57명이었으니 이 비판은 사실이 아닌 것으로 보인다.* 이

---

* 〈한민당, 임정 외에 정권 참칭하는 단체 및 행동 배격 결의 성명서〉(1945년 9월 8일). 이 전단에서 한국민주당은 여운형·안재홍이 18 대 17이라는 표결로 유임됐다(35명 출석)고 밝히

어 부위원장 1명을 증원하라는 안건이 부의돼 허헌이 만장일치로 가결됐다.[16]

이어 집행부 개편이 이뤄졌다. 17일 건준의 1차 조직 발표 때 재정부장으로 선임됐던 개신교 목사 이규갑과 8월 22일 2차 중앙위 조직 발표 당시 이름을 올린 김도연·함상훈·김준연 등 우익 인사들이 대거 제외됐다. 특히 김준연 등은 향후 좌우합작에 대비해 건준 집행위 명단에 이름을 걸친 이들이었다. 이들이 탈락하면서 명목상으로나마 존재하던 합작의 가능성이 사라지게 된다. 또한 건준 결성 단계부터 활약해온 장안파의 정백, 안재홍과 함께 좌우합작을 추진했던 권태석도 명단에서 탈락했다. 그와 동시에 박헌영의 직접적 영향 아래 있는 재건파가 주요 보직을 싹쓸이했다. 이강국은 건설부장에서 요직인 조직부장으로 이동했고, 박문규는 기획차장에서 부장으로 승격됐으며, 최용달은 치안부장 자리를 유지했다. 건준의 핵심 부서인 조직부·계획부·치안부가 모두 재건파 공산당의 영향력 아래 놓이게 된 것이다.

그럼에도 놓쳐서는 안 될 엄연한 사실이 있다. 최후의 순간 민공협동의 밥상을 걷어찬 쪽이 우익이었다는 점이다. 안재홍은 1948년 7월 《신천지》에 기고한 글 〈민정장관을 사임하고〉에서 "나는 중의를 배제하고 민족주의자의 대량참가의 길을 열어놓았음에도 불계不計하고 민족주의자의 최후의 '뽀이코트'로서 협동은 결렬되었다"고 밝혔다.

만약 좌우 인사가 망라된 건준 확대위원회가 성공적으로 개최됐다면, 해방 직후 조선의 좌우합작과 정치통합은 진통 끝에 성공했다고

고 있다. 그러나 《매일신보》의 기록대로 57명 출석이 맞을 것이다.

평가할 수 있었다. 그랬다면 해외에 머무르고 있던 김구와 이승만 등도 귀국 뒤 건준의 틀을 인정하고 이들과 협력할 수밖에 없었을 것이다. 소련군이 점령한 북한 지역은 어쩔 수 없더라도 적어도 남한 내 극심한 좌우대립과 상호 증오는 피해갈 수 있었다. 이렇게 대표성을 확보한 건국준비위원회가 조선 인민들의 일치된 의사를 미군정에 전달했다면, 한반도의 분단 또한 막을 수 있지 않았을까.

돌이켜보면 조선의 분단을 결정지은 것은 1945년 12월 16일부터 26일까지 열린 모스크바 3상회의 결과를 두고 벌어진 좌우대립이었다. 미소는 이 회담을 통해 조선인들을 위한 임시정부를 만들고, 이를 원조하기 위해 양국이 참여하는 공동위원회를 꾸리기로 합의했다. 이 공동위원회는 조선의 민주적 정당·사회단체와 협의해 "최고 5개년에 걸친 4개국 신탁통치에 관한 협정"을 결정할 수 있었다. 이 합의안은 냉전을 앞둔 미소가 어렵사리 도달한 귀중한 합의였다.

하지만 모스크바 3상회의 합의안이 공개된 뒤 한반도는 발칵 뒤집혔다. 가뜩이나 상대를 향해 증오를 쌓아가던 좌우가 찬탁·반탁으로 양분됐기 때문이다. 조선인들은 이 합의를 단순히 '조선에 5년간 신탁통치가 이뤄진다'는 것으로 받아들였지만, 합의문을 잘 읽으면 그에 앞서 조선인으로 구성된 통일된 임시정부를 구성한다는 조항을 확인할 수 있다. 바람 앞의 등불 같은 민족의 장래를 생각할 때 '반탁'만을 내세울 상황은 아니었던 것이다.

시간을 거슬러, 만약 9월 4일 회의를 통해 좌우가 건국준비위원회라는 틀 안에서 뭉칠 수 있었다면 좀 더 합리적이고 이성적인 토론이 가능할지도 몰랐다. 그런 의미에서 이날 건준 확대위원회의 결렬은 해방 이후 한반도의 비극을 잉태한 첫 번째 분기점이라 평가할 수 있다.

물론 당시 조선 내 정치 상황을 냉정히 살필 때, 이 파국은 필연이라는 견해도 있다. 이정식은 이 결렬에 대해 다음과 같이 평했다.

> 이 두 세력(좌우)이 순순히 받아들일 수 있는 135인의 명단을 만들어 낸다는 일은 거의 불가능했다. 그러기에는 식민지 시대의 역사가 너무 복잡했다. 3·1운동 후에 일어난 좌익세력은 기성세력을 배척하고 나섰다. 예를 들어 좌와 우의 세력분포 문제를 풀어야 하는데 문제를 풀 단서를 잡기가 힘들었다. 국민선거의 결과에 따른다면 모르되, 과연 3:7의 비율로 할 것인가, 5:5의 비율로 할 것인가의 문제만 보더라도 양측이 합의할 수 없었다. 1927년에서 1930년까지 있었던 신간회를 에워싼 좌우세력 간의 반목을 보면 알 수 있다.[17]

이날 건준에 부위원장으로 새로 영입된 허헌은 김병로·이인과 함께 일제시대를 주름 잡던 변호사였다. 1928년 말 광주학생운동으로 체포돼 변호사 자격이 박탈됐고, 일제 말기엔 단파방송 사건에 연루돼 1943년 3월 6일 체포돼 2년 넘게 수감생활을 했다. 허헌은 공산주의자는 아니었지만 딸이 공산주의자 허정숙(1902-1991)이었고, 사위가 박헌영·김단야(1901-1938)와 함께 젊은 공산주의자 '트로이카'라 불리던 임원근(1900-1963)이었다. 그는 우익 인사였던 이인·김병로와 다른 좌파적 색채를 가진 독특한 존재였다.

허헌은 안재홍과 불화로 위기에 놓인 여운형이 협력을 제안해 왔을 때 적극 응했다. "나는 전부를 여 선생께 맡기겠다. 나는 선생을 믿고

모든 지혜를 짜내 돕겠다"고 말했다.[18]

설 자리를 잃은 안재홍은 건준을 떠날 수밖에 없었다. 그는 10일 경성 시내에 돌린 삐라 '조선건국준비위원회와 여의 처지'를 통해 "주견 상이(주요 견해가 다름)에 의한 모순의 소각을 위하여 건준 부위원장의 직을 떠났다"고 밝혔다. 그 여파는 매우 컸다. 안재홍이란 안전판이 사라지자 불과 이틀 뒤인 6일 공산주의자들은 정식 국가인 조선인민공화국 건국을 선언하며 폭주하기 때문이다. 해방 직후 있었던 이 모든 소란이 '옛 이야기'가 된 3년 뒤, 안재홍은 다음과 같이 적었다. 가슴을 후벼 파듯 격렬하고 체념적인 문장이다.

우리들이 건준 본부에 주야 없이 진취하고 있는 동안 미소 양군이 38선으로 남북을 분단점령하게 된 소식을 듣고 나는 하염없는 뜨거운 눈물을 흘리었다. 그러나 1945년 이른 봄, 그럴 듯한 국제 풍문은 들은 일이 있었으나 바로 동년 2월 11일 크리미아 반도인 얄타에서 스탈린·루스벨트·처칠 사이에 1904년 제정 러시아 당시 러국의 기득권익을 승인하는 쪽의 얄타협정*이 있음을 듣지도 못하고 있었다. 나는 그 당시 건준을 통하여 민공협동으로 분열대립을 미연에 방지하려 하였으나, 이는 의미 없는 노력이었다. 민공 쌍방 너무 국제정세에 우원愚遠한 편이었고, 또 사대주의적이었다. 9월 4일 나는 완전히 건준을 떠났

---

* 하지만 얄타협정에서 한반도 분할이 결정된 것은 아니었다. 얄타협정에는 소련이 참전하면, 미국은 그 대가로 사할린 남반부와 쿠릴 열도 등을 보장한다는 내용이 포함돼 있을 뿐이다. 당시까지만 해도 한반도는 미소의 주요 관심사가 아니었다.

을 때 수일이 못되어서 조선인민공화국이 결성되었다.

다음 장에선 우익 인사들이 오매불망 기다리던 김구와 대한민국임
시정부의 해방 전후 동향으로 잠시 눈길을 돌리도록 한다.

#12
통한의
한미연합작전

이제 본인은 …
완전히 개인의 자격으로서
귀국을 허락받은 것임을
충분히 숙지하고 있음을 귀하에게
ㅡㅡㅡ
확신시키고자 합니다.

ㅡ 김구

김구의 탄식

"왜적이 항복한답니다."

김구가 이 충격적인 소식을 처음 들은 것은 8월 10일 밤 중국 산시 성 시안에서였다. 그는 임시정부가 오랜 시간 공들여 준비해 온 '독수 리 작전Eagle Project' 시행을 앞두고 임시정부 청사가 있는 충칭을 떠 나 시안에 머물고 있었다. 이제 막 훈련을 마친 광복군 대원들을 격려 하고 미국 전략첩보국OSS과 작전을 조율해야 했다.

김구는 사흘 전 광복군 2지대 본부가 있는 시안 외곽의 두취에서 윌 리엄 도노반William Donovan 전략첩보국 사령관과 마지막 회의를 열 었다. 2지대 본부 사무실 정면 오른쪽 태극기 밑에 김구가 앉고, 그 앞 에 광복군 간부들이 열석했다. 도노반은 이 자리에서 "오늘 이 시간부 터 아메리카합중국과 대한민국임시정부가 공동의 적 일본에 항거하 는 비밀공작을 실시한다"고 선언했다. 이튿날인 8일엔 김구와 도노반 이 지켜보는 가운데 조선인 대원들이 그동안 받은 훈련을 점검하는 모의 실전훈련을 실시했다. 그리고 겨우 이틀이 지난 뒤였다.

이날 밤 김구는 추샤오조우祝紹周 산시성 성장의 초대를 받아 그의 집에서 저녁을 함께 했다. 한여름, 중국 내륙에 위치한 시안의 밤은 찌는 듯 더웠다. 식사를 마친 일행은 더위를 식히기 위해 객실에서 수박을 먹으며 담소를 나누고 있었다. 그러던 중 홀연 전화가 울렸다. 추 주석은 "충칭에서 무슨 소식이 있는 듯하다"며 서둘러 전화실로 달려갔다. 곧이어 김구에게 놀라운 사실을 전해줬다. 일본이 항복했다는 얘기였다.

김구는 할 말을 잃었다. 이때의 비통한 심경을 《백범일지》에 다음과 같이 적었다. "이 소식은 내게 희소식이라기보다는 하늘이 무너지고 땅이 꺼지는 일이었다. 수년 동안 애를 써 참전을 준비한 것도 모두 허사로 돌아가고 말았다. (…) 그런데 그런 계획을 한번 실시해보지도 못하고 왜적이 항복하였으니, 지금까지 들인 정성이 아깝고 다가올 일이 걱정되었다."[1] 김구는 화급히 추 성장의 집에서 뛰쳐나와 자동차를 타고 두취로 귀환했다. 길거리는 기뻐하는 군중들로 이미 인산인해였다.

국내 우익 인사들은 임시정부의 정통성은 물론 실력에도 큰 기대를 걸고 있었지만 현실은 냉정했다. 임시정부는 미국과 소련은 물론 오랫동안 우호적인 지원을 아끼지 않았던 장제스의 국민정부에게서도 승인을 받지 못하고 있었다. 임시정부 입장에선 기가 찰 노릇이었지만, 그럴만한 이유가 있었다. 미국은 임시정부를 조선의 모든 정치세력을 대표하는 정통성 있는 준정부가 아닌, 한반도 밖에서 활동하는 독립운동 세력의 '일파'로 보고 있었다. 임시정부를 승인한다는 말은 조선이 해방되면 임시정부가 그대로 한반도의 정식정부의 지위를 얻게 된다는 의미였다. 임시정부는 정말 모든 한국인의 의사를 대표하는 정통성 있는 정부가 될 만한 기관인가? 이 점이 명확하지 못한 상황에서 임시정부를 승인하면 해방 후 조선인들이 자유롭고 독립적인 선거를 통해 자신의 정부를 선택할 권리를 제약할 위험이 있었다.

임시정부 승인은 전세계에 복잡한 파장을 불러올 수 있는 민감한 국제문제기도 했다. 미국은 유럽에서만 8개의 망명정권을 상대해야 했다. 이들에게 적용되어야 할 공통원칙은 2차 세계대전의 결과로 해방된 국가에서 그 나라의 시민들이 '자유롭고 독립적인 선거'를 통해 정부를 수립해야 한다는 것이었다.[2] 다른 연합국과 관계에 미치는 영향도 생각해야 했다. 미국이 임시정부를 승인하면, 극동 정세에 촉각을 곤두세우는 소련은 물론 식민지 네트워크인 대영제국을 통해 유지되는 영국을 자극할 우려가 있었다. 임시정부가 중국 정부의 압도적 영향력 아래 있다는 점도 신경 쓰이는 지점이었다. 자칫하다간 한반도가 청일전쟁 이전처럼 중국의 압도적 영향 아래 놓이게 될 수 있었다.

임시정부는 이 문제 해결을 위해 피나는 외교적 노력을 기울였지만, 호소가 냉엄한 현실을 바꿀 순 없었다. 임시정부를 대표하는 이승만의 주미외교위원부는 1942년부터 해방에 이르기까지 무려 30여 차례에 걸쳐 국무부·육군부·백악관 등에 임시정부를 승인해줄 것과, 1941년 3월 시행된 무기대여법에 따라 군사지원을 해줄 것을 줄기차게 요구했다. 미국은 번번이 거절하며 꿈쩍하지 않았다.

복잡한 현안은 미루는 게 원칙이었다. 미국은 임시정부를 승인하는 대신 해방 조선에서 일단 신탁통치를 실시한다는 입장을 고수했다. 한 예로, 코델 헐 국무장관은 1943년 4월 21일 임시정부 승인을 요청하는 오다니엘W. Lee O'Daniel 상원의원에게 "조선 관련 현안은 본국의 관심뿐만 아니라 연합국 여러 나라들이 관심을 갖는 문제"[3]라며 "자유를 향한 여러 민족들의 염원에 대한 미국 정부의 입장에 대해선 귀하께서도 (미국과 영국이 1941년 8월 공포한 – 인용자) 대서양 헌장* 등 일련의 성명에 대해 잘 알고 있을 것"이라는 원칙론을 되풀이했다. 전쟁이 끝난 뒤 조선을 독립시키긴 하겠으나 그게 임시정부를 승인하는 방식은 아니라는 얘기였다.

대장정

도쿄 니혼신학교日本神學校에서 공부하다 학도병으로 반강제 지원하게 된 청년 장준하(1915-1975)는 1944년 7월 장쑤성 쉬저우 교외에 주둔한 일본군 부대에서 동지 셋과 함께 철조망을 넘었다. 이들 탈영병들의 순정한 염원은 저 멀리 충칭에 있는 대한민국임시정부에 합류해 조국 독립을 위해 목숨 바쳐 싸우는 것이었다.

무턱대고 대륙을 서진하던 장준하 일행은 안후이성 린취안에서 또 다른 탈출 학병인 김준엽(1920-2011)과 만났다. 장준하는 평생 동지가 될 김준엽의 도움으로 중국중앙군관학교 린취안 분교 한국광복군간부훈련반에 입대했다. 하지만 이곳 훈련은 따분하고 지루할 뿐이었다.

---

* '미국과 영국은 영토나 기타 어떤 세력 확장도 추구하지 않는다' '모든 국민이 그 속에서 영위할 정부 형태를 선택할 권리를 존중한다' 등의 내용을 담고 있었다.

조국 독립에 의미 있는 기여를 하려면 하루 속히 임시정부에 합류해야 했다. 린취안을 떠난 장준하·김준엽 등 50여 명의 학병들은 두달 여에 걸친 장정 끝에 해를 넘긴 1월 31일 오후 꿈에 그리던 임시정부 청사에 당도할 수 있었다.

학병들을 맞이한 임시정부는 기쁨을 이기지 못했다. 조선인 학병들의 집단 탈주 소식은 중국 국민정부의 전시수도인 충칭에 모여 있던 각국 외교단에게 신선한 충격을 안겼다. 미 전략첩보국 소속으로 조선어를 할 줄 알았던 클라렌스 윔스Clarence Weems 대위는 이들을 보고 김구에게 "선생님, 호박이 넝쿨째 떨어졌습니다"라고 말했다. 이후 충칭에 주재하던 서구 언론과 대사관 관계자들이 임시정부를 바라보는 태도는 크게 달라지게 된다.

하지만 청년들은 실망할 뿐이었다. 충칭에 도착한 이들이 목격한 것은 분열된 임시정부의 무기력이었다. 임시정부의 각 정파는 학병들을 자신의 세력으로 끌어들이기 위해 혈안이었다. 청년들은 경쟁적으로 이어지는 환영회에 처음엔 고마움을 느꼈지만, 머잖아 이런 경쟁적인 통고, 즉 분열된 모습이 곧 "임정의 구성이요 그 성격"⁴임을 알게 됐다. 정부 청사마저 세를 내고 쓰는 형편에 내부 정파는 의자보다 많다는 말이 나올 지경이었다.

장준하 일행이 도착한 지 2주째 되는 월요일이었다. 청년들은 임시정부 내무부 주관으로 충칭 시내에서 월 1회씩 모이는 교포들의 집회에 참석했다. 임시정부 국무위원들과 100명 가까운 교포들이 그리운 고국의 소식을 듣기 위해 모여 있었다. 이 자리에서 훗날 스스로를 죽음으로 몰고 가게 되는 장준하의 반골 기질이 튀어나왔다.

우리는 여러 선배에게 조금이라도 힘이 되고자 해서, 아니 그 여념의 손과 발이 되고자 해서 몇 번의 사경을 넘고 수천 리를 걸어 기어이 이곳을 찾아온 것입니다. 때문에 일군에서 중국 땅에 배치된 것을 얼마나 다행으로 여겼는지 몰랐습니다. 그것은 처음에 일군에 끌려오면서 계획한 탈출이었습니다.

그런데 우리는 요즈음 이곳을 하루빨리 떠나자고 말하고 있습니다. 나도 솔직히 말해 이곳을 떠나고 싶어졌습니다. 오히려 오지 않고 여러분을 계속 존경할 수 있었다면 더 행복했을지도 모를 일이었습니다.

가능하다면, 이곳을 다시 떠나 다시 일군에 들어가고 싶습니다. 이번에 일군에 들어간다면 꼭 일군 항공대에 지원하고 싶습니다. 일군 항공대에 들어간다면 충칭 폭격을 지원, 이 임정청사에 폭탄을 던지고 싶습니다.

왜냐구요? 선생님들은 왜놈들에게서 받은 서러움을 다 잊으셨단 말씀입니까? 그 설욕의 뜻이 아직 불타고 있다면 어떻게 임정이 이렇게 네당 내당 하고 겨누고 있을 수가 있는 것입니까.[5]

장준하의 '말 폭탄'은 한바탕 파문을 일으켰다. 사실 그의 발언은 도를 넘어선 것이었다. 중국 국민정부가 충칭으로 수도를 옮기자 일본은 1938년 12월부터 1943년 8월까지 이곳에 무려 218차례 대규모 폭격을 가했기 때문이다. 그로 인해 숨진 이들이 1만여 명이 넘었다. 집회는 아수라장으로 마무리됐다. 모욕당한 임시정부는 긴급 국무회의를 열어 대책을 논의했다. 회의가 시작된 지 20분쯤 뒤 신익희(1892-1956) 내무부장이 장준하를 찾는다는 기별이 왔다. 신익희는 벌겋게 상기된 얼굴로 어깻숨을 들이쉬었다.

"3·1운동의 피로 세워진 임정을 그렇게 모욕하는 망발이 어디 있나…."

장준하는 신익희에게 끌려 국무회의실에 들어갔다. 출입문 맞은편 의자에 육중한 체구의 김구가 앉아 있었다. 김구는 "먼저 장군의 얘기를 들어보자"고 말했다. 장준하는 다시 한번 자신의 솔직한 감정을 쏟아냈다.

> 길지 않은 10여일 동안 우리 눈에 비친 임정은 결코 우리가 사모하던 그 임정과 다른 것임을 알게 되었습니다. (…) 처음 탈출해서 기나긴 행군으로 오면서 그리던 임정은 모두 일치단결되어 있는 완전한 애국투쟁의 근본이라고 여겼습니다. 그러나 그 기대는 지나친 하나의 환상이 아니었나 하는 회의를 품게 되었습니다.

장준하의 말이 끝나자 김구는 허허 웃었다.

"장군, 그만 나가게." 장준하는 거의 떠밀리다시피 밖으로 나갔다. 젊은 시절 김구가 이 얘길 들었다면 장준하는 아마 그 자리에서 처단됐을지도 모른다. 국무회의실 안에서 다시 한번 고성이 오갔다. 소리를 지르는 것은 김구가 속한 임시정부 내 여당인 한국독립당을 견제하는 야당에 속한 유림(1898-1961) 국무위원, 김원봉(1898-1958) 군무부장 등이었다. 장준하의 발언 소동은 신익희의 사과로 마무리됐다. 다행히 장준하에겐 아무 일도 벌어지지 않았다.

독수리 작전

임정의 분열상에 실망하던 청년들에게 뜻밖의 전기가 찾아온 것은 1945년 4월이었다. 희소식을 전해 준 이는 시안에 나가 있던 이범석 (1900-1972) 광복군 참모장 겸 제2지대장이었다. 조국 광복을 위해 뭔가 기여하고 싶어 안달이 난 청년들에게 "시안의 2지대는 미군과 합작해 한반도에 침투하는 작전을 준비 중"이라는 사실을 전했다. 눈이 휘둥그레질만한 소식을 전해들은 장준하의 심장은 요동치기 시작했다.

1940년 9월 17일 임시정부의 국군으로 창설된 광복군은 당당한 연합군의 일원으로 대일전쟁에 참여하려 애썼다. 1941년 12월 7일 일본의 진주만 공습으로 태평양전쟁이 시작되자, 임시정부는 이틀 뒤인 10일 김구 주석과 조소앙 외무부장 명의로 "한국 전체 인민은 한국과 중국 및 서태평양에서 왜구를 완전 구축하기 위해 최후의 승리를 거눌 때까지 피의 투쟁을 계속할 것"이라는 대일선전성명서를 발표했다. 하지만 내륙인 충칭에서 국민정부의 강한 통제 아래 있던 임시정부가 할 수 있는 일은 많지 않았다.

반전의 기회는 뜻밖에 다가왔다. 1942년 6월 전시에 설립된 전략첩보국은 이 무렵 조직 생존을 위해 발버둥치고 있었다. 유럽전선의 승패는 결정된 상황이었으니, 조만간 벌어질 일본 본토 결전에서 두드러진 공을 세워야 했다. 때마침 이범석은 1944년 10월 무렵 중국전구 전략첩보국 비밀정보과 책임자에게 일본을 상대로 한 전쟁에서 미국과 조선의 협력을 제안했다. 전략첩보국은 이전과 달리 진지한 검토를 시작했다.

일본 본토 침공은 수십만 명의 목숨을 걸어야 하는 쉽지 않은 군사적 도전이었다. 외형상 일본인과 구분되지 않으며 일본어를 능숙하게 구사하는 조선인들을 활용할 수 있다면, 군사적으로 상당한 도움을 받을 수 있을지 몰랐다. 소련의 동향도 신경 쓰이는 부분이었다. 워싱턴은 이 무렵 극동 러시아에 약 20만 명의 조선인이 거주하고 있으며, 소련이 이들로 구성된 2-3개 규모의 사단을 육성하고 있다[6]는 정보[*]를 사실로 인지하고 있었다. 소련은 이미 조선인으로 구성된 대규모 군사 조직을 갖췄는데, 미국은 아직 이렇다 할 계획 하나 없었으니 조선인들을 군사적으로 활용할 방안을 찾아야 했다.

독수리 작전이 구체화되기 시작한 것은 1945년 1월말 장준하 등 청년들이 충칭에 등장하면서부터였다. 이 청년들은 얼마 전까지 일본군이었고, 길고 고통스런 장정을 통해 자신들이 애국자임을 증명했으며, 무엇보다 대학과 전문학교 등 최고 수준의 교육을 받은 인텔리들이었다. 2월부터 이 학병들을 조선 국내에 들여보내 첩보원으로 활용한다는 '독수리 작전'이 입안되기 시작한다. 이 계획은 여러 단계의 검토과정을 거쳐 3월 중순 웨드마이어 중국전구 미군 총사령관의 최종 승인을 받았다.[7]

독수리 작전은 미군이 조선인 대원들에게 3개월 동안 첩보·통신훈련 등을 시킨 뒤, 그 중에 45명을 뽑아 경성·부산·평양·신의주·청진 등

---

[*] 1945년 당시 연해주에 거주하는 조선인은 소수였다. 대다수는 1937년 스탈린의 명령으로 중앙아시아로 강제 이주했기 때문이다. 또한 소련이 만주 지역의 조선인 게릴라를 소련군에 편입한 것은 사실이지만, 2-3개 사단과 같은 큰 규모는 아니었다.

한반도 5개 전략지점에 침투시킨다는 구상이었다. 이들의 임무는 각 지역의 해군기지·병참선·비행장·군사시설·산업시설·교통망 등에 대한 정보수집이었다. 아울러 연합군의 본격적인 조선 상륙이 이뤄지면, 조선 내 지하활동 등에 대한 고급 정보 취득이나 조선인들의 대중봉기를 지원하는 것 등으로 임무가 확대될 예정이었다.

독수리 작전 참가를 결심한 장준하 일행은 4월 29일 충칭 임시정부 청사에 집결했다. 장준하는 이 날을 "일본 항복의 날이 불과 3개월 반밖에 남지 않았다고 아무도 생각하지 못했던 지겨운 중국의 봄날 아침"[8]이라 회상했다.

학병들을 앞에 둔 김구가 "여러분의 젊음이 부럽다"며 작별인사를 건넸다. 그러고는 13년 동안 가슴 속에 품고 있었을 시계 하나를 높이 처들었다.

오늘 4월 29일은 내가 윤봉길 군을 죽을 곳에 보내던 날이오. 또 지금이 바로 그 시각이오. 여러분도 다 알 것이오. 오늘은 상하이 홍커우 공원에서 폭탄을 던져 시라카와白川義則 대장(상하이파견군 사령관)을 죽이던 그날의 의사 봉길 군이 나와 시계를 바꿔 차고 떠나던 날이오.

청년들은 이범석의 인솔에 따라 미군 트럭 네 대에 나눠 타고 충칭 비행장으로 이동했다. 이들을 태운 비행기는 세 시간을 날아 오후 2시 시안 비행장에 도착했다. 그곳에서 다시 트럭으로 옮겨 타고 비행장에서 서북방으로 16km 정도 떨어진 두취의 광복군 2지대 본부에 도착했다. 이곳에 한미합동지휘본부가 설치됐다. 대원들은 5월 1일 예비훈련

대한민국임시정부-미군 OSS의 연합작전인 독수리 작전을
공동 지휘한 김구 주석과 윌리엄 도노반 소장.

광복군 제2지대원들과 미군 OSS 교관들. 가운데가 광복군
참모장 겸 제2지대장 이범석이다.

을 시작으로 '독수리 작전'의 지휘관인 클라이드 사전트Clyde Sargent 대위 밑에서 본격 훈련에 돌입했다.

장준하는 노능서·이계현·김성환 등 다른 3명의 대원과 함께 가장 중요한 경성지역 투입조에 배치됐다. 노능서는 무전 송신, 이계현은 권총 사격에 능했고, 김성환은 대학시절 권투선수로 활약하는 등 강한 완력을 자랑했다. 장준하는 이 팀을 이끄는 조장으로 정보와 조직을 책임져야 했다.

8월 4일 모든 훈련이 끝났다. 36명의 대원들은 머잖아 다시 돌아오지 못할 길에 나서야 했다. 장준하는 마음을 정리하기 위해 잠시 부대를 벗어나 중국인 장터로 가 머리를 삭발했다. 그리고 그동안 써온 일기 일곱 권, 일본군에서 탈출한 뒤 학병 동기들과 함께 만든 잡지《등불》다섯 권과《제단》두 권을 한데 모았다. 그 위에 유서 한 통을 얹고 큰 봉투를 하나 만들어 잡지를 넣고 두 겹으로 정성껏 쌌다. 그리고 그 위에 주소 두 개를 적었다. 하나는 부모님, 또 하나는 조선에 남겨두고 온 아내의 친정 주소였다. 나머지 물품은 태워버렸다. 장준하는 이 소포를 지난 1년여 동안 고락을 함께한 친구 김준엽의 처 민영주에게 맡겼다. 일본군에서 탈출한 지 1년 29일째 되는 날이었다.

작전의 변경

7일 김구와 함께 두취를 찾았던 도노반 사령관은 9일 다시 이곳을 방문했다. 10일엔 그동안 훈련을 실시한 사전트 대신 침투팀을 지휘할 윌리스 버드Willis Bird 중국전구 전략첩보국 부사령관(중령)이 훈련기지로 이동해 왔다. 장준하는 "드디어 때가 왔다"고 마음을 다잡았다.

하지만 곧 떨어질 것이라 예상했던 출동명령은 좀처럼 내려지지 않았다. 조선인 청년들의 초조한 마음을 아는지 모르는지, 도너번과 김구·지청천·이범석 등의 회담은 점점 길어져 갔다. 장준하는 모르고 있었지만, 이미 그때 150만 소련군이 소만국경을 넘어 만주 땅으로 물밀듯 진격을 시작했고, 히로시마와 나가사키 두 곳에 원자폭탄 두 발을 얻어맞은 일본은 큰 충격을 받아 휘청대고 있었다. 일본의 항복이 임박한 것이었다.

회의를 마친 이범석은 대원들에게 "몇 시간 뒤라도 출동할 수 있도록 특별 대기하라"고 지시했다. 청년들은 필요한 통신장비·무기·식량·휴대품을 다시 확인했다. 잠시 뒤 일본이 포츠담 선언을 수락했다는 소식이 전해져 왔다.

갑작스런 상황 전개에 광복군 2지대 사령부는 발칵 뒤집혔다. 전쟁이 끝났다는 사실보다 기쁜 일은 있을 수 없었다. 하지만 장준하의 마음은 복잡했다. 목숨 걸고 일본군을 탈출해 어렵게 훈련까지 마친 뒤 계획했던 작전에 투입조차 되지 못한 채 전쟁이 끝났기 때문이다. 장준하는 당시 감정을 "기쁨에 뒤이어 실망이, 실망에 뒤따라 기쁨이 서로 뒤바뀌며 벅찬 가슴을 드나들었다"고 묘사했다. 반면 미 교관과 군인들은 너무 기뻐서 질서가 문란해지는 것도 깨닫지 못했다.[10]

"무얼하나 신철 동지?" 깊은 환희와 실망 속에 어쩔 줄 몰라 하는 장준하의 어깨를 친구 김준엽이 움켜줘었다. 이 무렵 장준하는 김신철, 김준엽은 김신일이란 가명을 사용하고 있었다. 김준엽은 웃는 얼굴로 악수를 청했다. 장준하는 악수 대신 그의 몸을 끌어안고 울음을 터뜨렸다.

하지만 작전은 중단되지 않았다. 전쟁 종료에 맞춰 목표가 수정된 것뿐이었다. 일본이 항복했으니 애초 '독수리 작전'의 계획처럼 적진에 침투해 첩보 공작을 벌일 필요는 없어졌다. 대신 전략첩보국은 동북야전사령부를 편성해 독수리 작전 팀에게 한반도에 서둘러 진입할 것을 명령했다. 이들의 새 임무는 △정보 수집 △일본문서 압수 △연합군 포로 구호·송환 등으로 정해졌다. 다만 이 임무들은 미군이 패전국 일본과 교섭을 통해 진행할 수밖에 없었다. 따라서 미군이 주체가 되고 광복군은 통역 등 보조적 역할에 머물러야 하는 상황이었다. 새 작전의 책임자는 10일 두쾌로 이동했던 윌리엄 버드로 정해졌다.

전략첩보국은 새 작전의 전략적 가치를 높게 평가하고 있었다. 도노반은 웨더마이어에게 "만약 러시아인들이 한국과 만주에 도착했을 때 우리가 그곳에 없다면 우리는 (그곳에) 두 번 다시 들어갈 수 없을 것"이라고 보고했다. 소련의 맞서려면 소수 병력이라도 미군이 한반도에 먼저 진입해 '알박기'를 해야 한다는 논리였다. 독수리 작전팀은 태평양 전쟁이 시작된 뒤 한반도에 정식으로 진입하는 첫 번째 연합군이 될 터였다.

광복군은 광복군대로 8월 11일 이청천을 지휘관으로 하는 국내 정진군을 편성했다. 장준하의 새 임무는 국내 정진이 됐다. 이범석은 13일 아침 허탈감에 빠진 몇몇 정예요원들을 불러내 미군과 함께 조선 땅을 밟게 된다는 사실을 전했다,

"전원 모였는가."

"네."

"오늘 오후 나는 국내로 들어갈 계획이다. 여기 모인 동지들도 나와 함께 행동을 해줘야겠다. 이상."[12]

광복군, 여의도에 착륙하다

"아, 그때, 그 바람 냄새, 그 공기의 열기, 아른대는 포플라의 아지랑이, 그러고는 순간적이었지만 아무 것도 보이지 않았다."[13]

14일 작전이 한차례 중단되는 우여곡절을 겪은 끝에 버드가 이끄는 미 전략첩보국 대원 18명과 이범석·장준하·노능서·김준엽 등 광복군 국내정진군 4명을 태운 미군 C-47 수송기가 18일 새벽 3시 30분 시안 비행장을 이륙했다. 순조로운 비행이 이어져 오전 11시께 비행기 창문 너머 인천 앞바다의 섬들이 보이기 시작했다. 고도를 낮춘 기체는 한 강 하류를 찾아 방향을 돌렸다. 5분마다 미군 수송기와 일본군 사이에 긴박한 무선 연락이 이어졌다. 기체는 이윽고 영등포를 지나 여의도 활주로를 향해 고도를 낮췄다. 장준하는 1971년 펴낸 회고록《돌베개》에 비행기에서 내려 조선의 땅을 밟은 시간을 18일 오전 11시 18분이라고 적었다.

당시 조선에 주둔해 있던 제17방면군은 미 전략첩보국의 갑작스런 경성 도착에 대해 아무런 사전 통보를 받지 못한 상태였다. 현지 부대뿐 아니라 대본영 역시 전혀 몰랐을 것이다. 일본이 연합국에 '무조건 항복' 의사를 밝힌 것은 맞지만, 군은 지휘계통에 따른 명령에만 복종

하는 조직이다. 따라서 중국전구 미군이 추진한 독수리 작전팀의 경성 진입은 좋게 말하면 대담하고, 나쁘게 말하면 욕심이 앞선 것이었다.

일본군이 미군의 느닷없는 등장을 반길 리 없었다. 일행은 착륙과 동시에 중무장한 일본군에 둘러싸였다. 패전에 따른 허탈감에 휩싸인 그들이 무슨 일을 저지를지 예상하기 힘들었다. 수송기에서 50미터 정도 떨어진 격납고엔 1개 중대 병력이 일본도를 뽑아든 장교와 함께 대기 중이었다. 전차의 기관포도 일행을 겨누고 있었다. 침묵의 대치는 10여 분이나 이어졌다. 미군들이 먼저 일본군 고위 장교들이 늘어선 방향으로 한걸음씩 다가서기 시작했다. 현장에 나와 있는 것은 고즈키 요시오 사령관과 이하라 준지로 참모장 등 제17방면군 수뇌부들이었다. 고즈키가 물었다

"무슨 일로 오셨습니까?"[14]

일행은 영등포 상공에 뿌리다 만 전달을 내밀었다. 이를 살펴본 고즈키는 "들어온 이유는 알겠지만, 아직 대본영에서 아무 지시도 받지 못했다. 돌아갔으면 좋겠다. 병사들이 흥분해 있으니, 신변을 책임지기 어렵다"고 말했다. 버드는 "일본 천황이 이미 연합군에게 무조건 항복했다. 이제부터는 도쿄의 지시가 필요 없다"며 맞섰다. 고즈키는 동요하지 않았다.

버드는 자신이 조선 땅을 최초로 밟은 연합국 장교로서 조선을 해방시켰다는 명예를 얻기 원했다. 그래서였는지 이번 작전에 전쟁정보국의 기자 하워드 리버먼Howard Lieberman을 동행시켰다. 자신의 활동을 기록해 워싱턴과 전 세계에 알리려는 '언론 플레이'를 시도한 셈이다. 그러나 이는 중국전구 전략첩보국 사령관 리처드 해프너Richard

Heppner의 명령을 위반한 것이었다.[15]

    흥분한 일본군은 총으로 위협하는 자세를 유지하며 금방이라도 습격하려는 자세를 취했다. 장준하는 그들에 못지 않게 분노한 이범석이 손가락에 건 방아쇠를 당겨 일본군을 향해 총을 갈겨 버릴까봐 안절부절못했다. 그랬다간 모든 대원이 몰살될 수 있었다. 험악한 분위기에 압도된 버드는 일본군이 아직 미군에 협력할 의사가 없음을 깨달았다. 작전 수행이 불가능한 상황에서 무턱대고 대치를 이어가다간 정말로 최악의 사태가 발생할 수 있었다. 버드는 일본군에게서 돌아갈 비행기에 채울 기름을 얻어 19일 경성을 떠나기로 결심했다.

    그날 밤 일본군은 작전팀을 위해 저녁식사를 겸한 조촐한 술자리를 마련했다. 이곳 부대의 참모장인 우에다 중좌가 일행에게 맥주를 권했다. 안주로 나온 것은 튀김과 계란부침 등 초라한 것뿐이었다. 이범석이 물었다.

    "그래, 있는 것 다 차린 것이 이것이라니. 물자가 그렇게 귀한데 뭣 때문에 국민의 희생을 요하는 것이었소?"

    "우리 군의 형편이었나 봅니다. 자, 어서 술이나 드시죠"

    "어 그럽시다. 당신은 공군이라니 저 일본 공군가나 한번 불러보구려."

    다음날이 밝았다. 장준하는 수통에 고국의 물을 가득 채우고 종이봉투를 만들어 흙도 한줌씩 담았다. 이범석과 대원들은 일본군의 감시를 뚫고 경성 시내로 빠져나갈 구멍이 있을까 살펴봤지만, 그만두기로 했다. 대원들은 떠오르는 아침 태양을 보며 〈애국가〉를 불렀다. 오후 3시 반쯤 평양에서 공수해 온 연료가 도착했다. 오후 5시 무렵 22명의 대원은 다시 비행기에 올랐다.

전략첩보국은 20일 귀환한 대원들에게 "다시 경성으로 돌아가 일본군에 잠시 억류되는 한이 있더라도 그곳에 머물라"고 명령했다. 버드는 "일본군이 자신의 말을 들으려 하지 않았고, 탱크 등으로 위협하면서 경성을 떠나라고 했다"며 반대했다. 버드는 22일 오후 충칭으로 날아가 웨드마이어 사령관에게 작전팀이 다시 경성으로 진입하면 대원 22명이 처형될 수 있다는 의견을 전했다. 현장을 확인한 작전 책임자가 그렇게까지 말하는데 웨드마이어도 더 이상 명령을 고집할 수 없었다.

하지만 버드가 미처 예상치 못한 사건이 발생한다. 경성에 데리고 간 전쟁정보국의 리버먼이 쓴 기사가 공개된 것이다. 기사에 첨부된 사진엔 일본 군인들이 미군에게 맥주와 음료를 대접하고 서로가 자국 국가를 부르는 사진 등이 담겨 있었다. 다음 날 전 세계에 공개된 기사 내용을 확인한 웨드마이어는 분노했다. 그는 버드가 중국전구의 전체 미군을 욕보였다고 생각했다. 자신의 휘하에 있는 미군이 아직 항복 절차를 끝내지 않은 '적'인 일본군과 친목을 도모하는 것처럼 보였기 때문이었다. 웨드마이어를 더 역겹게 한 것은 버드가 전쟁정보국 기자와 사진기자를 데리고 가면서 한반도 내 포로수용소에 머무르고 있을 미군과 연합군 포로들을 위한 식량과 의약품을 챙겨가지 않았다는 사실이었다.

분노한 웨드마이어는 더 이상 전략첩보국을 신뢰할 수 없게 됐다. 그는 조선 내 연합군 포로 구출 계획에서 독수리 작전을 완전히 제외하라고 명령했다. 독수리 작전팀은 28일 시안으로 복귀하라는 명령을 받았다. 이틀 뒤 작전은 영구 취소됐다. 애초 이 팀이 수행하려 했던 연합군 포로 구호·송환 등의 업무는 이제 곧 한반도에 진주하게 될 존 하지 중장이 이끄는 제24군단이 떠맡게 될 터였다. 독수리 작전팀은 10월 1일 공식 해체됐다.[16]

임시정부의 굴욕

충칭으로 돌아온 김구는 '국내외 동포에게 고함'이라는 성명을 발표했다. 이 문서에는 해방을 맞은 임시정부의 정세인식이 비교적 명확한 언어로 정리되어 있다. 김구는 "우리가 처한 현 계단은 복국임무復國任務를 아직 완전히 끝내지 못하고 건국의 초기가 개시되려는 계단이다. 그러므로 현하 우리의 임무는 번다하고도 복잡하며 우리 책임은 중대하다"[17]고 적었다. 이어 임시정부는 "최속 기간 내에 곧 입국"해 "전국적 보선(보통선거)에 의한 정식정권이 수립되기까지의 국내 과도정권을 수립하기 위하여 국내외 각층 각 혁명당파, 각 종교집단, 각 지방대표와 저명한 각 민주영수회의를 소집하도록 적극 노력할 것"이고, 이 "국내과도정권이 수립된 즉시에 본정부(임시정부)의 임무는 완료"된 것이라 생각하겠다고 밝혔다. 임시정부의 활동 계획은 여운형이 건국준비위원회를 발족하며 내건 목표와 비슷했다. 김구 역시 임시정부의 법통을 내세워 자신이 조선 건국을 주도하는 산파 역할을 맡겠다고 선언한 것이다.

그러나 "번다하고 복잡한" 건국 임무를 수행하기 위해 "최속기간 내에 입국"하겠다던 김구와 임시정부는 좀처럼 한반도로 돌아갈 교통편을 얻지 못했다. 김구는 9월 26일 오후 2시 장제스를 만나 임시정부의 귀국에 협조해 줄 것과 "미국 정부와 협상해 최소한 비공식 혁명적 과도정권으로 묵인하여 입국하게 해 달라"고 요청했다. 장제스는 "영미와 협상할테니 기다리라"고 답할 수밖에 없었다.

임시정부는 미국과도 치열하게 교섭했다. 조소앙 외무부장은 8월 14일 패트릭 헐리Pettick Hurly 주중 미국대사와 만났고, 17일엔 김구와 조소앙이 공동명의로 트루먼 대통령에게 보내는 서한도 썼다. 임시정부가 "한국의 운명에 영향을 미치는 모든 공식·비공식 국제기구에 참여하기를 희망한다"[18]는 내용이었다. 사실상 임시정부를 승인해 달라는 얘기였다.

미국은 허락하지 않았다. 미국 정부의 공식 입장은 어제나 오늘이나 임시정부가 '정부로서 환국하는 것은 허락할 수 없다'는 것이었다. 하지만 개인자격으로 귀국하겠다는 것까지 막을 이유는 없었다. 딘 애치슨Dean Acheson 국무장관 대리는 9월 21일 헐리 주중대사에게 "전역 사령관이 승인할 경우 국무부는 (이들의) 귀국에 반대하지 않는다"는 지침을 내려 보냈다. 물론 전제는 김구 등이 임시정부 요원이 아닌 개인자격으로 귀국해야 한다는 것이었다.[19]

충칭에서 장준하 일행이 임시정부로 찾아온 모습을 확인한 뒤 김구에게 "호박이 넝쿨째 떨어졌다"고 말했던 윔스 대위는 이 무렵 이미 미군정 요원으로 경성에 머물고 있었다. 미군정이 김구를 받아들일지 판단하는 기준은 단 하나 자신들의 조선 통치에 도움이 될 여부였다. 그는 9월 28일 미군정에 임시정부를 긍정적으로 평가하는 보고서를

귀국 직전의 임시정부 요인들(1945년 11월, 충칭 임시정부 청사).
이들은 '정부의 환국'이 아닌 '개인의 귀국'임을 확인하는 서면 동의서를
제출하고 나서야 조국 땅을 밟을 수 있었다.

써 제출했다. 하지만 다시 한번 분명히 해야 할 사실은 김구의 귀국은 미군정의 권위에 도전할 수 있는 '정부'가 아닌 '개인 자격'으로 이뤄져야 한다는 것이었다. 통합참모본부가 맥아더에게 전달한 초기기본지령(SWNCC 176/8)에도 임시정부나 그와 유사한 정치단체를 공인 또는 이용하지 말도록 명확히 금지하고 있었다.[20]

김구는 해방 소식이 전해진 지 무려 두 달 반이 지난 11월 5일 오전 7시 충칭을 이륙하는 비행기에 올랐다. 상하이에서 10여 일 머문 뒤 23일 오후 1시 미군 비행기에 탑승해 오후 4시 40분께 김포비행장에 도착했다.[21] 미국은 임시정부 귀국의 의미를 희석하기 위해 요원들을 1·2진으로 나눴다. 2진은 12월 1일 상하이를 출발해 비행기가 기상 악화로 지방 비행장에 착륙한 탓에 2일 저녁에나 경성에 도착할 수 있었다.

임시정부 요원들은 비행기에 오르기에 앞서 자신의 귀국이 '개인 자격'임을 서약하는 서면 동의서를 제출했다. 김구가 경성에 도착하기 나흘 전인 11월 19일 웨드마이어에게 보낸 서한은 다음과 같다.

이제 본인은 본인 및 동료들이 어떠한 공적 위치로서가 아닌 완전히 개인의 자격으로서 귀국을 허락받은 것임을 충분히 숙지하고 있음을 귀하에게 확신시키고자 합니다. 나아가 본인은 한국에 들어가면 우리들이 개인적으로나 집단적으로 정부로서 혹은 민간 및 정치적 능력을 발휘하는 기구로서 활동할 것을 기대하지 않는다는 점을 기꺼이 진술합니다. 우리의 목적은 한국인에게 유리하게 될 질서를 수립하는 데 있어 미군정과 협력하는 것이 될 것입니다.[22]

미 전략첩보국의 독수리 작전이 성공했다면, 해방 후 역사는 지금과 약간 다른 방향으로 흘러갈 수 있었다. 미군 주력은 여전히 오키나와에 머무르고 있었지만, 민감한 정보를 다루는 전략첩보국 정예요원들이 8월 하순부터 경성에서 활동을 시작할 수 있었기 때문이다. 게다가 이들 옆엔 오랫동안 미군과 '한솥밥'을 먹었던 이범석 등 광복군 대원들이 붙어 있었다. 따라서 미군 또한 다음 장에서 살펴볼 모습과는 달리 조선총독부나 일본군이 제공하는 '오염된 정보'에 의존하지 않고 객관적인 조선 정세를 파악할 수 있었을 것이다.

김구와 임시정부 입장에서도 아쉽기는 마찬가지였다. 이범석 등 독수리 작전팀은 미군과 동고동락을 함께 해 온 '전우'였다. 이들이 미군정 내에서 활동했다면 초기 점령 정책을 임시정부에 유리한 쪽으로 유도할 수 있었다. 김구 역시 귀국 때 겪은 수모를 피할 수 있었을지 모른다. 하지만 독수리 작전은 폐기됐고 조선 점령이란 어려운 임무는 조선이라는 '시끄럽고 말 많은 나라'에 대해 아무 것도 모르고 있던 존 하지 제24군단장의 손에 맡겨지게 됐다.

#13
일본의 기만

조선은 미국의 적

— 존 하지

태평양의 패튼

미국 일리노이주의 시골마을 골콘다 출신 52세 남성이 조선 점령이란 익숙지 않은 임무를 떠안게 된 것은 차라리 '운명의 장난'이었다. 오키나와에서 격전을 치른 뒤 사단 재건에 여념이 없던 존 하지 제24군단장은 8월 19일 해방된 남부 조선을 사실상 통치하게 될 주한미육군사령관에 임명됐다. 이 결정이 내려진 이유는 단 하나, '물리적 거리'였다. 1944년 4월 8일 하와이에서 창설된 뒤 태평양의 여러 전투에서 혁혁한 공을 세운 제24군단은 전쟁이 끝난 직후 미국이 사용할 수 있는 한반도에서 가장 가까운 전력이었다.

하지는 부하들로부터 절대적인 신임을 받던 '야전형 군인'이었다. 단순하고 솔직한 성격답게 전투 지휘 스타일 또한 공격 일변도였다. 그가 미군에서 군단장이란 최상위 직급까지 승진할 수 있었던 것은 태평양 전쟁에서 거둔 여러 성과 때문이었다. 그는 미국이 일본을 상대로 역전의 발판을 마련하게 되는 솔로몬 제도 과달카날 전투에서 제25

317

사단 부사단장으로 참전했고, 이어 제43사단 사단장으로 승진했다. 파푸아뉴기니 부겐빌 섬 전투에선 전방까지 나가 부하들을 독려하다 부상을 당하기도 했다. 하지는 이후 필리핀 전투에 참가했고, 미일 양국에서 무려 20만 명이 희생된 태평양 전쟁 최대 비극의 현장인 오키나와에서도 싸웠다. 하지는 여러 전투에서 보여준 공격적 리더십으로 공로훈장과 수훈장을 수상했다.

미국 언론들은 이런 하지에게 '태평양의 패튼'이란 애칭을 붙였다. 상대의 예측을 뒤엎는 저돌적인 작전과 거친 욕설로 유럽과 북아프리카 전선에서 명성을 떨친 미군 장군 조지 패튼에 하지를 견준 별명이었다. 이 표현은 평생 하지를 따라다녔다. 일흔 살에 숨진 그를 기리는 1963년 11월 13일치 《뉴욕타임스》 부고 기사에도 이 표현이 등장한다. 불행하게도 많은 연구자들이 지적하듯 완고하고 근면하며, 결연한 하지의 지휘 스타일은 남한 점령과 같은 복잡·미묘하며 고도의 정무감각이 필요한 임무엔 어울리지 않았다.'

제24군단의 조선 점령은 하지 본인의 표현을 빌자면, 비행기가 '긴급발진'하는 것 같은 빠른 속도로 진행됐다. 가장 큰 문제는 정보 부족이었다. 제24군단 군사실에서 편찬한 《주한미군사》는 "군단 참모진은 3주 뒤에 도착할 지역에 대해 알고 있는 정보가 거의 없었다"고 자인하고 있다. 당혹해진 군단 참모부는 그때까지 중국전구에 배치된 정찰기들이 모은 항공사진을 탈탈 긁어모았고, 오키나와에 배치된 제28항공사진정찰중대에 한반도에 대한 추가 정찰을 요구했다.²

미국이 비행기가 긴급발진하듯 조선 진공을 서두른 이유는 소련 때문이었다. 미군은 소련이 일반명령 1호를 무시하고 북위 38선 아래까지 남하를 이어가 경성을 점령할지 모른다고 우려했다. 미 합동참모본부는 24일 맥아더에게 "소련군이 실제 미군과 조우하지 않는 한, 조선에 대한 남진을 중지할 보장이 없다"고 경고했다. 이 얘기를 들은 맥아더 사령부는 하지에게 "(트루먼) 대통령은 신속하게 한반도로 이동하기를 희망한다. 신속히 이동하라는 결정이 내려졌음을 명심하라"며 채찍질을 시작했다. 맥아더는 29일 하지에게 재차 "제24군단이 상륙하기 전에 소련군이 경성 지역을 점령하고 있을 가능성을 검토해야 한다"고 채근했다.[3]

제24군단은 출발을 서두를 수밖에 없었다. 휴가를 얻어 미국에 가 있던 가빈 참모장이 급히 복귀했다. 하지는 8월 28일 야전명령 55호를 통해 "7사단은 9월 3일 밤부터 9월 4일 오전 중에 출발해 9월 7일 날이 밝고 만조가 될 무렵 인천에 상륙한다"고 지시했다.

미-일의 고공 플레이가 시작되다

이 무렵 조선총독부는 여운형 등 조선의 정치세력과 타협해 일본인의 생명과 재산을 보장받으려는 초기 판단이 중대한 실수였음을 깨닫고 있었다. 잘못을 만회할 기회는 충분히 남아 있었다. 엔도는 8월 29일 내무성으로부터 하지가 이끄는 제24군단이 9월 7일 인천을 통해 상륙한다는 사실을 전달받았다.[4] 이제 곧 경성에 진주할 미군을 내 편으로 돌려놓는다면, 한반도 정세를 총독부에 유리한 쪽으로 몰고 가는 게 얼마든지 가능했다.

총독부는 소련의 동향에 촉각을 곤두세우는 미국의 심리를 꿰뚫고 있었다. 적의 적은 곧 동료였다. 총독부가 미국으로부터 관대한 처분을 끌어내려면, 소련의 위협을 강조해야 했다. 맥아더가 조선 상황에 대해 처음으로 구체적인 정보를 입수한 것은 아베 총독이 일본 정부를 통해 보내 온 8월 29일치 전문을 통해서였다. 아베는 소련이 점령 중인 한반도 북부의 혼란상을 강조하며, 그 여파가 한반도 남부에 이를 수 있다는 점을 강조했다.

한반도 북부 상황은 8월 23일 이후로 급속히 악화됐다. 일본인의 생명과 재산은 풍전등화의 상태이다. 이 같은 비극적 상황을 방치해둔다면 한반도 남부로 이와 같은 상황이 옮겨갈 것이다. 각 지역의 일본 관헌은 평화와 질서를 유지하는데 극도의 어려움을 겪게 될 것이다. 각 지역의 일본 관헌은 한반도 남쪽에서 일본군을 대신해 평화와 질서를 유지할 연합군이 빨리 도착하기만 손꼽아 기다리고 있다. 또 연합군이 일본을 무장해제하고 행정 기구를 일본으로부터 인계받기 전에 한반도에서 벌어지고 있는 실제 상황을 충분히 고려해 줄 것을 바라고 있다.[5]

맥아더는 하지에게 이 전문을 보내며 "주의 깊게 읽어보라"고 지시했다. 하지는 하지대로 조선에 대한 정보를 확보하기 위해 노력 중이었다. 가장 빠른 방법은 자신의 카운터 파트너가 될 일본의 제17방면군과 소통 채널을 확보하는 것이었다. 하지의 제24군단은 이미 자체적으로 "모든 주파수와 교신 부호를 사용해"[6] 제17방면군에게 연락을 시도했지만 성과를 거두지 못하고 있었다. 이 문제는 곧 해결됐다. 연합군총사령부가 일본 정부를 통해 제17방면군 사령관에게 "제24군단 사령관과 도쿄시간 8월 31일 8시까지 암호통신과 영어무선통신을 통한 무선연락을 개시하라"고 지시했기 때문이다. 얼마 전까지만 해도 서로를 '귀축鬼畜'과 '잽Jap'이라 부르던 미국과 일본이 조선인을 철저히 배제한 채 '고공 플레이'를 시작하게 된 것이다.

이후 제24군단과 17방면군은 수많은 전문을 주고받았다.《주한미군사》에 따르면, 당시 교신 내용은 △항복의 준비 △조선의 정세 △조선에 거주하는 이들의 동향 등이었다. 이 과정을 통해 일본군 입맛에 따라 가공된 여러 정보들이 백지 상태에 가까운 하지의 머릿속으로 파고들었을 것으로 추정된다. 고즈키 사령관은 9월 1일 "조선인 중에는 현 상황을 이용해 조선의 평화와 질서를 어지럽히고 음모를 꾸미는 공산주의자와 독립선동가가 존재한다. 경찰은 군대가 지원해줄 때만 힘을 발휘할 수 있다"고 주장했다. 그는 또 미군이 처음 상륙하게 된 인천에서 부두 노동자들이 "(공산주의에 물든) 노동조합의 사주를 받아 과도한 급여 지불과 식량배급을 요구하는 것에 불안감을 느끼고 있으며 이들이 사보타주를 할 수 있다"고 보고했다. 조선인 폭도가 일본인 경찰관을 상대로 벌이고 있는 폭력행위, 탄약 탈취, 빈번히 발생하는 파업에 대한 우려도 전했다.[7]

이를 걱정한 하지는 9월 1일과 9월 5일 두 차례 B-24를 띄워 조선 각지에 대량의 삐라를 뿌렸다. 1일 뿌린 삐라의 양은 서울 7만 장, 부산 3만5000장 등 총 13만 장이었고, 이틀 전체로는 약 30만 장이었다. 삐라 전문은《매일신보》9월 1일자에 실렸다. 조선인들은 이를 보고 조선에 진주하게 될 미군 사령관의 이름을 알았다.

> 미국 군사는 조선의 재건과 질서 있는 정치를 실시코자 근일 중에 상
> 륙하겠습니다. 이를 실시하는 것은 민주국인 미국입니다.
> 조선이 재건되느냐 못되느냐 또는 빨리 되느냐 더디 되느냐는 것은 오
> 로지 조선국민의 행동 여하에 달렸습니다. 이때에 경솔하고 무분별한
> 행동은 의미 없이 인명을 잃고 국토를 어지럽히고 독립을 더디게 할
> 것입니다. 현재의 환경은 여러 가지로 못마땅한 점이 많겠지만 장래의
> 한국을 위하여 냉정 침착히 질서를 지키어 국내에 동란이 일어나지 않
> 도록 해야 합니다. 그리고 전심전력을 기울여 평화산업에 힘써 주셔야
> 하겠습니다.
> 지금 말씀한 것을 충실히 지키면 조선은 속히 독립될 것이고 또 민주
> 주의 아래서 행복된 생활을 할 날이 속히 도달할 것입니다.

고즈키는 삐라 내용에 크게 만족했다. 하지에게 미군이 살포한 삐라
가 조선 내 "평화와 질서를 유지하는 데 매우 유익한 결과를 가져왔다.
특히 공산분자들의 불법 행위를 멈추게 하는데 효과적이었다. 이런 종
류의 성명서를 앞으로도 환영한다"[8]고 사의를 표했다. 조선인들의 반
응은 정반대였다. "기대한 것 같은 일도양단적인 통쾌미도 없고, 일인
에 대한 추상같은 군령도 없"[9]는 이 삐라 내용에 "적잖은 불만"을 느꼈
다. 사용된 3개국 언어의 순서가 영어·일본어·조선어라는 점도 묘한
불안감을 안겨주기에 충분했다. 패전국인 일본을 해방국인 조선보다
우대하는 인상을 줬기 때문이다.

'태평양의 패튼' 존 하지 미군정 사령관. '정치를 모르는 군인'의 리더십과 '최량의 정치력'이
요구되는 한반도의 정세는 불화할 수밖에 없었다.

해방 직후 군을 동원해 조선 내 치안을 유지해 왔던 제17방면군 사
령부는 미군과 의사소통을 시작한 뒤 자신감을 얻었다. 9월 3일 미군
의 허락을 받아 "일본군은 미군이 책임을 인계하기까지는 북위 38도
이남에서 조선의 치안을 유지함과 동시에 행정기관을 존치할 것"이라
며 "이를 위하여 미군기가 조선인에 대하여 치안을 유지하도록 포고
문을 투하했다"[10]고 발표했다. 군 병력을 투입해 조선의 치안을 장악
하고 있는 현재 상황을 승전국인 미국이 승인했다는 선언이었다.

조선총독부의 입장은 그보다는 복잡했다. 일본군은 미군 진주 후 포
츠담 선언 9조에 따라 "무장이 해제된 뒤 각각 가정으로 돌아"가면 그

만이었다. 그러나 조선총독부는 이후에도 조선에 거주하는 일본인들의 생명과 재산을 보호해야 했다. 총독부의 핵심 관심사는 그간 자신들이 행사해 온 조선의 치안권과 행정권이 누구에게 돌아가느냐였다. 만약 미군이 소련처럼 총독부를 해체하고 즉시 조선인들에게 치안권과 행정권을 넘겨준다면, 일본인들의 안전은 바람 앞의 등불일 터였다. 실제로 북한 지역의 일본인들은 패전 직후부터 1946년 12월까지 강제 수용된 채 병과 굶주림에 시달려야 했고, 상당수는 그 와중에 목숨을 잃었다. 북부 조선에 살던 20만 명 넘는 일본인들은 견디다 못해 38선을 넘어 목숨을 건 남하를 감행하게 된다. 남쪽에서도 이런 비극이 벌어지는 것은 막아야 했다. 총독부는 통치의 효율을 위해 기존 행정기구를 그대로 활용해야 한다는 논리로 미군을 설득하기로 마음먹는다. 미군이 이를 받아들인다면, 38선 이남에서 일본인의 생명과 재산을 비교적 안전하게 지킬 길이 열리는 셈이었다.

총독부는 경성에 진주하는 주체가 미군임을 확인한 직후인 8월 25일 이들에게 제출할 13개 항목의 '희망사항'을 작성했다.[11] 주요 내용은 '치안확보를 위해 일본의 헌병과 경찰관을 활용하고 싶다' '미군이 행정체제를 확립할 때까지 조선총독부 등이 존재하는 한 종래와 같이 전력을 기울이고 싶다' '조선인 사상주의자가 일·소, 일·미 사이를 이간질하는 데 틈을 줘선 안 된다' 등이었다. 일본은 항복했지만, 조선 내 치안을 계속 총독부가 담당하고 싶고, 행정권도 총독부가 시행하기 원하며, 미국은 공산주의자가 절대 다수인 조선인 독립운동가들과 거리를 둬야 한다는 내용이었다. 총독부는 26일엔 미군이 행정을 접수하더라도 "가능한 한 상대(미군)는 감독적 지위에 놓고 실무는 내지인이 현재 그대로"[12] 맡아 업무를 진행하도록 설득하기로 교섭 방침을 정했다.

일본 정부도 훈수에 나섰다. 일본 내부차관은 9월 2일 엔도에게 전문을 보내 내지에서 진주한 미군과 협상했던 경험을 근거로 "미군과 절충은 친절하고 솔직한 태도로 임하고 만약 조리에 반하는 게 있다면 기탄없이 주장해야 한다"[13]고 전했다. 미리 위축되지 말고 미국인 특유의 합리주의를 철저히 이용해 주장할 게 있으면 강하게 주장하라는 조언이었다.

만반의 준비를 갖춘 총독부는 미군 선발대를 맞았다. 찰스 해리스 Charles Harris 준장을 대표로 하는 37명의 선발대가 9월 4일 오전 7시 여덟 대의 B-25에 분승해 오키나와 가데나 비행장에서 경성으로 출발했다. 하지만 중간에 폭풍우를 만나 여섯 대가 귀환했고, 두 대만이 무사히 김포에 내렸다.[14] 해리스는 재차 경성을 향해 날아올라 6일 도착했다.

미일 간 본격 회담이 시작된 것은 그날 밤이었다. 해리스는 전쟁 전 조선에 살던 지인으로부터 영어에 능통하고 성실한 일본인 통역 오다 야스마小田安馬란 인물이 있다는 얘길 들어 알고 있었다. 그는 비행기에서 내려 호텔로 이동하는 자동차 안에서 동승한 일본인에게 "오다와 만나고 싶다"고 말했다. 하지만 이는 불필요한 질문이었다. 비행장부터 그를 안내한 인물이 바로 오다였기 때문이었다.[15]

양쪽의 협상은 자정을 넘긴 7일 새벽 3시까지 이어졌다. 해리스는 일본 당국자들에게 정오까지 행정 참고자료를 제출할 것, 미군이 점령하게 될 경성과 인천에 미군 사령부가 사용할 사무실 공간을 마련할 것, 미군 장교들과 약 2000명에 달하는 사병들의 숙소와 병원·창고 등의 시설을 제공할 것을 요구했다. 총독부는 총독부 청사, 총독관저, 조선호텔, 반도호텔, 미쓰이三井물산 건물 등을 준비했다. 또 혹시 모를 불상사를 막기 위해 미군 진주 전에 인천과 경성에 남은 일본군은 남하하기로 했다. 미국은 이들에게 "부산이나 대구까지 남하하라"고 했지만, 일본은 일단 "북한에 있는 일본군이 있으니 군 사령부의 이전 지역은 대전이 적당하다"[16]고 주장해 관철시켰다. 일본인들을 남겨두고 떠나가는 군의 심경은 복잡했다. 이하라 참모장은 조선에 남게 될 호즈미에게 원통한 심경을 남겼다.

남기로 염원했지만, 먼저 떠나야 하는 운명, 영탄詠嘆의 극한이며 또한 귀하와 함께하지 못하고 떠나게 되었지만 부대 이해를 바랍니다. 차가운 한강물을 보면서, 남산을 뒤돌아보며 떠나는 비통. 50년 만에 한 번 있는 한스러운 일입니다.[17]

역전의 성공

이튿날 회담은 오전 10시부터 엔도 정무총감의 방에서 이뤄졌다. 미국에선 해리스 준장, 림즈 아고Reames Argo 대령, 일본에선 엔도 정무총감, 미즈타 재무국장, 이토 다이키치伊藤泰吉 체신국장, 야마나 미키오山名酒喜男 비서관 겸 총무과장 등이 참석했다. 이 자리에서 해리스는 총독부가 오매불망하던 발언을 쏟아냈다. 조선총독부가 지금처럼 행정의 실무를 맡고, 미군은 이를 감독만 하겠다는 의향을 밝힌 것이다.

해리스가 묻고 엔도가 답했다.

"남조선에서 행정을 하기 위해 현재 관청에서 집무 중인 관리과 관청의 건물설비를 계속해 사용하고 싶다. 가능한가?"

"귀관의 의향은 조선에 군정을 실시한다는 의미인가?"

"군정 실시라고 명확히 말할 순 없다. 조선에 지금까지와 같이 총독·총감의 총괄 아래 놓고 미군사령관은 이를 관리·감독하겠다는 의향이다."

해리스의 발언을 들은 엔도는 속으로 쾌재를 불렀을 것임이 틀림없다. 총독부가 온 힘을 기울여온 대미 설득공작이 멋지게 성공했기 때문이다. 조선의 새 주인인 미군 대표의 제안이 그대로 시행된다면 일본인 관료들이 조선의 치안과 행정을 지금처럼 계속 맡아 처리할 수 있었다.

좀 더 시각을 넓혀 보면, 기존 정부의 조직기구를 그대로 남겨둔 채 미국은 관리·감독만 하는 것은 미국이 일본 본토에서 채용한 점령통치 방식이었다. 맥아더는 기존 일본 정부 기구를 그대로 유지한 채 연합군총사령부를 통해 관리·감독만 하는 간접통치를 택했다. 그러나 조선은 일본 본토가 아닌 식민지배를 갓 벗어난 해방국이었다. 같은 방식을 조선에 도입하는 것은 미국이 일본의 식민지배를 연장한다는 의미로 받아들여질 수밖에 없었다.

엔도는 이런 중요한 얘기는 구두가 아닌 문서로 확인받아야 한다고 판단했다. 엔도는 "이 건은 중요사항이다. 귀관의 의사를 서면으로 써줄 수 있겠나"라고 물었다. 해리스는 "이 건은 미군 사령관의 결정권에 속하는 것이다. 나는 미리 대략의 뜻을 표명해 당신이 준비하는데 도움을 주려는 것일 뿐"이란 말로 문서화 요구는 피해나갔다. 그러자 엔도는 말을 돌려 "38도선 이북으로부터 다수의 공산당원이 잠입해 있다. 최근 1주 내 정보에 따르면 총독·총감·군사령관·참모장 등이 그들의 테러 목표인물이 되어 있다. 이들 공산주의자들은 일미 간의 충돌과 소격疏隔(사이를 벌림 - 인용자)을 위해 이를 이용하려고 책동하고 있다"[18]며 공산주의자들의 위협을 재차 강조했다.

조선에 진주하는 미군의 솔직한 심리를 보여주는 기록이 남아 있다. 미군 선발대의 일원인 아고 대령은 이후 야마나 총독부 총무과장과 실무 협의를 진행했다. 야마나가 "조선인은 미군을 독립의 복음을 가져오는 구세주로 환영하고 있다"고 말을 걸자, 아고는 "단지, 쓴 웃음을 지을 뿐"이라고 답했다.[19] 야마나는 이 발언을 통해 조선인을 바라보는 미군의 인식이 매우 부정적이란 사실을 깨닫는다. 하지의 심경도 크게 다르지 않았다. 시끄러운 조선인보다 익숙지 않은 점령 업무에 나서게 된 자신을 성심성의껏 도와준 일본인들에게 고마움을 느꼈는지, 1945년 9월 23일에 실린《뉴욕타임스》인터뷰에서 제24군의 최상의 정보 제공원이자 조선 상륙에 큰 도움을 준 이들은 "조선인이 아닌 일본인이었다"[20]고 밝혔다. 전쟁이 끝나자마자 미국이 일본을 적이 아닌 귀중한 협력자로 인식하기 시작한 것이다.《주한미군사》는 해리스가 이끈 미군 선발대의 활동에 대해 이들은 "대체로 일본군과 어울렸고, 거기서 조선인은 제외되었다. 이런 이유로 일부 조선인들에게는 대원들이 일본인 장교들과 우호적인 태도로 어울리고 조선인과는 멀리 떨어져 호텔 안에만 머무는 듯이 보였다"[21]고 자평했다.

조선 해방을 약속한 카이로 선언에서 미·영·중 3개국은 "조선 인민의 노예 상태에 유의하여 적당한 시기에 조선을 자유롭게 독립시킬 것을 결정한다"고 밝혔다. 조선 인민이 노예 상태에 있었다면, 조선인들은 패전국민이 아닌 해방국민이며, 미군도 점령군이 아닌 해방군이어야 했다. 도쿄의 맥아더는 8월 하순 제24군에게 조선인을 "해방된 국민으로 대우하라"는 지령을 내리지만, 하지는 9월 4일 제24군단 장교들에게 "조선은 미국의 적"이며 따라서 "항복의 제규정이 조선이 적용된다"고 말했다.[22] 이 서글픈 변화에 대해 브루스 커밍스는 자신의 역저 《한국전쟁의 기원》에서 "1945년 8월부터 9월 사이에 점령군의 눈에 조선인은 준적국인으로, 일본은 우호국의 국민으로 변했다"[23]고 지적했다.

여운홍의 마중

미군과 일본군 사이에 조선의 앞날을 둘러싼 '고공 플레이'가 벌어지고 있을 무렵 건국준비위원회 역시 임박한 미군 진주에 나름의 대응을 준비했다. 머잖아 인천에 상륙할 미군과 접촉하기 위해 특사를 파견한 것이다.

건준 특사로 선발된 이는 여운홍·백상규·조한용 등 3인이었다. 여운홍은 미국 오하이오주 우스터대학을 졸업한 뒤 보성전문의 영문학 교수로 근무했던 지식인이었고, 백상규도 아이비리그 대학인 브라운대 출신으로 보성전문에서 영문학·경제학 등을 가르친 인텔리였다.

총독부와 달리 미군과 의사소통을 할 수 있는 통신수단을 확보하지 못한 특사 일행이 약속 시간과 장소를 사전에 정할 방법은 없었다. 이들은 어쩔 수 없이 인천 앞바다에 무작정 배를 띄워 놓고 미군을 기다리는 '뻗치기 전술'을 취했다.

9월 5일 미군의 입항이 있을 것이란 정보를 확보한 3인방은 2일 인천으로 갔다. 이들은 인천 세관에 근무하고 있던 표양원·김재곤 등과 함께 70t급 배에 3일치 양식을 싣고 인천항을 떠났다. 배는 속력을 내 인천항에서 50km 정도 떨어진 덕적도까지 나아갔다. 하필 그날 밤부터 태풍이 불었다. 4일 인천에서 "미군은 8일에나 입항한다"는 소식을 전해왔다. 예고했던 대로 새벽 3시께 저만치에서 가느다란 불빛이 보이기 시작했다. 미군이 도착한 것이다.

육중한 미 함선은 4시 반부터 모습을 드러내기 시작했다. 일행은 선실로 들어가 옷을 갈아입고, 일장기에 색깔을 덧칠해 급조한 태극기를 달았다.[24] 일행은 배를 몰아 나아가며, 지나는 함선에 사령관이 탄 배가 어느 것인지 물었다. 이 과정을 반복해 가며 상륙 지휘선인 캐톡틴을 찾아낼 수 있었다. 일행이 아래서 소리를 지르자 캐톡틴에서 올라오라며 쇠다리를 내려줬다. 백상규가 가장 먼저 오르고 여운홍과 조한용이 뒤를 따랐다. 아직 해가 뜨지 않은 새벽이었다.

제24군단의 참모장 가빈이 이들을 맞았다. 여운홍은 가빈에게 여운형 건국준비위원회 위원장의 메시지를 전한 뒤 하지와 면담을 요청했다. 가빈은 먼저 자신과 대화해야 한다고 말했다. 가빈의 관심은 소련의 동향, 발전소의 분포상황과 현황, 건준의 성격, 권한, 조직형태, 구성인물 등이었다. 일행은 가빈에게 건국준비위원회에 대해 "조직 동기로부터 활동 상황까지 빠짐없이 설명했"지만, 그는 의아하다는 태도를 좀처럼 바꾸려 하지 않았다. 여운홍은 그에 대해 "인천으로 미군을 맞으러 간 사이에 인민공화국이 탄생하였던 것인데 우리는 이것을 모르고 있었지만, 그들은 이를 알고 있었기 때문"이라고 해석했다. 가빈이 인민공화국 성립 사실을 알았다면 그 정보원은 총독부나 일본군이었을 것이다. 미군은 여운홍 일행을 친절하게 대했지만, 경계하는 태도를 풀지 않았다. 일행은 가빈과 아침 식사를 함께한 뒤 갑판으로 올라와 대화를 나눴다.[25]

일행이 요구한 하지와 만남은 이뤄지지 않았다. 하지는 이후 인터뷰에서 자신이 이들을 만나지 않은 이유에 대해 "이들이 일본인의 지원을 받고 있었고", 특정 정치세력을 지지한다는 인상을 주고 싶지 않았기 때문이라 밝혔다. 브루스 커밍스는 하지가 거짓말을 했다고 단정한다. 당시 건준을 친일파라 주장하는 것은 한국민주당 밖에 없었고, 그 사실을 인천 앞바다에 떠 있는 하지가 알 리 없기 때문이었다.[26] 특사단은 소기의 목적을 달성하지 못했다.

　함선은 정오께 인천 월미도에 닿았다. 미군은 잠시 뒤인 오후 1시 반께 상륙을 시작했다. 엔도 정무총감, 총독부 각국 국장, 이하라 조선군관구 참모장 등이 인천까지 마중 나가 하지를 영접했다. 하지 일행과 함께 인천에 내린《뉴욕 타임스》의 종군기자 리처드 존스톤Richard Johnston은 8일 신문에 제24군단이 오키나와에서 "3일 밤, 3일 낮"의 항해를 거쳐 '은둔의 왕국Hermit Kingdom'에 도착했다고 보도했다.

　적잖은 조선인들이 미군을 환영하기 위해 월미도 해안으로 몰려들었다. 하지만 집회가 원천 봉쇄돼 조선인들에겐 환영의 기회조차 허락되지 않았다. 오후 2시께 흥분한 조선인 일행이 인천항 바로 앞인 혼마치와 미야마치 교차로를 가로막고 있는 일본 경찰의 경비선을 돌파하려 했다. 일본 군인 출신으로 구성된 특별경찰대가 이들에게 발포했다. 그로 인해 노동조합 인천중앙위원장 권평근과 보안대원 이석우 등 2명이 즉사하고 14명이 부상을 당했다.[27] 숨진 조선인들의 장례는 10일 오전 10시 인천의 천주교회당에서 부민장으로 열렸다.[28] 이들을 쏜 특별경찰을 처벌하기 위한 재판이 열렸지만, 미군정은 애초 집회가 불허돼 있었기에 발포는 정당한 행위였다며 무죄를 선고했다.

　이 모든 소동이 종료된 뒤 여운홍 일행은 배에서 내렸다. 8일 저녁 무렵이었다. 그들은 미군 방첩대CIC 소속 한 중위의 지프차에 동승해 경성으로 돌아왔다. 경과를 보고하는 자리에서 여운형은 일행의 공을 치하했지만, 여운홍의 고백대로 미군 진주 이후 "정계 혼란은 더욱 더 심해져"만 갔다.

#14
인민공화국의
탄생

이것은 ── 순전히 소아병적인

극렬 공산당원들이 꾸며낸

하나의 연극이었다.

── 여운홍

난데없는 등장

조선총독부가 6일 조선호텔에서 미군 선발대를 겹겹이 에워싸고 협상을 벌이던 무렵 경성에선 또다른 파란이 진행되고 있었다. 조선인민공화국(인공) 결성을 위한 전국인민대표자대회가 경기고등여자보통학교(현재 헌법재판소 터) 강당에서 전격 개최된 것이다. 사람들은 인민공화국의 출현을 그야말로 뜬금없는 것으로 받아들였다. 그동안 좌우합작을 추진하던 안재홍 등이 물러나고, 박헌영을 따르는 재건파 공산당을 중심으로 "건준이 개편된 지 불과 이틀 후인 6일 난데없이 등장"했기 때문이었다.[1]

건국준비위원회가 왜 조직 정비를 마친 지 불과 이틀 만에 '인민공화국 선포'라는 무모한 결정을 내렸는지에 대해선 여전히 명확한 경위를 확인할 수 없다. 결정은 여운형·박헌영·허헌·정백 등 4명이 경성의 전 병원에 입원 중인 허헌의 병실에서 내린 것으로 알려져 있다.[2]

전문가들은 인민공화국을 박헌영·이강국·최용달 등 재건파 조선공

335

산당 중진들이 여운형을 얼굴마담으로 놓고 탄생시킨 것으로 본다.[3] 그렇게 볼 수밖에 없는 이유가 있다. 박헌영의 '8월 테제'와 공산주의자들의 입김이 강하게 들어간 건국준비위원회 '선언문'에서 인민공화국 설립의 근거가 되는 구절이 담겨 있기 때문이다. 박헌영은 8월 테제에서 "인민과 연계를 맺고 (…) 그들의 대표를 모아 전국적 대표회의에서 최고지도기관을 내세울 것이다"라고 선언했고, 건준은 선언문에서 "진정한 민주주의 실현을 위하여 강력한 민주주의 정권을 수립하여야할 것이다. 이 정권은 전국적 인민대표회의에서 선출된 인민위원으로 구성될 것이다"라고 밝혔다. 박헌영의 입김이 강하게 작용한 두 문서 모두가 인민공화국의 도래를 예언하고 있었다.

인공을 만들어야 한다고 주장한 공산주의자들의 논리는 미군 진주가 눈앞에 다가온 이상 미국과 절충할 '인민총의의 집결체'가 필요하다는 것이었다. 이 인민총의의 집결체는 건국준비위원회 같은 과도조직이 아닌 '인민공화국'과 같은 정규 국가조직의 형태를 갖춰야 했다.

이날 행사 개최시각과 참석인원에 대해선 기록이 저마다 조금씩 다르다. 《매일신보》는 "오후 9시, 1000명", 이만규는 《여운형 투쟁사》에서 "오후 7시, 참석인원 근 1000명"이라고 적었다. 이 행사에 비판적이었던 박일원은 《남로당총비판》에서 참석인원을 200-300명으로 꼽았고, 여운형의 측근이었던 이동화가 제시한 수치는 "오후 4시, 400명"이었다.

전국인민대표자회의는 공산당계가 중심이 되고, 여운형 지지자들이 일부 자리를 지킨 가운데 진행됐다. 이동화는 이에 대해 "너무 시간적 여유가 없었던 탓인지 서울에 와 있는 사람들만 모였다. 그때 세력

분포는 내가 알기로는 공산당과 몽양 세력이 비슷했던 것이 아닌가 싶다"⁴고 증언했다. 김남식은《남로당 연구》에서 "500-600명의 대의원이 참가했는데 공산당 계열이 대부분이었으며 여운형계에서 일부 참가했다"고만 밝혔다. 누구의 주장을 받아들이든 국가를 만들기 위해 개최한다는 '전국인민대표자회의'의 막중한 의미를 생각할 때 도무지 정당성을 주장할 수 없는 절차와 규모였다. 회의 진행 과정에 대한《매일신보》의 묘사를 보자.

> 벽두 건준 선전부 이여성의 개회선언이 있자 곧 의장 선출에 들어가 위원장 여운형이 의장석에 등단했다. 개회사를 한 다음 전원 기립하여 해방 전선에서 희생한 선배동지들의 추도묵상이 있고 국가제창이 있은 후 부위원장 허헌 경과보고가 있고 이어 '조선인민공화국' 조직 기본법초안을 축조낭독逐條朗讀하여 다소의 수정을 가하여 이를 통과시킨 후 인민위원 선거에 들어가 위원장, 부위원장을 가한 5명의 전형위원을 선정하여 55명의 위원, 후보위원 20명, 고문 12명으로 발표하였다.

회의 도중 여운형을 지지하는 이들 쪽에서 '조선인민공화국'이라는 칭호는 너무 과격하니 '조선민주공화국'으로 하자는 제의가 나왔다. 그러자 공산주의자들이 들고 일어나 원안을 통과시켰다. 결국 국호는 조선인민공화국으로 결정됐다. 하지만 이날 모임의 핵심 결정내용은 국가 수립을 위한 인민위원 선출이었다. 김남식의 분류를 보면, 이날 선출된 55명의 인민위원의 절대다수인 72%(38명), 후보위원의 75%(15

명)가 공산주의자였다. 이정식에 따르면, 여운형 계열은 인민위원과 후보위원에 각각 4명, 3명이 포진해 있을 뿐이었다. 여운형의 측근으로 8월 21일 일본군과 극적인 담판으로 건국준비위원회를 살려낸 최근우 총무부장도 정식 인민위원이 아닌 후보위원으로 밀려났다. 이에 견줘, 박헌영의 직계인 재건파 공산당이 인민위원의 과반 이상인 30명(54.5%)과 후보위원의 절반인 10명을 차지했다.[5] 여운형은 박헌영에게 건준의 후신인 인민공화국을 사실상 탈취당한 셈이었다. 개회를 주도한 이들은 좌우합작의 모양새를 취하기 위해 김병로·김성수 등 우익 인사 몇명을 인민위원 명단에 넣고도 대회소집 사실을 알리지 않았다. 대회를 방해할 수 있다는 어처구니없는 이유에서였다.[6]

여운형은 얼굴마담으로 전락했지만, 주어진 역할에 충실하려 했다. 단상에 올라 대회의 의의를 설명했다. 첫마디는 뜻밖에도 "사과한다"는 것이었다. 여운형이 인민공화국 선포를 그다지 탐탁하게 생각하지 않았음을 짐작할 수 있다.

갑자기 인민대표회의를 개최하게 된데 대하여 여러분들께 나는 사과한다. 그러나 지금은 건국을 위한 비상시이니 비상조치로서 이렇게 할 수밖에 없었다. 선출된 인민위원은 각계각층을 망라하였다. 그러나 이것은 완전하다고 할 수 없으며 이들은 이제부터 인민총의에 의한 대표위원이 나올 때까지 잠정적 위원이라고 할 수 있다. 선출된 위원은 대부분 승낙할 것이라 생각한다.

(…)

연합군의 진주가 금명간 있을 것이므로 그들과 절충할 인민 총의의 집

결체가 있어야 할 것이며 그 집결체의 준비공작으로서 급히 전국대표
대회를 개최하지 않으면 안 되었다.

(…)

한편 이제부터 우리의 사업은 외국인을 상대로 하는 것이다. 위는 곧
두분의 손님(미소)을 맞게 될 것이며, 그때는 여러 가지 난처한 일이 많
을 것이다. 그러나 그 어느 때라도 과거 500년 동안 우리의 치욕이요
통폐였던 사대사상은 단호히 버려야 한다.[7]

  여운홍은 6일 밤 갑작스러운 인민공화국 설립에 대해 "이것은 예정
되었던 일도 아니며 더욱이 형님이 진심으로 마음 내키는 일도 아니었
다. 이것은 순전히 소아병적인 극렬 공산당원들이 꾸며낸 하나의 연극
이었다"[8]고 지적했다. 이영근 역시 박헌영의 횡포를 맹비난한 뒤 인공
의 탄생을 '자궁외 임신'[9]에 비교했고, 이정식은 "단적으로 말해 인공
의 설립은 박헌영계 공산당에 의한 궁중혁명의 결과"[10]라고 비꼬았다.
박헌영·이강국·최용달 등이 달려들어 여운형에게 인민공화국 설립의
필요성을 역설하자 이를 거절하지 못하고 억지로 끌려들어갔다는 얘
기다. 이 무렵 여운형을 가까이서 지켜 본 이란의 증언도 비슷하다. "인
공은 순전히 박헌영이 하고 여운형이 이용당한 것이다. 최용달·이강
국·박문규 등 박헌영 직계들이 미군이 들어오는데 건준으로는 약하니
까 국호를 만들고 있으면 미군이 사후승인을 할 거다(라고 주장했다 – 인
용자). 박헌영의 전술이었다."[11]

  인민공화국이 만들어지며, 해방 당일 '건국'에 대비하기 위해 만들
어졌던 임시조직인 건국준비위원회는 해체하지 않을 수 없었다. 건국

준비위원회의 사실상의 후신인 인민공화국은 10월 7일 오후 2시 옥인동 인민공화국 정청*에서 집행위원회를 열고 "인민공화국이 이미 탄생했고, 인민의 지지를 받았으므로 건준은 그 사명을 다했다"며 해소를 결의했다. 해체식은 이튿날인 8일 숙명고등여학교에서 열렸다.[12] 해방 직후 조선인의 기대를 한 몸에 받았던 건국준비위원회의 허무한 해체였다.

뼈아픈 실수

많은 이들이 인민공화국의 섣부른 등장에 대해 "여운형이 실수한 것"이라고 혀를 찼다. 해방 이후 월남한 함경남도 이원 출신 청년 강원룡(1917-2006)은 1946년 여름께 공산주의자들에게 이리저리 끌려 다니는 여운형을 보고 화가 나서 계동 집을 무턱대고 찾아가 항의한 적이 있었다. 여운형은 낯선 젊은 청년의 방문에 놀라지 않고 "이강국과 박헌영에게 이용당했다"[13]는 사실을 선선히 인정했다. 상대가 쉽게 비판을 받아들이니, 오히려 공격한 쪽이 무색해졌다. 강원룡의 증언이다. "그분의 사상이라는 것이 애매하다. 그러니까 공산당한테도 꼭 이용당하기 좋은 사람이었다. 좋게 말하게 되면 (사상의 폭이) 굉장히 넓고, 어디 그렇게 치우지지 않고, 나쁘게 말하게 되면 줏대라는 게 없었다."[14] 안재홍 역시 사람 좋은 여운형에 대해 날카로운 평가를 남겼다. "일본

---

* 인민공화국 본부는 옥인동에 있던 친일파 윤덕영(1873-1940)의 집에 세워졌다.

인정객 또는 장관급 군인 등과 함께 만나 천하대세를 논하고 자기의 포부를 말하고 하는 총론식 추론에는 가다가 천하일품이라고 칭찬해 좋을 만치 당당한 바 있었"지만, "객관적인 구체론은 얼마큼 명쾌를 결하는 바 없지 않았다"[15]는 것이다. 동생 여운홍마저 여운형에 대해 '금도끼'라는 표현을 쓸 정도였다. 겉보기에는 좋지만, 실용성 있게 실제 뭘 자르지는 못한다는 얘기였다.[16]

강원룡의 말대로 여운형은 비정한 정치의 세계를 관통해 내긴 너무나 "좋은 사람"이었다. 그는 조선 혁명을 위해 말로 형용할 수 없는 고통을 당했던 박헌영을 진심으로 아꼈다. 언젠가 박헌영이 여운형의 집에 찾아가 "여비를 보태 달라"고 한 적이 있었다. 수중에 목돈이 있을 리 없었던 여운형은 부인을 불러 "박 동지가 수고했으니, 중국집에 가 요리를 사오라"고 했다. 그렇게 부인을 내보내 놓고 여운형은 집에 있던 은수저를 모두 싸서 박헌영에게 건넸다. 누군가 박헌영을 욕하면 "박헌영이가 지하에서 얼마나 고생도 많이 했고, 또 그만큼 지금까지 일한 사람이 누가 있나"[17]며 감싸려 했다.

반면 박헌영은 철저한 혁명가였다. 그는 역사의 진보와 프롤레타리아의 승리를 위해 가족애까지도 억누를 수 있는 인물이었다. 그는 해방 후 적잖은 시간이 흐른 1946년 4월 29일 모스크바에 있던 딸 비비안나에게 편지를 썼다. "사랑하는 내 딸, 먼 조선에서 네게 안부를 보낸다"로 시작하는 이 편지에서 박헌영은 당대의 미인이었다는 첫 부인 주세죽(1901-1953)의 행방을 물었다. "너의 엄마 코레예바(주세죽)가 어디 계시는지 아니? 엄마는 아팠는데, 상태가 어땠는지 모르겠구나." 박헌영은 1932년 1월 주세죽과 헤어진 뒤 그녀를 다시 만나지 못했다.[18]

혁명가에게도 사랑이 있었겠지만, 그는 일제가 강요했던 '짐승의 시간'을 견뎌내며 이 모든 것을 기꺼이 포기했다. 해방 이후 다시 세상에 나온 박헌영에게 적당한 타협이란 있을 수 없었다.

이날 뽑힌 인민위원 가운데 37명은 이틀 뒤인 8일 오후 4시 건준 본부에 다시 모여 내각 명단을 작성했다. 하지만 그전에 국가 설립의 뼈대가 되는 헌법안을 준비했는지 의문이다. 내각을 정하려면, 국가수반의 권한과 의무는 무엇인지, 국무총리는 무엇을 해야 하는지, 각 부처 장관들의 역할은 무엇인지 헌법에 따라 미리 정해야 했다. 헌법에서 대통령 중심제와 의원 내각제 중에서 어떤 제도를 택하느냐에 따라 대통령과 총리의 권한과 의무는 하늘과 땅처럼 달라질 수밖에 없다. 이정식은 박헌영 등 공산주의자들이 "인민공화국을 성급하게 설립하려고 서두르는 과정에서 가장 중요한 헌법을 생략하고 조각부터 한 것으로 결론지을 수밖에 없는데, 만일 사실이 그랬다면 가소로운 일"[19]이라고 평했다.

그럼에도 일은 일사천리로 진행됐다. 내각명단은 7일 재차 테러를 당해 회의에 참석하지 못한 여운형의 동의도 없이 14일 공개돼 15일자 《매일신보》에 실렸다. 인민공화국이 주석으로 지목한 이는 이승만이었다. 그의 뒤를 받치는 부주석은 여운형, 허헌은 국무총리가 됐다. 그밖에 김구는 내무부장, 김규식은 외무부장, 김원봉은 군사부장에 임명됐다. 이를 통해 이승만은 '흉악한' 공산주의자들마저 국가수반으로 떠받드는 진정한 '민족의 영웅'이라는 뜻밖의 정치적 자산을 획득하게 된다.

저명한 공산주의자였던 김철수(1893-1986)는 박헌영이 저지른 이 엄청난 일을 듣고 기함했다. 그는 인민공화국 발족 사실을 전하러 온 공산주의자 하필원에게 "송진우, 안재홍, 백남훈 등 민족주의자들과 상의해서 한 것"이냐고 물었다. 며칠 뒤 인공의 경제부장으로 조각 명단에 이름을 올리게 되는 하필원은 "아니다"라고 말했다. 김철수는 분노했다.

> 민족운동하는 데 분열을 획책하고 있다. 600명 모아서 했다고 자랑하지만 내가 대로상에 나가서 연설하면 6000여 명도 더 모을 수 있다. 자네 이름 올렸다고 좋아할 것 없네.[20]

이틀 전 건준을 떠난 안재홍은 한탄했다. 그는 인민공화국에 대해 "좌방左方에서는 일거에 노농勞農정권 수립이라는 의도에서 날카로이 움직이고 있어 건준이 그러한 의미의 조직본부가 되도록 공작책동하고 있었다. 나는 그것을 단연 반대하여 그 표면화를 방지하고 있었다. 그것이 나의 퇴각을 기다려 6일 밤 인민공화국이란 것을 급조함에 미쳤다"[21]고 한탄했다. 안재홍은 5일 허헌에게 "연합국이 들어와 당신들을 상대하지 않는 때에 가서 뒷일을 어떻게 수습할 것인가"라고 물었다. 허헌은 "어째서 상대를 아니 할 이유가 있는가. 민세가 어찌 시국을 그렇게 보는가"[22]라고 되물었다. 여운형은 인민공화국 설립과 관련한 《매일신보》인터뷰에서 "연합군이 진주만 하면 즉각에서 국권을 받아들일 수 있도록 준비한 것이 즉 조선인민공화국 내각이었다"[23]고 설명했지만, 미국에겐 공산주의자가 득시글하는 인민공화국에 국권을 넘길 의사가 추호도 없었다. 자신들의 정당성에 심취해 정세를 만만하게 본 낙관적 예측이었다.

위기의 순간일수록 절차적 정당성은 선의로 가득 차 있었을 의도보다 중요할 수 있다. 건국준비위원회를 통한 좌우합작은 4일을 기점으로 이미 불가능한 일이 되고 말았고, 우익들은 '건준 타도'를 전면에 내세우며 세를 결집하고 있었다. 이제 곧 조선에 상륙하게 될 미군은 총독부의 '세뇌교육' 탓에 공산주의자들의 움직임을 잔뜩 경계하는 상황이었다. 그런 마당에 공산주의자들이 중심이 돼 미군정의 정통성에 위협을 가할 수 있는 국가수립을 선언한 것이다.

'느닷없는' 사태 전개에 하지는 '조선인 공산주의자들을 경계하라'는 총독부와 일본군의 경고를 다시 한번 되새겼을 것이다. 미군정은 인민공화국에 대한 반동 때문이라도 영어에 능통하며 자신들과 정치적·사상적으로 공통된 인식을 갖고 있는 한국민주당 쪽으로 기울어질 수밖에 없었다. 여운형은 이후 "미군정 당국에서는 조선 사람들의 정당이 싸움을 하는 경우에는 간섭할지라도 그밖에 모든 것을 일일이 간섭하지 말아 달라고 요청하고 싶다"며 페어플레이를 요구했지만,[24] 끝내 기울어진 운동장을 바로잡을 순 없었다.

한국민주당의 저주

같은 날 경성에선 세인들의 이목을 잡아끄는 또 다른 행사가 열렸다. 인민공화국 타도를 목표로 내 건 우익 인사 700명이 오후 4시 협성실업학교(현재의 낙원상가 부근) 강당에 모여 한국민주당(한민당) 창당을 알리는 발기인 대회를 열고, 당의 강령과 정책을 발표했다. 한국민주당은 11장에서 언급한 대로 해방 직후 우익 인사들의 각자도생의 결과 생겨난 대한민주당과 한국국민당이 "같은 목적과 정책을 갖고 있으면서도 분립해 있을 필요가 없다"고 합의해 만들어진 우익 연합정당이었다. 인민공화국이 선포된 경기고녀 강당과 한국민주당 발기인 대회가 열린 협성실업학교 강당은 채 500m도 떨어져 있지 않았다. 반면 두 정파의 심리적 거리는 화해가 불가능할 정도로 벌어져 있었다.

한민당은 이틀 뒤인 8일 오전 11시에 긴급 상무위원회를 열어 대한민국임시정부를 절대로 지지 할 것을 결의한 뒤 건국준비위원회와 인민공화국을 공격하는 신랄한 설명서를 발표했다. 이들은 우리 민족은 임시정부를 중심으로 완전한 자유 독립정부를 수립해야 하는 "민족적 대의무·대공도大公道가 정해져" 있는데도 "소수인이 당파를 지어 건국이니 '인민공화국' 정부를 참칭하여 기미 이래 독립운동의 결정이요 국제적으로 승인된 재외 우리 임시정부를 부인"하고 있다며, "이 같은 도배를 어찌 3000만 민중이 허용할"것인가라고 주장했다. 이들의 성명서는 이후 전개되는 처절한 좌우대립과 골육상잔을 예고하듯 예사롭지 않은 증오의 기운으로 가득 차 있었다.

일이 여기까지 이르면 발악밖에 남은 것은 없다. 그들은 이제 반역적인 소위 인민대회란 것을 개최하고 조선인민공화국 정부란 것을 조직하였다고 발표하였다. 가소타 하기에는 너무도 사태가 중대하다. 출석도 않고 동의도 않은 국내 지명인사知名人士의 이름을 도용한 것은 말할 것도 없고 해외 우리 정부의 엄연한 주석, 부주석, 영수되는 제 영웅의 명명을 자기의 어깨에다 같이 놓아 모모위원某某委員 운운한 것은 인심을 현혹하고 질서를 교란하는 죄 실로 만사萬死에 당當한다. 그들의 언명을 들으면 해외의 임시정부는 국제적으로 승인받은 것도 아니오, 또 하등 국민의 토대가 없이 수립된 것이니 이것을 시인할 것이 아니라는 것이다. (…) 지명인사의 명명을 빌어다 자기위세를 보이려는 도배야. 일찍이 너희들은 고이소 총독 관저에서 합법운동을 일으키려다 예소嘲笑(비웃음 - 인용자)를 당한 도배며 해운대 온천에서 일인 마나베眞鍋와 조선의 라우렐이 될 것을 꿈꾸던 도배며 일본의 압박이 소환消渙되자 정무총감, 경기도 경찰부장으로부터 치안유지 협력의 위촉을 받고 피를 흘리지 않고 정권을 탈취하겠다는 야망을 가지고 나선 일본제국의 주구走狗들이다.

여운형과 인민공화국에 대한 우익들의 공격은 이미 도를 넘어서고 있었다. 건국준비위원회나 인민공화국 설립 과정의 문제점을 공박하는 것은 얼마든지 가능한 일이었다. 그러나 이들은 여운형 등을 "피를 흘리지 않고 정권을 탈취하겠다는 야망을 가진 일본제국의 주구"라는 말까지 동원해 가며 비난했다. 여운형을 친일파로 매도했던 한국민주당의 대표적 저격수는 김준연·이인·조병옥이었다. 이들은 한민당 인사들 가운데서 '친일 논란'에서 상대적으로 자유로웠다. 자신이 떳떳했던 만큼 공격은 집요하고 잔혹했다. 김준연은 1946년 9월 7일《동아일보》에 1945년 6월 엔도 정무총감과 나가사키 경성사상범보호관찰소장이 여운형을 찾아가 팔당에 배를 띄워 놓고 중국공산당의 거점인 옌안행을 권했다고 폭로했다. 여운형이 "자기가 가면 옌안의 마오쩌둥을 설득시켜 일본 및 소련과 연합해 영미를 치게 할 수 있다"고 하자, 나가사키가 "참 묘안이다"라고 감탄의 박수를 치고 엔도를 소개시켰다는 것이다.[25] 이인은 엔도, 니시히로 경무국장, 오카 경기도 경찰부장 등이 여운형에게 조선에서 일본 중의원 의원으로 당선될 사람을 중심으로 어용정당을 조직하도록 해 '조선대중당'이라는 당명과 함께 정당강령과 발당선언문까지 만들었다고 주장했다.[26]

이들이 여운형에게 친일 혐의를 들씌운 유일한 이유는 그의 정치 생명을 죽이기 위해서였다. 조병옥은 차라리 솔직했다. 그는 회고록에 "한국민주당의 첫 사업은 소위 조선인민공화국을 제거하는 데 있었다"고 적었다. 조병옥은 "건국준비위원회는 소련군의 지령을 받고 조직된 단체"라면서, "중앙책임자와 각 부서책임은 민족주의자에게 직책을 맡겨 공산주의 집단이 아님을 가장하고 그 차장은 공산주의자에게 맡겨 실권을 좌익이 장악했다는 점"을 주장의 유일한 근거로 꼽았다. 강덕상은 이들이 제기한 의혹들을 관련 당사자인 일본인들이 남긴 기록과 일일이 대조해가며 한국민주당의 정치 공세가 결국 "백조를 까마귀라 칭하는" 어거지 공격임을 입증했다.[27]

여운형이 살았던 일제 말기는 보호관찰령·예방구금령이 살아 있고, 잘못하면 쥐도 새도 모르게 사라질 수 있는 예비검속자에 대한 소문이 흉흉하게 떠돌던 시절이었다. 조선인 지도층 인사에게 남겨진 선택지는 이광수처럼 철저한 황국신민이 되거나, 박헌영처럼 지하로 잠적하거나, 감옥에 갇힌 채 무의미하게 시간을 견디는 것뿐이었다. 여운형은 아슬아슬한 제4의 길을 갔다. 끝까지 절개를 잃지 않으면서도 유연한 처신으로 행동의 자유를 확보한 것이다. 그렇게 얻는 작은 틈새를 활용해 건국동맹을 결성해 널리 동지를 규합하면서 일본의 패망에 대비하고 있었다.

여운형의 노련한 처신을 잘 보여주는 유광렬의 회고 한토막이다. 어느 날 경기도 경찰부에서 《매일신보》 편집국장 출신인 그에게 정감록에 대한 해설 강의를 요청했다. 이 자리에서 한 일본인 경찰간부가 여운형에게 "만약 미군이 상륙작전이라도 벌이면 한국인 청년들을 의용군으로 편성해서 일본군과 함께 싸우게 할 생각인데 어찌 생각하느냐" 물었다. 여운형은 "일본군에 의용군으로 섞여 들어갈 것이 아니라 아예 한인들로 구성된 의용군을 독립부대로 편성해 달라. (그러면) 의용군 부대는 황국신민으로 충성스럽게 싸울 것"이라고 답했다. 그 얘기를 들은 일본인들은 당황했다. 일본을 위해 싸운다는 말이니 시비를 걸 수도 없고, 그렇다고 정말로 조선인들로만 구성된 부대를 편성할 수도 없는 일이기 때문이었다. 결국 일본인 경찰은 "그것은 어렵지 않으나 그렇게 되면 미군 쪽으로 넘어갈 확률이 크지 않겠느냐"는 반응을 보였다. 상대가 문제 삼기 어려운 '역 제안'을 꺼내 난처한 자리를 모면한 것이다. 한국민주당의 지적은 여운형이 입에 담은 "황국신민으로 충성스럽게 싸울 것"이라는 어구만을 트집 잡아 그가 친일을 했다고 공격하는 꼴이었다.

미군정은 1946년 9-12월 여운형의 정치력을 약화시키기 위해 옛 총독부 고관들을 대상으로 한국민주당이 주장하는 친일행적을 조사했다. 미군정에서 파견된 조사관들은 우가키·고이소·아베 전 총독, 엔도 전 정무총감, 니시히로 전 경무국장 등을 조사했다. 여운형을 친일파로 몰려는 미군정의 우문에 옛 총독부 고위 관계자들은 예상 밖의 현답을 내놓았다. "여운형은 천성적으로 온화하기 때문에 전쟁 후 한국인들의 지도자가 될 자격이 있다고 일반적으로 받아들여졌다."(고이소), "전쟁이 끝난 후 젊은 사람들이 여운형을 높이 평가하고 그들의 운동에 적극적이었다."(아베), "그는 극단적 반일주의자였다. 만약 한국에 정치적 힘이 있다면 그가 한국의 지도자로서 적합한 사람이었다고 나는 믿는다."(우가키), "그에게 돈을 준 적이 없다. 나는 그가 순수한 민족주의자라 확신한다. 그는 일본 정부 또는 총독부의 얘기를 듣지 않았다. 일본은 그를 중요한 직책에 앉히고 싶어 했다."(엔도), "일본의 전쟁 목적을 달성하기 위한 협조를 얻으려고 그와 얘기했다. 불가능했다. 그는 독립을 원했다."(니시히로)[28]

여운형은 인민공화국 설립과 관련해 적잖은 비판과 마주해야 했다. 그는 이와 관련한 《매일신보》의 질문에 "조선독립은 단순한 연합국의 선물인 것은 아니다. 우리 동포는 과거 36년간 유혈의 투쟁을 계속해 온 혁명에 의하여 오늘날 자주독립을 획득한 것"이라고 말했다. 이어 "혁명에는 기탄이 필요치 않다. 혁명가는 먼저 정부를 조직하고 뒤에 인민의 승인을 받을 수가 있다. 급격한 변화가 있을 과도기에 비상조치로서 생긴 것이 인민공화국이었다"고 덧붙였다.

그날로부터 70여 년이 흐른 오늘 여운형의 이 발언을 읽는 후세인의 마음은 착잡하다. 그의 신념은 지옥 같던 36년을 치열하게 살아 낸 한 사람의 조선인 혁명가가 가질 수 있는 당연한 생각이었지만, 미·소의 동의를 끌어낼 수 있는 현실적 사고방식은 아니었다. 조선 독립이 조선인들의 힘으로 이뤄낸 것이라면, 진주만에서 오키나와에 이르는 태평양의 여러 전쟁터에서 숨진 미국 젊은이들의 목숨은 무엇이란 말인

가. 스탈린은 왜 자국민 2000만 명의 목숨을 쏟아부어 나치를 쓰러뜨린 뒤 극동으로 눈을 돌려야 했을까. 이영근은 당시를 회상하며 "나는 당시를 돌이켜 볼 때마다 지도층의 아전인수적 정세판단과 아집적인 행동이 가져오는 폐해가 큼에 놀라지 않을 수 없다"[29]고 적었다.

하지만 인민공화국이란 주사위는 이미 던져졌다. 인생의 모든 순간순간은 '레알'이니 거둬들일 수도 없었다. 그리고 이제 곧 미군이 입성할 것이었다.

#15
성조기가
올라가다

미국·영국 등에서 —— 유학하고 돌아온

사람들을 찾고 있으니

내일 점심시간을 지나

조선호텔로 오라. ——

— 미군 사령부

삼천리 강산에 새봄이 왔는가

오늘 우리들은 먼 길에 이 땅을 찾아 온 미국 진주군을 환영한다. 허다한 고난을 겪으며 전 인류의 진정한 행복을 위하여 싸워 온 미군 장병의 당당한 진주에 우리들은 박수로서 환영한다.[1]

조선인들이 오매불망 기다리던 미군의 경성 입성은 9월 9일 오전 이뤄졌다.《매일신보》는 천황이 육성방송으로 항복을 선언한 지 '무려' 26일 만에 모습을 드러낸 미군을 열렬한 영탄조의 문장으로 환영했다. 처음 도착한 부대는 새벽 인천에서 경성행 기차에 올라 탄 제7사단 휘하 제32·제184 보병연대였다. '새 손님'들은 오전 8시 시내로 진입했다. 이들은 미국의 조선 점령계획인 '베이커 포티Baker-Forty' 작전의 1단계인 경성·인천 접수를 시행하게 될 터였다.

조선인들은 미군의 진주를 진심으로 기뻐하며 반겼다.《매일신보》는 9월 8일자 1면에 큼지막하게 맥아더 연합군총사령관의 젊은 시절

사진을 넣고 "핫지 중장 휘하 미군, 8일 오후 인천 상륙"이라는 제목을 달았다. 그 밑에는 영문으로 "우리는 우리 연합군의 서울 입성을 환영한다We welcome our allied forces into Seoul"는 제목의 환영문도 실었다. 이튿날 9일치엔 경성에 도착한 미군의 행렬을 사진으로 실으며 "삼천리 강산에 새봄은 왔다"는 제목을 달았다.

그런데 정작 당사자인 미군은 조선인들의 환대를 달가워하지 않았다. 6일 선발대로 도착한 제7사단 연락정보장교 리드 대위는 8일 기자들에게 "조선에 오는 우리 미국군 특히 경성과 인천 방면에 오는 군인은 한 번도 전쟁에 경험이 없는 사람들"이라며 "환영은 절대로 조용히 또 질서정연히 하기 바란다"[2]고 경고했다. 미군이 이동하는 동안 만약의 사태가 발생하지 않도록 8일 오후 8시부터 다음날 오전 5시까지 인천과 경성 일대에 통행금지가 선고됐다.

9일은 일요일이었다. 병력은 이른 아침 텅 빈 시내를 조용히 이동했다. 주요 길목엔 일본 경찰이 삼엄한 분위기를 내뿜으며 전날 인천에서와 같은 소요가 없도록 경계했다. 승전을 뽐내는 의기양양한 가두행진과 이를 보며 "만세"를 외치는 군중의 모습은 없었다. 미군의 오전 행진은 "기침소리 하나 없이 조용하게"[3] 끝났고, 각 부대는 미리 예정된 지역으로 이동해 진주 준비를 시작했다. 조선 내 최고 호텔이던 반도호텔에 제24군단 사령부가 꾸려졌다.[4] 《주한미군사》는 이날 오전 풍경에 대해 "조선인들은 환영 목소리를 낼 엄두를 내지 못했다"고 적었다.[5]

그렇더라도 하루 종일 조선인들의 환영 움직임을 막을 순 없는 법이었다. 낮이 되자 시내 명치정 교회(현재의 명동성당)의 종소리가 은은하

게 울려 퍼졌고, 푸른 가로수 사이로 태극기가 날리고 성조기, 영국의
유니언잭, 소련 국기, 중국의 청천백일기 등 4개 국기가 나란히 걸려
불어오는 바람에 나부꼈다.[6] 미국 비행기들은 "조선인과 일본인 모두
에게 깊은 인상을 주는 굉장한 힘을 과시하"[7]듯 굉음을 내며 도심 위를
비행했다. 그와 함께 조선인들의 환영 인파가 모여들기 시작했다. "각
단체에서 행렬을 지어 나오기도 하고 혹은 트럭과 자동차를 장식하여
깃발을 휘날리며 나오기도 했다. 도처에 군악대가 웅장한 행진곡을 울
리고 지나갔다. 벌써 어느 가게에서도 국기를 만들어 팔기에 성황을
이뤘다. 거리에 진주군이나 미국 통신기자들이 지날 때 마다 군중의
박수와 환호성이 끊일 새 없이 맑은 하늘로 퍼져 나갔다."[8]

조선인들은 진주한 미군이 "여명 속에 엄숙히 떠오를 조선의 태양
을 경건한 마음과 태도로 축복할 것"으로 믿어 의심치 않았다.《매일신
보》는 '5국 국기 나부끼는 속에 해방의 사도 당당 진주'란 제목의 9일
기사에서 당당하게 외쳤다. "우리들은 피와 땀을 뭉쳐 우리들의 하늘
아래 위대한 새 조선을 힘차게 건설하리라. 우리들은 진주군의 사명이
하루 속히 또 원만하게 완수되기를 충심으로 바란다. 연합군 만세! 조
선독립 만세!"

항복 조인식

평양의 민족주의 지도자 오윤선(1893-1960) 장로의 막내아들로 해방 후
극작가로 이름을 얻게 되는 오영진(1916-1974)은 이날 경성 거리에 있

었다. 평생 "엄격하고 위압적인 일본 군인만 보아오던" 오영진의 눈에 처음 보는 미군들의 자유분방한 모습은 실로 "새로운 인상"⁹을 줬다.

미군은 오후 총독부에서 진행될 항복 조인식에 참석하기 위해 다시 한번 시내 행진을 벌였다. 이번엔 흥분한 환영 인파가 그들을 맞았다. 미군의 행렬은 놀라운 점 투성이였다. 행군하는 군인들이 '키순'으로 정렬하지 않았다는 점부터 눈길을 끌었다. "키다리 앞에 난쟁이가 섰고, 난쟁이 옆에는 또 하나의 키다리, 군복은 일본의 그것과 비슷한 카키색이나 무취미하고 딱딱한 일제군복에 비해 경쾌한 점퍼식 상의"였다. 허리엔 일본군과 달리 절벅거리는 검이 없었다. 일본 보병의 장기이던 '착검 후 돌격' 문화가 없었기 때문이다. 자동차를 탄 병사들도 제멋대로였다. 다리를 창문에 올리거나 연도에 늘어선 시민들에게 휘파람을 불어대는 이도 있었다.

오영진은 역사적인 항복식 장면을 화면에 담기 위해 조선영화사 촬영반을 이끌고 총독부로 향했다. 일본의 조선 통치를 상징했던 삼엄한 총독부 정문 앞과 광화문 네거리에는 "패망 일본의 마지막 운명의 순간을 눈 익히 보고, 스스로 확인하려는 듯이 수많은 고려인이 모여 인산인해"¹⁰를 이루고 있었다. 총독부 앞 국기게양대에는 이제 역사의 뒤안길로 사라지게 될 일장기가 바람 없는 창공에 늘어져 있었다. 오영진은 특별허가를 받아 촬영반 중 하나인 양세웅을 예정된 조인식장으로 들여보냈다.

잠시 뒤 조인식에 참가할 승자인 하지 사령관, 패자인 아베 총독이 모습을 드러냈다. 아베는 패전의 충격 탓인지 "얼굴이 종이장 같이 창백"했고, 좌우에서 부축을 받아 걸음걸이도 비틀거리는 모습으로 청사

안으로 들어갔다.

오영진은 주변 풍경을 담으려고 정문 앞을 경비하고 있던 미군 장교에게 촬영허가를 요청했다. 일제 시기 일본군을 촬영하려면 산더미 같은 신청서류를 마련해 군 당국의 허가를 얻어야 했다. 강압적인 일본식 문화에 길들여져 있던 오영진에게 미군 장교는 뜻밖의 반응을 보였다. "당신이 찍고 싶으면 찍을 것이지 내게 물어볼 필요가 있는가?" 그의 쿨한 태도에 오영진은 신선한 감동을 받았다. 미군들은 오영진이 원하는 대로 총독부 청사를 배경으로 다양한 포즈도 취해줬다.

항복식은 오후 4시 총독부 청사 제1회의실에서 열렸다. 해방 이후 《동아일보》에 몸담게 되는 조선인 기자 한홍렬은 이 역사적 항복식 현장을 "놓치지 않기 위해" 홀로 꾀를 냈다. 미리 총독부 안 이곳저곳을 둘러보고 다니다가 시간에 맞춰 항복식이 열리는 제1회의실로 잠입하기로 한 것이다. 청사 안은 행사 준비로 분주했다. 미군 장교들이 활기차게 복도를 오가는 모습이 인상적이었다. 청사를 돌아다니는 과정에서 이전부터 잘 알던 아베 다츠이치阿部達一 정보과장실에 들렀다. 아베는 일본 신문기자들과 함께 둘러 앉아 줄담배를 피워대다 한홍렬의 모습을 저만치에서 확인하고 눈물의 미소를 지어 보였다.

본행사가 열리는 제1회의실은 초라한 일본 헌병이 명목상 경계를 서고 있을 뿐 아무도 입장을 제지하지 않았다. 회의장 안에는 청색 포장이 깔린 긴 탁자와 빨간 가죽이 씌워진 의자 10여개가 놓여 있었다. 잠시 후 나타난 미군 헌병이 회의실 정면 옥좌에 걸려 있던 일장기를 떼어냈다. 그것으로 준비는 끝났다.

오후 4시 정각. 아베 총독, 고즈키 제17방면군 사령관, 야마구치 기사부로山口儀三郎 진해경비사령관 등 3명이 비서관을 대동하고 회의실로 입장했다. 미군과 사전 합의에 따라 이들은 착검하지 않았다. 패전국 대표단이 입장하자 현장에 대기하고 있던 10여 명의 사진기자들이 사정없이 카메라 플래시를 터뜨리기 시작했다. 이어 미 육군 대표인 맥아더 태평양미육군총사령관의 대리인 하지 제24군단 사령관, 미 해군 대표인 토마스 킨케이드Thomas Kinkaid 제7함대 사령관, 경성 점령의 실무를 담당하게 될 아치볼드 아널드Archibald Arnold 제7사단장 등 미군 고위 장교 15명이 회의실에 입장해 긴 탁자의 왼편에 착석했다. 《UP》《AP》 등 미국 통신사, 《로이터》 등 영국 통신사, 연합군 영화회사의 카메라맨 등 20여 명의 취재진이 미리 와 자리 잡고 있었다.[11] 이 역사적 현장을 지킨 조선인은 한홍렬 기자, 최희연 사진기자, 양세웅 촬영반 등 3명뿐이었다. 아베는 식은땀이 흐르는 듯 몇 번이나 수건을 꺼내 얼굴을 닦아댔다.[12]

오후 4시 6분. 미일 양국 대표단의 입장이 끝나자 하지는 착석한 채 항복 조인식의 개시를 선언했다. 《매일신보》는 당일 호외를 통해 서명식 상황을 전했다.

정전협정에 관한 항복문서 조인식은 9월 9일 오후 4시부터 태평양방면 미군사령관 대리 하지 중장 이하 미군 대표와 일본 대표가 참집한 가운데 총독부 제1회의실에서 엄숙히 거행되었다. 정각 전 일본 측 대표인 아베 총독, 고즈키 조선군관구사령관, 야마구치 진해경비부사령관 등 3인이 집합 장소에 이르자 미군 중령 노벨 엘지 무아 씨가 일본 측 대표를 점검하여 틀림없음을 증명하자 제1회의실로 이들을 유도

하였다. 조인식장인 회의실에는 큰 테이블을 중심으로 배후에 기명한 의자 3개만이 남측에 놓여 있고, 그 북편에는 미군 대표의 수십개의 의자가 놓여 있는데, 입장한 일본 대표는 각기 지정된 의자 바로 뒤에 직립하여 하지 중장을 기다린다. 오후 4시 정각 하지 중장은 미국 대표와 막료를 대동하고 엄숙한 표정으로 식장에서 입장하자 이때 이하라 조선군관구 참모장의 '차렷'이라는 구령으로 일본 대표는 부동자세로 미군 대표를 맞이한다. 입장한 하지 중장의 지시로 일본 대표 일동은 착석, 이어서 기립한 하지 중장이 간단한 인사말을 하였다. 정중한 내용이었다.

여기서 하지 중장의 명령으로 일본대표 각원은 영문 2통 일본문 1통의 항복문서에 각기 조인하였다. 세계 평화의 확립과 조선의 해방이 이 역사적 순간 백악관의 대회의실에서 결정된 것이다. 일본측 대표의 서명이 완료하자 하지 중장은 태평양방면 미군사령관 대리로서 킨게이트 장군은 미 해군을 대표하여 문서에 서명하고 일본측 대표에 통역되었다. 이렇게 하여 세계적인 조인식이 오후 4시 15분 끝나자 정원 총 기립한 중에 하지, 킨게이트 양 장군은 회장을 나갔다.

서명이 끝나자 하지는 "방금 조인된 항복이 일본의 비무장화와 전 세계 평화 달성을 위한 또 다른 한 걸음을 이뤄냈다"는 감상을 전했다. 패전 후 건강이 크게 상한 아베는 기자들의 인터뷰에 응하지 않고 서둘러 자리를 떴다. 안타깝게도 '역사적 순간'에 참석한 조선인 대표는 없었다.

행사 직후인 오후 4시 20분 총독부 청사 왼편 광장에서 국기 교대식

1945년 9월 9일. 조선총독부 건물에서 일장기가 내려가고 성조기가 게양됐다. 이는 일제 식민지배의 종식과 미군정의 시작을 알리는 장면인 동시에, 26일간의 짧은 광복이 끝났음을 상징하는 순간이었다.

이 열렸다. 제7사단의 3개 연대에서 선발된 3개 중대로 구성된 혼성 보병대대가 이 행사를 진행했다. 미 하사관 다섯 명이 게양대 앞으로 나와 35년 동안 한반도를 지배해 온 "힘없이 매어달린" 히노마루를 끌어내고 성조기를 올렸다. 자국 국기가 게양되는 모습을 바라보며 제7사단 군악대는 미국 국가를 연주했다. 이 시각 이후 조선 내에서 일장기를 게양하는 일은 금지됐다.[13]

총독부 정문과 광화문에 모여 있던 조선인 수천 명이 이 광경을 지켜보며 함성을 지르며 박수갈채를 보냈다. 오영진은 이들이 외치는 만세 소리가 천하를 진동시킬 정도였다고 말했다.《주한미군사》도 조선인들이 "열광으로 거의 어찌할 바를 몰랐다"고 기록하고 있다. 항복 조인식 현장을 스케치한《매일신보》기사는 이렇게 마무리된다.

다시 식장 북편창 밖으로 보이는 근정전과 멀리 신추新秋의 창공아래 홀연히 솟은 북악은 오늘의 해방 조선을 축복하는 침중沈重한 중에 경축의 별을 띄운 것 같았으며 다시 이 조인식장의 상공으로는 연합군측의 당당한 비행대의 붕익鵬翼이 비거비래飛去飛來하여 의미 깊은 조인식을 종료한 데 대한 에포크를 지었다.

하지의 일성

국기게양식이 끝난 뒤 하지의 첫 기자회견이 이뤄졌다. 하지는 이 자리에서 해방의 감격에 "거의 어찌할 바를" 몰랐던 조선인들이 알아들었다면 경악했을 충격 발언들을 잇달아 쏟아냈다. 《매일신보》는 현장 기자가 영어를 제대로 알아듣지 못했는지 회견 내용을 거의 보도하지 못했다. 그 때문에 정확한 발언 내용을 확인하려면 《뉴욕타임스》 등 당대 미국 신문을 확인해야 한다.

하지는 먼저 미군이 진주한 뒤에도 행정업무의 지속적인 수행과 통치권의 질서 있는 인수를 위해 "아베 총독과 그 외 일본인 관리들이 임시적으로 계속 재직한다"며 "불필요한 규제가 일본인 관료들에게 가해지지 않을 것"이라고 말했다. 이 소식을 전하는 9일 《뉴욕타임스》 기사 제목은 "미국이 질서를 유지하기 위해 조선 내 일본인 지배자들을 유지할 것U.S. keeps Japanese Rulers In Korea to Enforce Orders"이었다. 신문은 그와 함께 조선인들이 이 충격적인 소식에 "따귀를 때리는 것과 같다that is a slap in the face"는 격앙된 반응을 보였다는 사실도 전하고 있다. 미국에 있던 한길수(1900-1976) 중한민중동맹당 대표는 트루먼 대통령에게 전문을 보내 총독부 기구를 그대로 유지한다는 하지의 판단은 "매우 잘못된 조언을 받은 것highly ill-advised"이라고 항의했다.

이는 하지의 돌발 발언이 아니었다. 8일 인천에서 열린 기자회견에서 가빈 참모장도 같은 취지의 발표를 했었다. 현장에 있던 몇몇 조선인 기자가 "조선 정부의 핵심이 이미 충칭에 존재한다"고 반론했지만, 가빈은 "정치적 견해에 대해 논의하고 싶은 생각이 없다"[14]며 말을 끊었다. 하지는 총독부 조직을 그대로 활용하는 게 미군의 점령 정책에 유리하다는 확고한 정책적 판단을 내린 것이었다.

하지만 조선인이 감내해야 했던 진정한 불행은 그것이 아니었다. 당분간 '총독부 기구를 존치한다'는 것은 매우 괴롭지만 참지 못할 일은 아니었다. 하지가 바로 이어 언급했듯 총독부 관료들은 "가능한 한 빨리 먼저 미국인들로 바뀌고, 그 후엔 조선인들로 교체될"[15] 것이기 때문이었다.

《뉴욕타임스》가 전한 하지의 두 번째 주요 발언은 "즉시 독립을 원하는 조선의 바람은 허용될 수 없다"는 것이었다. 카이로 선언에 담긴 "적절한 시기에 조선이 자유롭게 독립될 것을 결의한다"는 조선 조항에 담긴 '적절한 시기'는 조선인이 희망하는 것 같은 '가까운 미래'가 아니란 설명이었다. 그렇다면 '적절한 시기'를 결정하는 것은 누구일까. 이에 대한 답은 하지의 세 번째 발언에 담겨 있다. 그는 "미래 절차와 관련해 즉시 조선의 지도자들과 상의하겠다. 하지만 유엔 지도자들 간의 더 높은 수준의 정치 협상을 통해 새로운 (조선 – 인용자) 정책을 결정해야 한다"고 말했다. 즉 조선의 완전한 독립 시기를 결정하는 것은 조선인 자신이 아닌 미국과 소련이라는 선언이었다.

이는 앞으로 조선인들이 겪어야 할 '험난한 미래'를 예언하는 것이었다. 수많은 조선인들이 '조선의 해방'은 곧 '조선의 독립'이라 믿어 의심치 않았지만, 미군 사령관이 진주 첫날부터 이를 부인한 것이다. 조선의 독립은 바로 이뤄지지 않고, 38도선으로 분할된 조선 문제를 해결하려면 "유엔(사실상 미소 – 인용자) 지도자들 간의 높은 수준의 정치 협상"을 거칠 수밖에 없었다. 만약 이 협상이 실패한다면? 조선의 앞날은 바람 앞의 등불과 같이 위태로울 것이었다.

미군의 태도는 강압적이기도 했다. 하지는 이날 발표한 '조선동포에게 고하는 성명'을 통해 "내 지휘 하에 있는 제군은 연합군총사령관의 명령에 의해 장차 발할 명령을 엄숙히 지키라"고 명령한 뒤 "만약 명령을 지키지 않거나 혼란 상태를 일으킨다면 즉시 적당하다고 생각하는 수단을 취하겠다"고 위협했다. 조선 내 공산주의자들의 움직임을 꾸준히 경고해 온 총독부의 공작이 하지의 의사결정에 영향을 끼치고 있었음을 알 수 있다. 동시에 도쿄의 연합군총사령부도 맥아더 사령관 명의로 조선 점령을 위해 필요한 조처를 담은 포고 제1·2·3호를 공포(명목상 공포일은 7일)했다. 포고 1호 1조엔 "조선 북위 38도 이남의 지역과 동 주민에 대한 모든 행정권은 당분간 본관의 권한 아래서 실행된다", 3조엔 "점령군에 대해 반항 행동을 하거나 질서·보안을 교란하는 행위를 하는 자는 용서 없이 엄벌에 처한다"는 내용이 담겼다. 5조엔 군정 기간 사용할 공용어가 "영어"라고 명시됐다. 미군은 진주 첫날부터 해방군이 아닌 점령군으로 활동을 시작한 것이다.

조선인들은 사태가 심상치 않게 돌아가고 있다는 사실을 감지하기 시작했다. 당대인들이 가장 민감하게 받아들인 문제는 북위 38도를 기준으로 미소 간 점령 정책이 초기부터 큰 차이를 보이고 있다는 점이었다. 소련은 자신의 점령 지역에서 조선인들로 구성된 인민위원회를 설치하고, 이들에게 치안권과 행정권을 이양한 상태였다. 하지만 미국엔 그럴 의사가 없었다. 《뉴욕타임스》는 이튿날인 10일 "(조선) 정치인들이 러시아(소련) 점령지와 미국 점령지 사이에 같은 법과 규정이 적용될지에 대해 궁금해 하고 있다. 미소 점령 방식의 차이가 이 두 군대가 업무를 시행하는 것을 목격한 이들에게 매우 도드라지게 느껴지고 있다"는 우려를 전했다. 북위 38도선을 기준으로 적용되는 정책이 다르다면, 그동안 한 덩어리였던 남북의 이질화가 무서운 속도로 진행될 수밖에 없었다.

불과 하루 전 미군을 환영했던 조선인들은 10일 총독부 앞에 모여 항의 시위를 벌였다. 이 소식이《뉴욕타임스》등 미국 언론을 통해 워싱턴에 전해졌다. 결국 맥아더가 나서 문제를 풀었다. 태평양미육군사령부는 11일 하지에게 "정치적 이유에 기초해 귀관은 아베 총독, 총독부의 전 국장, 도지사 및 도 경찰부장 등을 즉시 해임하라. 또 다른 일본인 관료 및 대일협력자인 조선인 관료의 해임도 가능하면 빨리 시행할 것을 요망한다"고 명령했다. 하지는 "일본인들을 전면적으로 해고하는 것은 매우 큰 문제이다. 나의 군정 조직은 이 상황에 대처하기에 전적으로 부족하다"고 생각했지만, 맥아더의 지시에 따를 수밖에 없었다.

이 조처는 12일 시행됐다. 이날 아베 총독과 조선의 치안 담당자였던 니시히로 경무국장이 해임됐다. 그와 동시에 조선을 36년 동안 지배해 온 조선총독부가 해체되고, 이를 대신할 미군정청이 생겨났다. 군정장관엔 아널드 제7사단장, 경무국장엔 로렌스 쉬크Lawrence Schick 헌병대장이 임명됐다. 엔도 정무총감과 다른 국장들은 이틀 뒤인 14일 각각 해임됐다.[16]

해임된 아베는 미군이 준비한 비행기를 타고 19일 조선을 떠났다. 일본으로 돌아간 아베는 전범으로 처벌되는 일 없이 도쿄에서 안온한 만년을 보냈다. 하지만 떠난 것은 총독부의 최고위 관료들뿐이었다. 미군은 이후에도 상당 기간 일본인 관료들을 고문으로 대우하며 이들의 조언에 의존했다. 오다 야스마 등 일본인 관료들은 1945년 8월부터 10월까지 미군정에 350편이 넘는 영문 보고서를 제출했다.[17] 미군 점령지역에 머물던 총독부 관료들은 경우에 따라 잠시 구속되는 등 여러고초를 겪기도 했지만, 이듬해인 1946년엔 대개 본국으로 귀환할 수 있었다.

통역 권력의 등장

미군 진주가 다가오자 우익들은 재빨리 움직였다. 가장 먼저 치고 나간 것은 연희전문학교 교수로 있던 이묘묵(1902-1957)이었다. 그는 선배 교수 백낙준(1896-1985년)과 하경덕(1897-1951)에게 곧 이 땅에 들어올 미군에게 제대로 된 조선 정보를 제공하기 위한 영자 신문을 발간하자고 제안했다. 4면짜리 타블로이드판 영자신문《코리아 타임스》의 창간호가 발행된 것은 미군 선발대가 도착하기 하루 전인 9월 5일이었다.

경성에 진주한 뒤 미군 장교들은 숙소인 조선호텔에서 이 신문을 집어 들었다. 창간호 1면엔 "Welcom Heroes Liberation"이라는 제목이 달린 유창한 영어 기사가 실려 있었다. 이 기사를 쓴 이는 한국인 최초로 하버드대 정규 과정을 졸업한 하경덕이었다. 하지와 아널드 등은 "한국에 미국 일류 대학을 나온 지식인들이 있다"는 사실을 알게 되자, 이들을 만나봐야겠다고 생각했다. 미군은 9일 진주 직후 경성 시내에 공지를 돌렸다. "미군 사령부에서 미국·영국 등에서 유학하고 돌아온 사람들을 찾고 있으니 내일 점심시간을 지나 조선호텔로 오라"는 내용이었다. 전화가 있는 집은 전화로, 없는 집은 사람을 시켜 공지했다.[18]

10일 오후 1시 무렵 구미 각국에서 유학하고 돌아온 50여 명의 조선인들이 조선호텔로 모여들었다. 이들 중 일부는 불과 얼마 전까지만 해도 귀축영미와 가까운 친영·친미파로 분류된 '요주의 인물'들이었고, 또 일부는 귀축영미를 격멸해야 한다고 주장하던 친일파들이었다. 아널드 군정장관과 스튜어트 헌병대장 등 미군 고급 장교 5명이 이들과 만난 시간은 오후 1시 반이었다.《매일신보》는 11일 이날 간담회에서 "현하 조선정세에 관한 여러 가지 문제를 중심으로 간담회를 했다"고 전하고 있다. 이 기사만 보면 만남이 딱딱한 분위기에서 이뤄졌을 것 같지만, 전혀 그렇지 않았다.《서울신문》에서 1979년 발행한《주한 미군 30년》은 당시 상황을 다음과 같이 묘사하고 있다. 미군들은 자신들과 같은 정치적·사상적 배경을 가졌고, 비슷한 학교를 다녔으며, 수준급 영어를 구사하는 집단을 발견한 뒤 기쁨을 이기지 못했다. 이들의 존재를 확인하고 이제 어떻게든 점령업무를 수행해 나갈 수 있겠다는 용기를 얻었을 것이다.

> 간담회에서 참석자들의 학력과 경력을 묻던 아널드 소장은 이대위가 "예일대학에서 노동문제를 전공했다"고 말하자, 이씨의 손을 덥석 잡고 자신도 예일대학에서 ROTC 교관생활을 한 일이 있다며 '노동문제는 닥터 리가 책임져 달라'고 부탁했다. 이어 MIT 출신인 오정수에게는 동창생 언더우드Horace Underwood 대령이 담당한 광공국을, 윌리엄스 중령과 공주 영명학교에서 함께 공부한 조병옥에게는 경무국 일을 보아 달라고 간청했다.

기자회견이 끝난 뒤 조선인 기자들은 명월관에서 미국 기자들과 홍보 직원들을 위해 만찬을 열었다. 이 자리에서 단연 돋보인 것은 시라

큐스대 석사, 보스턴대 박사 학위에 빛나는 이묘묵《코리아타임스》편집장의 영어 실력이었다. 그는 이 자리에서 점령군이 직면하고 있는 주요 문제로 △법질서 유지 △식량과 연료문제 △일본인 재산문제 △인플레이션 상태 △재일조선인 △공산주의 동조자의 활동 등을 언급했다. 미국은 깊은 인상을 받았는지 연설문을 얻어 하지에게 보고했다.[19] 이날 만남에 참석했던 이들 상당수는 이후 미군정청의 국장·차장·과장 또는 지방의 도지사로 임명된다.

이튿날인 11일 오후 2시 40분엔 하지의 첫 정식 기자회견이 열렸다. 하지는 파이프 담배를 붙여 문 채 매우 진지한 태도로 미소 양국이 한반도를 점령한 경위와 미군정의 정책 방향 등에 대해 설명했다.《매일신보》의 김영삼,《경성방송국》의 문제안,《코리아 타임스》의 이묘묵 등 50여 명의 기자들이 현장을 찾았다. 당장 영어를 통역해줄 사람이 없자 이묘묵이 현장에서 임시 통역관으로 발탁됐다. 그는 하지의 "가라앉은 음성까지 흉내 내어가며" 열정적으로 통역을 진행했다. 이묘묵의 유창한 영어는 미국인들도 놀랄 정도였다.

하지는 이날 기자회견에서 "각계 각 조직체의 대표 2인을 만나 나의 일에 협조를 부탁할 것"[20]이라고 말했고, 그렇게 만남이 이뤄진 12일엔 "나는 한낱 평민이오 농민의 아들"이라고 선언했다. 그러나 하지의 담백한 리더십이 빛을 발하기에는 조선의 사정이 너무나 복잡했다. 미군정은 이 만남에 남한 내 33개 당파에서 2명씩을 불렀는데, 실제 참석자 수는 1200명이 넘었다.[22] 하지는 11일 기자회견의 스타로 떠오른 이묘묵을 따로 불러 자신의 고문 겸 통역이 되어줄 것을 요청했다. 그는 이튿날인 12일부터 하지의 집무실이 꾸려진 반도호텔로 출근했다. 하지

의 눈과 귀, 때로 입이 되는 이른바 '통역 권력'의 출현이었다.[23]

하지는 유능한 입을 얻었지만, 자신의 재량으로 전할 말이 많진 않았다. 조선인들이 가장 궁금해 하는 것은 38선은 언제 철폐되는지, 조선은 대체 언제 독립되는지였다. 이 질문에 답변이 되어 줄 유일한 기준은 카이로 선언에 담긴 "조선 인민의 노예상태에 유념해 적절한 시기에 조선이 자유롭게 독립될 것을 결의한다"에 등장하는 '적절한 시기'뿐이었다. 하지는 11일 기자회견에서 '적절한 시기'에 대한 질문이 나오자, "조선의 자주독립은 곧 되는 것은 아니고 당분간 어느 정도의 시간을 거쳐 적당한 시기가 도래한 후에야 된다"[24]고 답했다. 하지는 18일 기자회견에선 좀 더 솔직한 답변을 내놨다. "북위 38도를 기준으로 북엔 소련이 남엔 미군이 각각 진주해 있다. 이 상황이 언제까지 계속될는지 나 자신도 모른다"고 답한 것이다. 하지는 '적절한 시기'에 대한 조선인들의 질문에 신물이 났는지 맥아더에게 보낸 전문에서 "조선의 독립 시기와 관련해 카이로 성명의 번역이 조선인에게 '적절한 때에'보다 '단시일에' 혹은 '조만간'으로 받아들여지고 있다는 것을 발견했다. 앞으로 어떠한 번역이라도 주의 깊게 확인할 것을 요청한다"고 적었다. 이 시점에선 하지도, 맥아더도, 어쩌면 트루먼과 스탈린도 38선이 언제 철폐될지, 조선은 언제 독립될지 분명히 답할 수 없었다.

뒤바뀌는 정치 판도

해방 직후 한반도 정치 지형을 압도한 정파는 좌익이었다. 마르크스-

레닌주의는 젊은이들을 매료시킨 '힙'한 사상이었다. 사람들이 모인 자리에서 좌중을 리드하고 나가는 이는 전부 공산당원이었다. 우익들은 친일 행적이란 '주홍글씨' 탓에 소극적이고 침울해 있었고, 수세에 몰려 속수무책이었다.[25]

하지만 거기까지였다. 이정식은 이 시기 공산주의자들은 민중의 눈높이에 맞춘 정책을 제시해 정권을 쟁취하고 유지할만한 경험과 원숙미를 갖추지 못한 이들이었다고 지적했다. 이들은 일제의 엄혹한 탄압에 맞서 싸우느라 한 사회나 조직을 제대로 이끌어 본 경험을 쌓지 못했다. 마오쩌둥이나 호찌민처럼 노동자와 농민의 삶 속에서 사고의 깊이를 키워내지 못한, 매혹적 이론에 도취된 '서생적 혁명가'들이었다는 것이다. 예나 지금이나 현실 정치란 애매모호한 회색의 영역 속에서 차선 또는 차악을 골라나가는 고통스런 과정이며, 마르크스가 가르쳤던 '프롤레타리아의 최종적 승리'로 귀결되는 역사 법칙이란 애초부터 존재하지 않았다. 좌익은 우익을 설득해 '대동단결'의 길을 제시하는 대신 급진적 이론에 집착하며 가차 없는 공격을 쏟아 부었다. 이들은 한국민주당을 "반동적 파시스트와 제휴해 인민을 기만하는 집단"이라 규정했고, 조선을 해방시킨 미국을 독일과 일본처럼 비극적 운명을 면할 도리가 없는 '국제제국주의 체제'의 일부라 단정했다. 안재홍은 이 무렵 박헌영에게 "지금은 민주주의 민족독립국가의 완성이 요청되는 시기이다. 좌우간의 비율은 문제가 아니다. 민족주의자가 영도하는 국가를 성립시켜야 한다"고 말했다. 박헌영은 "그것은 무슨 말이냐"[26]며 강하게 맞섰다.[27] 이들은 해방 23일만에 제대로 된 절차도 거치지 않고 인민공화국 수립을 선포했다. 좌익 소아주의가 낳은 비극이었다.

브루스 커밍스는《한국전쟁의 기원》에서 "미국이 조선에 상륙한 뒤 3개월 동안 내린 여러 결정들이 실질적으로 전후 남한의 기본적 정치 구도를 규정했다"[28]고 적었다. 해방 직후 시도된 좌우합작이 실패로 끝난 상황에서 가장 중요한 역사적 갈림길은 미국이 '누구를 파트너로 선택할 것인가'였다. 미군의 눈과 귀를 붙든 것은 미국 유학경험이 있는 한국민주당의 통역권력들이었고, 이들의 노골적이고 분명한 목표는 인민공화국 척결이었다. 한국민주당의 조병옥(컬럼비아대학 박사)·윤보선(에든버러대학 석사)·윤치영(아메리칸대학 석사)은 10일 미군 인사들과 만나 인민공화국은 "일본에 협력했던 조선인 이적분자에 의해 조직된 것"이며, 여운형은 "반민족적 친일파 정치가로 조선인들 사이에 악명이 높은 인물"이라고 말했다. 커밍스는 미군이 진주한 뒤 10일 동안 미군정 정보과G2 일일 보고서에 이름이 오른 조선인 정보제공자들은 송진우·김성수·장덕수·서상일·설의식·김용무·김도연·임영신·박인덕 등 대부분 한국민주당 지도자라고 밝혔다. 이 가운데 몇몇은 해방 직후 건국준비위원회가 발족하자 그 주변을 어슬렁대던 기회주의자들이었다.

이들에겐 최소한의 양심도 없었다. 놀라운 영어 실력으로 하지를 사로잡은 이묘묵은 여운형과 안재홍은 "친일파"이며 인민공화국은 "공산주의자들에게 기울어 있다"고 공격했다. 인민공화국이 공산당에게 기울어진 것은 사실이지만, 여운형과 안재홍을 친일파로 규정할 순 없는 일이다. 바로 어제까지 일본의 성전聖戰 승리를 부르짖고, 귀축미영의 타도를 호소한 것은 이묘묵 자신이었다. 민족문제연구소가 2009년 펴낸《친일인명사전》에 이름을 올린 것은 여운형·안재홍·허헌이 아닌 김성수·장덕수·이묘묵이었다. 한국민주당은 미국에게 인민공화국이 공산주의자와 민족반역자 집단이라고 주장하는 한편, 자신들만이 조선 남부의 민주주의를 지킬 수 있는 주력이라는 정보를 계속 주입했다. 세실 니스트Cecil W. Nist 정보국장은 11일 몇몇 한민당 관계자를 인터뷰한 뒤, 이들이 "조선의 일반 대중을 가장 잘 대표할 뿐 아니라 보수층의 대부분과 유능하고 인기 있는 지도자, 실업가를 포괄하고 있다"고 평가했다. 일주일 뒤엔 그 연장선상에서 한국민주당이 "조선인 대다수를 대표하는 유일의 민주정당"[29]이라고 결론 내렸다.

하지에게 파견된 국무부의 정치고문 메렐 베닝호프Merrell Benninghoff는 15일 한반도 내의 정치 상황을 설명한 장문의 첫 보고서를 제임스 번즈James Byrnes 국무장관에게 제출했다. 베닝호프는 이 보고서에서 해방 직후 한국의 정치 상황과 미군이 맞닥뜨려야 했던 당혹스런 상황을 솔직한 필체로 표현하고 있다. 이들은 보수주의자들로 구성된 한국민주당에 대해 급속한 친근감을 느꼈고, 공산주의자들의 동향을 극도로 경계했다. 미국은 한국민주당 인사들이 전쟁 전 친일 활동을 했음을 알았지만, 그럼에도 이들을 적극 활용해 조선을 통치하려 했다.

한반도 남부의 상황은 불꽃 한방에 단번에 폭발할 수 있는 화약통과 같다는 말로 가장 잘 설명할 수 있습니다. 카이로 선언에 나온 '적절한 시기'라는 표현을 한국말로 표현할 때 '며칠 뒤', 혹은 '곧very soon'에 해당된다는 사실을 최근 발견하게 되었습니다. 교육받는 한국인들은 이 차이에 대한 설명을 들은 뒤 매우 놀라움을 표시하고 있습니다. 이런 이유로 한국인들은 왜 그들이 미군이 도착한 후에도 즉시 독립이 주어지지 않는지 이해하지 못하고 있습니다. 즉시 독립과 일본인의 일소가 이뤄지지 않고 있다는데 대해 큰 실망감을 느끼고 있습니다.

(…)

서울의 현재 정치 상황 가운데 가장 고무적인 하나의 요소는 연령이 있고 잘 교육받은 수백명의 조선인 보수주의자들이 있다는 사실입니다. 비록 이들 중의 많은 사람이 일제에 부역했지만, 이런 오명은 결국 사라지게 될 것입니다. 이 사람들은 임시정부의 귀환을 지지하고 있습니다. 비록 이들이 다수를 구성하진 않을 테지만 아마도 가장 큰 하나의 단일 정치그룹일 것입니다.

(…)

소련의 간첩들이 남부 조선에 그들의 정치 사상을 퍼뜨리고 있음은 의심의 여지가 없습니다. 서울에서 벌어진 몇몇 행진과 가두시위는 공산주의자들이 주도한 것으로 여겨집니다. 공산주의자들은 현재 일본인 재산의 몰수를 옹호하고 있으며 이들은 아마도 법과 질서에 대한 위협이 될 것입니다. 충분한 훈련을 받은 선동가들이 미국을 거부하고 소련의 자유와 통제를 편들기 위해 우리의 점령 지역에 혼란을 가져오려 하고 있습니다.[30]

하지가 여운형을 만난 것은 경성 진주로부터 거의 한 달이 지난 10월 5일이었다. 하지는 여운형에게 다짜고짜 "그대는 일본인의 돈을 얼마나 먹었냐"고 물었다. 여운형은 정색을 하고 "무슨 말인지 모르겠다"고 답했다. 하지는 재차 "그대가 일본 사람의 돈을 먹었다는 보고가 많이 들어왔다"고 말했다. 여운형이 "그 말을 믿냐"고 되묻자, 하지는 "조사 결과 거짓말인 것을 알았다"고 답했다.[31] 여운형은 이날 미군정으로부터 고문이 되어 달라는 요청을 받았다. 여운형이 안내를 받아 들어선 방엔 김성수·김용무·김동원·송진우·이용설·김용순·오영수·강병순·윤기익 등 한민당원들이 모여 있었다. 여운형과 송진우는 서로를 알아보고 크게 놀랐다. 미군정이 선정한 11인의 고문단 가운데 아홉 명이 한국민주당원이었고, 남은 두 명은 여운형과 소련 점령지역인 평양에 머물고 있던 조만식이었다. 여운형은 고문 취임을 거절하고 만다. 여운형은 외국에 의존해 "정치게임에서 남의 대가리를 까는 더티 플레이"[32]를 증오했지만, 해방 직후 한반도는 그가 원했던 "페어 플레이"가 가능한 공간이 아니었다.

공산주의자들이 미군 진주에 대비해 '인민총의의 집결체'라며 서둘러 결성한 인민공화국엔 머잖아 사형선고가 내려졌다. 이들은 9월 6일 중앙인민위원회가 날림으로 소집됐다는 비난을 막기 위해 10월 3일 "1946년 3월 1일에 제2차 인민대표회의를 소집하겠다"고 밝혔다. 미군정은 자신의 권위에 도전하는 인민공화국의 행동을 용납하지 않았다. 아널드 군정장관은 10일 "인민공화국은 권위와 실체가 전혀 없는 것이다. 만일 이러한 고관대작을 참칭하는 자들이 흥행적 가치조차 의심할만한 괴뢰극을 하는 배우라면 그 동안 즉시 그 극을 폐막하여야 한다"[33]고 경고했다. 하지는 다시 두달 뒤인 12월 12일 성명을 통해 "인민공화국은 어떤 의미로든 정부도 아니고 그러한 직능을 집행할 하등 권리가 없다"며 "어떠한 정당이든지 정부로 행세해 보려는 행동이 있다면 이것은 비법적 행동으로 취급하라고 미 주둔군과 군정청에 명령을 내렸다"고 밝혔다. 인민공화국은 조선을 대표해 미군정과 협상을 벌이는 주체가 되기는커녕 석 달만에 불법으로 낙인 찍혀 탄압받는 처지가 됐다. 미군정과 좌익 사이에 벌어질 비극의 시작이었다.

"인민은 근심하고 있다"

8월 15일 도둑같이 찾아온 해방으로 조선은 환희에 불탔다. 사람들은 일본이 오랫동안 강요해온 국민복과 몸뻬를 벗어던지고 하얀 조선옷을 입고 만세를 외쳤다.

일본의 항복 사실을 전한 천황의 육성방송이 나오던 그날 새벽 여운형은 엔도 정무총감으로부터 치안 유지에 협력해달라는 제안을 받았다. 여운형은 이 제안을 받아들여 자신이 해방 조국에서 새 국가를 만드는 중심이 되려 했다. 건국준비위원회를 설립해 치안대·보안대를 조직하고, 식량·물자배급·통화안정·쌀공출·대일협력자 대책 등을 마련하는 등 행정권 장악을 시도했다. 여운형은 경성에 진입하는 것은 미국이 아닌 소련이라 생각했고, 연합군은 일본군을 무장해제하고 행정권을 조선인에게 넘겨준 뒤 이 땅을 곧 떠날 것이라 믿었다.

조선총독부는 한반도에 있는 70-80만 일본인들의 생명과 재산을 보호하기 위해 골몰했다. 처음엔 여운형의 힘을 빌려 조선인과 일본인 사이의 유혈충돌을 막는 등 치안을 유지하려 했다. 그러나 이에 불만을 품은 일본군이 개입했다. 일본군은 병력을 동원해 경성 등 주요 도시를 점령하고 건국준비위원회 등 조선인 정치단체를 억압했다. 경성 거리엔 계엄령이 선포된 것 같은 공포가 내려앉았다.

총독부와 일본군은 조선에 주둔하는 것은 소련군이 아닌 미군이라는 사실을 깨달은 뒤 건준과의 협력적 관계를 포기하고 곧 진주하게 될 미군에 달라붙었다. 이 작전은 성공했다. 하지는 점령 첫날 "일본의 통치기구를 유지하겠다"는 입장을 밝혔다. 물론 이 계획은 워싱턴의 개입으로 없던 일이 되었다.

해방이 예고된 8월 10일 이후부터 여운형과 송진우를 주인공으로 한 좌우합작이 시도됐다. 여운형은 설득했지만, 송진우는 움직이지 않았다. 안재홍은 건국준비위원회 안에 민족주의자들을 흡수해 이들이 일선에 나서고 공산주의자들이 뒤를 받치는 '민공협력'을 추진했다. 우익은 우익대로 욱일승천의 기세로 세력을 키워가는 좌익을 견제하고 건준에 지분을 확보하기 위해 합작에 응했다. 하지만 경성에 진주하는 것이 미국으로 판명된 순간 합작에 흥미를 잃고, 독자 세력화에 나섰다. 건국준비위원회의 안에서 공산주의자들과 다투기보다 독자 정당을 건설하는 게 유리하다고 판단했기 때문이다. 좌우합작을 둘러싼 마찰로 안재홍은 건국준비위원회를 떠났다. 그러자 공산주의자들은 날림으로 인민대표자회의를 열어 인민공화국 설립을 선포했다. 이런 상황을 파악한 미군정은 경악했고, 자신들과 정치적 사상과 신조가 같으며 영어 구사 능력이 뛰어났던 한민당과 급속도로 결합하게 된다.

미군의 경성 진주가 이루어진 9월 9일 《매일신보》 1면은 당시 조선 사회가 직면했던 대혼란의 축소판 같은 느낌이 난다. 항복식 상황을 전하는 1면 머리기사 옆엔 사흘 전 무리하게 인민공화국 수립을 선포한 여운형의 미군 진주 환영 메시지가 실려 있다. 여운형은 이 글에서 "우리 인민공화국은 조선 전 민족, 해내·해외의 각계각층의 대표자를 망라한 전국인민 대표대회에서 선출한 인민위원 50명에 의하여 그 지도부를 형성한 조선민족의 통일적 공화국"³⁴이라고 주장했다. 이 기사 바로 옆엔 인민공화국에 대항해 임시정부 절대지지 방침을 밝힌 송진우 등 우익들이 7일 오후 3시 광화문 전 동아일보사 강당에서 '국민대회 소집 준비회'를 열었다는 기사가 실려 있다. 다시 그 왼쪽엔 6일 오후 4시 대한민주당·한국국민당의 대표자들이 협성실업학교 강당에 모여 한국민주당 출범을 위한 합동발기회를 열었다는 기사가 나온다. 그 하단을 보면, 6일 밤 인민공화국을 설립한 전국인민대회에서 선출된 인민위원 55명 가운데 37명이 8일 오후 4시 건준 본부 회의실에서 첫 번째 회합을 열었다는 뉴스를 읽을 수 있다.

좌우익의 첨예한 대립을 당대인들은 어떻게 받아들였을까.《매일신보》는 미군이 경성에 도착한 9일 '고집 버리고 전선통일'이란 사설을 게재했다. 해방 후 적잖은 시간이 흘렀지만 "이제까지 민족적 모든 세력은 통일·단일되지 않고 각자 분립되어 있다"면서 "연합군을 맞아 이들과 정치적 교섭 절충을 할 민족적 총의의 집결체는 어느 단체인가. 민심은 이를 근심하고 있다"고 개탄한 것이다. 이 역시 충분히 한탄스러운 일이었지만, 분단과 골육상잔으로 귀결되는 한국사의 진짜 비극은 이제부터 시작될 것이었다.

일본인들은 어디로?

갑작스런 일본의 항복으로 조선 내 일본인들은 하루 아침에 패전국민이 됐다. 이들에 대한 일본 정부의 초기 대책은 '자력갱생'이었다. 도고 시게노리 외상은 패전 직후 해외 공관에 "거류민은 가능한 한 현지에 정착하게 한다"는 전문을 내려 보냈고, 8월 24일 내무성 관리국은 조선과 대만 그리고 앞으로 소련의 영토가 될 사할린에 거주하는 일본인에게 "과거 통치의 성과를 돌이켜보고 장래를 생각하여 가능한 한 현지에서 공존 친화의 결실을 맺고자 인고 노력할 것을 제1목표로 한다"고 밝혔다. 내부차관이 9월 1일 엔도 정무총감에게 보낸 전보 서신에서도 8월 24일 결정 내용을 거듭 인용하며 "들떠서 안정을 잃지 말고 될 수 있는 대로 정부 방침에 따르도록 재류민들을 지도"하도록 지시했다.[35] 조선 내 일본인들은 원호 조직인 '내지인세화회'를 결성해 홀로서기에 나설 수밖에 없었다. 고달픈 세화회장직을 맡게 된 이는 호즈미 신로쿠로 경성전기 사장이었다.[36]

세화회가 결성되자, 조선에 남자는 잔류파와 빨리 돌아가자는 귀환파 사이의 노선 대립이 시작된다. 잔류파는 조선을 떠날 수 없으니 이곳에 뼈를 묻어야 한다고 생각했다. 조선 거주 일본인 중엔 1876년 강화도조약 이후 인천·부산 등지에 살기 시작해 1945년엔 이미 2-3세가 된 이들도 많았다. 합병 전부터 조선에 살던 이들은 5만여 세대나 됐다. 조선은 자신이 태어나고 자란 '고향'이었고, 그동안 자신이 이뤄낸 모든 사회적·경제적 기반이 있는 곳이었다. 일본인을 위한 중등 교육기관인 경성중학교는 이미 32회, 경성제국대학은 16회까지 졸업생을 배출하고 있었다. 이들은 조선

각 도시에서 탄탄한 기반을 구축하고 있는 유지들이었다. 세화회는 당연히 이들을 중심으로 구성될 수밖에 없었다. 이들은 조선이 독립한 뒤에도 '일본인거류민단' 등을 조직해 조선에 거주하길 원했다. 이에 견줘 조선 생활이 길지 않았던 귀환파들은 서둘러 일본으로 돌아가려 했다. 인천 등에선 둘 사이의 갈등이 상당한 수준으로 치솟았다.

잔류파들은 공존을 위해 조선어 공부를 시작했다. 조선어 강습은 9월 12일 오후 4시 소공동에 있던 경성YMCA 청년회관에서 시작됐다. 가사야 야스타로笠谷保太郎 경성YMCA 총 주사는 "예나 지금이나 조선을 사랑하고 조선을 위해 일하고자 하는 염원을 지닌 자들은 먼저 언어를 습득해야 한다"고 말했고, 이토伊藤 세화회 사무국 차장은 "그저 망연자실 불안과 후회로 가득 찬 생활을 하느니, 차라리 조선어를 배워 신조선에 새로이 협력해야 한다"고 격려했다. 조선 내 일본인들은 그때까지 조선어를 몰라도 이 땅의 사실상 모든 것을 지배하고 있는 배타적인 일본인 공동체 속에서 안온한 삶을 유지할 수 있었다. 이제 그런 생활은 불가능할 것이었다.

다음 문제는 아이들 교육이었다. 일본에 남은 재일조선인들이 '조선학교'를 만들었듯 재조 일본인들도 자녀들을 위한 교육기관을 설립하려 했다. 일본인 세화회 경성모임에서는 재조 일본인을 지금의 서울 중구 지역에 집결하게 하고, 일본인 소학교 중에서 가장 역사가 오래된 히노데日の出국민학교와 류고쿠龍谷고등여학교 등을 일본인 학교로 정하자고 의견을 모았다.[37]

이들의 기대는 실현되지 않았다. 미국은 한반도에서 일본 세력을 하루라도 빨리 몰아내기 원했다. 해리 트루먼 대통령은 9월 12일 "재조선 일본인은 신속히 본국으로 송환될 것"이라고 밝혔다. 미군정은 10월 3일 각 지역 세화회에 귀환 희망자들을 등록하게 하고, 그렇지 않으면 귀환을 불허

하겠다고 했다. 또 8일엔 일본인들이 등록된 정회 소재지에서 10km 밖으로 나가지 못하게 했다. 일본인들이 경영하던 기업들은 미군정에 접수된 뒤 조선인들에게 불하됐다. 체신·철도 등 특수한 기술을 가진 이들의 체류는 인정했지만, 그마저도 길진 않았다.

잔류파들이 희망을 버린 것은 패전으로부터 한달 정도 지난 1945년 9월 중순 이후였다. 세화회는 1945년 9월 2일부터 1946년 2월 1일까지 총 123차례 회보를 발행했다. 이 회보를 분석한 최영호의 연구를 보면, 초반 11호까지는 잔류 희망을 드러내는 기사를 볼 수 있지만, 12호가 발생되는 9월 14일 이후 이런 논조는 사라지고, 9월 하순에 이르러서는 오로지 귀환에 대한 정보만 다루고 있다.[38]

일본 민간인들의 공식 송환은 10월 10일 시작됐다. 《매일신보》는 "일본인의 철거문제는 3000만의 큰 관심사인바, 드디어 이들 일반 일본인의 송환은 10월 10일부터 개시되었다. 즉 3000명의 일본인을 태운 열차는 10일 경성을 출발하여 일본으로 돌아가는데, 이 열차가 부산에서 돌아올 때에는 일본에서 귀국한 3000명의 동포가 돌아오게 될 것"이라고 적었다.

일본인의 귀환 흐름을 촉진한 것은 악독한 일본인들에 대한 보복이었다. 일제시대 경기도 경찰부 고등과 경부로 수많은 독립운동가들을 고문한 사이가 시치로는 11월 2일 자택 부근 원남정 우편국 앞 노상에서 사살당했다. 조선인들에게 편집권이 넘어와 있던 《경성일보》는 그의 죽음에 대해 〈사상경찰의 악마-이것이 최후다〉라는 제목의 기사를 내보냈다. 송남헌에 따르면 그를 처단한 것은 의열단원 김성수金聖壽였다.[39] 이 무렵 서울 도심에는 왜노소탕본부라는 단체 명의로 '일본인들은 빨리 집을 내놓고 이 땅에서 물러가라'는 격문이 붙기 시작했다.

조선인들의 일본인에 대한 배척 움직임이 강화되자 러취 군정장관은

1946년 1월 23일 세화회에 "38선 이남의 일본인은 이후 2주 이내에 군정청의 직접·간접 사무담당자 1000명과 그 가족을 포함해 4000명을 제외하고 나머지는 전부 떠나라"고 명령했다. 조선을 떠날 때 일본인들이 소지할 수 있는 현금은 1000엔으로 제한됐다.[40]

일본 후생성에 따르면 패전 이후 1961년까지 본국에 귀환한 일본인의 수는 38선 이남에서 59만6454명, 이북 지역에서는 32만2585명을 합친 91만9039명이었다. 1945년 무렵 조선에 사는 일본인들의 수는 70여만 명이라고 했는데, 실제 숫자는 그보다 많은 91만여 명이었다. 이 차이는 조선 주둔 일본군 때문에 발생한 것으로 추정된다. 이들 가운데 87만6234명이 1946년까지 귀환했다.

일본인들의 재산은 대부분 몰수됐다. 12월 6일 미 군정법령 제33호 공포에 의해 북위 38도선 이하 일본 정부·기업·개인들의 재산은 모두 미 군정청의 소유가 됐다. 이렇게 몰수된 재산은 이후 대한민국이 건국된 뒤인 1948년 9월 11일 한국 정부에 일괄 이양됐다. 이로써 해방된 한반도엔 일본인도, 그들이 남긴 재산도 아무 것도 남지 않게 됐다.

대한민국 갈등의 기원을 생각한다

남쪽과 달랐던 소련의 점령

이반 치스차코프Ivan Chistyakov(1900-1979) 소련 제25군단장이 한반
도에 첫 발을 내디딘 것은 하지보다 보름 빠른 8월 24일이었다. 군단
사령부가 있던 만주 옌지延吉에서 급거 비행기를 타고 오후 4시께 함
흥에 도착했다. 치스차코프는 비행장으로 마중 나온 구시부치 센이치
櫛淵鎭一 일본군 제34군 사령관에게 "일본군은 잘 싸웠다"[1]고 예의를
갖춘 뒤 항복 절차에 돌입했다.

치스차코프가 조선 점령 임무를 떠안게 된 이유는 하지와 같았다.
소련이 일본을 상대로 선전포고를 했을 때 제25군단은 연해주 쪽에
서 만주로 진격하는 제1극동방면군의 좌익 끝에 배치돼 있었다. 소련
군의 애초 작전계획에 따르면, 제25군단의 개전 초기 임무는 조선-만
주 사이 국경에 머물며 혹시 있을지 모를 조선 방면 일본군의 측면 공
격에 대비하는 것이었다. 제1극동방면군의 주력이 관동군의 요새 지
대를 돌파하면 뒤따라 눈앞의 둥닝을 넘어 한반도의 동북부와 맞대고

있는 남만주의 왕칭-투먼-훈춘을 잇는 3각지대로 진격할 예정이었다. 즉 제25군단이 한반도에서 가장 가까이 배치된 소련의 가용 전력이었던 것이다.

일본군의 갑작스런 항복은 소련군의 작전계획에도 큰 변화를 몰고 왔다. 제25군단의 임무 역시 남만주에 배치된 '관동군 격멸'에서 '조선 점령'으로 바뀌었다. 키릴 메레츠코프Kirill Meretskov 제1극동방면군 사령관은 치스차코프에게 조속히 진격해 왕칭-투먼-훈춘을 탈취하라고 명했다. 이어 소련 태평양함대와 함께 한반도 북동부의 주요 항구인 청진과 원산을 점령하라고 지시했다. 소련군은 13일 청진에 상륙해 일본군과 치열한 접전 끝에 16일 점령에 성공했다. 그다음 임무였던 22일 원산 점령은 일본군이 저항을 멈춘 탓에 무혈로 마무리됐다. 스탈린은 이튿날인 23일 "우리군은 전 만주, 남사할린, 쿠릴열도를 점령했다. 일본 관동군은 반격이 실패로 끝난 뒤 저항을 포기하고 무기를 버리고 항복했다"고 선언했다. 이 언급에서 한반도에 대한 언급은 찾을 수 없다. 소련은 조선에 별다른 전략적 관심을 갖지 않았던 것이다.

치스차코프가 막 도착한 함흥 일대는 조선 최대 공업지대였다. 함흥-흥남-원산 지역에는 동양 최대의 비료공장으로 불리던 일본질소비료 함흥공장, 오노다小野田시멘트 천내리공장 등이 있었다. 노동자가 많았기에 공산주의 세력 역시 매우 강했다. 조선이 해방됐다는 소식은 함흥에도 빠르게 전해졌다. 함흥 시민들도 안재홍의 16일 라디오 연설을 들었고, 그날 경성에서 열린 만세 집회 소식을 알고 있었다. 서대문형무소처럼 함흥형무소에서도 200여 명의 정치범과 경제범이 석방됐다.[2] 석방된 이들은 곧 함흥부로 달려가 니와세 노부유키庭瀬信行

부윤에게 행정권 이양을 요구했다. 그날 밤 송성관·김재규·박경득 등 석방된 공산주의자들을 중심으로 함경남도 인민위원회가 결성됐다. 또 경성의 움직임에 발 맞춰 도용호를 중심으로 건국준비위원회 함경남도 지부도 만들어졌다.

치스차코프는 함흥의 제34군 사령부에서 구시부치 사령관과 일본군의 무장해제에 대한 협정을 맺었다. 이어 기시 유이치岸勇一 함경남도지사 등 도청 간부들과 행정권 접수에 관한 협의를 시작했다. 조선을 점령할 준비가 안 되어 있긴 소련군도 마찬가지였다. 치스차코프는 하지와 마찬가지로 지극히 평범한 야전형 군인이었다.[3] 1900년 농민의 아들로 태어나 1917년 러시아 혁명 이후 발생한 내전에서 적군 병사로 참전했다. 2차 세계대전 이전엔 연해주에 배치돼 있다가 독소전쟁이 터진 뒤 유럽 전선에서 여단장·사단장·군단장으로 승진을 거듭했다. 치스차코프의 일성은 살벌하기 그지없었다. "조선인과 일본인 모두 현재 위치를 벗어나는 이가 있다면 당장 교수형에 처하겠다"[4]고 엄포를 놨다. 그는 실무 협의는 참모들에게 일임하고 30분 만에 자리를 떴다. 이튿날인 25일 열린 실무협의에서 소련군과 조선총독부 실무자들은 당분간 일본 헌병과 경찰이 치안유지를 맡고, 행정사무도 그동안처럼 함경남도지사와 도청직원이 수행하기로 합의했다. 소련군도 미군처럼 안정적인 행정업무 지속을 위해선 총독부 관료기구를 당분간 활용하는 게 바람직하다고 판단했던 것이다.

하지만 이후 전개는 크게 달랐다. 송성관·도용호 등 함경남도 인민위원회와 함경남도 건국준비위원회 관계자 등은 소련군 사령부로 찾아가 자신들이 함경남도 집행위원회를 설립한 사실을 알렸다. 이들은 자신들에게 총독부가 행사해 온 행정권과 그동안 일본인들이 누려온 특권을 이양할 것을 요구했다. 치스차코프는 이들의 요구가 타당하다고 판단했는지 즉각 수용했다.

그날 밤 9시, 치스차코프는 함흥 천주교회당에서 열린 소련군 고급 장교 회의에 기시 지사와 함흥의 주요 인사들을 불러냈다. 치스차코프는 도용호·최명학·송성관 등 3명의 조선인을 대동하고 나타나 "오늘 도용호를 위원장, 최명학을 부위원장으로 하는 함경남도 집행위원회가 설치됐다. 소련의 명령 아래 위원회가 함경남도의 치안·행정 일체의 권한을 행사할 것이다. (이들이) 헌병과 경찰의 무장을 해제하고, 관공서와 공공물을 인수할 것"이라고 밝혔다. 청천벽력 같은 사태의 반전이었다. 당황한 기시 지사는 "총독의 명령 없이 서명할 수 없다"고 버텼지만, 치스차코프 대장의 명령으로 서명한다고 부기하라는 명령을 듣고 따를 수밖에 없었다.[5] 그날 밤 인민위원회와 건국준비위원회에서 각각 11명, 즉 좌우 동수로 구성된 집행위원회가 꾸려졌다.

메레츠코프는 25일 치스차코프에게 제25군단이 북부 조선을 점령하는 임무를 맡게 됐음을 정식으로 통고하면서, 사령부를 함흥 또는 평양에 설치하라고 지시했다. 북부 조선의 중심도시는 예나 지금이나 평양이었다. 치스차코프는 이튿날인 26일 비행기를 타고 평양에 도착했다. 이어 평안남도 옛 도청 청사에 제25군단 사령부를 설치하고 "소련군과 동맹국 군대는 한반도에서 일본 약탈자를 구축했다. 조선은 자유스런 나라가 되었다"는 내용의 포고문을 발표했다. 이 포고는 평양 시민들로부터 호응을 받았지만 앞으로 소련이 북부 조선에서 어떤 정책을 펴 갈지 구체적 구상을 담은 것은 아니었다.

평양은 공산주의 세력이 강했던 함흥과 달리 민족주의와 기독교 전통이 강한 도시였다. 무엇보다 '조선의 간디'라 불리던 민족주의 지도자 조만식이 있었다. 평양 시민들은 해방 직후인 17일 조만식을 중심으로 건국준비위원회 평안남도 지부를 결성해 두고 있었다. 조만식의 오른팔인 오윤선이 부위원장, 오산학교 시절 제자이자 공산주의자인 이주연(1903-1969)이 총무부장을 맡았다. 평양의 민의를 반영한 나름의 좌우합작이었다. 그 하루 전인 16일 평양 서문통의 국숫집 협성면옥 2층에선 현준혁(1906-1945)이 이끄는 조선공산당 평안남도 지구위원회가 결성됐다.

치스차코프는 도착 당일인 26일 자신의 숙소인 평양 철도호텔로 후루카와 가네오古川兼雄 평안남도지사와 조만식·현준혁 등을 불러냈다. 치스차코프는 "이날 오후 8시를 기준으로 평안남도의 일본 정부는 소멸했다"고 선언한 뒤, 평안남도 인민정치위원회가 정권을 넘겨받는다고 발표했다. 소련군은 29일 평안남도 건국준비위원회 관계자들을 철도호텔로 다시 불러내 회견을 진행했다. 그 자리엔 예상치 못한 손님들이 미리 와 대기하고 있었다. 평안남도의 공산주의자들이었다. 치스차코프는 며칠 전 함흥에서 했던 것과 같은 방식으로 평안남도 건국준비위원회와 조선공산당 평안남도 지구위원회 대표를 1대 1로 묶어 평안남도 인민정치위원회를 만들게 했다. 조만식 등은 인위적으로 좌우 균형을 맞추려는 소련의 조처에 위화감을 느꼈지만, 받아들일 수밖에 없었다. 평안남도 인민정치위원회의 위원장엔 조만식, 부위원장엔 현준혁이 임명됐다. 현준혁은 조만식을 존경하는 온건한 인물이었지만, 9월 3일 낮 괴한의 총에 암살된다.

자신들을 보호해 온 공권력이 사라지자 일본인들의 삶은 나락으로 떨어졌다. 이들은 북한 지역을 점령한 소련군의 약탈과 성폭행에 무방비로 노출됐다. 당시 평양의 상황을 목격한 오영진은 낮의 소련군은 "소박하고 무지하고 충직"했지만, 밤의 그들은 "영맹한 금수"[6]와 같았다고 적었다. 이들은 까레스키(조선인)·야뽄스키(일본인)·아메리칸스키(미국인)를 구별할 줄 몰랐고, 어린애처럼 천진난만했고, 시골뜨기처럼 시계와 만년필과 우산을 탐하고, 신사복에 넥타이를 매어보고 싶어 했다.[7] 북한에서 교사 생활을 하다 한국전쟁 때 월남한 함삼식은 소련군이 "만나자마자 악수하자고 청해놓고 손목에 시계라도 차고 있으면 '다와이(내놓아라)'라고 요구했다"고 회상했다. 그렇게 빼앗은 시계를 팔뚝에 몇 개씩 차고 거리를 활보했다.[8] 일본 여성들은 소련군의 성폭행을 피하려고 얼굴에 흙과 검정을 칠하거나 머리를 박박 밀어야 했다.*

소련은 북위 38도를 기준으로 남북의 이동을 끊었다. 8월 25-26일 소련군 수비대는 경원선 등 남북을 잇던 주요철도를 잇따라 차단했다. 치스차코프는 이 조처에 대해 "38선은 미소 양군의 진주의 경계선일 뿐 정치적 의미가 없다"고 설명했다. 소련의 점령 정책에 위화감을 느끼는 이들의 남하는 9월께부터 본격화된다.

---

* 남한에 남겨진 일본인들은 1945년 10월, 만주에 머물던 이들도 1946년 봄부터는 귀환선을 탈 수 있었지만, 북한 지역의 일본인들은 1946년 12월까지 이동을 금지당했다. 20만 명 넘는 일본인이 수용소를 탈출해 38선을 넘었고, 그 와중에 3만5000여 명이 목숨을 잃었다.(NHK, 〈知られざる脱出劇 ～#北朝鮮·引き上げの真実〉,《NHKスペシャル》, 2013년 8월 12일 방송.)

스탈린의 결심, 김일성의 등장

한반도를 분할점령한 미소는 이제 조선을 어떻게 처리해야 할지 결정해야 했다. 전후 미소의 첫 만남은 9월 11일부터 10월 2일까지 열린 런던 외상 이사회에서 이뤄졌다.

이 무렵 극동 지역에서 소련의 가장 큰 관심은 제정 러시아 시절부터 숙적이었던 일본의 군국주의를 철저히 파괴하는 것이었다. 그러려면 미국이 주도하게 될 일본 점령정책에 소련의 의사를 반영할 수 있는 길을 터야 했다.[9] 이것이 이번 회담에 임하는 소련의 가장 큰 외교 목표였다. 그에 따라, 뱌체슬라프 몰로토프Vyacheslav Molotov 소련 외무인민위원(외교장관)은 24일 런던에서 제임스 번즈 미 국무장관에게 도쿄에 소련 등 연합국이 참여하는 대일이사회를 만들자고 제안했다. 그러나 태평양 전쟁에서 사실상 일본을 홀로 제압한 미국은 단독점령을 포기할 의사가 전혀 없었다. 번즈가 소련의 제안에 적대적 태도를 보이자, 회담은 파행으로 마무리됐다. 오코노기 마사오 게이오대 명예교수는 《한반도 분단의 기원》에서 "런던 외상 이사회는 이후 냉전이라 이름 붙인 미소 대결의 최초 징후가 됐다"고 평했다.[10]

스탈린은 생각했다. 미국이 자기 점령 지역인 일본에서 타협 없는 단독행동을 한다면, 소련 역시 자국의 점령지인 북한 지역에서 똑같이 행동하면 될 일이었다. 스탈린은 일본 점령에 참여할 길이 막히자, 미국과 이전에 맺었던 여러 합의를 이행하지 않기로 결심한다. 런던 이사회는 이후 '20세기 최악의 외교 실패'란 불명예를 떠안게 된다.[11]

런던에서 외상 이사회가 진행되고 있을 무렵인 9월 20일 스탈린은 향후 한반도의 점령 방침을 담은 '기본지령'을 소련군에 내려 보냈다. 와다 하루키가 1982년 소련의 북한 정책을 다룬 선구적 논문[12]에서 이 문서를 소개할 무렵엔 전체 7개 항 가운데 핵심이 되는 1·2항이 비공개 상태였다. 와다는 생략된 조항 안에 "북한만의 정권적 조직 수립, 북한만의 공산당 창립과 관련된 내용이 있었던 것으로 느껴진다"고 예측했다. 이 추정은 1993년 2월 26일 《마이니치신문》 특종을 통해 사실로 확인됐다. 신문은 "스탈린이 (이 문서에서) 조선 북부에 부르조아 민주주의정권을 수립하라고 지시"했다고 보도했다. 실제 지령 2조를 보면, "반일적인 민주적 정당·사회단체의 광범위한 동맹에 기초하여 북한에 부르주아 민주주의정권을 수립하는데 협력할 것"이란 내용이 담겨 있다. 스탈린이 '조선에'가 아닌 '북한에'라는 용어를 사용한 점에 주목해야 한다. 소련은 1945년 9월말 조선을 다시 하나로 통합하는 대신 자신들의 점령하고 있는 북한 지역에 친소적 정부를 만들기로 결심한 것이다. 소련 점령정책의 기본방침이 '북한에' 부르주아 민주주의정권을 수립하는 것이라면, 조선인들의 의지와 무관하게 분단은 고착화 될 수밖에 없었다.

이것은 소련 입장에선 나름 합리적인 선택이었다. 애초 루스벨트와 스탈린이 구두 합의한 대로 한반도에 미·소·영·중 4대 연합군이 참여한 신탁통치를 실시한다면, 소련의 발언권은 4분의 1로 줄어들 수밖에 없었다. 하지만 지금의 현상을 유지한다면 북부 조선, 즉 한반도의 절반은 소련의 영향 아래 남게 된다. 이후 소련은 분단을 기정사실화하는 여러 조처를 하나씩 시행해 간다. 10월 13일엔 조선공산당 북조선분국이 설치됐고, 이듬해 2월 8일엔 사실상 북한만의 단독 정부기구인 북조선 임시인민위원회가 만들어졌다.

소련이 북한에 (독자적인) 부르주아 민주주의정권을 수립하기로 결심하면서 김일성(1912-1994)이 급부상한다. 1912년 4월 평양 교외의 기독교 가정에서 태어난 김일성은 1932년 항일유격대에 투신했다. 이 조직은 1936년 1월 동북항일연군으로 재편성되는데, 김일성은 조선인 대원이 가장 많았던 제1로군 제2군 휘하 제6사의 사장을 맡았다.

이 무렵 김일성은 조선인들의 뇌리에 강렬한 인상을 남긴 사건의 주인공이 된다. 스물여섯 젊은 청년이던 김일성은 1937년 6월 4일 밤 대원들과 함경북도 혜산 근처의 보천보 파출소를 습격했다. 이 습격으로 일본이 입은 피해는 일본인 술꾼 하나와 일본 순사 부인이 등에 업고 있던 아기가 유탄을 맞아 사망한 것뿐이었다.[13] 실제 전과는 보잘 것 없었지만, 조선인 게릴라가 국경을 넘어와 일본 파출소를 습격했다는 사실만으로도 조선인들은 감격했다. 오랜 식민통치로 패배감에 젖은 조선인들에게 한 줄기 단비가 된 것이다. 《동아일보》는 신이 나서 두 차례나 호외를 발행해가며 이 공비들의 살인·방화·약탈 사건을 연일 대서특필했다.

하지만 1930년대 말 만주는 게릴라 투쟁이 지속될 수 있는 낭만적인 땅이 아니었다. 김일성과 항일 게릴라들은 일본군의 소탕 작전을 견디지 못하고 1940년 9-11월 '고난의 행군'을 거쳐 연해주 소련령으로 피신했다. 소련은 이들을 하바롭스크 근교에 모아 1942년 8월 극동군 제88특별독립보병여단으로 재편성했다. 여단장은 동북항일연군 제2로군 총사령관이었던 저오바오중周保中(1902-1964)이었고, 김일성은 그 밑의 제1 대대장이었다.

해방의 소식은 연해주에도 전해졌다. 김일성은 소련군의 점령정책을 보좌하는 정치공작자의 임무를 안고 9월 5일 하바롭스크를 떠나 육로를 통해 조선으로 진입하려 했다. 하지만 교량 등이 파괴돼 육로가 막히자 블라디보스토크로 이동해 어선을 개조한 소련 군함 프가초프호를 타고 19일 원산에 상륙했다. 소련 군인으로 청진 상륙작전에 참여한 뒤 원산에 머무르고 있던 정상진은 추석 전날인 9월 22일 들어오는 소련군 70여 명을 마중하러 항구에 나갔다. 매우 젊고 야윈 젊은이하나가 그에게 손을 내밀며 "김성주입니다"라고 자신을 소개했다. 소련군 대위 신분이었던 서른세 살 청년은 아직 북한 내에 특별한 정치적 기반을 갖고 있지 못했다.[14]

전설적인 보천보 전투의 주인공인 김일성 장군이 평양 시민들 앞에 처음 모습을 드러낸 것은 그로부터 얼마 후인 10월 14일이었다. 이날 오후 1시 평양 기림리 평양공설운동장에서 소련군 환영 군중대회가 열렸다. 대회를 앞둔 김일성은 소련의 정치 담당 군사위원 니콜라이 레베데프Nikolai Lebedev 소장을 찾아가 "장군님 이 대회에는 소련 훈장을 달고 나가겠습니다. 조선 인민들이 오래오래 기억할 명연설을 하겠습니다"라고 말했다.[15]

운동장을 가득 메운 6만 군중 앞에 김일성이 등장했다. 김일성은 이날 연설에서 "노력을 가진 자는 노력으로, 지식이 있는 자는 지식으로, 돈 있는 자는 돈으로, 전 민족이 대동단결하여 민주주의 자주 독립국가를 건설하자"고 호소했다. 1928년 평양에서 태어난 함남식은 당시 현장에서 김일성이 연설하는 모습을 지켜봤다. 이날 평양 시민들이 운동장을 가득 메운 것은 소련군을 환영하기 위해서라기보다 명성으로

만 듣던 김일성을 두 눈으로 확인하기 위해서였다. 하지만 연단에 오른 이는 중후한 노년의 신사가 아닌 30대 초반의 깡마른 젊은이였다. 평양 시민들은 이 김일성이 그때 그 보천보 전투의 주인공이라는 사실에 다소 위화감을 느꼈다. "평양 시민들이 머릿속에 떠올렸던 그림은 50살을 넘긴 반백에, 수염을 넉넉하게 기른 당당한 남자의 모습"이었기 때문이다. 이내 사람들이 웅성거리기 시작했다. 뒤쪽에 모여 있던 사람들은 아예 대놓고 "젊은 사람이 하는 어설픈 연설 같은 거 들으나 마나다. 돌아가자"고 말했다.[16] 하지만 1930년대 만주 벌판은 백마 탄노 장군이 활약할 수 있는 공간이 아니었다. 이 초라한 젊은이가 '그때 그 김일성'이라는 것은 틀림없는 역사적 사실이었다.

이승만의 귀국

임시정부 승인 문제를 놓고 처절한 '외교전쟁'을 벌이던 이승만은 워싱턴에서 일본의 항복 소식을 접했다. 그는 8월에만 다섯 차례에 걸쳐 미국 정부에 '귀국을 허락해 달라'는 로비를 벌였다. 좀처럼 귀국길이 뚫리지 않자 10월 1일엔 국무부 내 친공·친일분자들이 자신의 귀국을 막고 있다는 한탄을 쏟아냈다.

이승만의 귀국에 어떤 힘이 작용했는지에 대한 견해는 갈려 있다. 정병준은 《우남 이승만 연구》에서 한반도에 반공적인 단정 수립을 희망한 맥아더가 이승만의 귀국을 추진했다고 보고 있다. 이승만이 7월 말부터 맥아더에게 자신의 반공사상을 담은 서한을 보냈고, 이것이 맥아더의 이목을 끌었다는 것이다. 이승만은 맥아더의 후원과 국무부·육군부의 허가를 얻어 도쿄를 거쳐 귀국할 비행기 탑승권을 손에 넣었다. 이후 10월 4일 오후 9시 지인 수십명의 배웅을 받으며 워싱턴을 출발해 샌프란시스코·호놀룰루·괌 등을 거쳐 10월 10일 도쿄 인근 아쓰키 비행장에 착륙했다. 정병준은 이 기간 동안 이승만이 맥아더·하지·애치슨 등과 미군정의 주도 아래 이승만과 대한민국임시정부 등 우파 세력을 중심으로 하는 자문통치기구를 세울 구상을 짰을 것으로 보고 있다.[17] 하지만 이정식은 이 시점에선 미국의 대조선 정책이 그렇게 명확히 수립되지 않았다며, 이승만이 귀국한 것은 현지 사령관인 하지가 남부 조선의 정세 안정을 위해 그의 귀국을 원했기 때문일 뿐이라고 추정했다.[18]

10월 16일 이승만의 귀국은 해방 이후 줄곧 수세에 몰려 있던 우익에게 본격적인 반전의 실마리가 됐다. 이승만은 귀국 이튿날 기자회견을 앞두고 프린스턴 대학 후배 윤치영을 호텔로 불러냈다. 이어 윤치영의 연락을 받은 한민당 주요 인사들이 조선호텔로 가서 이승만을 만났다. 좌익에 비해 정통성이 부족했던 한국민주당과 오랜 외국 생활로 국내 정치기반이 없던 이승만 사이의 본격적 '연대'가 시작된 것이다.[19]

나흘 뒤인 10월 20일 오전 10시 우익 인사들이 오랫동안 준비해 온 연합군 환영회가 개최됐다. 이 행사는 이제 미군정청으로 이름이 바뀐 옛 총독부 청사 앞에서 개최됐다. 고려교향관현악단, 제24사단, 제7사단 군악대 연주가 울려 퍼지는 가운데 대형 태극기를 앞세우고 4대 연합국 국기가 차례로 입장했다. 개회사를 맡은 것은 연합국환영준비위원회 위원장을 맡고 있던 이인이었다. 그는 1946년 5월 16일 미군정의 검찰총장으로 취임한 뒤 "기관총 들고 좌익을 소탕"했고, 국회 반민특위 위원장 시절엔 반민족행위특별조사위원회의 숨통을 끊는 법 폐기안을 제출했다.²⁰ 이제 곧 조선 치안의 총책임자인 미군정 경무국장의 자리에 오를 조병옥이 연합국환영준비위원회 사무장 자격으로 환영사를 낭독했다.

이 자리에 모인 5만 인파 앞에서 하지는 지나치다 싶을 정도로 화려한 미사여구를 동원해 이승만을 소개했다. "이 성대한 환영회도 위대한 조선의 지도자를 맞이하기에는 부족하다. 그 분은 압박자에게 쫓기어 조국을 떠났었지만 그 분의 세력은 크다. 그 분은 개인의 야심이라고는 전혀 없다. 그 분이 살아서 여기 와 계시다. 여러분은 그분이 이 자리에서 동포에게 '헬로'하고 외쳐 주기를 희망한다."²¹ 하지는 이승만이 연설하는 내내 부동자세로 그의 권위를 한껏 추켜세웠다.

이승만은 귀국 후 일주일 만인 10월 23일 독립촉성중앙협의회를 조직해 조선 내 정치세력의 단일화를 꾀했다. 이에 대해선 조선공산당도 불만을 제기하기 힘든 상황이었다. 자신들이 주도해 만든 인민공화국이 9월 16일 발표한 조각명단에서 이승만을 국가 주석으로 떠받들었기 때문이다. 이승만이라면 좌우합작을 실현할 수 있지 않을까 하는 세인들의 기대는 높아져 갔다. 그러나 이승만은 평생 공산주의와 싸워온 반공의 화신이었다. 그는 11월 7일 서울중앙방송국을 통한 라디오 연설에서 "나는 충칭정부의 한 사람이다. 임시정부가 돌아와 정식 타협이 있기 전에는 그 어떤 것에도 관여할 수 없다"²²며 인민공화국 주석 자리를 걷어찼다. 공개 망신을 당한 인민공화국 중앙인민위원회는 11월 10일 "이제 이 박사를 초당파적 인물로 다룰 수 없게 되었다"고 선언했다.

　좌우대립은 서로의 존재를 용납하지 않을 만큼 벌어져 있었다. 이승만은 12월 17일 서울중앙방송국을 통해 '공산당에 대한 나의 입장'이란 정견을 발표했다. 이 글에서 이승만은 "이 분자들은 소련을 자기네들의 조국이라고 부른다는데, 만약 이것이 사실이라면 우리가 요구하는 바는 이들이 한국을 떠나 자기네 조국으로 돌아가 자기네 나라에 충성을 다하는 것"이라고 비꼬았다. 분노한 박헌영은 23일 조선공산당 중앙위원회 대표 명의로 발표한 성명에서 이승만을 "민족반역자 및 친일파의 구세주"로 규탄했다. 이승만의 귀국은 좌우대립의 격화로 귀결됐다.

찬탁-반탁으로 온 나라가 갈라서다

미소의 분할점령이 장기화 조짐을 보이자 미군정 역시 불안감을 느꼈다. 하지는 9월 24일 맥아더 앞으로 전문을 보내 "크게 엇갈려 있는 정책 하에서 2개의 점령지구로 조선이 분단되어 있는 사실은 조선을 하나의 국민으로 통일시키는데 극복하기 어려운 장애요인이다. 국토 양분이 계속된다면 치명적인 사태가 초래될 것"이라고 밝혔다. 파국을 회피하려면, 키를 쥔 미국과 소련이 직접 나서 전면 협상을 벌여야 했다.

　해방 뒤 조선의 운명을 사실상 결정지은 모스크바 3상회의는 1945년 12월 16일부터 26일까지 열렸다. 미소는 이 만남에서 조선인들을 위한 임시정부를 만들고, 이를 원조하기 위해 양국이 참여하는 공동위원회를 꾸리기로 합의했다. 이 공동위원회는 조선의 민주적 정당·사회 단체와 협의해 "최고 5개년에 걸친 4개국 신탁통치에 관한 협정"을 결정할 수 있었다.

모스크바 3상회의 합의안이 공개된 뒤 한반도는 벌집을 헤집어 놓은 듯 발칵 뒤집혔다. 해방된 마당에 5년간 신탁통치를 시행한다는 것은 조선인의 자치능력을 의심하는 일이었다. 반탁 운동의 선봉에 선 것은 김구의 대한민국임시정부였다. 이들은 신탁통치 반대 국민총동원위원회를 설치하고, 12월 31일 오후 2시부터 시위행진을 벌였다. 경성 곳곳이 반탁의 목소리로 가득찼다. 송진우는 임시정부의 철저한 반탁 주장에 "미군정과 충돌을 피해야 한다"는 신중론으로 맞섰다. 이것은 스스로의 목숨을 재촉하는 행위가 됐다. 송진우는 12월 30일 새벽 6시 10분께 원서동 집에서 잠자다 한현우 등 우익 청년 6명이 쏜 총에 맞아 숨졌다. 한국민주당은 이 테러의 배후에 김구가 있다고 믿었다. 해방 직후 좌우합작을 주장하던 여운형에게 '임정봉대'로 맞섰던 한민당과 임시정부의 관계는 사실상 이것으로 파탄에 이르렀다.

조선공산당도 처음엔 강하게 반탁을 주장했다. 하지만 박헌영이 급하게 평양을 방문해 소련의 입장을 확인한 뒤인 1946년 1월 2일 돌연 찬탁으로 돌아섰다. 조선공산당이 반탁에서 찬탁으로 급선회하자, 우익들은 공산주의자와 신탁통치 지지자들을 민족반역자로 규정하며 공세를 높였다.[23] 이를 계기로 조선공산당은 정통성에 큰 타격을 입었고, 해방 이래 줄곧 이어진 좌익 우위의 정치 구도가 무너지기 시작한 것이다.

모스크바 3상회의 합의안은 냉전을 앞둔 미소가 어렵게 합의에 도달한 소중한 성과였다. 이후 역사를 냉정히 조망해 볼 때 이 합의안은 조선이 분단을 피할 수 있는 마지막 기회였다. 조선인들은 냉정하게 이 합의의 의미를 따져보기 보다 '조선에 5년 동안 신탁통치가 이뤄진다'는 단순한 사실에만 집착했다. 그러나 합의문을 잘 읽어보면, 그에 앞서 조선인으로 구성된 '통일된 임시정부' 구성이 전제돼 있음을 알 수 있다. 무슨 일이 있어도 통일된 임시정부를 만들어야 했다. 그래야 미소 양국 앞에 조선인들의 단일한 의사를 전달하고 나아가 관철할 수 있었다. 하지만 이미 극한 좌우대립이 진행 중인 상황에서 냉정한 이성이 작동할 공간은 없었다. 우익들은 "신탁통치 주창자는 소련이고, 모스크바 결정을 찬성하는 공산주의자는 소련의 앞잡이이자 매국노이며, 반탁운동은 즉시독립을 위한 애국운동"이라고 선전했다.[24] 안타깝지만, 바람 앞의 등불 같은 민족의 장래를 생각할 때 '반탁'만을 내세우며 무조건 반대할 상황은 아니었다.

모스크바 3상회의의 결정대로 1946년 3월 20일 오후 1시 미소공동위원회가 개막했다. 북한을 점령한 소련의 의도는 명확했다. 이후 주북한 소련대사에 오르게 되는 테렌티 슈티코프Terenty Shtykov(1907-1964) 소련군 연해주군관구 군사평의회 위원은 개막식에서 "소련은 조선이 우의적 국가가 되기를 기대한다. 그리하여 조선이 장차 소련을 침범하기 위한 요새지와 근거지가 되지 않기 바란다"고 말했다. 모스크바 3상회의의 합의에 따라 조선을 통합하기 위한 논의는 해보겠지만, 한반도에 소련에 우호적이지 않은 국가를 용납하지 않겠다는 노골적 선언이었다. 논의 과정에서 원하는 결론을 얻을 수 없을 경우엔 판을 뒤엎고 스탈린의 지령대로 북한에 부르주아 민주주의정권을 수립하면 될 일이었다.

미소공동위원회는 첫 단계부터 난관에 봉착했다. 모스크바 3상회의 합의문엔 공동위가 "조선의 민주적 정당·사회단체와 협의해야 한다"는 구절이 들어 있었다. 소련이 생각하는 민주적 정당·사회단체란 소련과 공산당에 우호적인 단체란 의미였다. 소련 대표단은 미소공동위원회는 모스크바 3상회의 결론을 실행하기 위해 만들어진 것이기 때문에 이 결론에 동의하지 않는 한반도의 정당·사회단체, 즉 임시정부와 이승만 등 우익 반탁세력은 참여할 수 없다고 주장했다. 미소는 4월 18일 미소공동위원회 5호 성명을 통해 위원회에 참여하려는 정당·사회단체는 모스크바 협정 이행에 협력한다는 서약서를 제출하게 하는 절충안에 합의했다. 하지만 소련은 4월 23일 재차 입장을 바꿔 과거 "정당·사회단체는 모스크바결정과 동맹국 중 어느 한 나라에 반대하는 적극적인 행동으로 자신의 명예를 훼손한 대표를 협의에 참가시켜서는 안 된다"는 새 조건을 제시했다. 신탁통치에 반대한 적이 있는 '개인'을 끝내 배제하겠다는 주장이었다.

미군정은 미소공동위원회가 열리기 한 달 전부터 이승만을 의장으로 하는 자문기관인 민주의원을 만들어 두고 있었다. 민주의원은 5월 1일 미소공동위원회와 협의해 "임시정부수립에 참가하는 것이 신탁통치에 반대할 수 있는 계기인 것을 확인한다"[25]는 성명을 발표했다. 일단 서약서를 제출해 미소공동위원회에 참여한 뒤 신탁통치에 반대하겠다는 주장이었다. 소련은 이 성명에 강력히 반발했다. 이어 민주의원에 가입한 단체와는 협의할 수 없다고 선언했다. 미국은 당혹감을 감출 수 없었다. 소련의 주장대로 미소공동위원회에 우익의 참여를 막는다면 임시정부는 좌익을 중심으로 구성될 수밖에 없었다. 그렇게 되면 이번엔 미국이 점령지의 절반을 내줘야 했다. 미국은 첨예한 대립이 이어지는 임시정부 수립 논의를 멈추고, 이질화되어 가는 한반도의 현재 상황을 멈추기 위한 경제통일과 38선 철폐문제를 먼저 논의하자고 주장했다. 미국은 소련이 이 제안을 거부하면 미소공동위원회 논의를 중지할 수밖에 없다고 통보했다. 슈티코프 등 소련 대표단은 5월 9일 서울을 떠났다.[26]

미소공동위원회는 1947년 5월 21일 재개되지만, 타협은 끝내 이뤄지지 않았다. 미소 양쪽 모두 한반도에 수립될 정부가 자신들에게 우호적이길 원했다. 서로가 상대의 제안을 가로막을 거부권을 쥔 상황에서 이를 실현시킬 방법은 현실적으로 없었다. 미소공동위원회는 결렬됐다. 사실상 이 지점에서, 한반도의 분단은 확정되었다.

두 개의 선택지

이 시기 조선의 정치지도자들에겐 두 개의 선택지가 있었다. 첫째는 먼저 민족의 통일을 성취한 다음 국가를 건설한다는 '선 통일, 후 건국' 노선이었고, 둘째는 먼저 국가를 건설한 뒤 통일을 이루자는 '선 건국, 후 통일' 노선이었다. 여기에서 대세를 정확히 파악하고 있던 두 인물은 이승만과 김일성이었다.

이승만은 미국 정치의 작동 방식을 아는 노련한 인물이었다. 그는 2차 세계대전이 끝난 뒤 발생하기 시작한 미소의 사활적 대립을 이해하고 있었다. 처칠 전 영국 수상은 1946년 3월 5일 미주리주 웨스트민스터대학에서 흥미로운 연설을 한다. 전쟁이 끝난 뒤 소련이 "발틱해의 슈체친에서 아드리아해의 트리에스테까지 철의 장막을 치고 있다"고 꼬집은 것이다. 소련은 동유럽 시민들의 자유의사를 무시하고 자신에게 우호적인 공산정권을 강요하고 있었다. 소련이 친 철의 장막에 미국 등은 대대적인 봉쇄정책으로 맞섰다. 로널드 레이건과 미하일 고르바초프가 등장하는 1980년대 말까지 40여 년간 이어질 냉전의 시작이었다.

이승만은 이런 엄혹한 상황에서 한민족이 살아남으려면 남쪽만이라도 서둘러 정부를 세워야 한다고 판단했다. 미소공동위원회가 결렬된 직후인 1946년 6월 3일 그 유명한 '정읍 발언'을 쏟아낸다. 1946년 6월 4일 《서울신문》에 실린 이승만의 발언은 "이제 무기 휴회된 (미소) 공위가 재개될 기색도 보이지 않으며 통일 정부를 고대하나 여의치 않으니, 우리 남방만이라도 임시정부 혹은 위원회 같은 것을 조직하여 38선 이북에서 소련이 철퇴하도록 세계 공론에 호소하여야 될 것이다. 여러분도 결심하여야 될 것이다"[27]였다. 이승만은 통일은 이렇게 남쪽만이라도 "정부를 세운 후에 북쪽을 소청해",[28] 즉 쓸어버려 달성할 수밖에 없다고 생각했다.

김일성의 생각도 같았다. 소련의 강한 영향력 아래 있던 김일성은 일단 "'북한에' 부르주아 민주주의정권"을 수립해야 했다. 김일성은 11월 17일 조선공산당 북조선 분국 제3회 확대집행위원회에서 "현 단계 북조선에 있어서 우리 당의 정치적 총노선과 실제 활동은 (…) 북조선을 통일적 민주 독립국가 건설을 위한 강력한 정치·경제·문화적 '민주기지'로 만드는 데 있다"고 말했다. 북한에 먼저 민주기지를 세운 뒤, 그 기세를 남쪽까지 확장해 간다는 이른바 '민주기지론'이었다. 이 발언이 있기 전, 평양의 오영진은 사석에서 김일성을 만났다. 오영진은 김일성에게 남북으로 분단된 현 상황에 대한 견해를 물었다.

"그럼 장차 남북의 교통은 어찌 됩니까."

김일성은 성난 사람처럼 굳센 어조로 말했다.

"남조선이요? 동무들 남조선은 생각할 필요 없소. 북풍이 불어 남조선을 휩쓸어야 합니다."

김일성은 단호한 태도를 보이며 한 마디 덧붙였다.

"우리는 피를 흘려야 합니다."[29]

분단을 피하기 위해 수많은 이들의 처절한 노력이 이어졌다. 남한 내 좌우합작을 위해 1946-1947년 여운형·김규식이 좌우합작위원회를 꾸려 활동했고, 김구·김규식은 분단을 목전에 둔 1948년 4월 실낱같은 희망을 안고 평양으로 넘어가 남북 협상에 나섰다. 북한의 조만식은 소련이 모스크바 3상회의 결정에 찬성해 줄 것을 요청하자 "한반도에 완전한 독립국으로 자유정부가 만들어져야 한다. 신탁통치엔 찬성할 수 없다"는 입장을 고수했다. 소련은 반대를 용납하지 않았다. 조만식은 1946년 1월 5일 평안남도 인민정치위원회 위원장직에서 해임된 뒤, 소련군에 의해 전격 연금됐다. 남한으로 탈출하라는 주변의 권고에 "북한 1000만 민중과 운명을 함께 하겠다"며 응하지 않았다. 그가 어떻게 숨겼는지 아직까지 명확히 규명되지 않고 있다.

분단을 회피하려는 조선인들의 선의와 열정이 강고한 냉전 구도를 해체하진 못했다. 서중석 성균관대 명예교수는 여운형·김규식 등 중도파 민족주의자들과 극좌·극우와의 명백한 차이는 민족국가 건설문제에 있었다고 지적한다. 이승만과 한민당은 조숙한 냉전논리로 일찍부터 단정을 주장하고 있었고, 비슷한 시기에 북은 민주기지론으로 맞섰다. 이들과 달리 중도파 민족주의자들은 처음부터 끝까지 통일민족국가 건설을 위해 온갖 노력을 기울였다. 한번 분단이 되면 엄청난 민족적 재앙을 불러올 수밖에 없기 때문에 잠정적이라도 이를 받아들일 수 없었다.[30] 김규식은 1948년 2월 22일 남북 협상에 나서며 이승만에게 "조국의 분단이 결정되는 이때에 우리가 최후의 노력을 기울이지 않는다면 역사는 우리를 역적이라 규탄할 것"이라고 했다. 이승만은 내가 역사에 대한 책임을 질테니 염려하지 말라고 답했다.[31] 이승만은 남북협상에 나서는 이들에게 "대세에 몽매하다는 조소를 면하기 어려울 것"[32]이라고 혹평했다.

두 차례에 걸친 미소공동위원회가 결렬된 뒤 미국은 복잡한 조선 문제에서 손을 떼기로 한다. 이들은 1947년 10월 조선에서 철수하기로 하고, 조선 문제를 유엔으로 이관했다. 유엔은 11월 14일 한반도 전역에서 인구 비례에 따른 총선거를 실시하기로 결의한 뒤, 선거를 촉진하고 감독하는 9개국으로 구성된 유엔 임시조선위원회를 설치했다. 이 위원회는 1948년 1월 서울을 통해 입국했다. 소련은 유엔 결정에 반발하며 위원회의 입경을 거부했다. 남쪽의 단독정부 수립 구상에 맞서 북쪽도 자신들의 절차를 밟아나갔다. 1948년 2월 8일 조선인민군을 창설하고, 2월 10일엔 조선민주주의인민공화국 헌법안을 공포했다.[33] 헌법안을 공포했으니 이제 남은 일은 북쪽만의 단독정부 수립이었다.

유엔은 1948년 2월 26일 한반도의 '가능한 지역'에서만 총선거를 치르기로 최종 결정했다. 그에 따라 1948년 5월 10일 북위 38도선 이남 지역에서 단독 총선거가 치러져 8월 15일 대한민국이 건국됐다. 이북 지역에선 8월 25일 조선최고인민회의 선거를 통해 9월 9일 조선민주주의인민공화국이 수립됐다. 마침내 한반도는 저마다 정통성을 주장하는 두 개의 국가로 분단됐다.

분단된 조국을 재통합할 기회는 1950년 초에 찾아왔다. 애치슨 미 국무장관이 1950년 1월 12일 전국기자클럽NPC에서 발표한 '아시아의 위기'라는 연설이 빌미가 됐다. 애치슨은 이 연설에서 미국의 극동 방위선이 알류산 열도에서 일본을 지나 오키나와와 필리핀으로 이어진다고 언급했다. 미국이 극동에서 지켜야 할 영역에서 대한민국은 제외되고 말았다.

김일성은 이 발언에 주목했다. 조국 통일을 위해 "피를 흘려야 할 때"가 마침내 도래한 것이다. 그는 3월 30일 박헌영을 대동하고 모스크바로 날아가 4월 10일 스탈린과 만났다. 스탈린은 한반도의 통일을 위해 전쟁을 하겠다는 김일성의 계획을 최종 승인하며, 중국 마오쩌둥의 의견을 듣도록 했다. 김일성은 1950년 5월 13일 베이징에서 마오를 만나 긍정적 답변을 얻어냈다.[34] 한달 반 뒤에 시작될 전쟁으로 마오는 아들 마오안잉毛岸英(1922-1950)과 60만 젊은이의 목숨, 그리고 대만을 정복해 통일을 완수할 기회를 잃었다.

김일성은 몇해 전 오영진에게 공언한 대로 "북풍을 동원해" 남조선을 소청하기로 결심했다. 전쟁은 1950년 6월 25일 새벽 4시께 시작됐다. 이 전쟁으로 우리 민족이 겪은 고통은 필설로 옮길 수 있는 것이 아니다.

남남대립의 근원을 생각한다

해방 이후 75년 동안 이 땅에선 한반도 정세를 상이하게 바라보는 두 개 세력 간의 대립이 이어져 왔다. 첫 번째는 조선의 독립은 연합국의 승리에 따른 결과라는 '해방의 국제성'을 받아들이는 이들이다. 이 입장에 선 사람들은, 한국의 국익을 극대화하기 위해서는 세계정세를 냉정하게 파악하고 그에 맞는 외교정책을 세워야 한다고 믿는다. 이들은 해방 직후 혼란기엔 남쪽에 서둘러 단독정부를 수립한 뒤 통일을 꾀해야 한다고 생각했고, 그 후예들은 지금도 한국의 최대 자산인 한미동맹을 지키기 위해 가급적 미국의 뜻을 거스르지 말아야 한다는 입장을 유지하고 있다. 그런 맥락에서 보자면, 지금의 대한민국을 만든 단 한 명의 국부는 단독정부 수립을 밀어붙인 이승만이라는 결론에 이르게 된다. 요컨대 우리가 우리 힘으로 얻어낸 성과는 어느 날 도둑같이 찾아온 광복(1945년 8월 15일)이 아닌 우리 스스로의 결단으로 이뤄낸 건국(1948년 8월 15일)인 것이다. 이런 입장을 가진 이들을 최근까지 대한민국의 주류를 자처해온 '보수'라고 부를 수 있다.

두 번째는 조선의 해방이 연합국에 의해 이뤄진 것은 맞지만, 조선인도 적잖은 피를 흘리며 기여했다는 '해방의 주체성'을 강조하는 이들이다. 여운형은 "대체 조선의 독립은 연합군이 우리 조선 사람에게 주는 단순한 선물은 아니다. 3000만 조선동포는 과거 36년간 유혈의 투쟁을 계속해 왔으므로 오늘날 자주독립을 획득했다"고 말했다.[35] 이들은 1946-1947년 여운형·김규식이 주도한 좌우합작위원회가 성공했다면, 1948년 김구·김규식의 남북협상이 성과를 냈다면, 조선은 분단과 전쟁을 피할 수 있지 않았을까 서글퍼한다. 이들의 후예들은 김대중의 '햇볕정책'과 노무현의 '동북아 균형자론'의 실패에 가슴 아파하며. 그렇기에 문재인 정부가 좀 더 적극적으로 북미 간의 중재 역할에 나서고 개성공단과 금강산 관광을 재개하는 결단을 내리길 원하고 있다. 한반도를 둘러싼 주변 환경은 여전히 엄혹하지만 '우리민족끼리' 주체적 노력을 통해 우리 운명을 우리 힘으로 개척해 나갈 수 있을 것이라 굳게 믿고 있는 것이다. 나아가, 해방은 외세에 의해 주어진 것이 아니고 우리 선혈들의 피와 땀으로 이뤄낸 것이기에 대한민국임시정부를 기억하려 하고, 한국인이 1년 중 기억해야 할 '단 하루'가 있다면 분단을 고착화한 '건국절'이 아닌 '광복절'이라 주장한다. 그리고 마침내 '우리 힘으로' 한국인의 삶을 규정하는 가장 큰 질곡인 북핵 문제를 해결하고 평화로운 동아시아의 문을 열어젖히기 위한 대담한 한 걸음을 내디뎌야 한다고 목소리를 높이고 있다. 도무지 화해 불가능한 이 심연과 같은 인식 차이가 아마도 현재 대한민국을 둘로 가르고 있는 가장 살벌한 전선 가운데 하나일 것이다.

1945년 8월 한반도의 가장 짧은 하루를 맞이했던 조선인들은 미소라는 외세의 강력한 규정 속에서 사실상 옴짝달싹할 수 없었다. 그래도 실낱 같은 희망을 포기하지 않고 좌우합작을 위해 노력했지만, 끝내 실패하고 말았다. 외세의 압도적 규정력은 해방 이후 75년이 지난 오늘까지 근본적으로 변하지 않았다. 이것이 한국 현대사에 가로놓인 비극의 원천이며, 여기서 파생하는 문제들이 지금껏 당신과 나의 숨통을 죄고 있다. 꿈에 그리던 해방이 다가온 그날 여운형은 좋은 나라를 만들고 싶었고, 실패했으며, 1947년 7월 19일 혜화동 로터리에서 총에 맞아 생을 마감했다. 그런 의미에서 우리 힘으로 우리의 운명을 개척하는데 실패했던 해방의 그날은 한반도의 '가장 짧은 하루'였던 동시에 이후 75년간 이어지는 고통이 시작된 '가장 긴 하루'였다고 말할 수 있다.

감사의 말

집필을 시작한 2019년 말은 40여 년 인생에서 가장 힘든 시간이었다. 한 해 동안 《한겨레》 노동조합위원장으로 일하며 여러 일들을 겪었다. 쓰자면 한도 끝도 없는 얘기이니, 침묵하기로 한다. 다만 그 시기를 함께해준 몇몇 사람들에게는 고마움을 전하고 싶다.

노동조합의 상근자로 함께 일한 홍석재와 이문기에게는 평생 갚지 못할 신세를 졌다. 늘 마음에 두고 살 것이다. 매일 아침 출근해서 표현진과 나눈 짧은 담소에서 즐거움과 영감을 얻었다. 노조 생활을 함께한 이춘재·이주현·유창선·유상진·김선영·황은하 등에게도 감사한다. 이분들의 응원 덕분에 집필을 마무리할 수 있었다.

서해문집 편집장 김종훈은 광복 직후 26일간의 이야기를 쓰고 싶다는 제안을 흔쾌히 받아주었다. 《나는 조선인 가미카제다》 《안창남, 서른 해의 불꽃같은 삶》 《아베 삼대》 등 세 권의 책을 함께 작업한 벗에게 또 한 번 고마움을 표한다.

아내 김명아와 사랑하는 두 어머니인 강홍자, 최인수 여사께 감사의
말씀을 올린다. 손위 누이 길민정은 페이스북 메신저를 통해 이따금
책의 진척 상황을 묻곤 했다. 여러 책을 써냈지만, 고백하건대 이번이
가장 고된 작업이었다. 모두의 따뜻한 관심과 배려가 아니었다면 그
시간을 견뎌낼 수 없었을 것이다.

2020년 8월 5일
이문동 서재에서
길윤형

미주

프롤로그

I 김인식, 〈조선건국준비위원회의 건국 구도〉, 《한국민족운동사연구》, 제84집, 176쪽.

1장

I 여운홍, 《몽양 여운형》, 청하각, 1967, 134쪽.

2 여운홍, 앞의 책, 134-135쪽.

3 미야타 세쓰코, 정재정 역, 《식민통치의 허상과 실상》, 혜안, 2002, 262-263쪽.

4 여운홍, 앞의 책, 135쪽.

5 여운홍, 앞의 책, 135쪽.

6 강덕상, 《日帝末期暗黑時代の燈として》, 新幹社, 2019, 216쪽.

7 김을한, 《일제강점기 동경유학생 그리고 토월회 이야기》, 탐구당, 1986, 163쪽.

8 길윤형, 《안창남, 서른해의 불꽃같은 삶》, 서해문집, 2019, 187쪽.

9 이정식, 《여운형-시대와 사상을 초월한 융화주의자》, 서울대학교출판부, 2008, 369쪽.

10 강덕상, 앞의 책, 221쪽.

II 천관우, 〈민세 안재홍 연보〉, 《창작과 비평》, 1978년 가을호, 212쪽.

12 안재홍, 〈여운형씨의 추억〉, 《민성》, 1949년 10월호.

13 조갑제, 《朴正熙 : 趙甲濟 기자의 라이프 워크 : 한 근대화 혁명가의 비장한 생애》 1, 조갑제닷컴, 2006, 238쪽.

14 이동화, 〈夢陽 呂運亨의 政治活動 : 再評價를 위하여〉 상, 《창작과비평》, 1978년 여름호, 325쪽.

15 이정식, 앞의 책, 488쪽.

16 안재홍, 〈八·一五 당시의 우리 政界〉, 《새한민보》, 1949년 9월 15일.

17 김을한, 《인생잡기-어느 언론인의 증언》, 일조각, 1989, 126쪽.

18 이기형, 《여운형 평전》, 실천문학사, 2004, 351쪽.

19 강덕상, 앞의 책, 287쪽.

20 이기형, 앞의 책, 352쪽.

22 강덕상, 앞의 책, 286쪽.

22 이기형, 앞의 책, 351쪽.

23 이정식, 앞의 책, 737쪽.

2장

1 최하영, 〈政務總監: 韓人課長 呼出하다〉, 《月刊中央》 1968년 8월호, 122-124쪽.

2 모리타 요시오森田芳夫, 《朝鮮終戰の記錄: 米ソ兩軍の進駐と日本人の引揚》, 巖南堂書店, 1964, 67쪽.

3 최하영, 앞의 책, 126-128쪽.

4 이동화, 앞의 책, 386쪽.

5 강덕상, 앞의 책, 296쪽.

6 모리타 요시오, 앞의 책, 40-41

7 모리타 요시오, 앞의 책, 67-68쪽.

8 모리타 요시오, 앞의 책, 95쪽.

9 모리타 요시오, 앞의 책, 69쪽.

10 이기형, 앞의 책, 322-323쪽.

11 이기형, 앞의 책, 347쪽.

12 강덕상, 앞의 책 387쪽.

13 여운홍, 앞의 책, 136쪽.

14 《조선일보》 2005년 8월 13일.

15 여운홍, 《여운형 평전》, 136쪽.

16 모리타 요시오, 앞의 책, 69-71쪽.

17 동아일보사, 《독립을 향한 집념-고하 송진우 전기》, 동아일보사, 1999, 444쪽.

18 한림대학교 아시아문화연구소, 《조선공산당문건자료집(1945-46)》, 한림대학교출판부, 1993, 6-7쪽.

19 이정식, 앞의 책, 45쪽.

20 임경석, 〈피지배민족 위한 인터내셔널리즘〉, 《한겨레21》, 제1209호.

21 여운형, 〈피의자 신문조서〉(1929년 8월 6일), 《몽양여운형전집》1, 한울, 1997, 544쪽.

3장

1   《동아일보》1945년 9월 6일.

2   국사편찬위원회, 〈러시아에 대한 두려움〉,《주한미군사1》, 국사편찬위원회, 2014.
    (이 책은 국사편찬위원회 홈페이지를 통해 내용을 확인했다. http://db.history.go.kr/item/
    level.do?sort=levelId&dir=ASC&start=1&limit=20&page=1&pre_page=1&setId=-1&pr
    evPage=0&prevLimit=&itemId=husa&types=&synonym=off&chinessChar=on&broke
    rPagingInfo=&levelId=husa_001r&position=-1#)

3   《동아일보》1946년 9월 6일.

4   《동아일보》1946년 9월 10일.

5   《동아일보》1946년 9월 10일.

6   유광렬,《記者半世紀》, 瑞文堂, 1969, 290쪽.

7   김준연,《독립노선》, 시사시보사, 1959, 256쪽.

8   동아일보사, 앞의 책, 415쪽.

9   김을한,《신문야화-30년대 기자수첩》, 일조각, 1971, 85쪽.

10 동아일보사, 앞의 책, 295-296쪽.

11 김준연, 앞의 책, 267쪽.

12 동아일보사, 앞의 책, 416쪽.

13 김준연, 앞의 책, 260쪽.

14 동아일보사, 앞의 책, 418쪽.

15 안재홍, 〈民政長官을 辭任하고〉,《신천지》, 1948년 7월호.

16 김준연, 앞의 책, 254-255쪽.

17 이경남, 〈독불장군 김준연의 정치 곡예〉,《정경문화》 1984년 9월호, 102쪽.

18 김준연, 앞의 책, 259쪽.

19 동아일보사, 앞의 책, 425쪽.

20 오코노기 마사오,《한반도 분단의 기원》, 나남, 2019, 240쪽.

21 이인, 〈解放前後 片片錄〉,《新東亞》통권 제36호, 360쪽.

22 김준연, 앞의 책, 2-3쪽.

23 김준연, 앞의 책, 3쪽.

24 김준연, 앞의 책, 2-4쪽.

25 김준연, 앞의 책, 5쪽.

26 김준연, 앞의 책, 4쪽, 263쪽.

27 한국방송공사,《한국방송 60년사》, 1987, 72쪽.

28 이내수,《이야기 방송사》, 씨앗을 뿌리는 사람, 2001, 223쪽.

29 이내수, 앞의 책, 227쪽.

30 한국방송공사, 앞의 책, 73쪽.

31 이정식, 앞의 책, 727쪽.

4장

1   조용만, 《경성야화》, 창, 1992, 212쪽.

2   조용만, 앞의 책, 273쪽.

3   조용만, 앞의 책, 280쪽.

4   심지연, 《이강국 연구》, 백산서당, 2006, 21-23쪽.

5   조용만, 앞의 책, 278쪽.

6   한국방송공사, 앞의 책, 66쪽.

7   한도 가즈도시半藤一利, 《決定版 日本のいちばん長い日》, 文春文庫, 2006, 312쪽.

8   한도 가즈도시, 앞의 책, 342쪽.

9   최하영, 앞의 책, 128쪽.

10 한도 가즈도시, 앞의 책, 348쪽.

11 문제안 외, 《8·15의 기억-해방공간의 풍경, 40인의 역사체험》, 한길사, 2005, 105쪽.

12 나가타 가나코長田かな子, 〈45年8월15日〉, 《季刊 三千里》 31호(1982년 8월), 116쪽.

13 모리타 요시오, 앞의 책, 74-75쪽.

14 최하영, 앞의 책, 128-129쪽.

15 쓰보이 사치오坪井幸生, 《ある朝鮮総督府警察官僚の回想》, 草思社, 2004, 134-137쪽.

16 모리타 요시오森田芳夫, 〈長田かな子〉, 《朝鮮終戰の記錄 資料編》 2, 巖南堂書店, 1979, 310-312쪽.

17 모리타 요시오, 앞의 책, 148쪽.

5장

1   유광렬, 앞의 책, 162-163쪽.

2   이병철, 《호암자전》, 나남, 2014, 73-74쪽.

3   강인선, 〈1945년 8월 15일, 서울은 조용했다〉, 《月刊朝鮮》 1995년 8월.

4   여연구, 《나의 아버지 여운형 : 잃어버린 巨星의 재조명》, 김영사, 2001, 139쪽.

5   이정식, 앞의 책, 737쪽.

6   이정식, 앞의 책, 743쪽.

7   이정식, 앞의 책, 738쪽.

8   이기형, 앞의 책, 366쪽.

9   나가타 가나코, 앞의 책, 116쪽.

10 여운형, 〈피의자 신문조서〉(1929년 7월 24일), 앞의 책, 442-443쪽.

11 이만규, 앞의 책, 206쪽.

12 이만규, 앞의 책, 263-265쪽.

13 이만규, 앞의 책, 271쪽.

14 이만규, 앞의 책, 203-204쪽.

15 여운홍, 앞의 책, 142쪽.

16 안재홍, 〈八·一五 당시의 우리 政界〉, 《새한민보》, 1949년 9월 15일.

17 한림대학교 아시아문화연구소, 《조선공산당문건자료집(1945-46)》, 한림대학교 출판부, 1993, 8쪽.

18 송건호, 《송건호전집-한국현대인물사》 11, 한길사, 2002, 133쪽.

19 문제안 외, 앞의 책, 9쪽.

6장

1   이기형, 앞의 책, 367-368쪽.

2   이정식, 앞의 책, 786쪽.

3   이정식, 〈여운형과 건국준비위원회〉, 《역사학보》 134·135(1992년 9월), 42-44쪽.

4   이정식, 《여운형-시대와 사상을 초월한 융화주의자》, 743쪽.

5   이정식, 앞의 책, 739쪽.

6   이인, 앞의 책, 128-129쪽.

7   이인, 〈解放前後 片片錄〉, 《新東亞》 통권 제36호(1967), 359쪽.

8   동아일보사, 앞의 책, 437쪽.

9   이인, 앞의 책, 360쪽.

10 이인, 앞의 책, 360쪽.

11 이인, 앞의 책, 366쪽.

12 임재경, 《펜으로 길을 찾다》, 창비, 2015, 47-49쪽.

13 한국어 번역본은 국사편찬위원회, 《대한민국임시정부자료집, 주미외교위원부 Ⅱ》(국사편찬위원회, 2007, 120-129쪽)에서 확인할 수 있다.

14 정병준, 〈카이로 회담의 한국 문제 논의와 카이로 선언 한국 조항의 작성과정〉, 《역사비평》, 통권 107호(2014년 여름), 227쪽.

15 United States Department of State, 〈The Hopkins Mission to Moscow〉, 《FRUS: diplomatic papers : the Conference of Berlin(the Potsdam Conference)》, 1945. 47쪽.

1   이인,《반세기의 증언》, 명지대학교출판부, 1974, 145쪽.

2   여운홍, 앞의 책, 142쪽.

3   이만규, 앞의 책, 185쪽.

4   이인,〈解放前後 片片錄〉,《新東亞》 통권 제36호(1967), 360-361쪽.

5   전후,〈革命의 길: 左翼人의 良心〉,《신천지》 1945년 4월호, 247쪽.

6   모리타 요시오, 앞의 책, 76쪽.

7   전후, 앞의 책, 247쪽.

8   파나 이사악꼬브나 사브쉬나, 김명호 역,《1945년 남한에서: 어느 러시아 지성이 쓴
     역사 현장 기록》, 한울, 1996, 72쪽.

9   파나 이사악꼬브나 사브쉬나, 앞의 책, 73쪽.

10   전후, 앞의 책, 248쪽.

11   《자유신문》 1946년 8월 11일.

12   이정식,〈여운형과 건국준비위원회〉, 25쪽.

13   여운형,〈휘문중학교 운동장에서 여운형 연설〉, 앞의 책, 한울, 1997, 213쪽.

14   《매일신보》 8월 17일.

15   이만규, 앞의 책, 185쪽.

16   이영근,〈呂運亨「建準」의 좌절: 통일일보 회장 故 李榮根 회고록〉 上,《月刊朝鮮》,
     125호(1990년 8월), 436쪽.

17   모리타 요시오, 앞의 책, 77쪽.

18   이영근, 앞의 책, 434-438쪽.

19   이기형, 앞의 책, 369

20   이정식,〈「8·15미스테리」蘇聯軍進駐說의 震源〉,《신동아》, 1991년 8월, 431쪽.

21   파나 이사악꼬브나 사브쉬나, 앞의 책, 74쪽.

22   모리타 요시오森田芳夫·나가타 가나코長田かな子,《朝鮮終戰の記錄 資料編》 2, 巖
     南堂書店, 1979, 312쪽.

23   모리타 요시오·나가타 가나코, 앞의 책, 312쪽.

24   문제안 외, 앞의 책, 21-22쪽.

25   모리타 요시오, 앞의 책, 80쪽.

26   모리타 요시오, 앞의 책, 80쪽.

27   여운홍, 앞의 책, 189쪽.

28   모리타 요시오, 앞의 책, 80-81쪽.

29   모리타 요시오·나가타 가나코, 앞의 책, 313쪽.

30   이연식,《조선을 떠나며-1945년 패전을 맞은 일본인들의 최후》, 역사비평사, 2012,

55쪽.

31 이정식,《여운형-시대와 사상을 초월한 융화주의자》, 서울대학교출판부, 2008, 745쪽.

32 이정식, 앞의 책, 45쪽.

33 여연구, 앞의 책, 148-149쪽.

34 이만규, 앞의 책, 229쪽; 이기형, 앞의 책, 370쪽.

35 이하라 준지로井原潤次郞, 〈朝鮮軍参謀長時代を語〉,《東洋文化研究》6(2004), 344쪽.

8장

1 이연식, 앞의 책, 18쪽.; 모리타 요시오·나가타 가나코, 앞의 책, 284-295쪽.

2 모리타 요시오·나가타 가나코,《朝鮮終戦の記録 資料編》1, 125쪽.

3 모리타 요시오·나가타 가나코, 앞의 책, 126-127쪽.

4 모리타 요시오·나가타 가나코, 앞의 책, 126쪽.

5 모리타 요시오, 앞의 책, 115-116쪽.

6 모리타 요시오, 116쪽.

7 모리타 요시오, 115쪽.

8 모리타 요시오·나가타 가나코, 앞의 책, 127쪽.

9 모리타 요시오·나가타 가나코, 앞의 책, 133쪽.

10 모리타 요시오·나가타 가나코, 앞의 책, 20쪽.

11 쓰보이 사치오, 앞의 책, 143쪽.

12 문제안 외, 앞의 책, 88쪽.

13 문제안 외, 앞의 책, 36쪽.

14 문제안 외, 앞의 책, 190-192쪽.

15 모리타 요시오, 앞의 책, 80-81쪽.

16 쓰보이 사치오, 앞의 책, 144쪽.

17 히라오카 다카시平岡敬,《時代と記憶》, 影書房, 2011, 177-183쪽.

18 《한겨레》2016년 5월 21일.

19 모리타 요시오, 앞의 책, 81쪽.

20 이경민, 앞의 책, 106-107쪽.,《경성일보》1945년 8월 20일.

21 미야모토, 앞의 책, 270-271쪽.

22 《매일신보》1945년 8월 17일.

23 모리타 요시오·나가타 가나코, 앞의 책, 20쪽.

24 미야모토 마사아키宮本正明, 〈朝鮮軍·解放前後の朝鮮〉,《東洋文化研究》6, 2004,

271쪽, 344쪽.

25 　모리타 요시오, 앞의 책, 103쪽.

26 　문제안 외, 앞의 책, 24쪽.

27 　정진석, 《언론조선총독부》, 285-286쪽; 양재하, 〈다시 윤전기 앞에서〉, 《한성일보》 창 간호, 1946년 2월 26일.

28 　모리타 요시오, 앞의 책, 103쪽.

29 　문제안 외, 앞의 책, 182-196쪽.

30 　조규하·이경문·강성재, 《남북의 대화》, 고려원, 1987, 45-46쪽.

31 　모리타 요시오, 앞의 책, 104쪽.

32 　강덕상, 앞의 책, 296쪽.

33 　이영근, 앞의 책, 443쪽.

34 　모리타 요시오, 앞의 책, 104쪽.

35 　이영근, 앞의 책, 444쪽.

36 　이만규, 앞의 책, 210쪽.

37 　이영근, 앞의 책, 445-447쪽.

38 　모리타 요시오, 앞의 책, 105쪽.

9장

1 　동아일보사, 앞의 책, 448쪽.

2 　이만규, 앞의 책, 204쪽.

3 　동아일보사, 앞의 책, 447쪽.

4 　《매일신보》 1945년 10월 2일.

5 　이인, 앞의 책, 361쪽.

6 　여운홍, 앞의 책, 150쪽.

7 　《해방일보》 1946년 8월 16일.

8 　〈철창안의 거물들〉, 《동광》, 제21호, 1931년 5월.

9 　안재홍, 〈八·一五 당시의 우리 政界〉, 《새한민보》, 1949년 9월 15일.

10 　조병옥, 《나의 회고록》, 선진, 2003, 110쪽.

11 　김준엽·김창순, 《한국공산주의운동사》 3, 청계연구소, 1986, 36쪽.

12 　동아일보사, 앞의 책, 296-297쪽.

13 　김준엽·김창순, 앞의 책, 65-66쪽.

14 　조규하·이경문·강성재, 앞의 책, 54쪽.

15 　한국민주당선전부, 《韓國民主黨小史》, 한국민주당선전부, 1948, 4쪽.

16 　이인, 《반세기의 증언》, 명지대학교출판부, 1974, 147쪽.

17 안재홍, 〈몽양 여운형의 추억〉, 《민성》, 1949년 10월.

18 여운홍, 앞의 책, 150쪽.

19 이만규, 앞의 책, 213-216쪽.

20 여운홍, 앞의 책, 150-151쪽.

21 이만규, 앞의 책, 217쪽.

22 이만규, 앞의 책, 217쪽.

23 이기형, 앞의 책, 386쪽.

24 여운홍, 앞의 책, 150쪽.

25 이인, 〈解放前後 片片錄〉, 《新東亞》, 통권 제36호, 1967, 362쪽.

10장

1 가와베 도라시로河辺虎四郎, 《河辺虎四郎回想録— 市ケ谷台から市ケ谷台へ》, 毎日出版社, 1979, 171쪽.

2 가와베 도라시로, 앞의 책, 171쪽.

3 가와베 도라시로, 앞의 책, 176쪽.

4 가와베 도라시로, 앞의 책, 177쪽.

5 가와베 도라시로, 앞의 책, 178쪽.

6 가와베 도라시로, 앞의 책, 180쪽.

7 가와베 도라시로, 앞의 책, 184쪽.

8 가와베 도라시로, 앞의 책, 188쪽.

9 모리타 요시오·나가타 가나코, 《朝鮮終戰の記録 資料編》 1, 18쪽.

10 모리타, 앞의 책, 83쪽; 모리타 요시오·나가타 가나코, 앞의 책, 19쪽.

11 모리타, 앞의 책, 154쪽.

12 모리타 요시오·나가타 가나코, 앞의 책, 122쪽.

13 모리타 요시오·나가타 가나코, 앞의 책, 122쪽.

11장

1 이인, 《반세기의 증언》, 명지대학교출판부, 1974, 148쪽.

2 이인, 〈解放前後 片片錄〉, 《新東亞》 통권 제36호, 363쪽.

3 이정식, 《대한민국의 기원》, 일조각, 2006, 757쪽.

4 이만규, 앞의 책, 233쪽.

5 한민당, 〈임정외에 정권 참칭하는 단체 및 행동 배격 결의 성명서〉, 《자료대한민국사》 제1권.

6   한국민주당선전부, 앞의 책, 7-8쪽.

7   임경석, 〈일제가 은폐한 재판 박헌영의 법정 투쟁〉, 《한겨레21》 1237호.

8   김남식, 《남로당 연구》, 돌베개, 1984, 20쪽.

9   『이정박헌영전집』 편집위원회, 《이정 박헌영 전집》 제2권 미군정기 저작편, 선인, 2004, 50쪽.

10   이정식, 앞의 책, 523쪽.

11   『이정박헌영전집』 편집위원회, 앞의 책, 51쪽.

12   김남식, 앞의 책, 40쪽.

13   이정식, 〈여운형과 건국준비위원회〉, 73쪽.

14   이정식, 《여운형-시대와 사상을 초월한 융화주의자》, 514쪽.

15   이만규, 앞의 책, 220쪽.

16   《매일신보》 9월 4일.

17   이정식, 앞의 책, 512쪽.

18   심지연, 《허헌 연구》, 역사비평사, 1994, 94쪽.

12장

1   김구, 《백범일지》, 돌베개, 2002, 398-399쪽.

2   이정식, 《대한민국의 기원》, 일조각, 2006, 300쪽.

3   국사편찬위원회, 《대한민국임시정부자료집》 18, 214쪽.

4   장준하, 《돌베개》, 돌베개, 2015, 257쪽.

5   장준하, 앞의 책, 259-261쪽.

6   오코노기 마사오, 앞의 책, 313쪽.

7   김광재, 〈韓國光復軍과 미 OSS의 合作訓練〉, 《軍史》. 제45호(2002년 4월), 147-148쪽.

8   장준하, 앞의 책, 275쪽.

9   장준하, 앞의 책, 295쪽.

10   김구, 앞의 책, 399쪽.

11   오코노기 마사오, 앞의 책, 368쪽.

12   장준하, 앞의 책, 307쪽.

13   장준하, 앞의 책, 314쪽.

14   장준하, 앞의 책, 316쪽.

15   Maochun You, 《OSS in China》, Yale University Press, 1997, 233-234쪽.

16   Maochun You, 앞의 책, 235쪽.

17   1945년 9월 3일 '전단'.

18 한시준, 〈대한민국 임시정부의 환국〉,《한국근현대사연구》제25집(2004년 여름), 69-70쪽.

19 〈The Acting Secretaty of State to the Ambassador in China(Hurley)〉,《FRUS: diplomatic papers, 1945 : The British Commonwealth, the Far East》, 1945, 1053-1054쪽.

20 오코노기 마사오, 앞의 책, 383쪽.

21 장준하, 앞의 책, 371쪽.

22 정병준, 〈남한진주를 전후한 주한미군의 대한 정보와 초기 점령정책〉,《史學研究》 51(1996년 5월), 174쪽.

13장

1   오코노기 마사오, 앞의 책, 198쪽.

2   국사편찬위원회, 〈정보〉,《주한미군사1》, 국사편찬위원회, 2014.

3   오코노기 마사오, 앞의 책, 200쪽.

4   모리타 요시오·나가타 가나코,《朝鮮終戰の記錄 資料編》1, 25쪽.

5   국사편찬위원회, 〈일본인과의 접촉〉, 앞의 책.

6   국사편찬위원회, 〈일본인과의 접촉〉, 앞의 책.

7   ブル_ス カミングス(브루스 커밍스), 鄭敬謨 他訳(정경모 외 역),《朝鮮戰争の起源 1 ―1945年―1947年 解放と南北分斷体制の出現》, 明石書店, 2012, 154-155쪽; 국사편찬위원회, 〈일본인의 통제권 유지〉, 앞의 책.

8   국사편찬위원회, 〈조선인들과의 관계〉, 앞의 책.

9   오영진,《하나의 證言》, 國民思想指導院, 1952, 71쪽.

10 《매일신보》1945년 9월 3일.

11 모리타 요시오·나가타 가나코, 앞의 책, 20-22쪽.

12 모리타 요시오·나가타 가나코, 앞의 책, 22쪽.

13 이경민, 앞의 책, 113쪽.

14 국사편찬위원회, 〈일본인과의 접촉〉, 앞의 책.

15 모리타 요시오, 앞의 책, 271쪽.

16 모리타 요시오, 앞의 책, 272쪽.

17 모리타 요시오, 앞의 책, 275쪽.

18 모리타 요시오, 앞의 책, 273쪽.

19 모리타 요시오·나가타 가나코, 앞의 책, 31쪽.

20 브루스 커밍스, 앞의 책, 156쪽.

21 국사편찬위원회, 〈선발대〉, 앞의 책.

22 브루스 커밍스, 앞의 책, 154-155쪽.

23 브루스 커밍스, 앞의 책, 156쪽.

24 여운홍, 앞의 책, 163쪽.

25 여운홍, 앞의 책, 165쪽.

26 브루스 커밍스, 앞의 책, 169쪽.

27 《매일신보》1945년 9월 12일.

28 모리타 요시오, 앞의 책, 274쪽.

14장

1   이기형, 앞의 책, 391쪽.

2   박일원, 《남로당 총비판》상, 極東情報社, 1948, 32쪽.

3   이정식, 앞의 책, 536쪽.

4   조규하·이경문·강성재, 앞의 책, 47쪽.

5   이정식, 앞의 책, 547쪽.

6   이영근, 〈李承晩, 朴憲永을 제압하다: 통일일보 회장 故 李榮根회고록〉下, 《月刊朝鮮》126호(1990년 9월), 429쪽.

7   여운홍, 앞의 책, 155쪽.

8   여운홍, 앞의 책, 153쪽.

9   이영근, 앞의 책, 428쪽.

10 이정식, 앞의 책, 534쪽.

11 이정식, 앞의 책, 753쪽.

12 《자유신문》10월 9일.

13 이정식, 앞의 책, 709쪽.

14 이정식, 앞의 책, 713쪽.

15 안재홍, 〈몽양 여운형씨의 추억〉, 《민성》, 1949년 10월.

16 이정식, 앞의 책, 705쪽.

17 이정식, 앞의 책, 753쪽.

18 임경석, 《이정 박헌영 일대기》, 역사비평사, 2004, 322쪽.

19 이정식, 앞의 책, 550쪽.

20 조규하·이경문·강성재, 앞의 책, 49쪽.

21 안재홍, 〈八·一五 당시의 우리 政界〉, 《새한민보》, 1949년 9월 15일.

22 안재홍, 앞의 글.

23 《매일신보》1945년 10월 2일.

24 《매일신보》1945년 10월 2일.

25 이인, 〈解放前後 片片錄〉, 《新東亞》 통권 제36호, 355쪽.

26 강덕상, 앞의 책, 233쪽.

27 박태균, 〈박태균의 버치보고서3 - "여운형 친일행적 찾아라"〉, 《경향신문》 2018년 4월 15일.

28 이영근, 앞의 책, 429쪽.

15장

1 《매일신보》 1945년 9월 9일.

2 《매일신보》 1945년 9월 8일.

3 《매일신보》 1945년 9월 9일.

4 브루스 커밍스, 앞의 책, 166쪽.

5 국사편찬위원회, 〈제7사단의 서울 점령〉, 앞의 책.

6 《매일신보》 1945년 9월 9일.

7 국사편찬위원회, 〈제7사단의 서울 점령〉, 앞의 책.

8 《매일신보》 1945년 9월 9일.

9 오영진, 앞의 책, 72쪽.

10 오영진, 앞의 책, 73쪽.

11 《매일신보》 1945년 9월 9일 호외.

12 한홍렬, 〈일본항복조인식광경〉, 金史林 編, 《新聞記者手帖》(모던出版社, 1948)에서 재인용.

13 모리타 요시오, 앞의 책, 282쪽.

14 국사편찬위원회, 〈통치권의 인수〉, 앞의 책.

15 국사편찬위원회, 〈통치권의 인수〉, 앞의 책.

16 모리타 요시오, 앞의 책, 289-290쪽.

17 브루스 커밍스, 앞의 책, 168쪽.

18 손정목, 《손정목이 쓴 한국 근대화 100년》, 한울, 2015, 184쪽.

19 국사편찬위원회, 〈통치권의 인수〉, 앞의 책.

20 《매일신보》 1945년 9월 12일.

21 《매일신보》 1945년 9월 13일.

22 오코노기 마사오, 앞의 책, 276쪽.

23 손정목, 앞의 책, 188쪽.

24 《매일신보》 1945년 9월 12일

25 이정식, 앞의 책, 113쪽.

26 안재홍, 〈八·一五 당시의 우리 政界〉, 《새한민보》, 1949년 9월 15일.

27   이정식, 앞의 책, 113-115쪽.

28   브루스 커밍스, 앞의 책, 163쪽.

29   브루스 커밍스, 앞의 책, 171쪽.

30   United States Department of State, 〈The Political Adviser in Korea (Benninghoff) to the Secretary of State〉, 《FRUS: diplomatic papers, 1945: The British Commonwealth, the Far East》, 1945, 1049-1051쪽.

31   이만규, 앞의 책, 240쪽.

32   《매일신보》1945년 10월 2일.

33   《매일신보》1945년 10월 11일.

34   이만규, 앞의 책, 238쪽.

35   최영호, 〈한반도 거주 일본인의 귀환과정에서 나타난 식민지 지배에 관한 인식〉, 《동북아역사논총》, 제21호(2008년 9월), 270-271쪽.

36   모리타 요시오·나가타 가나코, 《朝鮮終戰の記錄 資料編》 2, 314쪽.

37   모리타 요시오, 앞의 책, 317쪽.

38   최영호, 앞의 책, 295쪽.

39   송남헌, 앞의 책, 45쪽.

40   모리타 요시오, 앞의 책, 391쪽.

에필로그

1   모리타 요시오, 앞의 책, 168쪽.

2   모리타 요시오, 앞의 책, 165쪽.

3   와다 하루키, 〈소련의 대북한 정책, 1945-1946〉, 《분단전후의 현대사》, 일월서각, 1983, 252쪽.

4   모리타 요시오, 앞의 책, 168쪽.

5   오코노기 마사오, 앞의 책, 415-416쪽.

6   오영진, 앞의 책, 87쪽.

7   오영진, 앞의 책, 88-89쪽.

8   문제안 외, 앞의 책, 92쪽.

9   오코노기 마사오, 앞의 책, 529쪽.

10   오코노기 마사오, 앞의 책, 532쪽.

11   오코노기 마사오, 앞의 책, 543쪽.

12   와다 하루키, 〈소련의 대북한 정책, 1945-1946〉, 《분단전후의 현대사》, 일월서각, 1983, 244쪽. 이 논문의 원전은 和田春樹, 〈ソ連の朝鮮政策' 1945年8─11月〉, 《社会科学研究》(第33巻第4号, 1982年)와 〈ソ連の朝鮮政策' 1945年11月─1946年3月〉,

《社会科学研究》(第33巻第6号, 1982年)이다.

13 한홍구, 〈26살 김일성을 영웅으로 만든 보천보전투… 전과 미미했지만 강력한 충격타를 날리다〉, 《한겨레21》383호, 2001년 11월 15일.

14 오코노기 마사오, 앞의 책, 460쪽.

15 고당 조만식선생 기념사업회 엮음, 《북한 일천만 동포와 생사를 같이하겠소 : 영원한 민족의 스승 고당 조만식 전기》, 기파랑, 2010, 288쪽.

16 문제안 외, 앞의 책, 95쪽.

17 정병준, 《우남 이승만 연구》, 427-438쪽.

18 이정식, 《대한민국의 기원》, 일조각, 2006, 317-321쪽.

19 오코노기 마사오, 앞의 책, 335-336쪽.

20 이인, 《반세기의 증언》, 명지대학교출판부, 1974, 215쪽.

21 《매일신보》1945년 10월 20일.

22 《자유신문》1945년 11월 8일.

23 이정식, 앞의 책, 381쪽.

24 전현수, 〈38선 획정에서 남북정상회담까지⑦: 협의단체 선정 놓고 입씨름만 하다 끝난 미소공동위원회〉, 《신동아》, 2006년 2월, 358쪽.

25 《조선일보》, 1946년 5월 3일.

26 전현수, 앞의 책, 363쪽.

27 《서울신문》1946년 6월 4일.

28 비상국민대회대표회, 《제3회 회의록》, 1946년 1월 21일. 정병준, 앞의 책, 520쪽에서 재인용.

29 오영진, 앞의 책, 177-178쪽.

30 서중석, 〈해방정국의 중도파 정치세력을 어떻게 볼 것인가〉, 《한국민족운동사연구》 제39집(2004년 6월), 8쪽.

31 이정식, 앞의 책, 398쪽.

32 《동아일보》1948년 4월 2일.

33 와다 하루키和田春樹, 《北朝鮮現代史》, 岩波新書, 2012, 44쪽.

34 와다 하루키, 서동만·남기정 역, 《북조선 : 유격대국가에서 정규군국가로》, 돌베개, 2002, 98쪽.

35 《매일신보》1945년 10월 2일.

정기간행물

《경향신문》《동아일보》《매일신보》《한겨레21》
《每日新聞》《東洋文化硏究》
《The New York Times》

사료집

《대한민국임시정부자료집》
《FRUS》
《民世 安在鴻全集》(http://waks.aks.ac.kr/rsh/?rshID=AKS-2012-EBZ-3101)

단행본

강성현·백원담 편,《종전에서 냉전으로》(진인진, 2017)
강준식,《혈농어수》상, 중, 하 (아름다운 책, 2005)
고당 조만식선생 기념사업회 엮음,《북한 일천만 동포와 생사를 같이하겠소 : 영원한 민족의
　　　스승 고당 조만식 전기》(기파랑, 2010)
국사편찬위원회,《주한미군사1》(국사편찬위원회, 2014)
길윤형,《나는 조선인 가미카제다》(서해문집, 2012)
김구,《백범일지》(돌베개, 2002)

김건우, 《대한민국의 설계자들》(느티나무책방, 2017)

김기협, 《해방일기》(너머북스, 2011)

김남식, 《남로당 연구》(돌베개, 1984)

김두식, 《법률가들》(창비, 2018)

金史林 編, 《新聞記者手帖》(모던出版社, 1948)

김을한, 《도쿄 유학생》(탐구당, 1986)

_____, 《신문야화-30년대 기자수첩》(일조각, 1971)

_____, 《인생잡기-어느 언론인의 증언》(일조각, 1989)

_____, 《인간 영친왕》(탐구당, 1981)

김준연, 《독립노선》(時事時報社, 1959)

김준엽, 《장정》1·2(나남, 1987)

김준엽·김창순, 《한국공산주의운동사》3(청계연구소 1986)

김효순, 《역사가에게 묻다》(서해문집, 2011)

다테노 아키라 편저, 《그때 그 일본인들》(한길사, 2006)

도고 시게노리, 김인호 역, 《격동의 세계사를 말한다》(학고재, 2000)

동아일보사, 《독립을 향한 집념-고하 송진우 전기》(동아일보사, 1999)

딘 러스크, 정순주·홍영주 공역, 《냉전의 비망록》(시공사, 1991)

로버트 스칼라피노·이정식, 한홍구 역, 《한국 공산주의운동사》(돌베개, 2015)

레이 황, 구범진 역, 《장제스蔣介石 일기를 읽다 : 레이 황의 중국 근현대사 사색》(푸른역사, 2009)

마이클 돕스, 홍희범 역, 《1945 : 20세기를 뒤흔든 제2차 세계대전의 마지막 6개월》(모던아카이브, 2018)

미야타 세스코, 정재정 역, 《식민통치의 허상과 실상》(혜안, 2002)

미 육군 24군단 군사실, 《주한미군사》(HUSAFIK)(국사편찬위원회, 2014)

몽양여운형선생 전집발간위원회, 《몽양여운형전집》1·2·3(한울, 1997)

문제안 외, 《8·15의 기억-해방공간의 풍경, 40인의 역사체험》(한길사, 2005)

朴駟遠, 《南勞黨總批判》상(極東情報社, 1948)

사토 다쿠미, 《8월 15일의 신화》(궁리, 2005)

소련 과학아카데미 편, 《레닌그라드로부터 평양까지-조선해방에 있어 소련장성 11인의 회고록》(함성, 1989)

손정목, 《손정목이 쓴 한국 근대화 100년》(한울, 2015)

송건호, 《송건호전집》2, 11 (한길사, 2002)

심지연, 《송남헌 회고록》(한울, 2000)

_____, 《이강국 연구》(백산서당, 2006)

_____, 《허헌 연구》(역사비평사, 1994)

아이바 다카노리·NHK 취재판, 오정환 역,《한국전쟁-휴전선의 진실을 추적한다》(동아출판
　　사, 1991)

안드레이 그로미코, 박형규 역,《그로미코회고록》(문학사상사, 1990)

여연구,《나의 아버지 여운형 : 잃어버린 巨星의 재조명》(김영사, 2001)

여운홍,《몽양 여운형》(청하각, 1967)

吳永鎭,《하나의 證言》(國民思想指導院, 1952)

오코노기 마사오,《한반도 분단의 기원》(나남, 2019)

유광렬,《記者半世紀》(瑞文堂, 1969)

와다 하루키, 서동만·남기정 공역,《북조선 : 유격대국가에서 정규군국가로》(돌베개, 2002)

이경남,《雪山 張德秀》(東亞日報社, 1982)

이기형,《여운형 평전》(실천문학사, 2004)

이내수,《이야기 방송사 : 1924-1948》(씨앗을 뿌리는 사람, 2001)

이만규,《여운형 선생 투쟁사》(民主文化社, 1947)

이병철,《호암자전》(나남, 2014)

『이정박헌영전집』편집위원회,《이정 박헌영 전집》제2권 미군정기 저작편(선인, 2004)

이완범,《38선 획정의 진실》(지식산업사, 2001)

이연식,《조선을 떠나며-1945년 패전을 맞은 일본인들의 최후》(역사비평사, 2012)

이인,《반세기의 증언》(명지대학출판부, 1974)

이정식,《대한민국의 기원》(일조각, 2006)

＿＿＿,《여운형-시대와 사상을 초월한 융화주의자》(서울대학교출판부, 2008)

이현희,《애국지사 조동호 평전》(솔과 학, 2007)

일월서각 편집부,《分斷前後의 現代史》(일월서각, 1983)

임경석,《이정 박헌영 일대기》(역사비평사, 2004)

＿＿＿,《잊을 수 없는 혁명가들의 기억》(역사비평사, 2008)

임종국·박노준,《흘러간 성좌》2(국제문화사, 1966)

임재경,《펜으로 길을 찾다-임재경 회고록》(창비, 2015)

장을병,《인물로 본 8·15공간》(범우사, 2007)

장준하,《돌베개》(돌베개, 2015)

정병준,《우남 이승만 연구-한국 근대국가의 형성과 우파의 길》(역사비평사, 2004)

정윤재,《안재홍 평전》(민음사, 2018)

정진석,《언론조선총독부》(커뮤니케이션북스, 2005)

조갑제,《朴正熙 : 趙甲濟 기자의 라이프 워크 : 한 근대화 혁명가의 비장한 생애》1(조갑제닷
　　컴, 2006)

曹圭河·李庚文·姜聲才,《남북의 대화》(고려원, 1987)

조병옥,《나의 회고록》(선진, 2003)

조용만,《경성야화》(창, 1992)

조한성,《해방 3년》(생각정원, 2015)

중앙일보 특별취재반,《(秘錄)조선민주주의인민공화국》(中央日報社, 1992)

최영희,《격동의 해방3년》(한림대학교 출판부, 1996)

파냐 이사악꼬브나 샤브쉬바, 김명호 역,《1945년 남한에서》(한울, 1996)

표도르 쩨르치즈스키,《김일성 이전의 북한》(한울, 2018)

펠릭스 추에프, 이완종 역,《몰로토프 회고록-스탈린을 위한 변명》(선인, 2018)

하세가와 쓰요시, 한승동 역,《종전의 설계자들》(메디치, 2019)

韓國民主黨宣傳部,《韓國民主黨小史》(한국민주당선전부, 1948)

한국방송공사,《한국방송60년사》(1987)

한림대학교 아시아문화연구소,《조선공산당문건자료집(1945-46)》(한림대학교 출판부, 1993)

한인섭,《가인 김병로》(박영사, 2017)

해리 트루먼,《트루만 回顧錄》上·下(知文閣, 1968)

加藤聖文,《「大日本帝国」崩壊ー東アジアの1945年》(中公新書, 2009)

金聖甫, 奇光舒, 李信澈, 韓興鉄訳,《写真と絵で見る北朝鮮現代史》(コモンズ, 2010)

河辺虎四郎,《河辺虎四郎回想録ー市ケ谷台から市ケ谷台へ》(毎日出版社, 1979)

姜德相,《日帝末期暗黒時代の燈として》(新幹社, 2019)

共同通信社社会部,《沈黙のファイルー「瀬島龍三」とは何だったのか》(新潮文庫, 1997)

佐藤尚武,《回顧八十年》(時事通信社, 1963)

坪江汕二,《朝鮮民族獨立運動秘史》(巌南堂書店, 1966)

坪井幸生,《ある朝鮮総督府警察官僚の回想》(草思社, 2004)

半藤一利,《決定版 日本のいちばん長い日》(文春文庫, 2006)

半藤一利,《ソ連が満洲に侵攻した夏》(文春文庫, 2002)

平岡敬,《時代と記憶ーメディア·朝鮮·ヒロシマ》(影書房, 2011)

松木秀文, 夜久恭裕,《原爆投下:黙殺された極秘情報》(NHK出版, 2012)

森田芳夫,《朝鮮終戦の記録:米ソ両軍の進駐と日本人の引揚》(巌南堂書店, 1964)

森田芳夫, 長田かな子,《朝鮮終戦の記録 資料編》, 1-3(巌南堂書店, 1979)

和田春樹,《北朝鮮現代史》(岩波新書, 2012)

八木信雄,《日本と韓國》(日韓文化出版社, 1983)

コーデル·ハル,《ハル回顧録》(中公文庫, 2014)

ブルース カミングス, 鄭敬謨他《朝鮮戦争の起源 1―1945年―1947年 解放と南北分断体制の出現》(明石書店, 2012)

Maochun Yu,《OSS in China》(Yale University Press, 1997)

논문

강덕상, 〈대중국화평공작 '아시아연맹' 구상과 여운형-오카와, 다나카, 고노에와의 교류를 둘러싸고〉,《몽양여운형전집》, 한울, 1997

강인선, 〈1945년 8월 15일, 서울은 조용했다〉,《月刊朝鮮》, 1995년 8월

기광서, 〈해방 전 소련의 대한반도 구상과 조선 정치세력에 대한 입장〉,《슬라브硏究》, 제30권 4호(2014년 12월)

_____, 〈훈령으로 본 소련의 미소공동위원회 전략〉,《역사문제연구》, 통권24호(2010년 10월)

金光載, 〈韓國光復軍과 미 OSS의 合作訓練〉,《軍史》, 제45호(2002년 4월)

김기승, 〈언론에 나타난 신간회 해체 논쟁의 전개과정〉,《한국독립운동사연구》, 제63집(2018년 8월)

金泳燁, 〈8·15 해방당시 조선총독부가 여운형을 선택한 배경과 담판 내용〉,《韓國學論叢》, 제29집(2006)

김을한, 〈夢陽과 民世의 解放前夜 : 東京에서 맞은 八一五,그 歡喜의 地籍圖〉,《世代》, 제9권 통권97호(1971년 8월)

김인식, 〈신간회운동기 ML계의 민족협동전선론과 신간회 성격규정의 변화〉,《白山學報》, 제68호(2004년 4월)

_____, 〈조선건국준비위원회의 건국 구도〉,《한국민족운동사연구》, 제84집(2015년 9월)

_____, 〈민족주의 세력의 조선건국준비위원회 개조 움직임〉,《한국민족운동사연구》, 제95집(2018년 6월)

박소영, 〈미군정기 통역정치 : 이묘묵을 중심으로〉,《통번역학연구》, 제23권 2호(2019년 5월)

宋南憲, 〈宋南憲 이 겪은 解放3년〉,《政經文化》, 250호(1985년 12월)

서중석,《해방정국의 중도파 정치세력을 어떻게 볼 것인가〉,《한국민족운동사연구》, 제39집(2004년 6월)

愼鏞廈, 〈解放前後 韓國人의 역사의식 : 統一獨立國家 건설 문제를 중심으로〉,《新東亞》, 326호(1986년 11월)

신주백, 〈1945년 한반도에서 일본군의 '본토결전' 준비 : 편제와 병사노무동원을 중심으로〉,《역사와현실》, 통권49호(2003년 9월)

심재욱, 〈雪山 張德秀의 친일활동〉,《역사와교육》, 제13집(2011년 10월)

여운홍, 〈夢陽暗殺事件의 眞相〉,《世代》, 제9권 통권96호(1971년 7월)

유광렬, 〈무덥고긴 한여름의 正午 : 서울에서 맞은 八·一五,그 歡喜의 地籍圖〉,《世代》, 제9권 통권97호(1971년 8월)

윤덕영, 〈신간회 창립 주도세력과 민족주의세력의 정치 지형〉,《한국민족운동사연구》, 제68집(2011년,9월)

_____, 〈8·15 직후 조선건국준비위원회의 조직적 한계와 좌·우 분립의 배경〉,《韓國史學

會》, 제100호(2010년 12월)

윤미란, 〈일제말기 식민지배 서사 연구 : 대화숙일기(大和塾日記)(1944)를 중심으로〉,《국제어문》, 제72집(2017년 3월)

와다 하루키, 〈카이로선언과 일본의 영토문제〉,《영토해양연구》, 제5권(2013년 6월)

이경남, 〈독불장군 김준연의 정치 곡예〉,《정경문화》, 1984년 9월호

李東華, 〈夢陽 呂運亨의 政治活動 : 再評價를 위하여〉 상·하,《창작과비평》, 1978년 여름·가을호

이상철, 〈蔣介石일기에 나타난 한국독립운동 관계 사료 : 한국 혁명당원들이 조국에 돌아가게 된 것은 내가 받들고 세워서 된 일〉,《月刊朝鮮》, 31권 11호 통권368호(2010년 11월)

李榮根, 〈呂運亨 「建準」의 좌절;통일일보 회장 故 李榮根 회고록〉上,《月刊朝鮮》, 125호(1990년 8월)

_____, 〈李承晩,朴憲永을 제압하다;통일일보 회장 故 李榮根 회고록〉下,《月刊朝鮮》, 126호(1990년 9월)

이완범, 〈미국의 38선 획정 과정과 그 정치적 의도-1945년 8월 10일-15일〉,《한국정치학회보》, 29권 1호(1995년 10월)

李仁, 〈解放前後 片片錄〉,《新東亞》, 통권36호(1967년)

李庭植, 〈呂運亨과 建國準備委員會〉,《歷史學報》, 134·135호(1992년 9월)

_____, 〈「8·15미스테리」蘇聯軍進駐說의 震源〉,《新東亞》, 1991년 8월

이재호, 〈대한민국 임시정부의 국제공동관리안 반대운동, 1942-1943〉,《한국독립운동사연구》, 제48집(2014년 8월)

이철순, 〈해방 전후 미국의 대한정책〉,《현대사광장》, 통권4호(2014년 12월)

이현주, 〈조선공산당의 권력구상과 '조선인민공화국'〉,《한국근현대사연구》, 제36집(2006년 봄)

_____, 〈8·15 전후 조선총독부의 정책과 조선정치세력의 대응 : 민족주의 우파의 선택과 국민대회준비회〉,《國史館論叢》, 제108집(2006년 6월)

_____, 〈일제하 (수양)동우회의 민족운동론과 신간회〉,《정신문화연구》, 제26권 3호 통권92호 (2003년 가을)

장원석, 〈8·15 당시 여운형의 과도정부 구상과 여운형·엔도 회담〉,《아시아문화연구》, 제27집(2012년 9월)

전현수, 〈해방 전후 소련의 대한정책〉,《현대사광장》, 통권4호(2014년 12월)

_____, 〈38선 획정에서 남북정상회담까지⑦ : 협의단체 선정 놓고 입씨름만 하다 끝난 미소공동위원회〉,《신동아》통권557호(2006년 2월)

_____, 〈한국현대사와 소련의 역할(1945-1948),《쉬띄꼬프일기》연구〉,《慶北史學》, 제27집(2004년 8월)

전후, 〈혁명에의 길-좌익인의 양심〉, 《신천지》(1946년 3월)

정병욱, 〈해방 직후 일본인 잔류자들 : 식민지배의 연속과 단절〉, 《역사비평》, 통권64호(2003년 가을)

정병준, 〈해방직후 夢陽 呂運亨의 노선과 활동〉, 《한국현대사연구》, 창간호(1998년 6월)

_____, 〈카이로회담의 한국 문제 논의와 카이로선언 한국조항의 작성 과정〉, 《역사비평》, 통권107호(2014년 여름)

丁相允, 〈建準天下 20日〉, 《月刊 四月》, 5권 9호(1971년 10월)

정진석, 〈6·25전쟁 60년 언론사 탐구-해방공간의 언론인들〉 상·하, 《신문과 방송》, 통권472-473호(2010년 4-5월)

_____, 〈언론통제 검열기구 총독부 경무국 도서과〉, 《관훈저널》, 통권93호(2004년 겨울)

_____, 〈일제 고등경찰 피살사건 미스테리〉, 《신동아》, 제559호

_____, 〈日帝末 短波방송 수신사건으로 獄死한 신문기자 文錫俊·洪翼範 : 李承晩·金九의 對日방송 내용을 宋鎭禹 등에게 傳播〉, 《月刊朝鮮》 통권325호(2007년 4월)

최선웅, 〈식민지 조선에서 日帝의 轉向政策 도입과 변화 과정〉, 《史叢》, 제81집(2014년 1월)

최영호, 〈한반도 거주 일본인의 귀환과정에서 나타난 식민지 지배에 관한 인식〉, 《동북아역사논총》, 제21호(2008년 9월)

최하영, 〈政務總監 : 韓人課長 呼出하다〉, 《月刊中央》, 1968년 8월

千寬宇, 〈民世 安在鴻 年譜〉, 《창작과비평》, 1978년 겨울

韓詩俊, 〈대한민국임시정부의 환국〉, 《한국근현대사연구》, 제25집(2003. 여름)

_____, 〈카이로선언과 대한민국 임시정부〉, 《한국근현대사연구》, 제71집(2014년 겨울)

黃善翌, 〈해방 전후 在韓日本人의 敗戰 경험과 한국 인식 : 모리타 요시오를 중심으로〉, 《韓國學論叢》, 제34집(2010년 8월)

井原潤次郎, 〈朝鮮軍参謀長時代を語〉, 《東洋文化研究》 6호(2004년)

宮本正明, 〈朝鮮軍·解放前後の朝鮮〉, 《東洋文化研究》 6호(2004년)

李景珉, 〈朝鮮総督府終焉期の政策〉, 《思想》, 1985년 8월

長田かな子, 〈45年8月15日〉, 《季刊 三千里》, 31호(1982년 8월)

茂木又雄, 〈敗戦前後〉, 《季刊 三千里》, 31호(1982년 8월)

방송

NHK, 〈原爆投下 活かされなかった極秘情報〉, 《nhk スペシャル》, 2015년 8월 16일

_____, 〈終戦なぜ早く決められなかったのか〉, 《nhk スペシャル》, 2012년 8월 15일

_____, 〈知られざる脱出劇-北朝鮮·引き揚げの真実〉, 《nhk スペシャル》, 2013년 8월 12일

_____, 〈終戦 知られざる7日間〉, 《nhk スペシャル》, 2011년 8월 6일

_____, 〈昭和の選択 第2回「終戦への131日〜鈴木貫太郎内閣の苦闘〜」〉,《英雄たちの選択》, 2015년 12월 10일

_____, 〈昭和の選択「ポツダム宣言受諾 外相東郷茂徳・和平への苦闘」〉,《英雄たちの選択》, 2017년 8월 10일

_____, 〈本土空襲 全記録〉,《nhkスペシャル》, 2017년 8월 12일